MIKE BAYER

SEI DU SELBST – NUR BESSER

WIE DU ZUR BESTEN VERSION DEINER SELBST WIRST

Bibliografische Information der Deutschen Nationalbibliothek:
Die Deutsche Nationalbibliothek verzeichnet diese Publikation in der Deutschen Nationalbibliografie.
Detaillierte bibliografische Daten sind im Internet über http://d-nb.de abrufbar.

Für Fragen und Anregungen:
info@finanzbuchverlag.de

1. Auflage 2019

Nymphenburger Straße 86
D-80636 München
Tel.: 089 651285-0
Fax: 089 652096

Published by arrangement with Dey Street Books, an imprint of HarperCollins Publishers, LLC.
Die englische Originalausgabe erschien 2019 unter dem Titel *Best Self. Be You, only Better.*

Dieses Buch enthält ein breites Spektrum verschiedener Ansichten zu Themen wie Gesundheit und Wohlbefinden, darunter einige Ideen, Verfahren und Prozeduren, welche sich unter Umständen als gefährlich entpuppen könnten, wenn sie ohne angemessene medizinische Aufsicht angewendet werden. Diese Ansichten reflektieren die Recherchen und die Ideen des Autors oder derjenigen, deren Ideen der Autor beschreibt, doch ersetzen sie nicht die Dienste eines ausgebildeten medizinischen Fachmannes. Sprechen Sie mit Ihrem Arzt, bevor Sie diese Ratschläge umsetzen. Der Autor und der Verlag übernehmen keine Verantwortung für negative Folgen, direkt oder indirekt resultierend aus dem Inhalt dieses Buches.

Übersetzung: Thomas Gilbert
Redaktion: Silke Panten
Korrektorat: Anne Horsten
Umschlaggestaltung: Marc-Torben Fischer
Umschlagabbildung: Shutterstock
Abbildungen auf den Seiten 54, 58, 164, 165 für die deutsche Ausgabe bearbeitet von Marc-Torben Fischer
Satz: abavo GmbH, Sarah Kunze
Druck: GGP Media GmbH, Pößneck
Printed in Germany

ISBN Print 978-3-95972-257-5
ISBN E-Book (PDF) 978-3-96092-479-1
ISBN E-Book (EPUB, Mobi) 978-3-96092-480-7

Ich widme dieses Buch meiner Mutter
Aina Bayer, die mir beigebracht hat,
dass man, egal, was für einen Tag
man gehabt hat, immer für Menschen
in Not bereitstehen sollte, sowie meinem
Vater Ronald Bayer, der mich gelehrt hat,
dass Integrität wichtiger ist als Aufstiegschancen –
und dass ich immer das Richtige tun sollte.
Ich widme es auch denjenigen, die auf der Suche
nach ihrem besten Selbst sind. Möge eure Reise
aufregend und lohnenswert sein.

INHALT

VORWORT

von Dr. Phil McGraw

Lassen Sie uns ein paar Zahlen anschauen: Wenn Sie 25 Jahre alt wären, hätten Sie 9125 Tage gelebt, mit 40 Jahren wären es 14 600 Tage, und mit 50 Jahren hätten Sie 18 250 Tage gelebt. Ich wette, von diesen Tausenden von Tagen sticht nur eine Handvoll *wirklich* hervor. Es gibt nur wenige Tage, die Sie im Kalender rot ankreuzen würden, weil sie Ihres Erachtens Ihr Leben verändert haben – ob nun positiv oder negativ.

Gleichzeitig möchte ich wetten, dass von den Hunderten oder sogar Tausenden von Menschen, denen Sie im Laufe Ihres Lebens begegnet sind, nur eine Handvoll einen bleibenden Einfluss auf Sie ausgeübt haben. Nur sehr wenige haben sich auf unauslöschliche Weise ins Buch Ihres Lebens eingetragen.

Mit der Anschaffung *und der Lektüre* des Buches »Sei du selbst – nur besser. Wie du zur besten Version deiner selbst wirst« von Mike Bayer, bekannt als Coach Mike, haben Sie Ihrem »Kernteam« einen dieser Menschen hinzugefügt, die Sie *niemals* vergessen werden.

Jeder Mensch mit Visitenkarte und Aktentasche kann sich selbst als »Life Coach«, als Lebensberater, bezeichnen. Aber nur sehr wenige haben die Qualifikationen, die Erfahrungen und die Erkenntnisse gesammelt, die nur entstehen können, wenn man es schafft, komplexen Persönlichkeiten zu helfen, sich ihren Weg durch das holperige Terrain eines Lebens voller Kurven, Abfahrten und Steigungen in einer sich ständig verändernden Welt zu bahnen.

Coach Mike ist ein wahrer Profi. Dieses Buch ist seine Anleitung zur Maximierung Ihres Potenzials, da er damit auf effektivste Weise Ihr wahres Ich aus Ihnen herausholt. Mike wirft nicht mit Schlagworten um sich. Er ist ein vernünftiger, handlungsorientierter Coach, der Ihnen sagt, wie Sie von dort, wo Sie sind, dorthin gelangen, wo Sie hinwollen, und zwar in jedem Bereich Ihres Lebens, sei es privat, familiär, beruflich, spirituell oder alles zusammen. Er ist kein Zauberer; er hat nur erkannt, dass der gemeinsame Nenner für alle Bereiche Ihres Lebens *Sie selbst* sind. Alles beginnt und endet damit, dass *Sie* Ihr *bestes Selbst* sind.

Coach Mike verändert das Leben der Menschen auf seriöse und legitime Weise. Er ist absolut authentisch: klug, einfühlsam, ernsthaft, ehrlich, geradlinig und engagiert. Als ich ihn kennenlernte und mit ihm zusammenarbeitete, um Menschen zu helfen, ihr Leben zum Besseren zu verändern, habe ich diese Eigenschaften in Aktion erlebt. Ich bin stolz darauf, ihn als Freund zu bezeichnen, stolz darauf, ihn im Team von *Dr. Phil* zu haben und stolz darauf, ihn in unserem Beirat zu haben.

In »Sei du selbst – nur besser« hat Mike Bayer das Wort. Es ist die Art von Buch, nach deren Lektüre man deutlich besser ist, als man vorher war. Auf diesen Seiten wird Mike *Ihr* Life Coach sein, und auf der Reise wird er Sie durch eine Reihe von zum Nachdenken anregenden und provokativen Fragen führen, wie sie Ihnen noch nie zuvor gestellt wurden.

Mike geht auf die Menschen genau dort zu, wo sie sind, ohne zu urteilen, und führt sie sanft und mitfühlend zu ihrer Authentizität. Im Laufe der Lektüre dieses Buches werden Sie die gleiche Sorgfalt empfinden und den Nervenkitzel sinnvoller Durchbrüche spüren, während Sie jeden Aspekt Ihres Lebens auf Ihrem Weg zu Ihrem besten Selbst unter die Lupe nehmen.

Wie ich oft sage, kann man nicht ändern, was man nicht akzeptiert. Jetzt ist es an der Zeit, wirklich ehrlich zu sein. Sie denken vielleicht, dass echte Veränderung unmöglich für Sie ist, dass Sie Ihre Beziehungen irreparabel beschädigt, Ihr Leben ruiniert haben und zu weit von Ihren Träumen entfernt sind. Lassen Sie mich Ihnen sagen, dass nichts davon wahr ist, wenn Sie bereit sind, an sich zu arbeiten, und zugeben, dass dies notwendig ist. Aber Sie brauchen die erforderlichen Werkzeuge – den Glauben, dass Sie sich ändern können, den Wunsch, dies zu tun, und Mike Bayers »Sei du selbst – nur besser«. Die Vergangenheit liegt hinter Ihnen. Die Zukunft ist noch nicht geschrieben. Die Zeit ist gekommen. Für das Buch zu Ihrer besten Version von sich selbst.

EINLEITUNG

Die Maschine befand sich endlich im Landeanflug. In der letzten halben Stunde hatte ich die Auswirkungen des Fluges nachdrücklich gespürt. Es gibt keine direkte Verbindung zwischen Los Angeles und Erbil in Kurdistan – es ist nicht gerade eine gängige Route –, daher war ich schon einen ganzen Tag lang unterwegs. Aber hinter dem körperlichen Unbehagen verspürte ich eine Aufregung, die mich genauso sehr vorantrieb wie das Flugzeug.

Fast jeder in meinem Umfeld dachte, ich sei verrückt, diese Reise zu unternehmen, und sie hatten keine Scheu, es mir auch zu sagen. Aber was wussten *sie* schon? Sie verstanden nicht, welche magnetische Anziehungskraft ich empfand bei dem Gedanken, hierher zu kommen. Ich musste einfach helfen. Diese verzweifelten und verlorenen Menschen hatten so viel Leid ertragen. Je näher das Flugzeug dem festen Boden entgegen glitt, desto überzeugter war ich von den Motiven, aus denen heraus ich bereitwillig meine Existenz zurückgelassen hatte. Ich hatte mein Leben, das einem vorkommen musste wie die absolute Erfüllung des amerikanischen Traums, aufgegeben und wollte mich nun auf etwas einlassen, was manchen wie das Herz der Finsternis erscheinen mag.

Finsternis – ein interessanter Zustand. Vollkommen ohne jegliches Licht zu sein. Manchmal müssen wir in die Finsternis gehen, um zu verstehen, was Licht eigentlich bedeutet. Finsternis war mir nicht neu. Ich war zum ersten Mal sechzehn Jahre zuvor damit konfrontiert worden, als ich nach einer einwöchigen Drogenparty im Badezimmer mein ausgemergeltes, kränkliches Spiegelbild erblickte und feststellte, dass mein inneres Licht durch die Finsternis meiner Metamphetaminsucht völlig verdunkelt worden war. Wie jeder genesende Meth-Süchtige dir sagen wird, stiehlt Meth, mehr noch als jede andere Droge, deine Seele und raubt dir deinen gesunden Menschenverstand. Man ist völlig auf Schlafentzug, isst nicht, trinkt kaum Wasser, sodass der Tank so gut wie leer ist, aber man läuft weiter herum und denkt, dass man die schlaueste Person im ganzen Raum ist. Damals war ich zwanzig Jahre alt und konnte es einfach nicht verstehen, wie ich von einem Reservespieler des Basketballteams an der Fordham University zu einem Zombie geworden war, der völlig realitätsfremd war und in einem Zustand reiner Paranoia lebte. Es kam tatsächlich so weit, dass ich davon überzeugt war, ich sei vom Teufel besessen. Es war schlimm. Ich hatte vollkommen die Kontrolle über mich verloren. Nachdem ich dieses schreckliche Spiegelbild von mir selbst wahrgenommen hatte, dauerte es allerdings noch eine ganze Weile, bis ich clean wurde, aber alles andere, was mir in meinem Leben widerfahren ist, war eine direkte Folge meiner eigenen, persönlichen Reise hinaus aus der Finsternis der Drogenabhängigkeit.

Während ich noch die Erinnerungen abschüttelte, kippte ich leicht nach vorn, als die Bremsen des Flugzeugs ihrer Aufgabe nachkamen, die Geschwindigkeit der Maschine auf dem Asphalt zu verringern. Der Sicherheitsgurt hielt mich fest in meinem nun sanft federnden Sitz. *Zurück in die Realität*, dachte ich, als ich mich mental wieder auf das Hier und Jetzt konzentrierte.

Vielleicht hätte ich es besser als eine ganz andere Welt beschreiben sollen, stellte ich fest, als ich das Flugzeug verließ und schnell von einer Gruppe von Männern in schwarzen Anzügen, die alle bewaffnet waren, die Stufen hinuntergeführt und zu einem unscheinbaren SUV mit kugelsicheren Scheiben eskortiert wurde. Innerhalb von wenigen Sekunden rasten wir über das Flughafengelände. Es mag wie in einem Film ausgesehen haben, aber wenn man es persönlich erlebt, ist es ein wenig nervenaufreibender als auf einer Großleinwand. Wir hielten vor einem nahegelegenen Gebäude, und ich passierte den Zoll. Bei der ersten Gelegenheit erkundigte ich mich nach einer Toilette, und die Männer zeigten auf eine Tür. Ich ging hinüber.

Als ich den Türknauf betätigte, waren meine Gedanken nicht bei den Toiletten dort drinnen. Ganz und gar nicht. Es gab etwas viel Dringenderes, um das ich mich zuerst kümmern musste. Ich habe den Überblick verloren, wie oft ich mich eingehend mit diesem Ritual beschäftigt habe (vielleicht um die zweitausend Mal), aber das erste Mal werde ich nie vergessen. Schwer vorstellbar, dass das nun schon zwölf Jahre her war. Wenn ich damals gewusst hätte, dass es eine tragende Säule in meinem Leben werden würde, hätte ich es mir zweimal überlegt, damit auf einer Toilette zu beginnen, doch eigentlich ist es der logischste Ort. Wohin auch immer man im Leben geht – in Wohnhäuser, Lebensmittelgeschäfte, Flughäfen, Konzerthallen oder auf Filmsets –, die Wahrscheinlichkeit ist äußerst hoch, dass es dort eine Toilette gibt, und sie bietet einem am ehesten zumindest ein wenig Privatsphäre. (Aber scheinbar nicht genug, denn im Laufe der Jahre haben mich ein paar Leute angeschaut, als sei ich verrückt, und es ist mir immer noch ein bisschen peinlich.)

Die Toilette war standardgemäß ausgestattet – es gab mehrere Kabinen, eine Zeile mit Waschbecken und einen langen Spiegel in der Nähe der Tür. Perfekt. Ich stellte meine Taschen ab, zog zwei Handtücher aus dem Spender, wischte sanft den Boden ab, ging vor einem Waschbecken auf die Knie und schloss für einen Moment die Augen. Dies ist der erste Teil meines Rituals, das ich vor jedem neuen Vorhaben durchführe, und es ist ein Symbol der Demut. Ich war immerhin hier in Kurdistan, um anderen zu dienen, nicht um mich selbst zu feiern. Ich gehe bei meiner gesamten Arbeit so vor. Auf die Knie zu gehen, ist seit Jahrhunderten eine physische Erinnerung an die Verbindung mit unserem eigenen Geist, mit Gott oder einem höheren Wesen, an das wir glauben. Ich habe festgestellt, dass dies auch für mich funktioniert. Es ist ein überzeugendes Mittel, um mein Ego zum Schweigen zu bringen, alle Ängste aufzulösen und mich vom Ergebnis zu lösen, denn solange ich für mich glaubwürdig handle, spielt das Ergebnis keine Rolle.

Ich stand wieder auf und betrachtete mich im Spiegel – das ist der zweite Teil meines Rituals. Mit einer Körpergröße von knapp zwei Metern und als einziger Amerikaner weit und breit war ich kaum zu verfehlen, aber wenn jemand, der die Toilette betreten hätte, auf mein seltsames Verhalten aufmerksam geworden wäre, wäre es mir nicht aufgefallen. Ich war zu tief in mein Ritual versunken. Es gab eine Zeit, in der sich diese ganze Sache für mich lächerlich angefühlt hätte. Das war aber nicht mehr der Fall, denn es war in positiver Weise unerlässlich für mich geworden.

Ich starrte mir im Spiegel weiter tief in die Augen. Auch wenn es schwer war, die dunklen Ringe unter meinen Augen nach dem langen Flug oder die Falten, die sich an den Rändern gebildet hatten, zu ignorieren, wurde das Äußerliche für mich langsam unsichtbar. Der Sinn dieser Übung ist es, über alle äußeren Ablenkungen hinweg und direkt in meine Seele zu schauen. Ich überprüfte mich selbst, wollte sichergehen, dass ich voll und ganz bei mir war und authentisch handelte, bevor ich einen weiteren Schritt auf dieser Reise unternahm.

Es ist ein einfaches Ritual – die Selbstbetrachtung im Spiegel als mentale Konzentrationsübung –, aber es ist tiefgründig. Das ist eine Sache, die ich im Verlauf der Zeit gelernt habe: Die einfachen Handlungen können die folgenreichsten in unserem Leben sein. Ich wusste, solange ich mir die Zeit nähme, in diesen meditativen Zustand einzutreten, mich zu zentrieren und sicherzustellen, dass ich Entscheidungen träfe, die in meiner spirituellen Wahrheit verwurzelt sind, wäre ich in der Lage, mich als die beste Version von mir selbst zu präsentieren und mich voll und ganz auf meinen Klienten zu konzentrieren. Mit anderen Worten, es hilft mir dabei, jede Situation selbstlos anzugehen.

Da stand ich also in dieser kurdischen öffentlichen Toilette, nur wenige Zentimeter vom Spiegel entfernt und blickte mir in die Augen, als ich, wie schon oft zuvor, einige der Menschen, mit denen ich in der Vergangenheit gearbeitet hatte, förmlich vor mir sehen konnte, wie ein Wandteppich von Gesichtern, der sich vor mir entfaltete. So sehr es bei diesem Ritual auch darum geht, in meine eigene Seele zu blicken, kommen mir zugleich oft Erinnerungen an andere Menschen in den Sinn, weil sie mir helfen, mich mit meiner eigenen Authentizität, meiner Bestimmung und meiner Leidenschaft zu verbinden. Dies sind Menschen, mit denen ich schwere Zeiten durchgemacht habe, und für diese Erfahrungen bin ich zutiefst dankbar.

An jenem Tag tauchte vor meinem geistigen Auge das Bild von Wyatt auf, einem korpulenten, wohlhabenden Unternehmer, dessen Wangen vor Wut gerötet und dessen Augen geschwollen und blutunterlaufen waren. Es war vielleicht die fünfzigste Interventionsmaßnahme, die ich in meiner Karriere durchgeführt hatte, und auch wenn das schon viele Jahre zurücklag, verfolgte mich dieser spezielle Fall noch immer. Sarah, Wyatts verzweifelte Frau, die Angst vor ihrem Mann hatte, und den sie kaum noch wiedererkannte, hatte mich gebeten, in ihr Haus zu kommen und der Gewalt ein Ende zu setzen. Dieser einst liebevolle Familienvater hatte sie gewürgt, während ihre vier Kinder entsetzt hatten zusehen müssen. Sein Geschäft hatte keinen Erfolg, weil seine Mitarbeiter es satthatten, sich in die Ecke zu verkriechen, wenn er aufbrauste und boshafte Tiraden von sich gab. Seine Wut war zu einem Selbstläufer geworden, und niemand wusste, wie weit er noch gehen würde. Aber bereits beim ersten Gespräch mit Sarah wusste ich, dass ich für diese Situation die richtige Person war.

In Vorbereitung auf die Intervention musste ich mich neu einkleiden. Sarah hatte mich gewarnt, dass ich keine Chance hätte, wenn ich nicht Anzug und Krawatte trüge. Eine seltsame Bitte, aber ich war ihren Anweisungen trotzdem gefolgt, in der Hoffnung, dass es mir bei diesem egoistischen Charakter zumindest ein wenig Respekt verschaffen würde. Da stand ich nun, piekfein gekleidet in einem geliehenen Anzug (damals konnte ich mir keinen eigenen leisten), in der vergoldeten Empfangshalle einer Villa aus Kolonialzeiten und wartete.

Dann, plötzlich, konnte ich seine lauten Schritte den Flur entlangkommen hören. Die Spannung im Raum nahm sofort zu und wuchs mit jedem widerhallenden Schritt, der durch das Haus drang.

Er erschien in der Empfangshalle und runzelte sofort die Stirn, als er mich sah, blieb aber still. Wyatt begann dann, mich langsam zu umkreisen, wie ein hungriger Löwe. Er beobachtete mich mit blinzelnden Augen. Schließlich fragte er zähneknirschend: »Wer sind Sie und warum betreten Sie unerlaubt mein Haus?«

»Ich heiße Mike, und Ihre Frau hat mich eingeladen, also bin ich nicht unerlaubt hier. Schön, Sie kennenzulernen, nebenbei bemerkt.«

»Meine Frau, sagen Sie? Nun, sie wird mich nicht daran hindern, dass ich Sie wieder hochkant vor die Tür setze«, giftete Wyatt.

»Wenn ich gehe, geht sie auch«, antwortete ich ruhig. Sarah nickte zustimmend, bestärkt durch meine Anwesenheit – ich fungierte im Grunde genommen als ihr Beschützer.

Wyatt machte zwei schnelle Schritte auf mich zu, und mir nichts, dir nichts standen wir dicht an dicht voreinander. »Wer zum Teufel denken Sie, wer Sie sind? Verschwinden Sie sofort!«, brüllte er. Ich schenkte ihm nur ein Grinsen, und anstatt mich auf einen Blickwechsel einzulassen, schlenderte ich hinüber zu dem schicken Sofa, streifte lässig meine nagelneuen, schwarz glänzenden Lederschuhe ab, die ich nur für diesen Tag gekauft hatte, legte meine Füße auf den Ottoman und breitete meine Arme weit über die Sitzkissen aus. Ich reagierte auf diese Weise, weil ich gelernt hatte, dass man, wenn etwas nicht läuft, die Dinge nicht erzwingen sollte, und bei einem Typen wie diesem galt es, unkontrollierbar und einfach nur irre genug zu erscheinen, um ihn aus dem

Gleichgewicht zu bringen. Dem Wahnsinn mit Methode begegnen, sozusagen.

»Ich hätte gerne eine Tasse Tee.« Ich versuchte mit allen Mitteln, ihm auf die Nerven zu gehen, und es funktionierte. Wyatt schaute mich an, als sei ich völlig von Sinnen.

Sarah, ganz die Gastgeberin, antwortete: »Sicher. Wir haben schwarzen Tee.«

»Haben Sie irgendeinen Kräutertee? Pfefferminze?« Ich konnte sehen, dass Wyatt begann, die Fassung zu verlieren. Das war perfekt. Ich wollte ihn provozieren, weil unter der zornigen Fassade der Schmerz lauerte. Je schneller wir zu dem Schmerz vordringen konnten, desto schneller würden wir erste Fortschritte erzielen.

»Nein, tut mir leid, wir haben nur schwarzen Tee da«, sagte sie.

»Wirklich? Unfassbar. Man sollte meinen, dass in einer solchen Villa jede vorstellbare Sorte Tee vorhanden wäre. Also gut, schwarzer Tee ist in Ordnung. Oh, und bitte mit Honig.« Sie wandte sich der Küche zu.

Bumm. Wyatt explodierte förmlich.

»Willst du diesem Mann, diesem *Fremden*, ernsthaft erlauben, sich in unsere Privatangelegenheiten einzumischen?« Wyatt drang auf seine Frau ein, aber sie ließ sich nicht unterkriegen und blieb standhaft.

»Ja, genau das tue ich. Und du wirst dich jetzt hinsetzen und zuhören, was er zu sagen hat, oder ich werde die Kinder nehmen, aus dieser Tür marschieren und das wird das Letzte sein, was du von uns zu sehen bekommst.« Sie überraschte sogar sich selbst und schaute mich kurz an – ich zwinkerte ihr zu. Sie hatte es genauso ausgesprochen, wie wir es zuvor eingeübt hatten. Die Worte schienen nur so aus ihr herauszusprudeln.

Seit unserem ersten Treffen waren nur 24 Stunden vergangen, und in dieser Sitzung war sie zu einigen wichtigen Erkenntnissen gekommen. Sie erkannte, dass ihre Kinder viel zu oft erlebt hatten, wie ihr Vater sturztrunken auf dem Boden lag. Sie erkannte, dass ihre Kinder lernten, dass Frauen es verdienten, erniedrigt und misshandelt zu werden. Sie erkannte, dass sie es diesem Vampir erlaubt hatte, ihr Leben auszusaugen. Sie erkannte, dass sie und ihre Kinder etwas Besseres verdient hatten. Und vor allem erkannte sie, dass sie nicht mehr länger ein Teil dieses Problems sein wollte.

Wyatt wurde unsicher. Er konnte es nicht begreifen, dass er seine manipulative Macht über seine normalerweise unterwürfige Frau verloren hatte. Mit hochrotem Kopf stampfte er in die Küche. Im Haus wurde es ganz still, während wir auf seinen nächsten Schritt warteten. Er kehrte mit einem Highball in der Hand zurück.

»Scotch. Mögen Sie den am liebsten?«, fragte ich.

»Beruhigt das Gemüt.« Wyatt nahm einen Schluck, setzte sich hin und lockerte die Krawatte. »Hübsche Schuhe«, scherzte er mit einem gehörigen Schuss Sarkasmus in seinem Ton.

»Danke! Ich schätze das Kompliment von jemandem, der wahrscheinlich ein ganzes Zimmer nur für seine Schuhe hat«, sagte ich, während ich daran dachte, dass ich dieses Paar erst am Tag zuvor gekauft hatte, weil ich noch nie zuvor ein Paar anständige Schuhe für eine Intervention gebraucht hatte.

Als ich mich im Raum umschaute, fiel mein Blick auf einen Aufzug am anderen Ende des Raumes. »Netter Aufzug. Wer hat schon einen Aufzug daheim?«, fragte ich. Humor dient dazu, das Eis zu brechen, ist aber auch ein riskanter Zug. Wyatt warf mir einen Blick von der Seite zu.

»*Ich* habe einen. Und der geht mir echt auf die Nerven. Bin viel zu oft in dem verdammten Ding steckengeblieben.«

Das Gespräch ging weiter und schien eine Weile produktiv zu sein, aber aus einem Scotch wurden schnell fünf, und Wyatts Ego übernahm die Kontrolle, als ich das Gespräch auf unseren Schlachtplan lenkte, der damit anfing, dass er in die Entzugsklinik gehen sollte. Wie ich es erwartet hatte, wurde er aggressiv, also nahm Sarah die Kinder und ging in ein Hotel. Sie hatte zuvor schon dutzende Male damit gedroht, ihn zu verlassen, aber an diesem Abend hatte sie es in die Tat umgesetzt, nachdem sie für genau diesen Fall die Koffer bereits zuvor gepackt hatte.

Es war nicht so sehr der Anblick seiner Familie, wie sie das Haus verließ, sondern vielmehr, wie leicht es ihnen fiel zu gehen, was Wyatt erschütterte. Wie jeder Narzisst blühte er auf, wenn die Menschen Angst vor ihm hatten. Aber sie hatten keine Angst mehr. Und genau das machte *ihm* Angst.

»Ich habe einige Geschäftsabschlüsse, die ich betreuen muss. Ich kann nicht einfach aufstehen und verschwinden.«

»Ich habe einen Platz im Sinn, wo Sie Zugang zu Telefon und E-Mail haben. Sie wären in der Lage, Ihre Geschäfte am Laufen zu halten.«

Lange Pause.

»Okay. Aber nicht heute Abend. Morgen früh.«

»Ich hole Sie um acht Uhr ab.«

Tatsächlich saßen wir am nächsten Morgen Seite an Seite auf dem Rücksitz eines Autos, auf dem Weg zu einem brandneuen Kapitel in Wyatts Leben.

Ich verscheuchte die Erinnerung, konzentrierte mich wieder auf den gegenwärtigen Moment und sagte laut mein Mantra auf: »Du schaffst das schon.« Dieses Mantra hatte sich im Laufe der Jahre weiterentwickelt – es begann als »Glaube an dich selbst«, dann lautete es »Du bist liebenswert«, »Sei du selbst«, dann »Du bist gut genug«, »Sprich die Wahrheit, wie du sie siehst«, »Du bist genau am richtigen Ort«, »Ich liebe dich« und nun ist es »Du schaffst das schon«. Das Ritual bleibt immer gleich, aber das Mantra ändert sich. Ich begann mit diesem Ritual, als ich mit Anfang zwanzig bei meiner allerersten Intervention hilflos überfordert war. Alles war an jenem Tag schiefgelaufen – meinem Drucker war die Tinte ausgegangen, und ich hatte die Rede nicht auswendig gelernt, die ich im Auftrag der Firma, für die ich damals arbeitete, an die Familie richten sollte. Eins kam zum anderen, und als alles vorbei war, rief die Familie an und forderte wegen meiner angeblichen Unerfahrenheit ihr Geld zurück. Aber ich fühlte mich trotzdem gut, weil ich mit meinem besten Selbst verbunden war.

Seit damals hat mir mein Ritual stets genau das gegeben, was ich brauchte – das Gefühl, dass ich bereits gewonnen habe, unabhängig vom Ergebnis, weil ich meine Arbeit aus dem wahren und tiefen Wunsch heraus verrichtete, anderen zu helfen. Ich konnte die Handlungen *der anderen* nicht kontrollieren oder voraussagen, aber ich konnte sicher sein, dass *ich* immer von diesem authentischen Standpunkt in mir handelte und dass ich gut genug war.

Ich atmete tief durch, klaubte meine Habseligkeiten vom Boden des Waschraums auf, traf vor der Tür auf mein Security-Team, und wir fuhren weiter. Es lag noch eine weite Strecke vor uns. In Kurdistan von einem Ort zu einem anderen zu gelangen, war nicht ganz so einfach wie meine übliche Fahrt nach Hollywood, selbst in Anbetracht des dichten Verkehrs in Los Angeles. Gleichwohl fühlte ich mich hier wie zu Hause. Es gibt wirklich keinen Ort, der einladender ist als Kurdistan – die Einheimischen akzeptieren und respektieren alle Religionen und alle Menschen. Deshalb haben so viele Menschen in dieser Region Zuflucht gesucht. Ich hatte mit meinem kurdischen Reiseleiter vor der Ankunft einige Male am Telefon gesprochen, also hatte ich ein Gefühl dafür, wohin ich gehen würde und wen ich treffen würde, aber trotzdem ist es schwierig, sich auf die Ankunft in einem Flüchtlingslager auf der anderen Seite der Welt vorzubereiten. Was ich sicher wusste, war, dass ich eine Auszeit von meiner Stammkundschaft brauchte, zumindest für eine Weile, und dass ich meine Fähigkeiten auf eine neue Art und Weise einsetzen wollte.

Ich habe in meinem Leben immer ein Gleichgewicht erreicht, indem ich das genaue Gegenteil meiner gegenwärtigen Situation gesucht habe. Diese Dichotomie hält mich geerdet und erfüllt mich mit Dankbarkeit. Die meisten meiner Kunden aus jüngster Zeit waren Prominente, die über alle nur erdenklichen Güter verfügten, während die Menschen hier mit ansehen mussten, wie ihre Häuser durch Raketen zerstört wurden, wie ihre Familien ermordet wurden und wie ihnen alles außer dem, was sie auf dem Rücken tragen konnten, entrissen wurde. Aber diese Reise war nicht nur deshalb zustande gekommen, weil ich einen Ort auf dieser Welt ausgewählt hatte, an dem Menschen Hilfe brauchten, und wo ich als eine Art Retter fungieren konnte. Tatsächlich wusste ich, dass es höchst unwahrscheinlich war, dass ich wirklich in der Lage sein würde, im Verlauf von nur einer Woche besonders viel für diese Menschen zu erreichen.

Ich hatte diesen Teil der Welt acht Jahre zuvor schon einmal besucht und mich zu Afghanistan hingezogen gefühlt, weil ich den Eindruck hatte, dass die Art und Weise, wie diese Region in den amerikanischen Medien dargestellt wurde – als von Terroristen überlaufenes Land, wo jeder ein Radikaler ist –, so nicht stimmen konnte. Ich musste mir das einfach selbst anschauen. Außerdem war Afghanistan die internationale Hochburg der Opiumproduktion, und ich hatte mir selbst ein Bild davon machen wollen. Ich lerne gerne aus eigener Erfahrung, und wenn ich mich in etwas weiterbilden will, muss ich mich darin vertiefen. Auf dieser Afghanistan-Reise hatte ich Reha- und Entgiftungszentren besucht, und in einigen von ihnen wurden barbarische Methoden eingesetzt, um Menschen vom Heroin zu befreien. Man kettete die Menschen einfach an und ließ sie zittern, weinen und sich vor Schmerzen krümmen, während ihr Körper von den harten Drogen, von denen sie schwer abhängig waren, entgiftet wurde. Es war erschütternd gewesen. Sie brauchten dringend moderne und medizinisch einwandfreie Entgiftungs- und Rehabilitationseinrichtungen. (Ich war schon seit ein paar Jahren nicht mehr in dieser Region, es könnte also sein, dass sie jetzt bessere Behandlungsmethoden haben, aber zu diesem Zeitpunkt war es das, was in einigen Einrichtungen vor sich ging, weil sie einfach nicht die Mittel hatten, die sie benötigten.) Was ich von dieser Reise und allen anderen, die ihr gefolgt sind, mitgenommen habe, ist ein tieferes Verständnis für die Bedürfnisse der Menschen dort, und dass die Hilfe für sie Teil einer größeren Aufgabe in meinem Leben ist.

Als ich mich mit Regierungsbeamten zusammensetzte, um ein besseres Verständnis der katastrophalen Situation zu erlangen, erfuhr ich, dass Kurdistan seit Beginn des Krieges gegen den IS das Land war, das die größte Aufnahmebereitschaft zeigte für Flüchtlinge einschließlich der Jesiden, Christen und Syrer. Diese Menschen hatten ihre Heimatorte verlassen, nachdem ein Großteil ihrer Familien von Terroristen getötet worden war. Es gab Tausende von Waisenkindern. Das waren Szenen, die wir in den Abendnachrichten oder auf den Titelseiten von Zeitungen gesehen hatten, aber für mich war es endlich an der Zeit, selbst zu erleben, wie genau die Flüchtlingskrise im wirklichen Leben aussah.

Als wir uns dem staubigen Lager näherten, das aus lauter Reihen mit einfachen Zelten bestand, zwischen denen zerfledderte Kleidung an Wäscheleinen hing, war ich sofort beeindruckt von der Anzahl der Kinder, die herumliefen, lachten und vor Freude kreischten. Sie spielten mit einem alten Fußball, dessen Nähte schon platzten, aber das Bild, das sich mir ergab, machte mir Folgendes klar: Allen Widrigkeiten zum Trotz gab es hier Hoffnung. Es gab Licht.

Als der Wagen in der Nähe des Lagers anhielt, stieg ich aus und sah mich um. Sofort umringten mich die Kinder, mit ihrem staubigen Haar und der zerschlissenen Kleidung. Ich wusste, dass viele von ihnen Waisen waren, und auch wenn ihre Situation trostlos schien, konnte ich ein klares Gefühl von Freude erkennen. Dieses unschuldige Wundern in ihren Augen war nicht verloren gegangen. Diejenigen mit dem geringsten weltlichen Besitz schienen die größte Hoffnung zu haben. Ich war hierhergekommen, um ihnen zu helfen, aber schon nach wenigen Stunden meiner Reise wusste ich, dass ich von diesem Geschenk am meisten profitieren würde. Mein Herz war erfüllt und floss über.

Ich erzähle dir diese Geschichte, weil sie die handfeste Verkörperung einer mentalen und emotionalen Verbindung zu meinem wahren Ich war. Wenn du mir vor ein paar Jahren gesagt hättest, dass ich nach Kurdistan gehen würde, hätte ich dir nicht mehr geglaubt, als wenn du gesagt hättest, dass ich auf dem Mond leben würde. Aber das ist die Art von unglaublichen und unerwarteten Dingen, die passieren, wenn man ein Leben führt, das mit dem übereinstimmt, was man wirklich ist.

Seinem wahren, natürlichen Ich zu folgen, bedeutet manchmal, einen Sinneswandel durchzumachen und nicht vollkommen zu verstehen, wohin es einen führen wird. Als ich in dieses Flugzeug stieg, war ich mir meines Ziels überhaupt nicht sicher. Ich wusste, dass ich einer riesigen Gemeinschaft von Menschen helfen wollte, die Opfer des Krieges geworden waren, obwohl die Schritte zur Erreichung dieses Ziels bestenfalls vage waren. Aber als ich erst einmal in diesem Lager stand, umringt von Waisenkindern, wollte ich alles in meiner Macht Stehende tun, um Programme zu entwickeln und solche Programme zu unterstützen, die verhindern würden, dass diese Kinder einer Gehirnwäsche unterzogen werden, um die nächste Generation von Terroristen zu bilden. Sie waren so verletzlich, so wehrlos, wie kleine Fische umgeben von blutrünstigen Haien. Wenn ich ihnen nur Zugang zur Seelsorge geben und ihnen helfen könnte, ihr Selbstwertgefühl aufzubauen, wäre es vielleicht weniger wahrscheinlich, dass sie den Terroristengruppen zum Opfer fielen. Wie sehr die einzelnen Komponenten miteinander verwoben waren, wurde mir auf dieser Reise immer klarer. Für mich ist diese Reise, dieser Wunsch, dabei zu helfen, den Verlauf des Lebens dieser Kinder zu ändern, noch lange nicht beendet.

Was bedeutet das alles für dich? Ich möchte, dass du erkennst, dass *der Weg das Ziel ist.* Wir alle entwickeln uns ständig weiter und verändern uns, und wir haben keine Ahnung, was, wer oder wo wir am Ende unserer Transformation sein werden. Und wenn du unterwegs irgendeine Finsternis entdeckst – damit meine ich einen Bereich, in dem du nicht mit deinem besten Selbst eins bist – dann ist es unsere Aufgabe, Licht in diese Finsternis zu bringen und dich neu auszurichten.

Einer der Gründe, warum ich weiß, dass ich dir helfen kann, dies zu erreichen, ist, dass ich es in meinem eigenen Leben geschafft habe. Wie ich bereits erwähnt habe, gab es eine Zeit, in der ich *alles andere* als ein authentisches Leben führte, da mich eine schwere Drogenabhängigkeit im Griff hatte. Obwohl ich schon viele Male ernsthaft versucht hatte, mit ambulanten Programmen clean zu werden, verstand ich nicht, warum ich immer wieder den Drogen verfiel. Ich kaufte Crystal Meth, nahm eine Line, spülte dann den Rest die Toilette herunter und schwor mir, dass das das letzte Mal gewesen sei, dass es vorbei und erledigt sei. Doch nur drei

Tage später kaufte ich dann ein weiteres Tütchen mit Drogen. Ich hatte nicht die geringste Ahnung von chemischen Abhängigkeiten und konnte nicht begreifen, warum ich immer wieder zu den Drogen zurückkehrte. Ich strich meine Wohnung rot, überzeugt davon, dass ich vom Teufel besessen war. Ich glaubte, dass eine Kamera in das Guckloch meiner Tür eingebaut war, durch die ich die ganze Zeit beobachtet wurde. Ich dachte, wenn ich aufhörte, Meth zu nehmen, bedeute das, dass ich clean sei. Mein Leben war ein Trümmerhaufen, und ich war völlig machtlos. Das passierte immer wieder, bis ich schließlich ohne Zweifel wusste, dass ich mich in eine Entzugsklinik begeben musste. Das tat ich dann, und ich folgte damals ganz penibel jeder Empfehlung, denn für meine Genesung wollte ich mein Bestes geben. Im Genesungsprozess bekam ich endlich eine praktische Anleitung dafür. Es war anstrengend, und es dauerte Monate, aber ich kroch aus dieser Finsternis der Sucht heraus.

Als ich schließlich clean war, war ich endlich in der Lage, ganz ich selbst zu sein. Und es ist wirklich unglaublich, wie dramatisch sich danach die Dinge verändert haben! Obwohl ich zuvor in der Schule nie besonders gut gewesen war, entdeckte ich plötzlich eine Leidenschaft dafür, alles über die Rehabilitation von Drogen- und Alkoholabhängigen zu lernen. Und aus dieser neu entdeckten Leidenschaft heraus fand ich das Selbstvertrauen, auf eigene Faust ein erfolgreiches Unternehmen aufzubauen und vielen Menschen auf ihrem Weg zu helfen.

Ich habe etwa die Hälfte meiner Karriere in den Schützengräben verbracht, mit Menschen, die sich an ihren Tiefpunkten befanden, und ihnen geholfen, sich ihren Weg nach oben zu bahnen. In der anderen Hälfte meiner Karriere habe ich Menschen geholfen, die nicht unbedingt an Tiefpunkten waren, aber wussten, dass sie glücklicher im Leben sein könnten, doch ratlos waren, wo sie anfangen sollten. Viele dieser Klienten kamen auf unerwartete Weise zu mir, und ich glaube, dass sich in meinem Leben Chancen ergeben haben, weil ich offen dafür bin. Ich mag diese Balance der Arbeit mit Menschen, die mit verschiedenen Arten von Problemen konfrontiert sind; ich suche nach Ausgleich in allen Bereichen meines Lebens. Es gibt mir eine weitreichende Perspektive, und es bedeutet auch, dass ich dich dort treffen und dir helfen kann, dorthin zu gelangen, wo du hinwillst, weil ich glaube, dass es einige universelle Gesetze des Lebens gibt, die für uns alle gelten.

Ich möchte wetten, dass die meisten Menschen, mit denen ich gearbeitet habe, *um einiges* schlechter dran waren, als du es gerade bist. Ich begann als Berater für Alkohol- und Drogenmissbrauch und habe in einigen der renommiertesten Rehabilitationseinrichtungen des Landes gearbeitet. Dann habe ich mich verändert und wurde Interventionist. Das bedeutet, dass die Leute mich anriefen, wenn jemand in ihrem Leben völlig unwillig war, sich zu ändern. Diese Interventionen waren oft sehr brisante Situationen. Niemand erwartet, dass er, wenn er nach Hause kommt, nicht nur seine Familie und Freunde sieht, sondern dazu noch irgendeinen Fremden. Niemand erwartet, dass die alle im Wohnzimmer sitzen, vorbereitet und mit dem festen Vorhaben, einen dazu zu bringen, das eigene Leben zu verändern. Es ist normalerweise eine sehr angespannte Situation, und sie kann sich ziemlich dramatisch zuspitzen, aber am Ende konnte ich Menschen helfen, sich zu verändern, die eingangs keinerlei Interesse daran hatten. Wenn du dieses Buch liest, hast du den Wunsch, dich zu verändern, also hast du einen großen ersten Schritt gemacht. Veränderungen sind für dich in greifbarer Nähe.

Als ich im Jahr 2006 die CAST-Center eröffnete, geschah dies aus dem Wunsch heraus, eine humanistische Strategie zu entwickeln, um jeden Kampf im Leben eines Menschen anzugehen. Von Anfang an, als wir einfach von meiner winzigen Wohnung im kalifornischen Venice Beach aus arbeiteten, boten wir verschiedene evidenzbasierte Ansätze an, um Menschen zu helfen, ihr Leben zu verbessern. Es geht um so viel mehr als nur um eine einfache Diagnose. Das wirkliche Problem ist, dass die Menschen ein Leben führen, das mit ihrem eigentlichen Selbst unvereinbar ist, entweder weil sie in die Fußstapfen ihrer Familie treten, anstatt ihren eigenen Weg zu gehen, oder weil sie das tun, was für sie vor zehn Jahren funktioniert hat, jetzt aber einfach nicht mehr stimmig ist, oder weil sie sich aus Angst oder aus einer Vielzahl anderer Gründe dem verschlossen haben, was das Leben zu bieten hat. Jede Situation ist einzigartig. Einige Menschen benötigen Medikamente. Andere benötigen möglicherweise eine spezifische Behandlung, etwa bei Depressionen oder posttraumatischen Belastungsstörungen (PTBS). In einigen Fällen kann eine kognitive Verhaltenstherapie erforderlich sein. Vielleicht erlebt jemand Trauer nach einem Verlust und findet einfach nicht in den Alltag zurück. Mir wurde klar, dass es einen erheblichen Bedarf an einem klaren, individuellen Plan gab, dem die Menschen folgen konnten, um wieder auf den richtigen Weg zu kommen oder ihre neue Normalität nach einem einschneidenden Erlebnis im Leben anzunehmen.

Stell dir vor, das Haus von jemandem brennt. Zuerst bringst du die Person in Sicherheit, holst sie aus dem brennenden Gebäude. Aber danach gibt es noch viele weitere Schritte, oder? Du hörst nicht einfach auf, sobald die Person außer Gefahr ist, und lässt das Ding bis auf die Grundmauern niederbrennen. Die Feuerwehr kommt, löscht das Feuer, dann muss man sich mit den Versicherungen auseinandersetzen, die Trümmer wegschaffen, umbauen oder umziehen, neue Möbel kaufen und so weiter. Aber wenn jemand ein bedeutendes emotionales Ereignis erlebt hat, dann unternimmt er häufig nicht die notwendigen Schritte, um vernünftig damit umzugehen. Es ist so, als würde man die Person zurück in das ausgebrannte Haus bringen und ihr sagen, sie soll die Asche einfach ignorieren.

In meiner langjährigen Eigenschaft als Interventionist half ich Spielsüchtigen, die die College-Rücklagen für ihre Kinder und die Rentenfonds ihrer Familien verloren hatten, Menschen mit Angststörungen, die nach dem Tod ihres Ehepartners monatelang die Wohnung nicht mehr verlassen hatten, Cholerikern und Opfern von häuslicher Gewalt, Popstars, die inmitten einer weltweiten Tournee wieder geerdet werden mussten, und vielen mehr. Diese Erfahrung habe ich dann genutzt, um Krisenmanager zu werden. Manchmal ist es nicht notwendig, jemanden zur Behandlung zu schicken, aber er oder sie braucht Hilfe, um eine Krise auf nachhaltige Weise zu überwinden. Das führte schließlich dazu, dass ich mit Prominenten arbeitete, die scheinbar regelmäßig Krisen bewältigen müssen.

Man kann mich als Change Agent betrachten. Ich weiß, was Menschen verändert. Es gibt diesen allgegenwärtigen Glauben in der Gesellschaft, dass die Menschen sich nicht ändern können. Das ist komplett falsch. Wenn sich die Menschen nicht ändern könnten, wäre ich immer noch mittellos und drogenabhängig. Wenn sich die Menschen nicht ändern könnten, würde niemand jemals abnehmen. Wenn sich die Menschen nicht ändern könnten, würde niemand mit dem Rauchen aufhören. Wenn sich die Menschen nicht ändern könnten, wäre im Grunde genommen jeder *dem Untergang geweiht*. Ich habe gesehen, wie Menschen alle Widrigkeiten überwunden haben – Trauma, Verlust, psychische Krankheiten, körperliche Behinderungen –, um ihr Leben zu verändern. Menschen verändern sich. Sie haben es getan. Ich habe es getan. Du kannst es tun.

Vielleicht hast du mitunter das Gefühl, dass dir nicht mehr zu helfen ist, und du bist gerade erst so weit, deine Situation zu akzeptieren. Nun, darauf kann ich Folgendes sagen: Solange du lebst und atmest, gibt es Hoffnung.

Erinnerst du dich an Sarah, die Frau, die mich aus Verzweiflung angerufen hatte, als Wyatt, ihr einst liebevoller Mann, sich in ein wahres Monster verwandelt hatte? Nun, sie bekam ihren freundlichen, sanften Mann zurück und verschaffte sich endlich wieder Gehör. Wyatt ging zur Alkoholtherapie und nahm an einer Anti-Aggressionsbehandlung teil, aber genauso wichtig war es, dass er feststellte, dass das Unternehmen, das er geerbt hatte, an seiner Seele nagte. Er hatte mehr als siebzig Stunden pro Woche für etwas aufgewendet, was ihn nicht im Geringsten interessierte. Also verkaufte er das Familienunternehmen und kaufte eine Pferdefarm. Er war seit seiner Jugend nicht mehr geritten, und es war genau das, was ihm gefehlt hatte. Ehe er sichs versah, hatte er nicht nur mehrere Vollblut-Champions in seinem Stall, sondern er leitete auch ein erfolgreiches Reittherapie-Camp. Jeden Tag setzte er sich ein neues Ziel. Ich erhalte oft herzliche E-Mails von Sarah mit Fotos ihrer Kinder, die alle gedeihen und die Früchte von Wyatts Entscheidung ernten, sich seinen Problemen zu stellen. Der Dominoeffekt, der eintritt, wenn sich jemand verändert und sich selbst verwirklicht, kann erstaunlich sein.

Letztes Jahr, als ich auf all die Menschen zurückblickte, die durch die CAST-Center ihr Leben verändert hatten, begann ich mich nach einem Weg zu sehnen, diese Strategien mit dem Rest der Welt zu teilen. Ich wollte unbedingt Menschen erreichen, die sich zu sehr schämen, über ihre Gefühle zu sprechen, oder die orientierungslos durchs Leben laufen, oder die einfach nicht das Leben führen, das sie verdient haben. Deshalb habe ich CAST on Tour ins Leben gerufen, eine Veranstaltung in siebzig Städten mit Motivationsrednern und Prominenten, die den Sprung aus ihrer eigenen Finsternis ins Licht geschafft haben.

Über 30 000 Menschen haben an den Veranstaltungen teilgenommen. Die Tour war bereits kurz nach Bekanntgabe ausverkauft. Die Menschen sehnen sich nach Erkenntnissen darüber, wie man ein besseres Leben führen kann. Dutzende Menschen sind nach den Veranstaltungen zu mir gekommen und haben mir gesagt, dass sie nie über die emotionalen Kämpfe gesprochen hätten, die sie durchgemacht hatten, aber jetzt bereit seien, eine Veränderung vorzunehmen und sich auf ihr bestes Ich auszurichten. Diesen Moment der zwischenmenschlichen

Verbindung zu erleben, das ist es, was mich antreibt, dieser kraftvolle Durchbruch, wenn jemand plötzlich die Bestimmung seines Lebens erkennt. Jeder kann sein bestes Ich sein! Man muss sich nur darüber im Klaren sein, wie dieses beste Ich aussieht, und den Weg finden, diese Version der Person, die man ist, anzunehmen.

Ich habe kürzlich eine Umfrage durchgeführt, auf die Tausende von Antworten eingetroffen sind, und eine der Fragen, die ich gestellt hatte, lautete: »Glauben Sie, dass Sie derzeit Ihr bestes Leben führen?« Es mag dich schockieren zu erfahren, dass 81 Prozent der Menschen mit »Nein« geantwortet haben, aber es hat mich nicht im Geringsten überrascht. Wie würdest *du* diese Frage beantworten? Bedenke: Es gibt immer Raum für Verbesserungen.

Wenn du Schwierigkeiten hast, dir selbst einzugestehen, dass das Leben, das du derzeit lebst, nicht annähernd dasjenige ist, das du dir wirklich wünschst oder verdienst, möchte ich, dass du weißt, dass du nicht allein bist. Aber wie mein Freund Dr. Phil immer sagt: »Man kann nicht ändern, was man nicht akzeptiert.« Wir sollten akzeptieren, dass sich etwas ändern muss. Ich bin hier, um dir dabei zu helfen. Das ist der Zweck dieses Buches. Ich freue mich, mit dir meine Erkenntnisse zu teilen, die Lektionen, die ich durch jahrelange Arbeit mit meinen Klienten über viele Jahre hinweg entwickelt habe, und die Übungen, die so vielen Menschen dabei geholfen haben, das Beste aus sich herauszuholen.

Wir sind uns alle einig, dass man nur einmal sein Leben lebt, aber es gibt keine Regel, die besagt, dass man an dem Leben festhalten muss, das man hat. In diesem Buch werde ich dir persönliche Anleitungen geben, wie du dein Leben neu erfinden kannst, indem du dein bestes Ich entdeckst und umsetzt. Ich selbst habe mich mehrmals neu erfunden – in der Tat bin ich im Begriff, während ich genau diese Worte schreibe, mich ein weiteres Mal neu zu erfinden. Es liegt ganz an dir, ob du eine Veränderung herbeiführst, aber wenn du einmal begonnen hast, wirst du überrascht sein, wie schnell es geschieht. Du schaffst das schon. Also los geht's!

1
ENTDECKE DEIN BESTES SELBST

Du bist einzigartig.

Vielleicht hast du das schon mal gehört, aber diesmal möchte ich, dass du dich dieser Vorstellung auf eine neue Art und Weise hingibst. Niemand kann wirklich wissen, was es bedeutet, in deiner Haut zu stecken, denn nur du steckst in deiner Haut. Deine gesammelten Erfahrungen, Gedanken, Gefühle, deine Genetik und dein Geist gehören dir allein. Es gab noch nie ein anderes Du, und es wird auch nie ein anderes geben. Du bist nicht besser oder schlechter als jeder andere, und selbst wenn du nicht das Gefühl hast, dass du nur annähernd gut genug bist, bist du doch *gut genug,* und zwar wegen einer einfachen Wahrheit: Du bist du. Ein einzigartiger Mensch.

Du bist mit einigen angeborenen Eigenschaften zur Welt gekommen, die dich von anderen unterscheiden. Du trägst bestimmte Gene in dir, die du von deinen Eltern geerbt hast. Du schätzt wahrscheinlich deine Eltern für einige dieser genetischen Eigenschaften, die sie an dich weitergegeben haben; bei anderen wünschst du dir vielleicht, du könntest sie zurückgeben. Aber deine DNA ist nur ein Teil der Geschichte von dir, und zwar nur ein kleiner Teil.

Unsere Geschichten beginnen schon in sehr jungen Jahren, obwohl wir keine Macht darüber haben, was und wer sich in diesem Stadium unseres Lebens um uns herum befindet. Jedes Kind ist ein unbeschriebenes Blatt, und in den ersten Jahren hinterlassen die Eltern und andere ihre Spuren auf dem Blatt. Aber es ist wichtig, trotzdem die Geschichte unserer Herkunft zu kennen, damit wir uns bewusst sein können, ob wir uns als Erwachsene in einer Weise ausdrücken, die mit dem übereinstimmt, was wir wirklich sind, und, was noch wichtiger ist, damit wir verstehen, ob irgendwelche negativen Aspekte unserer Vergangenheit unser gegenwärtiges Verhalten in irgendeiner Weise beeinflussen.

Du fragst dich vielleicht, wie es möglich ist, sich nicht mit sich selbst im Einklang zu fühlen, also lass uns mit objektivem Blick die typische Entwicklung einer Kindheit untersuchen. Dies mag vielleicht nicht gerade deinen persönlichen Erfahrungen entsprechen, aber basierend auf meinen langjährigen Coaching-Erfahrungen möchte ich wetten, dass es nicht allzu weit entfernt ist.

Wir können uns nicht aussuchen, wie wir aufwachsen. Wir werden alle in ein bestimmtes Familiensystem hineingeboren. Die Dynamik der Kernfamilie ist sehr unterschiedlich, und es gibt grundlegende Werte innerhalb der Familiensysteme, die mit unseren eigenen, individuellen Werten übereinstimmen können oder auch nicht. Wir werden eine ausführliche Diskussion über Werte in Kapitel 9, »Sphäre 5: Deine Beziehungen«, führen, aber das Entscheidende hier ist, dass ein Großteil der frühen Ausformung unserer Persönlichkeit das Resultat der Dynamik innerhalb unserer Familie ist, also davon geprägt wird, wie wir aufwachsen und erzogen werden. Die meisten von uns gehen zur Schule oder nehmen an Gruppenaktivitäten teil, wo wir nach und nach lernen, mit anderen Menschen umzugehen. Wir entwickeln Hobbys. Irgendwann in unserem frühen Leben beginnen wir, ein Bauchgefühl dafür zu entwickeln, was richtig und falsch ist. Schließlich, wenn wir körperlich reif sind, übernehmen wir die Verantwortung für unsere eigene Selbstfürsorge und unsere körperliche Gesundheit.

Wir lernen in der Schule, wie wichtig Allgemeinbildung ist, aber später im Leben scheinen sich viele von uns von der Idee des Lernens zu verabschieden und sich einfach mit dem Wissen zufriedenzugeben, welches wir bereits erworben haben. Ich glaube, dass viele von uns die Sehnsucht nach mehr Wissen verlieren, weil wir uns vielleicht gezwungen gefühlt haben, Dinge zu lernen, die wir später im Leben als nutzlos empfanden, und weil als Folge davon eine gewisse Ernüchterung eintritt.

Unsere allererste Beziehung beginnt eigentlich im Mutterleib – die Beziehung zu unserer Mutter. Dann bilden wir Beziehungen zu den

Menschen in unserer unmittelbaren Familie, während wir uns vom hilflosen Säugling zum jungen Erwachsenen entwickeln. Die Pubertät setzt ein, sie manifestiert sich mit einer hormonbedingten Flut verwirrender Gefühle, und viele von uns haben zum ersten Mal eine Liebesbeziehung.

Während wir uns auf die Selbstständigkeit vorbereiten, lernen wir etwas über finanzielle Verantwortung. Wir nehmen zunächst vielleicht Jobs an, die nicht genau unserem Lebensziel entsprechen; stattdessen sind sie ein solider Übungsplatz, auf dem wir in das Erwachsenenalter übergehen.

Abhängig von unserer Erziehung nehmen wir eine Religion oder spirituellen Glauben an. Später treffen wir eine bewusste Entscheidung, ob wir diese Praktiken fortsetzen, Veränderungen an ihnen vornehmen oder eine neue spirituelle Richtung wählen.

Diese ganze Beschreibung ist sehr grob skizziert, eine allgemeine Übersicht über die gängigsten Schritte vom Kind zum Erwachsenen. Aber ich frage dich: An welchem Punkt auf dieser Reise lernen wir, wie wir uns mit unserem besten Selbst verbinden können?

Schulen lehren uns diese Fähigkeit nicht, unsere Eltern wahrscheinlich auch nicht, da sie selbst möglicherweise nicht mit ihrem besten Selbst in Verbindung stehen, und selbst wenn sie es tun, dann vielleicht nicht durchgängig. Unsere Freunde haben sicherlich ebenfalls nicht die Mittel dazu. Deshalb stellen die meisten von uns früher oder später fest, dass sich bestimmte Aspekte des eigenen Lebens einfach merkwürdig anfühlen. Wir können es nicht vollständig benennen, aber wir wissen, dass etwas nicht ganz richtig ist. Das Problem? Wir sind nicht ganz wir selbst in dem einen oder anderen Lebensbereich.

Wir stecken mitten im Leben, und durch unsere Erfahrungen definieren wir, wer wir sind oder wer wir *glauben* zu sein. Einige Ereignisse helfen uns, unsere Authentizität zu festigen, andere bringen uns davon ab. Zum Beispiel können wir eine Leidenschaft für ehrenamtliche Tätigkeiten in einem bestimmten Bereich entdecken, was eine an sich lohnende Aktivität ist, die dazu dienen soll, einige der besten Eigenschaften unseres besten Selbst zu festigen, wie etwa Großzügigkeit und Altruismus. Es kann aber auch sein, dass wir irgendeine Art von Missbrauch oder Vernachlässigung erleben und dadurch negative Ansichten von uns selbst bilden – das kann uns weiter von unserem besten Selbst entfernen. Wir können sogar anfangen, falsche Ansichten über uns selbst und die Welt um uns herum zu bilden. Unser Verstand ist wie eine

Kamera, die unser Leben beobachtet, und wir machen Bilder von bedeutenden Momenten. Diese Momente erzeugen unterschiedliche Gedanken und Gefühle, die wir dann an Erinnerungen koppeln. Einige sind wichtig; sie stechen heraus. Andere, von denen wir uns wünschen, dass sie nie existiert hätten, tauchen manchmal in den Zeiten in unseren Köpfen wieder auf, in denen wir es am wenigsten erwartet hätten.

Wenn du dich auf diese Odyssee der Selbstfindung begibst, möchte ich, dass du im Hinterkopf behältst, dass du, egal was du in deinem Leben erreichen willst, die Werkzeuge in diesem Buch einsetzen kannst, um dies umzusetzen. Obwohl wir alle einzigartig sind, ebenso wie unsere Wege und unsere Ziele alle einzigartig sind, glaube ich, dass es einige universelle Werkzeuge und Konzepte gibt, die uns helfen werden, dorthin zu gelangen, wo wir hinwollen. Besonders heutzutage bewegen wir uns in einer Welt, die es liebt, uns zu sagen, wer wir sein sollen: von dem, was wir anziehen sollen, bis hin zu dem, was wir essen sollen, woran wir politisch glauben, wie wir uns der Welt präsentieren sollen und sogar, was wir uns vom Leben wünschen sollen – aber das ist alles Humbug! Das sind alles Entscheidungen, die du für dich selbst treffen solltest, basierend darauf, was mit dem, was du wirklich bist, übereinstimmt. Viele gesellschaftliche »Regeln« gelten einfach nicht für uns als Individuen, und wenn wir all unsere Energie darauf verwenden, zu versuchen, so zu sein, zu handeln und zu reden, wie die Gesellschaft es will, verschwenden wir bloß Zeit, die wir damit verbringen könnten, unser bestes Selbst zu entdecken und uns mit ihm zu verbinden.

Der Reiz dieses Buches besteht darin, dass es dir helfen wird, herauszufinden, welche Bereiche du in deinem Leben verbessern musst und wie du das tun kannst, wenn du dich dafür entscheidest. Auf meinem eigenen Lebensweg habe ich entdeckt, dass ich leidenschaftlich daran interessiert bin, Menschen zu helfen, ihr bestes Selbst zu entwickeln. Das ist es, was mich jeden Tag antreibt. Ich habe festgestellt, dass die größten Herausforderungen im Leben der Menschen dann auftreten, wenn das Leben, das sie führen, nicht mit dem übereinstimmt, wer sie wirklich sind. Das mag allzu simpel klingen, aber ich habe es immer wieder als zutreffend erlebt. Ich kam kürzlich an einen Punkt in meiner Karriere, an dem ich wusste, dass ich alles in Buchform bringen wollte, was ich in den vergangenen Jahren darüber gelernt habe, wie wir konsequent mit unserem besten Selbst leben. Mein Ziel ist schlicht und einfach, dir einen Leitfaden zu geben, der dir hilft, Probleme zu lösen und in deinem Leben zu wachsen, und zwar ausgehend von dem Punkt in dir, der dein bestes Selbst birgt.

Ganz gleich, wo du anfängst, dieses Buch kann dir helfen, dein Leben auf kraftvolle, sogar unerwartete Weise zu verbessern. Du könntest an deinem tiefsten Punkt beginnen – vielleicht bist du gerade dabei, dich einigen deiner größten Herausforderungen zu stellen –, dieses Buch kann dir helfen, deinen Weg zu finden, die andere Seite des Ufers zu erreichen und dich stärker zu fühlen als je zuvor. Oder du hast vielleicht das Gefühl, dass du dich im Moment treiben lässt, als wäre das Leben gerade mal akzeptabel, aber tief in dir drin weißt du, dass du mehr willst und mehr verdienst. Dieses Buch kann dir helfen, dein Ziel zu entdecken oder wieder neu zu entdecken, und es kann dich auf ungeahnte Weise antreiben. Es könnte sogar sein, dass sich dein Leben insgesamt ziemlich gut anfühlt, aber du nur ein Problem hast, von dem du weißt, dass es deine Aufmerksamkeit benötigt, doch du hast einfach noch nicht den richtigen Weg gefunden, es anzugehen. Dieses Buch kann dir darüber Klarheit verschaffen, sodass du dieses Problem sowohl angehen als auch effektiv lösen kannst. Ob du nun hoffst, dass du ...

- bessere Freunde findest,
- deine Beziehung zu dir selbst in Bezug auf den inneren Dialog und das Verständnis für dich selbst verbesserst,
- deiner Gesundheit auf sinnvolle Weise Priorität gibst,
- dich stärker in deinem Leben weiterentwickelst, indem du dein Wissen oder dein Verständnis für die Welt erweiterst,
- deine Beziehungen verbesserst,
- ein erfülltes Berufsleben hast,
- oder einen stärkeren Sinn für Spiritualität entwickelst,

... du *kannst* deine Ziele erreichen. Selbst wenn du dir noch nicht sicher bist, was du verändern willst, sondern lediglich weißt, dass du derzeit nicht dein ideales Leben führst, selbst dann können wir dein Ziel gemeinsam finden und dich dorthin bringen.

Wir alle wissen, dass das Leben unvorhersehbar ist. Da ich körperlich nicht anwesend sein kann, um als dein Ansprechpartner zu fungieren, wenn Probleme auftreten oder wenn neue Abschnitte in deinem Leben dein Ziel verändern, möchte ich sicherstellen, dass du eine klar definierte innere Stimme hast, die dich leiten kann. Du musst in der Lage sein, eine besonnene, kritisch durchdachte, logische und objektive Meinung aufzubieten, wenn es hart auf hart kommt. Dazu verwenden wir das Modell des besten Selbst, das aus Übungen besteht, die ich über die Jahre mit meinen Klienten durchgeführt habe. Ob es sich nun um eine hochrangige Führungskraft handelt oder um jemanden, der nur darum kämpft, die Miete zahlen zu können – das Modell des besten Selbst funktioniert.

Es ist eine Methode, die dir hilft, dich selbst und die Menschen in deinem Leben zu beurteilen. Wir betrachten, was in deinem Leben gut funktioniert und was nicht, und zwar mit Blick auf sieben verschiedene Lebensbereiche oder Sphären, die dein ganzes Leben umfassen: soziale Kontakte, Privatleben, Gesundheit, Bildung und Erziehung, Beziehungen, Berufsleben und spirituelle Entwicklung. Und weil ich auch davon überzeugt bin, dass die Gruppe von Menschen, mit denen du dich in deinem Leben umgibst, sehr wichtig ist, werden wir auch einen realistischen und objektiven Blick auf diese Menschen werfen. Wir werden prüfen, welche dir mehr nutzen und bei wem du dich eher zurückziehen solltest. Dein innerer Kreis kann dein Schicksal bestimmen, ist also ein wichtiger Mosaikstein in dem Prozess.

Der Grund, warum das Modell des besten Selbst für so viele verschiedene Menschen funktioniert, ist, dass ich niemandem vorschreibe, wer er oder sie sein soll, sondern nur nahelege, dass man sich zu seinem besten Selbst entwickelt. Es gibt jedoch eine Handvoll Eigenschaften, die ich in all unseren besten Versionen von uns selbst als universell empfinde, und eine davon ist eine freundliche innere Stimme. In unserem Kern sind wir nicht dazu bestimmt, uns selbst oder anderen gegenüber kritisch zu sein. Zum Beispiel lehne ich die Vorstellung ab, dass Menschen, die andere schikanieren, »nur ehrlich sind«. Ich glaube, dass diese Individuen im Allgemeinen ihren eigenen Schmerz nach außen hin zum Ausdruck bringen, in Form von aggressivem Verhalten. Außerdem glaube ich, dass man, wenn man ein niedriges Selbstwertgefühl hat, nicht sein bestes Selbst sein kann. Wenn jemand von sich selbst wenig hält, ist das aus irgendeiner Art von Schmerz heraus entstanden. Ich glaube auch, dass wir in unserem Innersten grundsätzlich furchtlos, schamlos, ehrlich, tatkräftig, dankbar und frei sind.

Wir werden deine authentische innere Stimme finden, indem wir uns zuerst die Eigenschaften ansehen, die dir an dir selbst am besten gefallen. Dann, in Kapitel 2, werden wir uns ansehen, was ich als deine Charakterfehler bezeichnen möchte. Wir alle haben sie, und wir sprechen sie normalerweise erst an, wenn wir dazu gezwungen werden, oder wenn wir jemand anderem mit dem gleichen Problem begegnen. Wir kehren diese »Makel« gern unter den Teppich, aber wir werden etwas ganz Revolutionäres mit ihnen machen: Wir werden sie wieder ans Licht zerren – und sie zu deinem Vorteil einsetzen. In anderen Worten: Es sind überhaupt keine Makel oder Schwächen, es sind Facetten von dir, die wir nur anders einsetzen werden.

Sobald wir diese Aspekte unserer selbst identifiziert haben, werden wir ein wenig kreativ werden. Zusammen werden wir zwei (oder in einigen Fällen mehr– ich habe tatsächlich mehrere) sehr gut definierte Charaktere erstellen, die beide in dir existieren. Du kannst sie dir klassisch als »Engel und Teufel«, »Held und Antiheld« oder »Freund und Feind« vorstellen, was immer du willst – aber wir werden konkret werden, und du sollst ihnen Namen geben. Ich werde dich sogar bitten, sie zu zeichnen! Ich meine es sehr ernst, je detaillierter du deine Charaktere gestalten kannst, desto besser, denn dann weißt du, wer gerade das Sagen hat, wenn du dich auf bestimmte Weise verhältst oder bestimmte Gedanken oder Gefühle hegst.

Dieses ist eine starke und in hohem Grade wirkungsvolle Übung, also möchte ich sichergehen, dass du ihr deine volle Aufmerksamkeit schenkst. Außerdem macht sie Spaß!

DIE MACHT DES TAGEBUCHSCHREIBENS

Oft höre ich Leute sagen, dass sie sich wünschen, sie hätten mehr Zeit, ein Tagebuch zu führen. Nun, jetzt ist es an der Zeit, damit zu beginnen! Da du in diesem Buch gebeten wirst, eine Menge Selbstbeobachtung durch das Schreiben durchzuführen, empfehle ich dir nachdrücklich, ein Tagebuch zu kaufen, in das du gerne schreibst, oder dir eine Tagebuch-App aufs Handy zu laden, wenn du das bevorzugst. Das Material, das du aufschreiben wirst, wird dir jetzt und in Zukunft nützlich sein! Du kannst jederzeit darauf zurück-

greifen, wenn du dich treiben lässt, du vor einer großen Lebensentscheidung stehst oder du einfach nur deine neu gefundene Verbindung zur besten Version deiner selbst aufrechterhalten möchtest.

Eine Geschichte, die mir immer in den Sinn kommt, wenn ich an diesen Prozess denke, handelt von einem berühmten Musiker, mit dem ich vor Jahren gearbeitet habe. Dieser Superstar ist einer der großzügigsten, freundlichsten, lustigsten und intelligentesten Menschen, mit denen ich je das Vergnügen hatte, zusammenzuarbeiten. Und außerdem ist er ein unglaublich talentierter Sänger und Entertainer. Eines Tages bekam ich einen Anruf von seinem Manager, der mich bat, ihn in New York zu besuchen. Ich hatte ihn eine Weile nicht gesehen, aber als wir zusammenkamen, bemerkte ich, dass er ein ganz anderer Mensch war als bei unserer vorherigen Begegnung.

Er war der Frontmann und Leadsänger einer Band gewesen. Er war der Liebling der Frauen, die Männer wollten sein wie er, und es gab eine Zeit, da war er der Superstar schlechthin. Aber der Mann, den ich an diesem Tag sah, war nicht der feurig temperamentvolle Typ, den ich kennengelernt hatte. Sein Team erklärte mir, dass er seit dem Ende der Band im Grunde genommen »auf der Stelle trete«. Er hatte verschiedene Projekte angeboten bekommen, eines davon in Angriff genommen, aber plötzlich beschlossen, es nicht fortzuführen. Er kämpfte damit, seine Identität neu zu definieren, da er jetzt ein Solokünstler war. Er musste sich ganz neu erfinden, weil sein früheres Selbstbild vollkommen von seiner Rolle in der Band bestimmt worden war.

Wir machten uns direkt an die Arbeit und begannen eine Liste aller Gefühle zu erstellen, die er derzeit empfand. Er benutzte Worte wie *deprimiert, unsicher, misstrauisch, düster*. Als ich ihn bat, seinem Antihelden einen Namen zu geben, dauerte es nicht lange, bis er »Minus« erfand. Er erklärte mir, dass Minus gerade alle Energie direkt aus diesem Raum sauge. Ich fragte ihn, wie oft Minus den Ton in seinem Leben angebe, und er antwortete, es seien ungefähr 80 Prozent der Zeit.

Dann sprachen wir über sein bestes Selbst, das er »Ralph« nannte. Als wir anfingen, die Details um Ralph herum zu präzisieren, wurde mein Klient sichtbar selbstbewusster. Er erklärte, dass Ralph ein Eichhörnchen sei. Das ist das Bild, das er von Ralph gezeichnet hat:

Niedlich, nicht wahr? Je mehr Ralph Gestalt annahm, desto klarer wurde es meinem Klienten, dass er Ralph statt Minus den Ton angeben lassen sollte. Natürlich ließ sich das nicht von jetzt auf gleich ändern – wir mussten ganz schön in die Tiefe gehen, um herauszufinden, wer Ralph wirklich in seinem Inneren war. Aber mein Klient begriff schnell, dass er sich jederzeit mit Ralph, den er als seinen allerbesten Freund zu betrachten begann, beratschlagen konnte, um stärker und selbstbewusster zu werden. Wenn Minus versuchte, einen Fuß in die Tür zu bekommen, konnte er Ralph auffordern, das Steuer zu übernehmen und Minus wieder zu verdrängen. Was für eine wirkungsvolle Methode!

Kurz nach unserer Zusammenarbeit schrieb mein Klient einen Riesenhit, für den er mehrere Auszeichnungen erhielt. Wie du siehst, hat die Arbeit, die wir uns mit der Psyche eines Menschen machen, spürbare Auswirkungen auf die reale Welt. Das liegt daran, dass Gedanken dazu führen, dass man handelt und sich entsprechend verhält. Wenn man seine Gedanken selbst bestimmen kann, gehen daraus entsprechende Verhaltensweisen hervor. Als mein Klient Ralph das Kommando übergeben hatte, schob er die negativen Gedanken, Gefühle und falschen Überzeugungen, die Minus zu Tage gefördert und verstärkt hatte, einfach beiseite. Er achtete nicht mehr auf das Gezeter von Minus und konzentrierte sich auf das Selbstvertrauen, das Ralph ihm gab. Das Ergebnis waren ebenso bedeutungs- wie kraftvolle musikalische Kompositionen, die bei den Hörern gut ankamen, weil sie ihren Ursprung bei einem Künstler hatten, der ganz bei sich selbst war.

Natürlich will ich damit nicht behaupten, dass du es am Ende dieser Übung in die Top-100-Singlecharts schaffen wirst. Aber ich sage, dass diese einflussreiche Übung dir helfen kann, dich neu zu erfinden oder dir den Weg zurück zu deinem wahren Selbst zu bahnen, den du unterwegs vielleicht aus den Augen verloren hast.

DEINE EINZIGARTIGE ERFAHRUNG

Es gibt kein Patentrezept, wie man am besten mit diesem Buch arbeitet. Du bist auf einer Entdeckungsreise, und was zählt, ist, dass du neugierig, ehrlich, offen, bereitwillig und konzentriert auf diesem Weg bleibst. Dieses Buch funktioniert nur, wenn du damit arbeitest, also arbeite damit, denn du bist es wert! Wenn du dieses Buch bloß passiv liest, wirst du nicht alles herausholen können, was du verdienst. Beantworte die Fragen, mache die Übungen, gehe tief in dich und es wird sich auszahlen.

Dies ist auch die Art von Buch, auf die du in Zukunft wieder zurückgreifen kannst, je nachdem, was in deinem Leben ansteht, und ich garantiere dir, dass du zu unterschiedlichen Ergebnissen kommen wirst. Da du dich auf deiner Reise ständig weiterentwickelst, kannst du das Modell des besten Selbst jederzeit in deinem Leben anwenden.

Notiere deine Eigenschaften

Nun bist du an der Reihe, alle deine besten Eigenschaften oder Charakterzüge aufzuschreiben, die sich für dich authentisch anfühlen. Während du über diese Eigenschaften nachdenkst, versetze dich in verschiedene Szenarien und frage dich, worin du dich hervortust. Alle Eigenschaften sollten positiver Natur sein. Später wirst du sehen und verstehen, dass all diese Qualitäten deinem besten Selbst entstammen, welches ich manchmal auch als deine Authentizität, dein wahres Ich oder dein authentisches Selbst bezeichnen werde – alle Begriffe bezeichnen dasselbe: das eigentliche Wesen deiner selbst. Ich hatte viele Klienten und Freunde, die einen »Aha-Moment« erlebten, als sie begriffen, dass ihre negativen Eigenschaften nicht wirklich ein Teil ihrer selbst sind – diese sind nur flüchtige Gefühle. Tief in unserem Inneren sind wir alle gut.

Hier sind einige Beispiele für Fragen, die du dir stellen könntest, um diesen Prozess in Gang zu bringen, aber wenn sie dich nicht wirklich ansprechen, ignoriere sie einfach. Ich werfe nur ein paar Ideen in den Raum, um dich zu inspirieren.

- Hast du Mitgefühl mit dir selbst und anderen?
- Bist du optimistisch und siehst immer nur die positive Seite oder das Gute in allem?
- Verzeihst du denjenigen, die versucht haben, dich zu verletzen?
- Hast du den Mut, dich für dich selbst oder andere einzusetzen?
- Bist du fantasievoll und schaust oft über den Tellerrand hinaus?
- Verhältst du dich freundlich gegenüber anderen, auch wenn niemand zusieht?
- Bist du bei der Arbeit effizient?
- Halten die Leute dich für einen treuen Freund und/oder Vertrauten?
- Gehst du liebevoll mit deinen Kindern um?
- Bist du kreativ und bringst du deine Kreativität oft zum Ausdruck?
- Hebst du Müll auf, wenn du welchen auf der Straße siehst?
- Versuchst du, Konflikte zu lösen, wenn sie auftreten?

Hier ist eine Liste von positiven Eigenschaften, die du in Betracht ziehen könntest. Du kannst diejenigen einkreisen, die auf dich zutreffen oder sie zu deiner eigenen Liste hinzufügen.

achtsam	anmutig	aufgeschlossen	autark
akademisch	anregend	aufgeweckt	authentisch
aktiv	anständig	aufmerksam	barmherzig
altruistisch	attraktiv	ausgeglichen	beliebt

bescheiden
beschützerisch
besonnen
bester Laune
bewundernswert
brillant
charakterstark
charmant
clever
cool
dankbar
demütig
didaktisch
direkt
diskret
diszipliniert
dynamisch
effizient
ehrenhaft
ehrfurchtsvoll
ehrlich
ehrwürdig
einfühlsam
einladend
einnehmend
elegant
eloquent
energisch
engagiert
enthusiastisch
entscheidungsfreudig
entspannt
erfahren
erfinderisch
erfüllt
ernsthaft
ethisch
euphorisch
fähig
fair
fantasievoll
farbenfroh
fleißig
flexibel
frei
freundlich
freundliche innere Stimme
friedlich
fröhlich
führend
furchtlos
fürsorglich
gastfreundlich
gebildet
geduldig
genügsam
gepflegt
geschickt
gesellig
gesund
gewissenhaft
glücklich
glückselig
goldig
großartig
großherzig
großzügig
gründlich
gütig anderen gegenüber
gutmütig
harmlos
heldenhaft
herzlich
hilfsbereit
hinreißend
humorvoll
idealistisch
ideenreich
im Einklang mit sich
innovativ
inspirierend
inspiriert
intelligent
intuitiv
kameradschaftlich
klaglos
klar denkend
klug
kompetent
konstruktiv
konventionell
konzentriert
kooperativ
kreativ
kühn
kultiviert
lebenslustig
lebhaft
leidenschaftlich
leistungsfähig
leistungsorientiert
lernbegierig
liebevoll
logisch denkend
loyal
menschenfreundlich
menschlich
methodisch
mitfühlend
moralisch
mutig
nachdenklich
nüchtern
nützlich
objektiv
offen
optimistisch
ordentlich
ordnungsliebend
organisiert
patriotisch
pflichtbewusst
positiv
pragmatisch
praktisch veranlagt
präzise
prinzipientreu
produktiv
pünktlich
raffiniert
rational
reaktionsstark
realistisch
redegewandt
reif
respektvoll
ritterlich
romantisch
rücksichtsvoll
ruhig
sachverständig
sanft
sauber
scharfsinnig
schnell
selbstbewusst
selbstlos
selbstständig

sensibel
sicher
spirituell
spontan
sportlich
standfest
stark
stoisch
stolz
stylisch
subtil
sympathisch
talentiert
tatkräftig
tiefgründig
tolerant
treu
überschwänglich
überzeugend
umgänglich
umsichtig
unabhängig
unbestechlich
undogmatisch
unerschütterlich
ungeteilt
ungezwungen
unternehmungslustig
unverblümt
verantwortungsvoll
vernünftig
verrückt
versiert
versöhnlich
verspielt
verständnisvoll
vertrauensvoll
vertrauenswürdig
vital
vollkommen
vorsichtig
wachsam
warm
warmherzig
weise
weltgewandt
wertschätzend
wertvoll
wohlhabend
wohlwollend
zärtlich
zielgerichtet
zielstrebig
zufrieden
zurechnungsfähig
zurückhaltend
zuverlässig
zuvorkommend

Schreibe alles, was du an dir als positive Eigenschaft empfindest, hier unten auf. Du kannst natürlich auch Eigenschaften wählen, die nicht in der Liste oben vorkommen.

Die Eigenschaften meines besten Selbst:

kreativ / humorvoll / redegewandt / unternehmungslustig / stark, aktiv, zielstrebig, «zäh» / intelligent / empathisch / wertschätzend / verständnisvoll / produktiv, leistungsorientiert / ordnungsliebend / fröhlich / gelassen? / diszipliniert / lebenslustig / intuitiv / sensibel / verantwortungsvoll / realistisch

Es kann schwierig sein, unsere besten Eigenschaften aufzuschreiben, denn es ist ja nicht so, als würden wir viel Zeit damit verbringen, darüber nachzudenken, wie toll wir sind. Das entspricht nicht der menschlichen Natur. Wir neigen viel mehr dazu, uns selbst schlechtzumachen.

Doch hoffentlich wirst du am Ende dieses Buches alle deine besten Eigenschaften wirklich annehmen und anerkennen – es ist eine viel produktivere und vorausschauendere Tätigkeit!

Bald wirst du dich selbst objektiv betrachten, als ob du von außen in dich hineinblickst und dich wirklich selbst *erkennst*, vielleicht sogar zum ersten Mal. Du kannst vielleicht eine Vertrauensperson hinzuziehen, falls du eine hast, und um Hilfe für den Einstieg bitten. Wenn du das tust, stelle einfach sicher, dass diese Person keine eigenen Ziele verfolgt und nur will, dass du das Beste aus dir herausholst.

Übung: Gestalte dein bestes Selbst

Nutze nun die Liste der Eigenschaften, die du gerade aufgeschrieben hast, und suche dir diejenigen aus, die dir am besten an dir selbst gefallen. Diese werden dir helfen, dein bestes Selbst in die richtige Form zu bringen. Ich möchte mir hier einen Moment Zeit nehmen, um dich daran zu erinnern, dass diese Übung dir Spaß machen soll; du kannst sie eher humorvoll gestalten oder du kannst sie ernst nehmen. Je nachdem, wie du dich fühlst.

Diese Fragen können dir zum Start helfen:

Ist dein bestes Selbst:

- ein bestimmtes Geschlecht?
- ein Tier?
- eine mystische Kreatur? Oder eine weise Stimme in dir?
- eine Figur, die von einem Buch oder Film inspiriert wurde?

Hat dein bestes Selbst ein Motto oder einen Slogan?
Verhält sich dein bestes Selbst in einer bestimmten Weise, wenn jemand freundlich zu dir ist?
Verhält sich dein bestes Selbst in einer bestimmten Weise, wenn du dich bedroht fühlst?
Was hält dein bestes Selbst von dir?

Bewegt sich/geht/tanzt dein bestes Selbst auf eine bestimmte Art und Weise?
Welche ist die stärkste Eigenschaft deines besten Selbst?

Beschreibe hier dein bestes Selbst in aller Ausführlichkeit:

Annabelle (vgl. Tinkerbell, Peter Pans Fee): feenhaftes Auftreten; leichtfüßig, manchmal etwas flatterhaft; fliegt grazil und schnell vom einen Ort zum anderen wie ein Schmetterling von Blume zu Blume, verbreitet Optimismus, Leichtigkeit und Frohsinn; duftet nach Blumen, liebt es, in der Sonne zu sein (dadurch werden die Akkus) aufgeladen); „Sonnenschein"; ruft ein Lächeln hervor; liebreizend

Ich werde dir jetzt ein wenig über mein bestes Selbst erzählen, einen Zauberer namens Merlin. Ich war schon immer ein Nerd, wenn es um Fantasy-Spiele ging. Seit Jahren spiele ich ein Rollenspiel namens »Magic: The Gathering«. In diesem Kartenspiel ist jeder ein Zauberer, und um zu gewinnen, muss man andere verzaubern. (Ich weiß, wie albern das klingt, aber es macht wirklich Spaß!) Meine Freunde und ich haben uns beim Spielen immer gegenseitig Namen gegeben. Ein Freund von mir war die Bestie, ein anderer war Gozar, der Torwächter. Für mich verkörpern Zauberer der fiktiven Welt Weisheit, Glauben und das Gute, das über das Böse siegt.

Inspiriert von meiner Vorliebe für dieses Spiel, ist mein bestes Selbst, Merlin, weise, freundlich, clever, liebevoll, klug, hat absolutes Vertrauen in das Wirken des Universums, glaubt, dass alles möglich ist, und handelt nie aus Eigennutz. Er ist ein cooler Typ, der seinen eigenen Takt vorgibt und sich keinen Fehltritt erlaubt. Er fühlt sich nie unsicher und hat keine Angst, dass er zu kurz kommen könnte. Er ist geduldig und mitfühlend, er akzeptiert sich selbst, wie er ist, und er glaubt immer an sich. Er hegt keinen Groll. Er bietet anderen vollständige Vergebung an, auch wenn sie im Unrecht waren.

Um zu solch einem guten Bild von seinem besten Selbst zu kommen, gibt es wohl keinen besseren Weg, als es zu zeichnen. Du kannst einen Füller, Kreide, Filzstifte oder Buntstifte benutzen, wie du willst. Ich habe ein Bild von Merlin gezeichnet, als ich diese Übung vor vielen Jahren zum ersten Mal gemacht habe, und im Gegensatz zu meinem negativen Selbst (dazu kommen wir als Nächstes) ist Merlin über die Jahre ziemlich gleich geblieben.

Es spielt keine Rolle, was du zeichnest, ich bin sehr stolz auf dich, dass du dir überhaupt die Mühe machst. Wir sind nicht alle geborene Künstler, wenn es also nicht viel mehr wird als ein Strichmännchen, ist das in Ordnung! Das Bild, das du in deinem Kopf hast, ist wahrscheinlich detaillierter als deine Zeichnung, und das ist es, was wichtig ist. Sicher kannst du dir vorstellen, wie die Leute mich angucken, wenn ich mit Führungskräften großer Unternehmen zusammensitze, und sie diese Übung machen lasse. Aber das Ergebnis ist die Sache immer wert.

Zeichne dein bestes Selbst hierhin:

Sieh dir nun deine Zeichnung an. Gib deinem besten Selbst einen Namen und schreibe ihn dann oben auf das Bild, das du gezeichnet hast.

Ich wette, als du dieses Buch gekauft hast, hast du dir nicht vorstellen können, dass du ein Kunstwerk erschaffen würdest. Ich war so begeistert, als ich Merlin erfand, dass ich eine tägliche Übung entwickelte, um mich an seine Stärke (und damit an meine eigene!) zu erinnern, und dass ich bei einem Künstler namens Ryan Pratt ein Kunstwerk in Auftrag gab. Er hat seine eigene Version des Lebensbaums geschaffen, und in diesem Baum ruht sich Merlin in den Zweigen aus. Ich habe das Original im Eingangsbereich meines Hauses, und ich betrachte es jeden Tag aufs Neue gern. Hier ist eine Detailaufnahme:

Wie motivierst du dich selbst?

Normalerweise werde ich von Leuten als Life Coach angeheuert, weil sie einen Aspekt in ihrem Leben verbessern wollen; sie sind meist an irgendeiner Stelle festgefahren und brauchen Hilfe, um sich loszueisen oder um eine neue Perspektive zu finden. Die Rolle eines Life Coaches kann unterschiedlich ausfallen – aber jeder gute Coach wird dir nicht nur helfen, deine Ziele zu erkennen, sondern dir auch zeigen, wie du sie erreichen kannst.

Wie du in diesem Buch sehen wirst, werde ich dich auch darin trainieren, deine blinden Flecken und Minenfelder zu erkennen, weil sie problematisch sein könnten. Ich frage die Leute gerne, ob ihre Brillengläser geputzt sind. Was ich damit meine, ist, ob sie mit klarem Blick auf die Dinge schauen oder ob ihre Sicht durch ihr Ego verschwommen ist. Wir alle haben Verhaltensweisen oder Denkmuster, die sich negativ auf unser Leben auswirken und uns daran hindern, uns zu entwickeln und zu wachsen – beispielsweise, wenn es uns an Demut mangelt oder wir das unstillbare Bedürfnis haben, recht zu behalten. Nun ist es Zeit, sich mit diesen Verhaltensweisen und Denkmustern auseinanderzusetzen, und wenn sie dir nicht irgendwie dienlich sind, musst du lernen, sie loszulassen und durch positive Denkmuster zu ersetzen. Wenn du dazu neigst, in bestimmten Bereichen deines Lebens immer wieder die falschen Entscheidungen zu treffen, werden wir auch dem ein Ende setzen. Da ich nicht an deiner Seite sein kann, um jede Entscheidung, die du treffen musst, zu besprechen, solltest du einige Qualitäten eines Life Coaches an die Verkörperung deines besten Selbst weitergeben, damit er oder sie für den Rest deines Lebens für mich einspringen kann.

Hier sind einige Fragen, um dich in die Denkweise eines Life Coaches zu versetzen:

- Wie kann dein bestes Selbst dir helfen, furchtlos zu bleiben?
- Wie kann dein bestes Selbst dir helfen, dich nicht dafür zu schämen, wer du in diesem Leben bist?
- Wie kann dein bestes Selbst dir helfen, ehrlich zu dir selbst und zu anderen zu bleiben?

- Wie kann dein bestes Selbst dir helfen, diese freundliche und mitfühlende innere Stimme zu jeder Zeit beizubehalten?
- Wie kann dein bestes Selbst dir helfen, dich für jede Situation gerüstet zu fühlen?
- Wie kann dein bestes Selbst dir helfen, dankbar zu bleiben?
- Wie kann dein bestes Selbst dir helfen, dich so frei zu fühlen, dass du ganz du selbst bist?

Schreibe die »Life Coach«-Eigenschaften deines besten Selbst hier auf:

Während wir mit dem Plan in diesem Buch fortfahren, kannst du anfangen, dein bestes Selbst so zu »trainieren«, dass es dir die gleichen Fragen stellt, die ich dir stelle, sodass du dich effektiv durch dein Leben bewegen kannst, immer mit dem Ziel, vollständig im Einklang mit dir selbst zu sein. Beachte die Schlüsselfragen, die ich dir in Bezug auf deine Gedanken, Gefühle, Verhaltensweisen und Denkmuster stelle, damit du dir in Zukunft die gleichen Fragen stellen kannst.

Ich wollte das Buch mit der Aufgabe beginnen, dein bestes Selbst zu kreieren, denn du wirst mehr aus all dem herausholen, was wir im Rest des Buches angehen, wenn du dazu eine klare Vision deines besten Selbst hast.

Dankbarkeit

Dankbarkeit auszudrücken ist immer eine ausgezeichnete Möglichkeit, dich mit deinem besten Selbst zu verbinden. Ich kann dir garantieren, dass sich deine Stimmung heben wird, wenn du darüber nachdenkst, für welche Dinge deines Lebens du dankbar bist. Ich mache täglich während des Morgenkaffees Dankbarkeitslisten, weil es für mich eine fantastische Art ist, den Tag zu beginnen. Andere Menschen schreiben vielleicht ihre Dankbarkeitslisten, wenn sie harte Zeiten durchmachen, um ihre Perspektive neu zu justieren. Dankbarkeitslisten kosten nicht viel Zeit. Tatsächlich zeige ich dir hier mal ein paar Dankbarkeitslisten, die Freunde von mir aufgestellt haben.

Eddys Dankbarkeitsliste:

Ich bin dankbar für ...

1. meine Familie
2. meinen Job
3. die Gesundheit
4. meine Freunde
5. meine Erziehung
6. die lateinamerikanische Kultur
7. die Fähigkeit, zwei Sprachen zu sprechen
8. meine körperlichen Fähigkeiten
9. meine Religion
10. die Erinnerung an eine großartige Kindheit

Jons Dankbarkeitsliste:

Ich bin dankbar für ...

1. meine Gesundheit und körperlichen Anlagen
2. mein Zuhause

3. meine Sicherheit und mein Wohlbefinden
4. meinen Partner/meine Partnerin
5. meine Mutter und meinen Vater
6. Lucy, Kashi, Vida (meine Hunde)
7. meine Freunde
8. mein regelmäßiges Einkommen
9. alle meine Kunden
10. meine Spiritualität

Caseys Dankbarkeitsliste:

Ich bin dankbar für ...

1. meinen Glauben
2. meine Familie
3. meinen Beruf, der mich ausfüllt
4. meine Fähigkeit, zu lernen und mir Wissen anzueignen
5. meinen Körper, der es mir ermöglicht, Sport zu treiben und schmerzfrei zu leben
6. mein Zuhause, das sicher und gemütlich ist
7. die Möglichkeit, gesundes Essen zu kaufen
8. all die wunderschöne Kunst auf der ganzen Welt
9. die liebenswerte Nachbarschaft um mich herum
10. jeden Atemzug, den ich mit meiner Lunge aufnehme

Was steht auf deiner Dankbarkeitsliste?

Überlege dir jetzt zehn Dinge, für die du dankbar bist, und schreibe sie auf. Denke daran – nichts ist zu unbedeutend, um es zu deiner Liste hinzuzufügen. Wenn du dankbar für den bequemen Stuhl bist, auf dem du sitzt, schreib es auf. Oder wenn du eine Fernsehsendung gesehen hast, die du gut fandest, schreib es auf. Manchmal empfindest du vielleicht sogar Dankbarkeit für unerwartete Dinge wie den Straßenverkehr, weil er es dir ermöglicht, noch länger ein Hörbuch zu hören oder dich ganz allein deinen Gedanken zu widmen, während du auf dem Heimweg bist. Neue Dinge zu finden, für die man dankbar sein kann, ist eine wunderbare Übung und eine unterhaltsame Art, im gegenwärtigen Moment noch mehr mit unserem besten Selbst verbunden zu sein. Wenn du nun über jeden einzelnen Punkt auf der Liste nachdenkst, mache dir ganz intensiv bewusst, wie sich das für dich anfühlt und lass dieses Gefühl deinen Körper durchdringen.

Nachdem du diese zehn Dinge aufgeschrieben hast, horche in dich hinein. Fühlst du dich besser als vorher? Glücklicher? Wenn ja, dann ist dir bewusst geworden, dass du gerade eine sehr einfache Übung gefunden hast, die dir helfen kann, deinen Tag fantastisch werden zu lassen oder die dir helfen kann, dich aus einem Loch herauszuziehen. Ich empfinde es immer als eine wirksame Methode, um wieder ins Gleichgewicht zu kommen.

Dankbarkeitsliste von ________________________________

Ich bin dankbar für ...

1. ____
2. ____
3. ____
4. ____
5. ____
6. ____
7. ____
8. ____
9. ____
10. ____

Jetzt, da du Kapitel 1 abgeschlossen hast, solltest du wissen, dass sich dein bestes Selbst am Ende des Buches möglicherweise verändert haben wird. Er oder sie wird wahrscheinlich ein paar neue Eigenschaften angenommen haben, über viel mehr Feinheiten verfügen oder sich in etwas vollkommen Neues verwandelt haben. Vielleicht wirst du betrachten, was du erschaffen hast, und dir sagen: »Heiliger Strohsack, ich bin so viel mehr, als ich je gedacht hätte!«

Im nächsten Kapitel wirst du eine ähnliche Übung machen, aber für dein negatives Selbst. Dies ist ebenso wichtig und für viele Menschen noch entscheidender, denn genau das kann es sein, was dich davon abhält, ein selbstbestimmteres Leben zu führen. Unser negatives Selbst steht im Widerspruch zu unserem besten Selbst, und der erste Schritt, dem negativen Selbst die Macht zu entziehen, ist, es zu erkennen.

2

VERSTEHE DEIN NEGATIVES SELBST

Sie steckte im Stau. Totaler Stillstand wäre eine bessere Beschreibung – also genau die Art von Verkehr, bei der die Autobahn eher einem Parkplatz gleicht. Es war ein glühend heißer, windstiller Tag im San Fernando Valley von Los Angeles. »Was heißt hier Berufsverkehr?«, dachte sie. »Von Verkehr kann keine Rede sein. Hier tut sich absolut nichts.« Die Autos sahen aus, als würden sie jeden Moment in Flammen aufgehen. Sie hielt ihr Lenkrad fest umklammert, die Klimaanlage blies ihr warme Luft ins Gesicht, und sie konnte spüren, wie ihr der Schweiß stetig den Rücken und die Brust hinunterlief. Ihr Telefon klingelte.

»Hallo?«, sagte sie und konnte die Beunruhigung in ihrer Stimme nicht verbergen.

»Hey, Suzanne! Hast du mal eine Sekunde?« Sie hörte meine Stimme und ein strahlendes Lächeln breitete sich über ihr Gesicht aus. Auch wenn dieser riesige Stau sie völlig verzweifeln ließ, konnte sie zumindest einen Moment lang mit einem guten Freund reden.

»Hi, Mike! Sicher, was gibt's? Ich fahre gerade von der Arbeit nach Hause.«

»Ich wollte wissen, ob du am Donnerstagabend mit mir essen gehen kannst. Wir müssen uns mal wiedersehen und uns auf den neuesten Stand bringen!«

»Sehr gerne! Lass uns das machen.«

»Prima. Ich schicke dir die Details per SMS. Passt dir 20 Uhr?«

»Ja, das ist perfekt. Ich freue mich darauf!«

»Cool. Dann sprechen wir später. Fahr vorsichtig!«

»Tschüss!«

Als das Gespräch beendet war, sanken ihre Mundwinkel wieder nach unten, sie seufzte laut und schaute sich um. Endlich nahmen alle wieder langsam etwas Fahrt auf. Vielleicht würde sie es in diesem Jahrhundert doch noch nach Hause schaffen. Im nächsten Moment scherte ohne Vorwarnung ein Auto direkt vor ihr ein und schnitt sie im Abstand von nur wenigen Zentimetern.

Sie verlor ihre Beherrschung.

»Hast du sie nicht mehr alle? Du Arschloch! Was zum Teufel glaubst du, was du da machst?« Suzanne setzte ihre Tirade mit einer Reihe schillernder Schimpfworte fort und knurrte förmlich, während sie empört mit den Armen fuchtelte, so sehr, dass ihr Auto von den wilden Bewegungen leicht hin und her schwankte. Suzanne war völlig aus der Fassung geraten.

Nach einer geschlagenen Minute voller Schimpfwörter, die aus ihrem Mund sprudelten wie geschmolzene Lava, und nachdem sie so lange gehupt hatte, dass andere Leute anfingen, wegen ihr zurückzuhupen, atmete sie schließlich einmal tief durch. Sie wurschtelte sich durch den Verkehr und fuhr seitlich neben der Person, die sie mit ihrem Wagen geschnitten hatte. Doch bevor sie ihr noch einen Vogel zeigen konnte, erkannte sie, dass der Fahrer in Wirklichkeit eine reizend aussehende ältere Dame war, die einfach nur zielgerade von Punkt A nach Punkt B fuhr. Genau wie Suzanne.

Machen wir nun einen Sprung nach vorn zu jenem Wochentag, als Suzanne und ich uns zum Abendessen trafen. Wir saßen uns in unserem Lieblingssteakhaus gegenüber und machten uns über unsere Salate her.

»Also, als ich dich neulich auf dem Heimweg angerufen habe, da warst du wohl ziemlich gestresst, was?«»Nun ja, nicht mehr als sonst. Die Arbeit ist irgendwie verrückt derzeit, aber ich bekomme es hin. Warum fragst du?«

»Nun, als wir uns verabschiedeten, hast du nicht richtig aufgelegt. Ich habe deinen kleinen Wutanfall im Straßenverkehr mitbekommen.«

Sie erstarrte und ihr fiel die Kinnlade herunter. »Oh mein Gott. Wie peinlich.« Und dann kicherte sie. »Ich wette, du wusstest nicht, dass ich so fluchen kann!«

»Wusste ich tatsächlich nicht! Du hattest definitiv eine beeindruckende Wortwahl. Machst du das regelmäßig?«

»Idioten anschreien, die mich schneiden? Sicher doch. Wir sind hier in Los Angeles. Das liegt irgendwie an der Gegend. Du kannst mir nicht erzählen, dass du noch nie jemanden angeschrien hast, weil er wie ein Wahnsinniger gefahren ist, wie die meisten Leute in dieser Stadt das eben tun.«

»Verkehr löst so etwas nicht bei mir aus. Doch ehrlich gesagt, finde ich Ausraster im Straßenverkehr faszinierend. Die Person in dem anderen Auto kann dich gar nicht hören. Jeder hat sein Fenster hochgedreht. Welchen Zweck soll das dann haben?«

»Es geht nicht darum, dass die andere Person mich hören kann. Es dient nur dazu, die Spannung zu lösen, die ich empfinde.«

»Und fühlst du dich danach besser?«

Diese Frage gab ihr zu denken. »Ich würde das gerne annehmen, aber die Wahrheit ist, dass ich mich manchmal so sehr aufrege, dass ich das Gefühl habe, mir zerspringt das Herz. Also schätze ich, die Antwort ist nein.«

»Schnapp dir mal bitte ein paar Servietten. Ich möchte eine Übung mit dir machen.«

»Oh, geht's schon wieder los? Wieder eine von deinen Übungen.«

»Komm schon, du magst sie doch in Wirklichkeit. Die macht auch richtig Spaß. Ich möchte, dass du all die Eigenschaften aufschreibst, die du an dir selbst nicht magst oder die dich irgendwie ausbremsen. Einfach alles, was dir das Gefühl gibt, nicht ganz dein bestes Selbst zu sein.«

Suzanne rollte mit den Augen, lächelte aber und gab schließlich nach. Alle meine Freunde sind an solche Dinge gewöhnt, wenn sie mit mir Zeit verbringen, und Suzanne ist da keine Ausnahme. Damals kannten wir uns etwa fünf Jahre und hatten sogar an einem Projekt zusammengearbeitet. Wir schätzten uns gegenseitig sehr.

Es kostete sie nicht viel Zeit, ihre Liste zu schreiben, und als sie fertig war, reichte sie sie mir ein wenig peinlich berührt.

»Okay, großartig. Jetzt werden wir die Figur deines negativen Selbst kreieren!«

»Meines was?«

»Dein negatives Selbst. Wir alle haben ein oder sogar mehrere von ihnen. Das sind die Seiten von uns, die durch negative Dinge ausgelöst werden, wie unsere Ängste und Befürchtungen. Der Sinn der Übung ist es, die Figur deines negativen Selbst kennenzulernen und zu verstehen, was sie hervorruft, damit du sie in Schach halten kannst. Du willst nicht damit enden, dass dein negatives Selbst den Ton angibt.«

»Also, du meinst, dass die Seite von mir, die sich hinterm Steuer übertrieben vulgär in Rage redet, die ›Krawall-Karola‹ ist oder so?«

»Genau! Und um dir das jetzt noch etwas anschaulicher zu machen, möchte ich, dass du auf diese Serviette zeichnest, wie sie aussieht.«

»Hmmm. Okay. Karola, ich denke, du hast große, gemein aussehende, buschige Augenbrauen, pralle Bizeps und ein schönes Paar Hörner auf deinem Kopf.« Sie kritzelte auf der Serviette herum und zeigte mir dann ihre Zeichnung.

»Perfekt! Nun zur nächsten Frage. Was bringt Karola noch auf den Plan, wenn du nicht gerade im dichten Stoßverkehr feststeckst?«

Suzanne dachte einen Moment lang nach. »Es ist irgendwie jedes Mal, wenn ich richtig die Faxen dicke habe. Wenn ich nur eingesteckt und eingesteckt habe, aber es keine Sekunde lang mehr aushalte, was immer mich genervt hat. Dann verwandele ich mich in Karola und jeder muss sich dann in Acht nehmen. Mein Mann kann ein Lied davon singen.«

»Hast du den Zusammenhang schon mal hergestellt? Dass dieser Aspekt deiner Persönlichkeit immer dann auftaucht, wenn du die Nase voll hast?«

»Nicht wirklich, nein. Aber jetzt, wenn ich es so betrachte, merke ich, dass ich wahrscheinlich etwas tun könnte, um es zu verhindern.«

»Was zum Beispiel?«, fragte ich.

»Nun, ich könnte vielleicht schon früher ein Gespräch mit meinem Mann führen oder mit wem auch immer, der mich gerade in den Wahnsinn treibt, anstatt zu versuchen, die Gefühle zu ignorieren oder zu unterdrücken, bis ich explodiere. Ich könnte ihm einfach sagen, dass er die Dusche trocken halten muss, damit kein Schimmel entsteht, anstatt zu warten, bis der Schimmel unser Badezimmer erobert, und ihn dann anzuschreien.«

»Stimmt. Und wenn wir schon mal dabei sind: Lässt sich von dieser Liste von Eigenschaften, die du nicht an dir magst, noch eine andere Figur deines negativen Selbst ableiten, die du darstellen könntest?«

»Sicher. Aber sie ist ganz anders als Karola. Sie ist nach innen gekehrt, wird verlegen und sagt einfach keinen Piep. Immer wenn ich Neuland betrete oder mich unerfahren fühle, schalte ich irgendwie ab.«

»Zeichne sie auch mal.« Suzanne war schon dabei. Sie kannte diese Seite von sich selbst nur zu gut. Sie zeichnete eine kleine Person an einem großen Konferenztisch, deren Kopf gesenkt war und deren Haare um ihr Gesicht hingen wie ein Schutzschild. Die Knie hatte sie angezogen und ihre Arme darumgelegt.

»Dieses Bild sagt viel aus. Wie heißt sie?«, fragte ich.

»Das ist Nell.«

»Also kommt Nell zum Vorschein, wenn du dich bei der Arbeit überfordert fühlst?«

»Ja, oder in jeder Situation, bei der ich einfach das Gefühl habe, nicht vorbereitet zu sein. Ich kann mich noch gut daran erinnern, als ich ein Kind war und ich häufig nicht zur Schule gehen konnte, weil ich krank war, und dann musste ich eine Klassenarbeit schreiben, für die ich nicht gelernt hatte. Im Unterricht war ich immer absolut perfekt, aber bei dieser Klausur war ich wie erstarrt und konnte keine einzige Antwort geben. Ich erlebe diesen Moment jedes Mal neu, wenn ich mich in einer Unterhaltung oder Situation befinde, die ich nicht genau abschätzen kann oder wenn ich von einem Thema nicht viel Ahnung habe.«

»Also hast du das Gefühl, dass du in diesen Fällen nicht auf deinen Instinkt oder deine Erfahrung zurückgreifen kannst?«

»Genau. Ich bin wie gelähmt. Beziehungsweise: Nell ist gelähmt.«

»Okay. Also, jetzt, wo du weißt, wann sie auftaucht, denkst du, dass du sie in Schach halten kannst?« Suzannes Gesichtsausdruck wechselte innerhalb von Sekunden von entmutigt zu erleuchtet. Indem sie Nell aufspüren und ihr ein Gesicht und einen Namen geben konnte, gewann Suzanne plötzlich Macht über sie.

»Weißt du was? Das tue ich. Ich fühle mich, als hätte ich mich auf eine seltsame Weise an der Vergangenheit festgeklammert und mich von ihr beherrschen lassen. Klingt das verrückt?«

»Nein. Überhaupt nicht. Das ist ganz normal. Aber jetzt hast du wieder die Kontrolle und musst dich nicht mehr von ihr beherrschen lassen.«

»Ich lerne immer etwas, wenn wir uns treffen, Mike, aber das hier ist enorm. Ich bin froh, dass du meinen Ausraster im Straßenverkehr mitbekommen hast.«

»Ich auch, und nun kann ich mich auch wieder zu dir ins Auto setzen. Einen Moment lang wollte ich dir schon verbieten, jemals wieder Auto zu fahren.«

»Ach, komm. Es ist ja nicht so, als ob Karola absichtlich jemanden geschlagen hätte.«

Daraufhin zog ich meine Augenbrauen ein wenig hoch. »Okay, du hast recht – wer weiß, wozu dieses verrückte Geschöpf imstande wäre! Ich bin froh, dass Karola jetzt weg ist.«

Wir amüsierten uns prächtig und genossen den Rest unseres Abendessens. In den nächsten Wochen fragte ich bei meiner Freundin nach, ob Nell oder Regina überhaupt noch einmal aufgetaucht seien, und ich freue, mich berichten zu können, dass Suzanne von beiden nichts mehr gehört hatte.

Den Charakter deines negativen Selbst zu erkennen, ist eine sehr wichtige Übung, denn es kann dein Leben verändern. Immer wieder habe ich beobachtet, wie Menschen in allen Bereichen ihres Lebens unvorhersehbare Höhenflüge absolvierten, weil sie es nicht mehr zuließen, dass ihnen ihr negatives Selbst im Weg stand.

Ich gebe dir ein weiteres Beispiel für ein negatives Selbst, das eine meiner Klientinnen – auch sie ein Superstar – in sich selbst entdeckt hat. Sie hatte immer wieder Probleme in ihren Beziehungen und konnte nicht verstehen, warum sie nicht in der Lage war, eine gesunde, solide Beziehung zu einem Mann aufrechtzuerhalten. Sie ging kontinuierlich Beziehungen ein, die großartig begannen, aber sich schnell ins Gegenteil kehrten. Jeder um sie herum sagte ihr, sie habe sich auf den falschen Partner eingelassen, aber sie ignorierte das einfach und ließ es zu, dass ihr jeweiliger Freund sich ihr gegenüber beleidigend und herablassend äußerte, sie betrog und sie emotional und manchmal sogar auch körperlich misshandelte. Dieselben Probleme tauchten immer wieder auf.

Als ich meine Klientin nach ihrer Definition einer guten Beziehung fragte, verlor sie sich in romantischen Plattitüden, die genauso klangen wie jeder Liebesroman oder jede typische Liebeskomödie, die jemals erfunden worden sind. Es war reine Einbildung und Fantasterei! Ich half ihr, ihre Vorstellungen von einer perfekten Beziehung zu überprüfen, indem ich mich mit ihr in der Öffentlichkeit auf die Suche nach dem machte, was sie für das perfekte Paar hielt, das alles hatte, was sie sich vorstellte. Das Komische war, dass die meisten Menschen um uns herum entweder mit ihren Handys beschäftigt waren und sich dabei gegenseitig ignorierten oder aber einfach nur regungslos nebeneinandersaßen – du kennst das vielleicht: Paare, die an einem Tisch sitzen, denen man aber anhand ihrer Körpersprache und anhand des fehlenden Blickkontakts ansehen kann, dass sie beide in Gedanken Tausende von Meilen voneinander entfernt sind. Sicher, es gab einige, die sich lebhaft unterhielten und sogar flirteten, aber es gab kein einziges Paar, das sich tief in die Augen blickte, am Tisch Händchen hielt oder mit dem anderen füßelte. Je mehr wir uns umsahen, desto deutlicher erkannte sie, dass ihre Erwartungen an eine märchenhafte Romanze nichts mit der Wirklichkeit zu tun hatten. Sie begriff, dass sie sich wie eine hoffnungslose Romantikerin verhielt und völlig unrealistische Vorstellungen hatte. Also gab sie ihrem negativen Selbst den Namen »Rapunzel«.

Das heißt nicht, dass es in der realen Welt keine wunderbaren Beziehungen gibt. Natürlich gibt es sie! Viele Menschen führen tief erfüllende, emotional befriedigende, leidenschaftliche und liebevolle Beziehungen. Aber sie schweben nicht ständig auf Wolke sieben, tragen keine Ballkleider und Smokings, und erobern sich nicht jeden Tag ihres Lebens mit großen, romantischen Gesten im Sturm. Das Leben ist kein

Hollywoodfilm! Als meine Klientin diese Einsicht akzeptiert hatte und ihre Ansichten über Liebesbeziehungen bodenständiger wurden, waren auch ihre Erwartungen angemessen.

In ihrer nächsten Beziehung war sie in der Lage, sich zu fragen, ob ihre Gedanken und Gefühle von der Rapunzel-Version ihrer selbst oder von ihrem besten Selbst stammten. Dann konnte sie sofort erkennen, was bei ihr nur reines »Wunschdenken« wie im Märchen war, und konnte diese Gedanken beiseiteschieben. Ich bin sehr froh darüber, dass sie sich nun seit Jahren in einer völlig gesunden, romantischen und stabilen Beziehung befindet. Sie konnte sich für einen viel geeigneteren Partner entscheiden, da sie nicht mehr darauf fixiert war, diesen einen perfekten Prinzen zu finden, der sie im Sturm erobert oder aus dem Turm rettet – stattdessen suchte sie sich einen soliden, anständigen Mann. Vielleicht zwitschern nicht jedes Mal die Vögel, wenn sie sich küssen, aber zum Glück ist das kein Grund mehr für sie, gleich das Weite zu suchen.

Ein bisschen Rapunzel steckt noch immer in ihr, aber mit viel weniger Einfluss, weil meine Klientin jetzt weiß, worauf sie achten muss. Ich habe festgestellt, dass die Ausdifferenzierung eines solchen Charakters viel mehr bewirkt, als wenn wir nur unsere Probleme benennen. Wenn ich ihre Beziehungsprobleme mit den Worten »Mensch, du triffst wirklich immer wieder die falschen Entscheidungen«, »Du verkennst völlig die Realität, das grenzt ja schon an Wahn« oder »Du bist liebessüchtig« kommentiert hätte, wäre ich auf taube Ohren gestoßen. Sie musste zu ihren eigenen Schlussfolgerungen kommen und dann einen Charakter in sich selbst erschaffen, den sie voll und ganz verstand, damit sie dann verhindern konnte, dass dieser sich in ihr Leben einmischte.

Hier ist noch ein Beispiel. Eine Klientin hat mir die Geschichte ihres negativen Selbst folgendermaßen erzählt:

»Mein Freund und ich hatten uns bei dem Konzert von Arcade Fire prächtig amüsiert. Wir hatten uns darauf gefreut und es schon seit Langem geplant. Wir tanzten zusammen, sangen unsere Lieblingssongs mit und hatten ein ganz tolles Wir-Gefühl. Wir hatten so viel Spaß, wir wollten nicht, dass der Abend zu Ende geht!

Ich fragte Johnny: ›Sollen wir noch einen Absacker trinken, bevor wir heimgehen? Noch ein klitzekleines bisschen länger unterwegs sein? Ich möchte noch nicht nach Hause.‹

›Ja, lass uns das machen, klingt gut‹, sagte er.

Wir gingen in diese nette kleine Bar in der Nachbarschaft; eine Freundin von Johnnys Freund arbeitete dort als Barkeeperin. Sie war sehr warmherzig und freundlich und umarmte uns zur Begrüßung überschwänglich. Ich beobachtete sie, während sie mit Johnny sprach; sie war hübsch und sah sehr cool und ausgefallen aus. Sie war tätowiert und benahm sich ganz unverkrampft und natürlich. Sofort verspürte ich kleine Nadelstiche in meinem Kopf und ›Eifersuchtina‹ – mein Alter Ego, der Teufel zu meinem Engel, mein negatives Selbst – kam zum Vorschein.

Eifersuchtina ist leidenschaftlich, temperamentvoll, dramatisch, besitzergreifend und eifersüchtig, genau wie ihr Name es andeutet. Sie ist unsicher und fühlt sich unattraktiv und anderen unterlegen. Sie denkt, dass ihr aktueller Freund, und jeder Freund, den sie hatte, immer Augen für andere Frauen hat.

Während ich zusah, wie Johnny und dieses Mädchen sich unterhielten, begann ich, mir Fragen zu stellen: ›Fühlt sich Johnny zu ihr hingezogen? Wow, er unterhält sich aber sehr angeregt mit ihr. Er ist unverhältnismäßig aufmerksam.‹ All diese Gedanken rasten durch meinen Kopf, und es brodelte in mir.

Zuerst wurde ich wütend und sah ihn als schuldig an – ich projizierte all meine negative Energie auf sein Verhalten, doch dann wurde daraus Verunsicherung, und ich begann, Vergleiche zu ziehen. ›Findet er sie hübscher als mich? Findet er diese Art von Mädchen sexy? Sie ist dünn und groß, ich bin kurvenreich und klein, ich werde nie dünn oder groß sein. Er liebt mich und sagt mir die ganze Zeit, dass ich schön bin, aber meint er es ernst?‹ Die gute Stimmung des Abends veränderte sich schlagartig, und meine Stimmung wurde miserabel. Die Saat war nun einmal im Kopf gepflanzt und egal, welche bestärkenden Worte er finden oder was immer er auch sagen würde, konnte nicht mehr helfen, weil die schlimmste Seite in mir nun den Ton angab und ich mich regelrecht in meine miese Stimmung festgebissen hatte.

Johnny hatte keine Ahnung davon, was passiert war; er unterhielt sich lediglich und war entgegenkommend; er ist eben von Natur aus ein sehr freundlicher Mensch!

Als ich ihn zur Rede stellte, wusste er nicht, wovon ich sprach. Was noch kurz zuvor der schönste Abend gewesen war, endete im Streit. Als ich einschlief, fragte ich mich: *War das, was ich empfunden habe, tatsächlich so, oder habe ich mir das nur eingebildet?*

Eifersuchtina schleicht sich heimlich herein und erzeugt diese Situationen, um ihr Feuer zu entfachen, ihre besitzergreifenden und eifersüchtigen Methoden am Leben zu erhalten; sie liebt es, aus dem Nichts Dramen zu zaubern, die nicht der Wirklichkeit entsprechen. Es besteht kein Grund für sie, paranoid oder misstrauisch gegenüber ihrem Freund zu sein. Johnny ist bei ihr, weil er sich zu ihr hingezogen fühlt und in sie verliebt ist.«

Übung: Entdecke die Eigenschaften deines Anti-Selbst

Da sich das Leben ständig weiterentwickelt, ist es unrealistisch, anzunehmen, dass man jederzeit zu 100 Prozent aus seinem besten Selbst heraus handeln kann. Stattdessen sollte man möglichst wenig Zeit in sein negatives Selbst investieren.

Beispielsweise habe ich in bestimmten Bereichen meines Lebens einige Unsicherheiten, sodass mein ständiges Ziel darin besteht, mich bei allen neuen Unternehmungen sicher zu fühlen und mich darauf zu konzentrieren, dass ich diese neuen Wege auch genieße. Selbst beim Schreiben dieses Buches habe ich einige Unsicherheiten erlebt. Wie du in einem späteren Kapitel erfahren wirst, habe ich mich in der Schule nicht sehr gut geschlagen, besonders im Englischunterricht. Aufsätze zu schreiben, war definitiv nicht mein Ding, also kannst du dir vorstellen, wie ich mich anfangs bei der Idee fühlte, ein ganzes Buch zu schreiben. Ich begann, mir Sorgen zu machen, was andere über die Art und Weise, wie ich schreibe, denken würden, und ich fragte mich ernsthaft, ob ich gut genug sei. Das Gleiche gilt für Fernsehauftritte – was für mich auch ein relativ neues Unterfangen ist. Ich machte mir derart viele Gedanken darüber, wie Produzenten und Zuschauer mich wahrnehmen würden, dass es mein Selbstbewusstsein zu beeinträchtigen begann. Aber all das wird von Angst getrieben, und ich habe festgestellt, dass meine Unsicherheiten tatsächlich zum Vorschein kommen, wenn ich zu sehr darüber nachdenke, ob Leute mich oder meine Arbeit mögen. Wenn jedoch Merlin (mein bestes Selbst) dabei ist, bin ich überhaupt nicht unsicher. Ich stelle mir vor, dass das negative Selbst versucht, uns zu sabotieren, dass es alles tut, was es kann, um uns davon abzuhalten, wir selbst zu sein – so hält es dich davon ab, die Reise des Lebens zu genießen.

Schreibe zuerst, wie Suzanne es getan hat, Eigenschaften auf, die du als deine Charakterschwächen betrachtest. Die folgenden Fragen sollen dir helfen, über diese Art von Eigenschaften nachzudenken:

- Bist du dir oder anderen gegenüber unversöhnlich?
- Wirst du schnell wütend?
- Triffst du oft bewusst ungesunde Entscheidungen?
- Bist du die meiste Zeit ungeduldig?
- Bist du ein Besserwisser?
- Gibst du häufig auf, bevor du ein Ziel erreichst?
- Glaubst du, dass du nicht gut genug bist?
- Lässt du dich von anderen ausnutzen?
- Verhältst du dich oft egoistisch?

Ich möchte, dass du an das letzte Mal denkst, als du dich schlecht verhalten hast, als du hinterher dachtest: »Mensch, in diesem Moment war ich wirklich nicht ich selbst. Ich bin nicht so gut mit dieser oder jener Situation umgegangen.« Vielleicht ist das nicht ganz so offensichtlich

– vielleicht ist es mehr wie ein anhaltendes schlechtes Gefühl. Es könnte sogar sein, dass du die Person nicht magst, die du wirst, wenn du mit bestimmten Familienmitgliedern sprichst. Irgendetwas fällt vor, was etwas in dir auslöst, und schon brichst du zum Beispiel das Telefonat ab.

Ein weiteres Beispiel ist, wenn Menschen beginnen, aufgrund des Verhaltens ihres Beziehungspartners eine falsche Geschichte zu entwickeln. Stell dir vor, ein Mann kommt von der Arbeit nach Hause und möchte sich für eine Stunde vor dem Fernseher entspannen. Seine Frau könnte dieses Verhalten beobachten und fürchten, dass er nicht gerne Zeit mit ihr verbringt oder dass sie für ihn unattraktiv geworden ist. Sie kann sich immer weiter in die Geschichte, die sie sich zurechtgelegt hat, hineinsteigern, und dann fängt sie an zu glauben, dass sie der Liebe unwürdig ist. Das ist typisches Verhalten, wenn das negative Selbst in Aktion treten kann.

Alles, was du an dir selbst nicht magst, sollte also auf eine Liste gesetzt werden. Interessanterweise habe ich festgestellt, dass es vielen meiner Klienten oft viel leichter fällt, diese Liste zu erstellen als die Liste mit den Eigenschaften ihres besten Selbst. Aber deshalb bin ich so enthusiastisch in Bezug auf deine Reise durch dieses Buch – irgendwann wirst du den Punkt erreichen, wo du dein Lebensdrehbuch auf den Kopf stellst und dein Leben verbesserst.

Dies ist nur für dich bestimmt, also lass alle Schuld- und Schamgefühle beiseite. Den Kopf in den Sand zu stecken und bestimmte Aspekte von uns selbst zu leugnen, gibt diesen Aspekten erst recht Macht über uns. Denke daran, dass die Dinge erschreckender erscheinen, wenn sie im Dunkeln verborgen sind. Also, lass uns etwas Licht ins Dunkel bringen.

Hier ist eine Liste der häufigsten Eigenschaften des negativen Selbst, die es zu berücksichtigen gilt. Du kannst diejenigen einkreisen, die auf dich zutreffen, oder sie zu deiner eigenen Liste hinzufügen.

abartig	apathisch	beleidigend	blass
abhängig	arglistig	berechnend	boshaft
affektiert	arrogant	besitzergreifend	brüsk
angepasst	asozial	besorgt	brutal
angespannt	ausweichend	betrügerisch	chaotisch
ängstlich	bedauernd	beunruhigt	deprimiert
anstrengend	begriffsstutzig	bieder	destruktiv

dumm
egoistisch
egozentrisch
eifersüchtig
eindimensional
eingebildet
einseitig
eitel
empfindlich
engstirnig
entmutigend
erbärmlich
falsch
farblos
fatalistisch
faul
feige
feindselig
gedankenlos
gefühllos
gehemmt
geizig
geldgierig
gerissen
geschwätzig
gleichgültig
grässlich
grimmig
großspurig
habgierig
harsch
hasserfüllt
heimlichtuerisch
herrschsüchtig
herzlos
heuchlerisch
hinterhältig
hochmütig
illoyal
impulsiv
indiskret
intolerant
intrigant
irrational
irregeleitet
kalt
kindisch
kleinkariert
klammernd
kleingeistig
kleinlich
knauserig
konfus
krankhaft
kriminell
kritisch
kurzsichtig
lahm
langweilig
lästig
launisch
laut
leichtgläubig
leichtsinnig
lethargisch
lieblos
mäkelig
maßlos
minderwertig
mürrisch
nachgiebig
nachlässig
nachtragend
narzisstisch
negativ
nicht unterstützend
nichtssagend
niederträchtig
opportunistisch
paranoid
passiv
pedantisch
perfektionistisch
pervers
pessimistisch
planlos
problematisch
quälend
reaktionär
realitätsfremd
rechthaberisch
reizbar
repressiv
respektlos
rigide
ritualhaft
rücksichtslos
ruppig
schamlos
scheußlich
schmutzig
schroff
schwach
selbstbezogen
selbstgefällig
selbstsüchtig
sich immer
beschwerend
sprunghaft
streitlustig
streitsüchtig
streng
taktlos
töricht
träge
trübsinnig
tyrannisch
übellaunig
übertrieben
unangenehm
unansprechend
unaufrichtig
unausstehlich
unbeholfen
unberechenbar
unbesonnen
unbeständig
unbeweglich
undankbar
undiszipliniert
unehrlich
unfähig
unflätig
unfreundlich
ungebildet
ungeduldig
ungehobelt
ungehorsam
ungeschickt
ungeschliffen
ungesellig
ungesund
ungläubig
unharmonisch
unhöflich
uninspiriert
unkonzentriert
unmoralisch
unordentlich
unsensibel
unsicher
unsympathisch

untätig
unterdrückend
untreu
unverantwortlich
unvernünftig
unvorsichtig
unwissend
unzuverlässig
vage
verachtenswert
verantwortungslos
verbittert
verklemmt
verkrampft
verletzlich
verlogen
verräterisch
verschlossen
verurteilend
verworren
vulgär
wankelmütig
weinerlich
willkürlich
wütend
zerstörerisch
zerstreut
zwanghaft
zynisch

Schreibe alles, was du an dir als negative Eigenschaft empfindest, hier unten auf. Du kannst wie gesagt natürlich auch Eigenschaften aufschreiben, die nicht in der Liste oben vorkommen.

Die Eigenschaften meines negativen Selbst

Übung: Gestalte dein Anti-Selbst

In Anlehnung an deine negativen Eigenschaften, fangen wir nun an, deinem negativen Selbst Gestalt zu geben. Wenn du bei dieser Übung in deine Fantasie eintauchst, denk daran, dass dies eine übertriebene Vorstellung von dir selbst sein soll. Ich glaube, es ist gesund, über sich selbst lachen zu können, wenn auch nur ein wenig. Wenn wir so angespannt sind, dass wir uns nicht ab und an über uns selbst lustig machen können, dann nehmen wir uns einfach zu ernst. Die Überspitzung unserer Eigenschaften hilft uns auch, diese in Erinnerung zu behalten. Wenn wir also in einer bestimmten Weise denken oder handeln, können wir innehalten und prüfen: »Handle ich aus meinem besten Selbst oder aus meinem negativen Selbst heraus?« Und wir können mit beiden starke Bilder verbinden.

Eine der Figuren meines negativen Selbst heißt »Angelos«. Er genießt es, Leute zu provozieren, er ist ungeduldig, und er zeigt wahrlich seine hässliche Fratze, wenn er das Gefühl hat, dass Leute ihm gegenüber nicht aufrichtig sind. Er hat kein Mitgefühl und weigert sich zu akzeptieren, dass einige Leute aus Angst Notlügen erzählen. Er ist impulsiv. Er kann Unterhaltungen über Nachrichten, das Wetter und Sport nicht ausstehen. Er ist misstrauisch. Meine Freunde kennen diesen Charakter und haben mich in der Vergangenheit darauf hingewiesen, aber ich kann ehrlich sagen, dass Angelos im Moment nur sehr selten auftritt, wenn überhaupt.

Während du daran arbeitest, dein negatives Selbst auszuarbeiten, denke daran, dass es völlig in Ordnung ist, wenn du mehrere verschiedene Charaktere erzeugen musst, die verschiedene Versionen deines negativen Selbst sind. Du kannst jedem von ihnen seine eigenen Eigenschaften und sein eigenes Aussehen geben.

So wie ein Drehbuchautor seine Charaktere vollständig ausgestaltet, bevor er Dialoge in seinem Drehbuch schreibt, möchte ich, dass du ein vollständiges Bild und Verständnis davon hast, wer der Charakter deines negativen Selbst ist. Je klarer das Bild in deinem Kopf ist, desto einfacher wird es für dich sein, vorherzusagen, was ihn oder sie dazu bringen könnte, zu reagieren oder dein Verhalten zu beeinflussen. Und es wird auch deinem besten Selbst helfen, ihn oder sie in Schach zu halten.

Hier sind einige Fragen, die dir helfen sollen, dein negatives Selbst zu bestimmen:

Ist dein negatives Selbst:

- ein bestimmtes Geschlecht?
- ein Tier?
- eine mystische Kreatur?
- eine Figur, die von einem Buch oder Film inspiriert wurde?

Hat dein negatives Selbst einen Slogan?
Bewegt sich/geht/tanzt dein negatives Selbst auf eine bestimmte Art und Weise?
Verhält sich dein negatives Selbst in einer bestimmten Weise, wenn jemand nett zu dir ist?
Verhält sich dein negatives Selbst in einer bestimmten Weise, wenn du dich bedroht fühlst?
Was denkt dein negatives Selbst über dich?
Was für Kleidung trägt dein negatives Selbst?

Beschreibe hier dein negatives Selbst in aller Ausführlichkeit:

____

____

Nenne fünf aktuelle Ereignisse oder Situationen, von denen du weißt, dass dein negatives Selbst in jenem Moment die Kontrolle übernommen hat.

1. ____________________________________
2. ____________________________________
3. ____________________________________
4. ____________________________________
5. ____________________________________

Schnapp dir jetzt einen Kugelschreiber oder Bleistift, Filzstift oder Pinsel; es ist an der Zeit, dein negatives Selbst zu skizzieren. Sei so ausführlich wie möglich!

Zeichne dein negatives Selbst hierhin:

Bevor wir weitermachen, nimm dir einen Moment Zeit, um deinem negativen Selbst einen Namen zu geben und schreibe den Namen oben über das von dir gemalte Bild.

Frage dich nun, wie du mit den oben genannten fünf Situationen umgehen würdest, wenn du als dein bestes Selbst handeln würdest. Mit anderen Worten: Was würde dein bestes Selbst dir anders sagen, wenn er oder sie stattdessen das Sagen hätte?

1. ______________________________

2. ______________________________

3. ______________________________

4. ______________________________

5. ______________________________

Sieh dir das an! Ich wette, du kannst hier ein Verhaltensmuster erkennen! Ich möchte dich auffordern, tiefer in die Sache einzudringen und dich ganz intensiv selbst unter die Lupe zu nehmen. Wenn du bisher bereits einmal oder zweimal die Augen verdreht hast, kann ich das verstehen. Diese Übungen hier sind vielleicht nicht gerade etwas, womit du dich sehr wohl fühlst, aber es ist ganz bestimmt eine Arbeit, die die Mühe wert ist.

Ich möchte dir ein Szenario schildern, in dem ich mich oft befinde, und das früher ganz schnell Angelos auf den Plan gerufen hat. Als Geschäftsführer eines Unternehmens betreue ich viele verschiedene Mitarbeiter. Wenn einer dieser Mitarbeiter in seinem Job keine gute Leistung zeigte, konfrontierte ich ihn damit, ohne Rücksicht darauf, wer zu diesem Zeitpunkt noch im Raum anwesend sein könnte. Ich dachte nicht darüber nach, wie demütigend sich das für die Person anfühlen könnte – natürlich versuchte ich nicht absichtlich, sie zu demütigen, aber ich war einfach rücksichtslos in Bezug auf ihre Gefühle. Das war alles typisch Angelos. Ich handelte impulsiv, anstatt darüber nachzudenken, wie man diesen Mitarbeiter in die Lage versetzen kann, sich zu verbessern. Wenn ich wie Angelos dachte, war es mir einfach egal, mit wem ich sprach, ich stellte ihn oder sie sofort zur Rede. Ich erkannte jedoch, dass diese Art von Verhalten nicht mehr Frieden in meinem Leben schafft – im Gegenteil! Es erzeugte nur noch mehr ungelöste Spannungen, und der Mitarbeiter verbesserte auch oft seine Leistung nicht. Wenn Angelos in Aktion trat, gab es auf beiden Seiten nur Verluste.

Die Evolution des negativen Selbst

Nun, da du ein sehr klares Bild von den verschiedenen Versionen deines negativen Selbst hast, kannst du dich beim nächsten Mal, wenn du mit einer Situation konfrontiert wirst, die es normalerweise zum Vorschein bringen würde, tatsächlich dafür entscheiden, stattdessen dein bestes Selbst die Situation bewältigen zu lassen. Dies kann eine sekundenschnelle Entscheidung sein, und mit der Zeit wird sie automatisch erfolgen. Du wirst anfangen, unbewusst dein bestes Selbst anstelle deines negativen Selbst zu beschwören, um dich jeder Herausforderung oder jedem Hindernis zu stellen, das dir in den Weg gelegt wird.

Das Leben ist nicht statisch – es bewegt und verändert sich ständig – und das gilt auch für dein negatives Selbst. Unsere Erfahrungen prägen unsere mentale und emotionale Landschaft, sodass es möglich ist, dass eine neue Version von deinem negativen Selbst auftaucht. Ich möchte dich ermutigen, dich von Zeit zu Zeit selbst zu überprüfen und diese Übung dann noch einmal zu wiederholen. Du wirst vielleicht überrascht sein, was du entdeckst.

Jedes Mal, wenn du eine Veränderung in deinem Leben durchmachst – einen neuen Job oder eine berufliche Veränderung, einen Umzug, den Verlust eines geliebten Menschen und so weiter –, sind das geeignete Zeiten, um ein zusätzliches Bewusstsein für dein negatives Selbst zu bekommen. Dies kann dir helfen, auf ganzer Linie dein Gleichgewicht zu bewahren.

Wie du siehst, kann der einfache Prozess, den wir in den letzten beiden Kapiteln durchgeführt haben, unglaublich ermutigend und aufschlussreich für deine Reise zu deinem besten Selbst sein. Im nächsten Kapitel werden wir das nötige Rüstzeug für deine Reise zusammensuchen, während du deinen aufregenden Weg in die Zukunft fortsetzt.

3
DEINE EINZIGARTIGE REISE: SO KANNST DU DICH ZUM BESSEREN VERÄNDERN

Wir alle sind Künstler. Ich definiere einen Künstler als jemanden, der sich durch seine eigene Authentizität ausdrückt. Wir alle haben die Fähigkeit, etwas Schönes hervorzubringen, von dem andere profitieren können und das für uns einzigartig ist. Ich spreche nicht von der Art von Kunst, die einen Pinsel und eine Leinwand erfordert; es gibt so viele verschiedene und einzigartige Kunstformen auf der Welt, wie es Menschen gibt.

Ich habe meine eigene Kunstform durch Zufall entdeckt, wobei ich annehme, dass es vielen von uns so geht. Meine Lebensreise steckt voller Drehungen und Wendungen, Höhen und Tiefen, und hatte sogar einige Momente, in denen ich mich überhaupt nirgendwo hinbewegte, und sie ist durch diese Erfahrungen entstanden, die ich im Zusammenhang mit mir und anderen gemacht habe. In diesen Beziehungen stolperte ich über meine Kunst, die den Menschen hilft, die Freiheit zu finden, die beste Version von sich selbst zu sein. Ich nehme an, man könnte sagen, dass *meine* Kunst anderen hilft, *ihre* Kunst zu entdecken. Und das ist die Essenz der Reise, auf der du dich gerade befindest, während du das Modell des besten Selbst auf dein Leben anwendest.

Jeder, mit dem ich gearbeitet habe, wird dir sagen, dass ich sie oder ihn irgendwann einmal gefragt habe: »Was ist deine Kunst?« Normalerweise sehen die Menschen mich nur erstaunt an. Was ich wirklich frage, ist, wie sie zum Ausdruck bringen, wer sie in ihrem Alltag sind, sei es durch ihren gewählten Beruf, sei es im Umgang mit ihrer Familie, ihren Hobbys und so weiter.

Zum Beispiel bringen die Therapeuten, die ich in den CAST-Centern beschäftige, ihre einzigartige Kunst jeden Tag zum Ausdruck, wenn sie mit Klienten arbeiten – immer mit dem übergeordneten Ziel, Menschen von dem zu befreien, was sie hemmt. Die Mitarbeiter unseres Übergangswohnheims haben ihre Kunst verfeinert, den Menschen zu helfen, sich umsorgt und geliebt zu fühlen. Die Frau, die die Büros reinigt, bevor alle ankommen, hat es sich zur Kunst gemacht, einen Raum geordnet und gepflegt erscheinen zu lassen. Der Personalmanager beherrscht die Kunst, für eine friedliche Atmosphäre zu sorgen und bis ins kleinste Detail alles im Griff zu haben. Es ist wirklich ein Wunder, zu einer Gruppe von Menschen zu gehören, die ihre einzigartigen Kunstformen täglich aufs Neue aktiv zum Ausdruck bringen, mit einem gemeinsamen Ziel, das alle inspiriert und motiviert.

Die Leute sagen oft zu mir: »Du musst mit dir selbst doch so zufrieden sein, weil es bei deinem Lebenswerk darum geht, anderen zu helfen, sich zu verbessern.« Aber ich halte mich immer zurück, denn wenn du dein wahres Ich in jedem Bereich deines Lebens entfaltest, spielt es keine Rolle, ob deine Kunst darin besteht, Sanitärarmaturen herzustellen, Computerprogramme zu schreiben, Kleidung zu entwerfen, zu kellnern, Möbel zu bauen, Lieder zu schreiben, Gemüse anzubauen, Häuser einzurichten oder sonst etwas – du kannst und wirst dich großartig fühlen. Das ist es, was ich für dich will!

Fünf Grundlagen für Veränderung

Ich denke, an diesem Punkt erkennst du, dass ich vollkommen davon überzeugt bin, dass deine Lebensreise anders ist als die von jeder anderen Person. Es gibt jedoch einige grundlegende Werkzeuge, die sich immer wieder als unerlässlich für eine erfolgreiche Erfahrung mit dem Modell des besten Selbst erwiesen haben. Diese Tools, die ich als die fünf Grundlagen für Veränderung bezeichne, helfen uns, uns mental auf den Prozess vorzubereiten, den wir durchlaufen werden.

Um dir die richtige Einstellung für einen Wandel zu vermitteln, möchte ich sicherstellen, dass du gewillt bist, jederzeit die folgenden Wesensmerkmale anzuwenden:

- Neugierde
- Ehrlichkeit
- Offenheit
- Einsatzbereitschaft
- Konzentration

Neugierde

Ich bin von Natur aus ein sehr neugieriger Mensch, und deshalb stelle ich viele Fragen, besonders wenn ich jemanden zum ersten Mal treffe. Mir ist nicht einmal mehr bewusst, dass ich das noch mache. Aber ich bin dankbar für meine angeborene Neugierde in Bezug auf mich selbst und andere, weil sie so viel zu meiner Fähigkeit beiträgt, anderen zu helfen. Sehr oft bin ich durch eine Reihe einfacher, aber wirkungsvoller Fragen in der Lage, Menschen zu helfen, sich ein richtiges Bild von sich zu machen und Durchbrüche zu erzielen. Ich folge einfach meiner Neugierde.

Ich habe jedoch festgestellt, dass nicht jeder die gleiche angeborene Neugierde hat, und insbesondere habe ich bemerkt, dass viele Menschen Schwierigkeiten haben, überhaupt neugierig zu sein. Sie schlängeln sich durchs Leben, bis eine Krise auftaucht, die sie zwingt, sich neu zu justieren. Aber wenn wir neugierig auf uns selbst werden, sind wir inspiriert, uns zu verändern.

Neugierde ist ganz einfach »ein starker Wunsch, etwas zu wissen oder zu lernen«. Wenn du aufhörst, neugierig zu sein, kannst du dich nicht selbst ergründen. Ich weiß, dass es manchmal beängstigend ist, tief zu bohren, die Schichten freizulegen, den Staub von etwas zu entfernen, das seit Jahrzehnten tief in deine Psyche eingepflanzt ist und heimtückisch Wurzeln geschlagen hat. Aber indem du Licht auf die dunklen Ecken deines Verstandes und deines Herzens wirfst, wirst du sehen, dass das, was auch immer da ist, nicht annähernd so beängstigend ist, wie es schien, und du wirst anfangen, deine Energie auf eine Weise wiederzuerlangen, die du nie für möglich gehalten hast.

Wenn wir an die Neugierde von Kindern denken, haben wir Bilder vor Augen von Kindern, die mit ihren Händen im Sand herumbuddeln und zuschauen, wie er durch ihre Finger rieselt, oder die darüber staunen, wie sich ein Schwarm Vögel in die Lüfte erhebt, oder die vor Freude kreischen, während sie in einem Schaumbad planschen. Das ist experimentelles Lernen: Sie begreifen die Welt um sich herum mit all ihren Sinnen, und das ist die Art von Neugier, auf die du dich einlassen sollst, die du speziell auf dich selbst anwenden sollst. Ich möchte, dass du dir deiner Denkmuster, deines Verhaltens und der Art und Weise, wie du dich durch die Welt bewegst, bewusst wirst.

Walt Disney hat einmal gesagt, wir würden uns weiterentwickeln, neue Türen öffnen und neue Dinge tun, weil wir neugierig seien und Neugierde uns immer wieder auf neue Wege führe. Ich denke, das spricht für die ausgeprägte Natur der Neugierde und was sie für uns tun kann, wenn wir sie nur annehmen und pflegen. Und auch wenn ich möchte, dass du primär in deinem Inneren neugierig bleibst und dein Inneres erkundest, projiziert sich dieses Innere auch nach außen und bezieht die Welt um dich herum, neue Ideen, Perspektiven und Überzeugungen ein. Neugierde ist das Mittel, mit dem man Wissen aufnehmen kann. Ohne Neugierde kann man nicht wirklich lernen.

VORSICHT

Ich möchte deine Aufmerksamkeit auf etwas lenken. Manchmal, wenn Menschen zutiefst neugierig auf sich selbst sind, fallen sie in ein Kaninchenloch der Selbsterniedrigung. Dieses tiefe Abtauchen führt sie ausschließlich zu negativen Gedanken und Verhaltensweisen. Wenn du das Gefühl hast, ebenfalls in diese Richtung zu gehen, halte sofort inne und schlage eine neue Richtung ein.

Der Sinn der Neugierde ist nicht, sich selbst fertigzumachen. Es geht einfach darum, Verbindungen zwischen deinen Gedanken und Verhaltensweisen zu sehen, und dich selbst zu erkennen, und ich meine wirklich zu erkennen, wer du gerade bist, damit du verstehen kannst, wohin du gehen willst.

Ehrlichkeit

Da das grundlegende Ziel, das wir erreichen wollen, die Ausrichtung auf dein bestes Selbst ist, kannst du verstehen, warum Ehrlichkeit unerlässlich sein wird. Wenn du dich selbst über irgendetwas belügst (was dein bestes Selbst nicht tun würde), einschließlich aller Ängste, die sich im Laufe des Weges aufgetürmt haben, errichtest du nur Hindernisse für deinen eigenen Fortschritt. Thomas Jefferson hat einmal gesagt, Ehrlichkeit sei das erste Kapitel im Buch der Weisheit. Und ist es nicht Weisheit, nach der wir in Wahrheit streben? Lasst uns in allen Dingen eine kluge Wahl treffen. Ehrlichkeit ist die Quelle der Weisheit.

Ehrlichkeit und Integrität sind ein und dasselbe – es geht nur darum, das Richtige zu tun. Ich möchte, dass du während dieses gesamten Prozesses aus dir selbst heraus richtig handelst. Ohne absolute Ehrlichkeit wirst du dich nicht wirklich mit deinem besten Selbst verbinden können. Du denkst vielleicht, dass du dich anpassen kannst, wenn du deine Geheimnisse für dich behältst, aber lass mich dir sagen, dass du scheitern wirst. Wenn du bislang versucht hast, etwas zu verdrängen oder zu vermeiden, ist es an der Zeit, dich dem zu stellen – und ich verspreche, dass das Geständnis und die Folgen nicht so schlimm sind, wie du vielleicht denkst. Unsere Geheimnisse sind es, die uns krank machen, mehr nicht. Geheimnisse und Schamgefühle können dich davon abhalten, positive Ziele in deinem Leben zu erreichen, weil sie dich auf deinem Lebensweg zu Fall bringen. Ich freue mich darauf, dir zu helfen, Frieden mit all deinem »Ballast« zu schließen, also lass uns vereinbaren, dass der beste Weg, voranzukommen, darin besteht, der Wahrheit ins Gesicht zu sehen.

Offenheit

Sich dafür zu entscheiden, offen zu sein, ist wie die Erweiterung unseres geistigen Horizonts, sodass wir Antworten erkennen können, die die ganze Zeit über da waren, aber uns verborgen blieben, weil wir blind für sie waren.

Da unser Gehirn fest aufs Überleben ausgerichtet ist, sind wir von Natur aus nicht aufgeschlossen, wenn es um neue Dinge oder Ideen geht. Unser Gehirn erkennt, dass das, was wir gerade tun, gut genug funktioniert, sodass wir Veränderungen vermeiden. Wir sind nicht in großer Gefahr, also halten wir einfach den Status quo aufrecht. Im Grunde lautet die Grundeinstellung unseres Gehirns: »Man muss nicht reparieren, was nicht kaputt ist.« Allerdings sprechen wir nicht davon, einer unmittelbaren Gefahr zu entkommen, sondern davon, unser Betriebssystem zu aktualisieren, um vom reinen Überleben zum blühenden Erfolg zu gelangen.

Offenheit ist von grundlegender Bedeutung, wenn wir daran tüfteln und arbeiten, wie du dein Leben führst. Lass uns alles auf den Tisch legen und gemeinsam herausfinden, in welchem Bereich selbst kleine Änderungen große positive Auswirkungen haben können. Je offener du für neue Konzepte bist, desto höher ist deine Aussicht auf Erfolg. Offen zu sein bedeutet im Wesentlichen, lernfähig zu sein. Eine der wichtigsten Erkenntnisse in meinem eigenen Leben war die Einsicht, wie befreiend es ist, wenn man immer bereit ist, von anderen zu lernen. Ich kann garantieren, dass sich dein Leben verbessern wird, wenn du offen bleibst für die Vorstellung, dass du nicht immer die Antwort parat haben musst, dass neue Erkenntnisse zu den Antworten hinzugefügt werden können, die du hast, und dass du Dinge besser machen kannst, als du es gerade tust. Denke daran, was der griechische Philosoph Sokrates gesagt hat: Das Einzige, was wir wissen, ist, dass wir nichts wissen. Akzeptiere diese Ansicht. Mache sie dir zur eigenen Überzeugung und verinnerliche sie, denn sobald du die Vorstellung akzeptierst, dass du eigentlich wirklich gar nichts weißt, wirst du plötzlich wie ein Schwamm, der immer wieder neue Ideen und Ansichten aufnimmt.

Stell dir vor, du hättest dein ganzes Leben lang hinter einer Wand gestanden. Du hast es nie gewagt, auch nur in Betracht zu ziehen, hinter ihr hervorzutreten, bis schließlich eines Tages ein Freund kam, dich an der Hand nahm und dich auf die andere Seite zog. Dort wurdest du zum ersten Mal Zeuge eines majestätischen Sonnenaufgangs. Stell dir vor, dass dieses Buch jener Freund ist, der dich an der Hand nimmt, und stell dir vor, dass dein bestes Selbst dieser Sonnenaufgang ist. Sei offen für alles, was in deinen Weg gelegt wird.

Einsatzbereitschaft

Als ich vor mehr als 16 Jahren endlich clean wurde, wurde mir durch den Genesungsprozess klar, dass ich alle notwendigen Anstrengungen unternehmen musste, um clean zu bleiben. Ich wusste, dass ich nicht rückfällig werden wollte, also tat ich alles, was mir von meinen Betreuern, finanziellen Unterstützern und Therapeuten vorgeschlagen wurde. Dazu gehörte es, jeden Tag im Rahmen eines Zwölf-Schritte-Programms zu Treffen zu gehen, jeden Tag einen Betreuer anzurufen, ehrenamtlich für die Gemeinde zu arbeiten, jeden Morgen zu beten und meinen Tag jeden Abend zu reflektieren. Ich suchte verzweifelt nach einer Lösung, weil ich keine Antwort mehr auf meine Sucht hatte. Deshalb fragte ich jeden, der das hatte, was mir fehlte – nämlich Seelenfrieden – nach Rat. Du kannst sicher sein, dass jeder, der eine radikale Veränderung in seinem Leben vollzogen hat, von der Entziehungskur über Gewichtsabnahme bis hin zu einem großen Karrierewechsel, einen starken Willen und eine gewisse Bereitschaft bewahrt hat. Einsatzbereitschaft ist der Schritt zum Handeln; es bedeutet, gewillt zu sein, aktiv zu werden, nicht nur in Gedanken.

Auch du musst bereit sein, alles zu tun, was notwendig ist, um dich zu verbessern. Es kann sein, dass dies bedeutet, dass du einen weiteren Schritt heraus aus deiner Komfortzone machst, also musst du auch bereit sein, das zu tun. Aber, wie ich schon sagte, das muss nicht schwer sein! Ich denke, du wirst überrascht sein, wenn du feststellst, dass es, sobald du dein Ziel richtig visualisiert hast, nicht mehr so lang dauern wird, bis du die Arbeit erledigt hast, die notwendig ist, um dieses Ziel auch zu erreichen. Ich glaube, wenn du bereit bist, etwas zu tun, dann wirst du es tatsächlich tun. Sir Richard Branson, der britische Magnat, der die Virgin Group gegründet hat, hat einmal gesagt, dass das Leben viel mehr Spaß mache, wenn man ja und nicht nein sagt. Das ist genau das, wovon ich rede. Wenn du bereit bist, ja zu sagen, und dann Taten sprechen lässt, wirst du nicht enttäuscht sein.

Konzentration

Die letzte Grundlage für Veränderungen ist die Konzentration, die man auch als Auf-Kurs-Bleiben bezeichnen kann. Frag jede Führungskraft nach dem Hauptgrund, warum sie ihr hohes Erfolgsniveau erreicht hat, und sie wird mit einem Wort antworten: Konzentration.

Oprah Winfrey forderte einmal dazu auf, die Kraft zu fühlen, die von der Konzentration auf das, was einen begeistert, kommt. Oprah scheint sicherlich sehr glücklich zu sein, denn sie tut das, was sie begeistert, nicht wahr? Warren Buffett hat einmal gesagt, ein Spiel würde von den Spielern gewonnen, die sich auf das Spielfeld konzentrieren, nicht von denen, deren Augen auf der Anzeigetafel kleben. Und LL Cool J hat nahegelegt, auf die eigene Sache konzentriert zu bleiben; den eigenen Träumen zu folgen und sich weiter auf die eigenen Ziele zuzubewegen. Er hat es offensichtlich geschafft, und ich würde sagen, es hat sich ausgezahlt! Der bekannte Geschäftsmann und Investor Mark Cuban sagte, dass das, was er gelernt habe, sei, dass man einfach konzentriert bleiben und an sich selbst glauben und seiner eigenen Fähigkeit und seinem eigenen Urteilsvermögen vertrauen müsse. Der Fokus ist entscheidend.

Ein reales Szenario, das dir die Kraft der Konzentration verdeutlichen kann, ist, die Kehrseite zu betrachten – und sich zu überlegen, was passieren kann, wenn wir uns nicht vollständig auf eine wichtige Aufgabe konzentrieren. SMS schreiben und gleichzeitig Autofahren ist das ultimative (und am weitesten verbreitete) Beispiel für Menschen, die versuchen, ihre Konzentration auf mehrere Aufgaben zu verteilen, und das hat tödliche Folgen. Nach Angaben des National Safety Council sind in den USA 1,6 Millionen Unfälle pro Jahr eine direkte Folge der Nutzung von Mobiltelefonen während der Fahrt.

Das ist jeder vierte Autounfall. Mindestens neun Menschen sterben jeden Tag, weil ein Fahrer abgelenkt ist. Wir sind nicht in der Lage, an zwei Orten gleichzeitig zu sein, weder körperlich noch geistig. Um die Arbeit zu leisten, die erforderlich ist, um unser Leben zu verbessern, müssen wir Ablenkungen minimieren und eine Umgebung schaffen, die die erforderliche Konzentration unterstützt.

Jetzt müssen wir herausfinden, was das für dich tatsächlich bedeutet, Konzentration. Was ist deine ganz eigene Art, den Kurs zu halten? Ich sage »eigen«, weil jeder Mensch unterschiedliche Arten und Strategien der Konzentration hat. Zum Beispiel, während du dieses Buch liest, wirst du vielleicht feststellen, dass du dich besser konzentrieren kannst, wenn du allein in deinem ruhigen Schlafzimmer mit einer Tasse Tee und einem Stift liest. Alternativ kannst du vielleicht von der Energie um dich herum profitieren, also wäre es besser für dich, in einem Café auf deinem Laptop zu lesen. Wenn du dir nicht sicher bist, mach ein kleines Experiment, probiere verschiedene Umgebungen und finde heraus, welche es dir ermöglicht, am besten bei der Sache zu bleiben. Von Anfang an müssen wir sicherstellen, dass du präsent bist und dich voll und ganz auf die anstehende Arbeit konzentrieren kannst.

Ich bleibe konzentriert, wenn ich mir zunächst die richtige Umgebung schaffe. Für viele Menschen funktionieren Cafés, um ihre Arbeit zu erledigen, aber ich persönlich benötige einen bequemen Stuhl für mich und so wenig Ablenkung wie möglich. Ich setze auch Schwerpunkte, mache mir bewusst, worauf ich mich konzentrieren möchte, und alles andere, was auf meiner To-do-Liste steht, blende ich aus.

Was lädt deine innere Batterie auf?

Was hast du das letzte Mal gemacht, als du dich wirklich lebendig gefühlt hast, so als würdest du auf Hochtouren laufen? Als du das Gefühl hattest, dass du in deinem Leben alles im Griff hast?

Die Antworten auf diese Fragen mögen dir direkt in den Sinn kommen, sodass du diese Momente noch einmal erleben kannst. Es könnte aber auch sein, dass du dich am Kopf kratzt und dich fragst, ob du dich jemals wirklich so gefühlt hast. Aber diese Momente der ultimativen Verjüngung zu haben, sich voll aufgeladen zu fühlen, ist das, was ich gerne das Aufladen deiner inneren Batterie nenne. Diese Momente sind der Schlüssel in deinem Leben und von entscheidender Bedeutung. Lass uns gemeinsam erforschen und herausfinden, was es ist, das deine innere Batterie auflädt.

- Nimm dir jetzt einen Moment Zeit, um darüber nachzudenken, was dich wirklich lebendig fühlen lässt, und schreibe es hier auf:

  ____

  ____

- Wann bist du das letzte Mal dieser Tätigkeit nachgegangen?

  ____

  ____

- Was sagt die Art von Tätigkeit, von der du festgestellt hast, dass sie deine innere Batterie auflädt, über dein bestes Selbst aus?

  ____

  ____

- Welche Bereiche deines Lebens passen zu deinem besten Selbst?

- Welche Bereiche deines Lebens passen nicht zu deinem besten Selbst?

Wenn du dir das anschaust, was du oben notiert hast, erscheint es dir dann, als ob das, was du in deinem Leben tust, meistens mit dem übereinstimmt, was du wirklich bist? Wenn ja, finde ich das bemerkenswert, und es bedeutet, dass sich unsere Zusammenarbeit auf die Feinabstimmung und/oder die Arbeit an Problemen in bestimmten Bereichen konzentrieren wird.

Scheint es andererseits eher so, als hättest du deinen wahren Kern unter einem Haufen von chaotischen Dingen vergraben, um die du dich in deinem Leben kümmern musst? Das ist auch in Ordnung, denn wir werden gleich anfangen zu graben.

Übung: Bewerte jetzt deine Bereitschaft für Veränderung

Es ist Zeit, deine Reise zu beginnen. Bist du wirklich bereit? Ich möchte, dass du dich auf einer Skala von 1 bis 10 nach den fünf Faktoren bewertest, die wir besprochen haben: Neugierde, Ehrlichkeit, Offenheit, Einsatzbereitschaft und Konzentration.

1 = nicht im Geringsten; 5 = einigermaßen; 10 = 100 %, ich bin dabei!

1. Wie neugierig bist du, zu erfahren, wer du wirklich bist, auch wenn du vielleicht feststellen könntest, dass diese Person anders ist, als du es gerade bist?

   KREISE EINE ZAHL EIN: 1 2 3 4 5 6 7 8 9 10

2. Wie ehrlich wirst du mit dir selbst sein, wenn du die Übungen in diesem Buch machst? Wirst du jeden Winkel deines Lebens und Verstandes beleuchten?

   KREISE EINE ZAHL EIN: 1 2 3 4 5 6 7 8 9 10

3. Wie offen bist du für Veränderungen, die notwendig sind, um dein Leben zu verbessern?

   KREISE EINE ZAHL EIN: 1 2 3 4 5 6 7 8 9 10

4. Wie sehr bist du bereit, alles zu tun, was nötig ist, um dein Leben zu verbessern und eine ganzheitliche Verbindung mit deinem besten Selbst herzustellen?

   KREISE EINE ZAHL EIN: 1 2 3 4 5 6 7 8 9 10

5. Wie sehr konzentrierst du dich auf die anstehenden Aufgaben und Übungen in diesem Buch?

   KREISE EINE ZAHL EIN: 1 2 3 4 5 6 7 8 9 10

Wenn du nicht bei all diesen Fragen die 10 umkreist hast, stelle dir folgende Frage: Was musst du jetzt tun, um eine 10 zu erreichen? Schreibe es hier auf:

____

____

____

Wenn du dir nicht ganz sicher bist, was du tun musst, um dich bereit zu fühlen, lies weiter. Und keine Sorge, alles ist ein Prozess. Gemeinsam schaffen wir das schon.

STADIEN DER VERHALTENSÄNDERUNG[1]

Nun, da du dich verpflichtet hast, neugierig, ehrlich, offen, einsatzbereit und konzentriert zu bleiben, möchte ich mit dir kurz über die Stadien der Verhaltensänderung sprechen. Hier sind sie:

Die Stadien der Verhaltensänderung

Absichtslosigkeit: Du hast nicht die Absicht, dein bestehendes Verhalten zu ändern. Du bist dir wahrscheinlich nicht bewusst, dass überhaupt ein Problem existiert.

- **Absichtsbildung:** Du bist dir bewusst geworden, dass du in irgendeinem Bereich deines Lebens etwas unternehmen musst, aber du hast nicht die Absicht, dich schon jetzt zu ändern.
- **Vorbereitung:** Du bist entschlossen, Maßnahmen zu ergreifen, um das Problem zu beheben. Du bist überzeugt davon, dass du etwas ändern musst, um einige oder alle Bereiche deines Lebens zu verbessern, und du glaubst, dass du fähig bist, das zu tun, was von dir verlangt wird.
- **Handlung:** Du änderst aktiv dein Verhalten, um dein Leben zu verbessern.
- **Aufrechterhaltung:** Du hältst dein verändertes Verhalten aufrecht; neue Verhaltensweisen haben die alten ersetzt.

Ich habe viele Jahre lang Interventionen durchgeführt, bei denen ich Menschen geholfen habe, die in einer vollkommenen Abwehrhaltung lebten, weil sie Angst vor den Folgen der Veränderung hatten. Viele haben sich in ihrem Leben schließlich um 180 Grad gedreht, und einige dieser Menschen arbeiten heute sogar für mich.

Wir alle verfügen über Warnsignale, wenn wir eine Veränderung vornehmen müssen, und wenn du wie die meisten Menschen bist, hast du sie wahrscheinlich übersehen oder ignoriert. Aber ich bin hier, um dir zu helfen, die Alarmglocken zu erkennen, die in verschiedenen Bereichen deines Lebens losgehen, damit du dein Verhalten optimieren und somit verhindern kannst, dass noch größere Probleme auftreten. Lass uns nicht warten, bis du in einer Krise bist, bevor du die Notwendigkeit von Veränderungen erkennst.

Als ich als Interventionist tätig war, bekam ich sehr oft Anrufe von Eltern erwachsener Kinder, die verzweifelt danach trachteten, dass diese sich änderten. Ein solches Elternpaar waren Cindy und John, und sie riefen mich wegen ihres 19-jährigen Sohnes Marty an, der das College abgebrochen hatte und in ihren Keller gezogen war. Er verbrachte die meiste Zeit damit, Videospiele zu spielen (was er die ganze Nacht lang tat, um dann bis mittags zu schlafen), von Cindy zubereitete Mahlzeiten zu essen und im Haus herumzulungern. Er hatte natürlich nicht die geringste Motivation, sich zu ändern. Warum sollte er? Für ihn war das Leben wunderbar. Schule war nicht sein Ding gewesen, also flog er einfach auf unbestimmte Zeit zurück ins heimatliche Nest, um sich zu erholen.

John dachte, der beste Weg, um Marty zu motivieren, am Leben teilzunehmen, wäre, ihn in seiner Firma einzustellen – einer örtlichen Restaurantkette. Marty sollte jeden Tag von 9 bis 17 Uhr in der Zentrale arbeiten (damit John ihn im Auge behalten konnte). Aber obwohl er als Vollzeitmitarbeiter bezahlt wurde, tauchte er immer nur für ein paar Stunden auf, so etwa drei Tage die Woche. Und selbst wenn er im Dienst war, tat er kaum etwas im Büro, und seine Kollegen berichteten, dass er kein Teamplayer sei und sich nicht an den Verhaltenskodex halte, an den sie sich alle hielten – er kam zu spät, schrieb ständig Nachrichten auf seinem Handy und so weiter.

Ich setzte mich mit John und Cindy zusammen, um über die Situation zu sprechen, und ich konnte hören, wie Marty unten in voller Lautstärke seine Videospiele spielte. Das Wichtigste zuerst: Ich musste John und Cindy auf die gleiche Wellenlänge bringen. Sie mussten einer Meinung sein und verstehen, dass Marty nur motiviert sein würde, sich zu ändern, wenn: 1) es Konsequenzen im wirklichen Leben gäbe, sollte er es ablehnen, sich zu ändern, oder 2) er einen solchen emotionalen, körperlichen oder spirituellen Schmerz empfände, dass er es einfach nicht einen weiteren Tag aushielte. Wir alle wussten, dass er eine äußerst schmerzfreie Existenz führte, also musste es Konsequenzen geben. Und zwar sofort.

John sagte: »Okay, also müssen wir ihn rauswerfen? Damit er mal sieht, wie es ist, auf der Straße zu leben?«

Entsetzt fuhr Cindy dazwischen: »John, das ist unser Kleiner, von dem du sprichst! Das können wir nicht zulassen! Ich bin es genauso leid, dass er sich von vorne bis hinten bedienen lässt, aber wir müssen ihm helfen! Er wirkt so verloren.«

Ich sagte einfach nur: »Das ist eine Entscheidung, die Marty für sich selbst treffen muss. Wenn er hier wohnen will, gibt es bestimmte Regeln, die er einhalten muss. John, wenn er nicht jeden Tag pünktlich zur Arbeit erscheint, muss es Konsequenzen haben. Ansonsten belohnt man nur schlechtes Verhalten. Würden Sie das bei allen Ihren anderen Mitarbeitern akzeptieren?«

John schüttelte energisch den Kopf: »Auf keinen Fall.«

Ich stellte beiden eine Frage: »Wie stellen Sie sich hier das ideale Zusammenleben vor?«

Cindy schaltete sich ein: »Wenn Marty hier leben möchte, dann muss er das Seinige für den Haushalt beitragen. Und dazu gehört, dass er Lebensmittel einkauft, kocht und sich selbst versorgt ebenso, wie andere Hausarbeiten, um uns zu unterstützen. Er ist ein erwachsener Mensch, und wir wollen wirklich, dass er sich wie einer verhält.«

John nickte zustimmend und fügte hinzu: »Wir haben alles versucht, damit er Verantwortung übernimmt, aber ich denke, wir haben beide erkannt, dass wir nicht konsequent waren und dass wir letztlich sein Verhalten ermöglichen.«

In fast allen solchen Fällen sind sich die Eltern bewusst, dass sie das Verhalten ihrer Kinder erst möglich machen. Sie brauchen einfach nur jemanden von außen, der ihnen im Grunde genommen die Erlaubnis gibt, einen anderen Ansatz zu verfolgen und ihre Macht zurückzugewinnen. Das war meine Aufgabe. Der nächste Schritt bestand darin, sich mit allen dreien hinzusetzen. Also gingen wir die Kellertreppe hinunter in Martys Zimmer. Seine Eltern traten zuerst ein, und ich ging hinter ihnen her. Der Raum entsprach ziemlich genau dem, was ich erwartet und dutzende Male zuvor gesehen hatte: unordentlich, dunkel, überall lagen Lebensmittelverpackungen und Getränkedosen herum, und mittendrin saß ein schlaksiger, verschwitzter Jugendlicher, bequem in seinem Sessel versunken. Es hatte das Aussehen und das Flair eines Zimmers im Studentenwohnheim. Er verdrehte ein wenig genervt die Augen, als er seine Eltern sah, aber in dem Moment, als seine Augen mich registrierten, setzte er sich etwas gerader auf, und seine Pupillen weiteten sich ein wenig wie bei einem im Scheinwerferlicht geblendeten Reh. Meine Körpergröße führt manchmal dazu, dass ich Männern ein wenig Angst einjage, und in diesem Fall war das recht nützlich.

»Marty«, begann sein Vater, »deine Mutter und ich haben schon einmal mit dir über deine Lebensweise gesprochen, aber heute ist der Tag, an dem sich die Dinge ändern werden. Das ist Coach Mike, und wir haben ihn gebeten, heute hier dabei zu sein.«

»Hallo, Marty. Schön, dich kennenzulernen«, sagte ich.

»Ähm. Ja. Also, was genau ist hier los?« Er stand auf, und das Erstaunen in seinem Gesicht war ihm anzusehen.

»Wir lieben dich sehr, wie du weißt, aber wir haben dich gewähren lassen und dir nicht wirklich geholfen, dein Leben in den Griff zu bekommen, also werden die Dinge von nun an anders laufen«, sagte Cindy, mit einer ruhigen Kraft, die Marty überraschte. Dann setzten wir uns hin und sprachen über einen konkreten Plan, den Marty befolgen musste, um im Haus zu bleiben – mit einem klaren Ultimatum. Wir teilten ihm mit, dass wir das in Phasen handhaben würden – ich würde mich einmal pro Woche für einen gewissen Zeitraum mit der Familie treffen, um sicherzustellen, dass jeder seine Aufgaben erfüllte (also dass Marty die Regeln befolgte und John und Cindy ihn nicht einfach gewähren lassen). Später würde ich dann einmal alle zwei Wochen vorbeikommen, während wir die einzelnen Schritte der Strategie entwickelten und durchführten. Es bestand keine Möglichkeit für Marty, etwas einzuwenden oder anderer Meinung zu sein. Er musste sich entscheiden: Er konnte diesem neuen Regime zustimmen und seinen Teil dazu beitragen oder er konnte sofort ausziehen.

Es ist nun mal so, dass manchmal eine Person die Stadien der Absichtslosigkeit, Absichtsbildung und Vorbereitung nicht von allein durchläuft. In diesem Fall, unter diesen besonderen Umständen, hatte Marty keinen Ansporn, diese Stadien der Veränderung zu absolvieren. Er wollte sich nicht ändern. Aber als seine Eltern eine geschlossene Einheit bildeten und eine klare Strategie hatten, ermöglichten sie es ihm, direkt aktiv zu werden. Die Folgen der Entscheidung von Marty, sich nicht an die neuen Regeln zu halten, waren greifbar, was als Motivation für ihn diente.

Als er dann endlich aktiv wurde – immerhin war es letztendlich seine Entscheidung, zu handeln, weil seine Eltern ihn vor die Wahl gestellt hatten, sich entweder fortan zusammenzureißen oder auszuziehen –, begann er, sich gut zu fühlen. Es gab eine Übergangszeit, und natürlich hatte er Momente, in denen er rückfällig wurde, aber insgesamt gestaltete er sein Leben aktiv und war nicht bloß ein Zuschauer. Schließlich waren wir uns alle einig, dass es das Beste für ihn wäre, seine Fühler auszustrecken und sich einen Job außerhalb des Familienunternehmens zu suchen. Also führte er Vorstellungsgespräche und bekam eine Einstiegsstelle in der Versicherungsbranche. Wir setzten unsere Treffen fort, bewerteten, in welchem Stadium dieses Prozesses wir uns befanden und entwickelten weitere Strategien. Je unabhängiger Marty wurde, desto größer wurde sein Selbstwertgefühl und desto weniger abweisend war er gegenüber seinen Eltern. Er verwandelte sich von einem widerspenstigen Teenager zu einem Teamplayer und einem aktiven Mitglied der Familie und der Gesellschaft.

Etwa ein Jahr nach unserem ersten Treffen rief mich Cindy an, um mich auf den neuesten Stand zu bringen: »Mike, ich kann die Verwandlung, die ich bei Marty beobachtet habe, einfach nicht glauben. Er ist in seine eigene kleine Wohnung gezogen, und an dem Tag, an dem er auszog, schaute ich mich im Keller um, um zu sehen, ob er etwas zurückgelassen hatte, und ich sah, dass die Videospielkonsole noch am Fernseher angeschlossen war. Ich erwähnte es ihm gegenüber, und er sagte, dass er mit Videospielen fertig sei – weil sie reine Zeitverschwendung seien! Stellen Sie sich das vor! Und wissen Sie noch was? Er hat jetzt eine Freundin! Und sie ist wunderschön! Ich danke Ihnen vielmals!«

»Gern geschehen! Seien Sie auch stolz auf sich selbst. Ich weiß, dass es für Sie und John harte Arbeit war, sich an den Plan zu halten, aber Sie haben durchgehalten.«

Es zahlt sich aus, so schnell wie möglich in Aktion zu treten, denn wir beginnen dann, uns in einem neuen Licht zu sehen. Wir erleben unmittelbar, dass wir in der Lage sind, die Anforderungen an uns zu erfüllen, weil wir tatsächlich anfangen, etwas zu tun. Wir haben absolut nichts zu verlieren, wenn wir einfach loslegen und Veränderungen in unserem Leben einleiten – aber wir haben viel zu verlieren, wenn wir es verschieben. Das sind die Momente, wenn Tage zu Wochen und Wochen zu Monaten werden können – und dann stellen wir plötzlich fest, dass wir Jahre darauf verschwendet haben, Dinge auf die gleiche alte Art und Weise zu tun, obwohl wir doch diese Zeit hätten nutzen können, um unser Leben auf verschiedene und erstaunliche Weise zu verbessern.

Bereite deinen Weg vor …

Lady Gaga legte ihren Fans einmal ans Herz, sich von nichts und niemandem auf der Welt etwas sagen zu lassen, dass man nicht genau der sein könne, der man ist. Sie hat absolut recht, und manchmal bist du es, der dir im Weg steht und dich hindert, genau der zu sein, der du bist. Deshalb wirst du im nächsten Kapitel lernen, wie du alle Hindernisse erkennen und bewältigen kannst, die deinen Fortschritt bedrohen könnten, jeden Tag authentisch zu leben. Wir wollen nicht, dass dich etwas aufhält!

4
ERKENNE DEINE HINDERNISSE

Auf jeder Reise muss man mit Hindernissen rechnen. Sie können verschiedene Formen annehmen, und sie unterscheiden sich ein wenig für jeden von uns. Während du auf dein bestes Selbst hinarbeitest, möchte ich, dass du deine Augen offen hältst und dir über alles im Klaren bist, was dich vom Erfolg abhält. Denn nur wenn du ein mögliches Hindernis erkennst, kannst du dir einen Umweg überlegen.

Es gibt einige allgemeingültige Themen, wenn es um diese Hindernisse geht, und die werden wir in diesem Kapitel besprechen, damit du alle potenziellen Bereiche erkennen kannst, auf die du dich konzentrieren musst, und alle Mauern siehst, die du niederreißen musst. Wenn du wirklich verstehen kannst, was dich daran hindert, dich mit deinem inneren Kern zu verbinden, kannst du herausfinden, wie du das beseitigen und dann weitermachen kannst.

Kleiner Test zur Angstbestimmung

Allzu oft erliegen wir in unserem Leben Ängsten. Wir erkennen vielleicht nicht, dass Angst im Mittelpunkt von etwas steht, das uns den Weg versperrt, also ist es notwendig, zu untersuchen, was uns zurückhält und herauszufinden, ob Angst die eigentliche Ursache ist. Franklin D. Roosevelt sagte bekanntlich in seiner Antrittsrede, dass das Einzige, was wir fürchten müssten, die Angst selbst sei. Warum ist das so? Angst ist ein Lügner. Sie will dich glauben machen, dass du nicht gut genug bist, dass du nicht fähig genug bist, dass jeder dich beurteilt – und dann handelst du entsprechend. Es ist aber so, dass die Dinge, vor denen wir Angst haben, sich meistens gar nicht erst bewahrheiten. Stell dir das mal vor: Wir verschwenden Zeit und Energie darauf, uns um etwas zu sorgen, das sich so nie abspielt. Was wäre, wenn wir diese ganzen dabei involvierten Gedankengänge für positives Handeln nutzen könnten, für etwas, das uns hilft, in unserem Leben voranzukommen, anstatt genau dort, wo wir sind, stecken zu bleiben? Wir können das. Es ist möglich. Es beginnt damit, dass wir ehrlich zu uns selbst sind, was unsere Ängste angeht, damit sie sich nicht in unserem Kopf festsetzen können.

Ich will nicht, dass Ängste zwischen dir und deinem besten Selbst stehen, also nehmen wir uns jetzt die Zeit, sie zu erkennen und dann eine Angst nach der anderen in Angriff zu nehmen.

Teil 1: Wovor hast du Angst?

Wir werden diesen Prozess mit einer kleinen Übung beginnen, bei der wir frei assoziieren. Ich werde dir eine Frage stellen, und ich möchte, dass du anfängst, alle Wörter aufzuschreiben, die dir unmittelbar nach dem Lesen der Frage in den Sinn kommen. Zögere nicht einen Moment – fange einfach an zu schreiben. Und hör nicht auf, bis dir die Worte ausgehen oder du anfängst, sie zu wiederholen.

Das zu betrachten, wovor wir Angst haben, ist ein wichtiger Schritt in diesem Prozess, obwohl es eine sehr machtvolle und häufig emotionale Übung ist. Es ist schwer, sich seinen Ängsten zu stellen, aber am Ende lohnt es sich, das zu tun. Wir alle haben irgendwann in unserem Leben zugelassen, dass die Angst in irgendeiner Weise Macht über uns erlangt. Sobald du die Fähigkeit beherrschst, zu erkennen, was deine Angst auslöst, und vor allem, an welchem Punkt sie beginnt, kannst du die Angst davon abhalten, Wurzeln zu schlagen und dein Leben maßgeblich zu bestimmen. Du gibst die Befehle in deinem Leben, nicht die Angst. Also, lass uns die Angst überwinden!

Bist du bereit? Gut. Nun, hier ist die Frage:

Welches sind einige der Ängste, die dich davon abgehalten haben, etwas in deinem Leben zu verändern?

____

____

____

____

____

Teil 2: Angstmuster

Du hast vielleicht bislang gar nicht bemerkt, dass einige dieser Ängste in deinem Kopf herumgeisterten, oder vielleicht hast du sie nur vermieden. Ich möchte, dass du dir jetzt ganz bewusst darüber wirst, dass du nicht allein bist. Andere Menschen haben genau diese Ängste überwunden. Du kannst es auch. Indem du stark und mutig genug bist, um diese Ängste in den Vordergrund zu stellen, hast du gerade den ersten Schritt getan, dich ihnen zu stellen. Nun lass uns den nächsten Schritt machen.

Wenn du dir deine Liste anschaust, fällt dir ein Muster auf? Kannst du leicht mehrere deiner Ängste in weiter gefasste Kategorien wie Demütigung, Wertlosigkeit oder mangelnde Anerkennung einteilen? Vielleicht laufen die meisten deiner Ängste auf die Vorstellung hinaus, dass du für andere nicht liebenswert oder wertvoll bist? Wenn du dir die Liste anschaust, scheint sich dort ein übergeordnetes Thema abzuzeichnen? Zum Beispiel, scheint es sich wie ein roter Faden durchzuziehen, dass du Angst hast, dass du dich nicht an den Plan halten kannst, der erforderlich ist, damit sich dein Leben ändert? Oder lässt dich der Gedanke, zu versagen, erstarren? Oder was andere Leute über dich denken? Dass du es nicht besser verdient hast? Schau genau hin und schreibe auf, was dir auffällt.

Der vorherrschende Grund, warum ich Angst vor Veränderungen habe, ist:

____

____

____

____

____

Teil 3: Stelle deine Angst auf die Probe

Du machst das toll – schau, wie viel du gerade in wenigen Minuten über dich selbst gelernt hast! Wenn wir anfangen, uns ganz ernsthaft diese Fragen zu stellen, beginnen wir, uns selbst und das, was uns motiviert, auf einem ganz neuen Level zu verstehen. Nun lass uns auf der großartigen Arbeit aufbauen, die du bisher geleistet hast.

Betrachte dein Gehirn als einen Muskel. Auf die gleiche Weise wie du ins Fitnessstudio gehst und deinen Bizeps beim Training stärkst, kannst du dein Gehirn trainieren. Ob du es nun absichtlich tust oder nicht, du trainierst dein Gehirn in der Tat ständig, um auf bestimmte Art und Weise zu denken. Wenn man diese Sichtweise einen Schritt weiterverfolgt, könnte es sein, dass man unbeabsichtigt sein Gehirn dahin gehend trainiert hat, dass man Angst vor Dingen hat, die man gar nicht zu fürchten braucht. Ganz richtig, du gehst vielleicht jeden Tag so vor und triffst Entscheidungen aus einer Angst heraus, die nicht *real* ist.

Der Klarheit halber gebe ich dir ein einfaches Beispiel. Angenommen, du bereitest dich auf eine Präsentation bei der Arbeit vor. Du hast deine Diskussionspunkte vorbereitet, du hast deine Recherchen gemacht, und du weißt genau, was du sagen willst. Aber jedes Mal, wenn du das Gespräch übst, erstarrst du und bist wie gelähmt vor Angst. Du stellst dir vor, wie alle deine Kollegen laut lachen, während du am Kopfende des Konferenztisches stehst. Du siehst dich selbst, wie du nackt zu dem Meeting erscheinst. Du konzentrierst dich auf eine bestimmte

Hauptaussage, die du machen willst, und bekommst jedes Mal, wenn du versuchst, sie auszusprechen, keinen Ton heraus. In Wirklichkeit handelt es sich bloß um eine zweiminütige Präsentation, die gut im Rahmen deiner Fähigkeiten und Erfahrungen liegt, aber dein Verstand hat sich in einem klebrigen Spinnennetz von Ängsten verfangen, die Amok laufen. Wenn du den Lügen glaubst, die deine Angst dir erzählt, kann das im wahren Leben Konsequenzen haben.

Verwendest du in deinem Alltag wertvolle Zeit und Energie darauf, Angst vor etwas zu haben, das nicht real ist und keine tatsächliche Bedrohung für dich darstellt? Beeinflusst sie in großem Umfang deine Entscheidungsfindungsprozesse? Hat deine Fantasie bei dir die Kontrolle übernommen?

Greife auf deine Antwort in Teil 2 zurück – den Grund, das alles umfassende Thema, warum du Angst hast, dich zu ändern.

Nun lass uns diese Angst testen:

1. Ist sie tatsächlich begründet?
2. Kommt sie dir zugute?
3. Führt sie zu Fortschritten auf deinem Weg zu gesunden Zielen?

Diese Fragen können dir helfen festzustellen, ob deine Angst rational ist oder nicht. Wenn du beispielsweise in deinem Job unglücklich bist und dein eigenes Unternehmen gründen willst, hat dich die Angst zurückgehalten, dass du nicht über die Runden kommst oder alles verlierst? Das könnte eine sehr rationale Angst sein, aber es gibt einen Weg, sie anzugehen. Was wird dir helfen, diese Angst zu überwinden und das Unternehmen zu gründen? Die Antwort lautet: finanzielle Sicherheit. In diesem Fall hast du eine Angst vor dem finanziellen Ruin erkannt, also ist der Weg, um zu verhindern, dass sich diese Angst bewahrheitet, der, genug Geld zu sparen, um x Monate (ersetze x durch die Zahl, die dir angemessen scheint) zu überleben, bevor du deinen jetzigen Job kündigst. Auf diese Weise hast du das Risiko vermindert und bist diese Angst effektiv angegangen. Jetzt, da du diese Angst als Hindernis aus dem Weg geräumt hast, kannst du mit Zuversicht deine Reise fortsetzen, um dein eigener Chef zu werden.

Jetzt möchte ich, dass du deine rationale, legitime Angst aufschreibst, notierst, wovon sie dich in deinem Leben abhält, und dann einen Plan entwirfst, den du anwenden kannst, um zu verhindern, dass sich die Angst bewahrheitet.

Meine Angst ist:

____

____

____

Sie hält mich davon ab:

____

____

____

Mein Plan, um zu verhindern, dass sich die Angst bewahrheitet, ist:

____

____

____

Hier ist ein Beispiel:

Meine Angst ist: *zurückgewiesen zu werden.*
Sie hält mich davon ab: *neue Dinge auszuprobieren, neue Menschen kennenzulernen und im Leben einfach mal Dinge sich entwickeln zu lassen. Ich entwickle Angstgefühle, wenn ich neue Menschen kennenlernen muss, ich habe das Gefühl, nicht ganz ich selbst zu sein, wenn ich mit*

meinen Kollegen zusammen bin, weil ich will, dass sie mich mögen, und ich habe das Bedürfnis, alles kontrollieren zu müssen.

Mein Plan, um zu verhindern, dass sich meine Angst bewahrheitet, ist: *Wenn ich mich zurückgewiesen fühle, muss ich mich daran erinnern, dass das Leben gerade versucht, mir etwas Neues und Besseres zu bieten, und dieser Glaube soll mich glücklich machen.*

Tue dies so oft wie notwendig, für all die Ängste, die dir im Weg stehen, wie viele es auch sein mögen. Sobald du einen Plan für jede von ihnen entwickelt hast, hast du der Angst die Macht entzogen und sie daher unwirksam gemacht.

Teil 4: Der Glaube siegt immer über die Angst

Ich bin der Meinung, das Gegenteil von Angst ist der Glaube. Wenn du den Glauben hast, dass die Dinge funktionieren werden, und wenn du an dich selbst glaubst und daran, dass du in der Lage bist, das zu tun, was erforderlich ist, dann entziehst du deinen Ängsten alle Macht, und in der Tat hören deine Ängste auf zu existieren. Für viele Menschen besteht das Überwinden der Ängste darin, sie loszulassen und durch den Glauben zu ersetzen.

Wenn du das nächste Mal erkennst, dass sich Angst eingeschlichen hat und dich von positiven Veränderungen abhält, probiere die folgende Visualisierungstechnik aus:

1. Schließe deine Augen und stelle dir die Angst vor. Sammle alle Bilder (und Vorstellungen) in deinem Kopf, die die Angst begleiten, sowie die negativen Gefühle, die sie in dir erzeugt.
2. Nun leg in deiner Fantasie all diese Dinge in eine große Schachtel.
3. Lass nun die Schachtel immer kleiner und kleiner werden, bis sie genau in deine Handfläche passt.
4. Jetzt stell dir vor, du stehst am Rande einer riesigen Schlucht, die so tief ist, dass du den Grund nicht sehen kannst.
5. Wirf die Schachtel hinein und beobachte, wie sie fällt, bis sie außer Sichtweite ist.
6. Stell dir vor, du drehst dich um und stehst vor einer Freiluftdusche.

7. Du drehst das Wasser auf und spürst ein warmes, liebkosendes Gefühl über deinen ganzen Körper strömen.
8. Öffne deine Augen und genieße das Gefühl, durch deinen Glauben erfrischt und erneuert worden zu sein.

Du kannst jederzeit auf diese Visualisierung zurückgreifen, da sie dich stärken und dir helfen kann, dich von deinen Ängsten zu befreien.

Dein Ego vs. dein bestes Selbst: Du hast die Wahl

Ich betrachte dein Ego als die größte Bedrohung für deine Fähigkeit, als dein bestes Selbst zu handeln. Um das klarzustellen: Ich bin kein Psychoanalytiker, also betrachte ich das Ego nicht aus einer freudschen Perspektive. Wenn ich über das Ego spreche, definiere ich es als eine tief verwurzelte Ebene der Angst, keine offensichtliche Angst wie eine vor Spinnen oder Hunden, sondern eine, die damit zusammenhängt, wie wir über uns selbst denken und wie wir denken, dass die Welt uns wahrnimmt. Wenn wir zulassen, dass Ängste fest in uns Wurzeln schlagen, können sie ein Teil von uns werden – so als ob sie in die DNA unserer Persönlichkeit geschrieben worden wären. Es klingt perfide, ich weiß, aber es kann sehr leicht passieren.

Wenn du gelegentlich Dinge denkst, tust oder sagst, die nicht wirklich »du« sind, dann ist es das Ego. Jedes Mal, wenn du jemanden beschimpfst oder in einen heftigen Streit gerätst, in dem es sich anfühlt, als hättest du die Kontrolle verloren, ist es das Ego. Oder wenn du behauptest, in etwas besser zu sein, als du es wirklich bist, um Peinlichkeiten zu vermeiden, oder wenn du zu viel versprichst und wenig hältst, oder wenn du eine kleine Notlüge erzählst – das sind alles Manifestationen des Egos. Dir fallen vermutlich noch weitere Beispiele ein – wir alle sind von Zeit zu Zeit in unserem Ego gefangen. Aber ich will nicht, dass dein Ego dir im Weg steht und dich daran hindert, dein bestes Selbst zu sein.

Hier sind die wirklich aufregenden Neuigkeiten: Wenn du Angst hast, dass das Ego dich blockiert, gibt es Hoffnung! Du wirst in der Lage sein, dein Ego viel leichter zu bekämpfen, als du vielleicht denkst, und ich werde dir dabei helfen. Lass uns damit beginnen, zuerst aufzudecken, wie man das Ego erkennt, und dann, wie man es zum Schweigen bringt.

Schritt 1: Das Ego erkennen

Um wirklich zu verstehen, ob unser Ego in irgendeinem Bereich unseres Lebens den Ton angibt, müssen wir die Art von Gedanken, Gefühlen und daraus resultierenden Handlungen verstehen, die wir haben, wenn wir anscheinend unter seinem Bann stehen. Beachte, dass sich das Ego nicht immer in Form von Extremen zeigt. Wir alle können wahrscheinlich auf eine Person in der Öffentlichkeit, im Profisport oder in der Politik verweisen, die wir als »Egomanen« oder zumindest als »Egoisten« betrachten würden. Ich bin nicht hier, um mit den Fingern auf jemanden zu zeigen, also werde ich darauf verzichten, Namen zu nennen. Aber der Punkt ist, es gibt nie einen Mangel an extremen Beispielen für ein wild gewordenes Ego in unserer Welt. Deines könnte sich jedoch auf subtilere Weise zeigen. Unsere Reaktionen können unangenehm sein, wenn wir von unserem Ego beherrscht werden, und das macht uns oder unseren Mitmenschen keinen Spaß. Ich möchte dir viel Zeit und Kummer ersparen, indem ich dir helfe, dich darauf einzustellen und dir bewusst zu werden, wann du aus deinem Ego heraus handelst und nicht aus deinem besten Selbst.

Hier sind einige der gängigsten Facetten, wie sich das Ego in unserem Leben unschön bemerkbar machen kann. Es gibt die offensichtlicheren, großspurigen Egos, und dann gibt es die ruhigeren, schwer zu erkennenden Ängste, die vom Ego angetrieben werden, daher teile ich die Beispiele in diese beiden Kategorien auf. Es ist keine vollständige Liste, aber sie gibt dir einen allgemeinen Eindruck davon, wie das Ego in deinem Leben aussehen kann.

Großspuriges Ego und damit eindeutige Beispiele

Abwehrhaltung

- Hast du jemals mit jemandem gesprochen und dabei festgestellt, dass derjenige überreagiert? Wenn du diese Person schließlich mit diesem Verhalten konfrontierst, und sie kann es nicht offen eingestehen oder leugnet es, ist das Abwehrhaltung; es ist ein Mangel an Kritikfähigkeit, selbst wenn es sich um konstruktive Kritik handelt.

Streit ums Recht/Gewinnen müssen

- Dies betrifft Situationen, wenn jemand über jegliches Maß hinausgeht, um zu beweisen, dass etwas, was er gesagt hat, wahr ist. Diese Personen können sich sogar stundenlang streiten und debattieren, nur um zu beweisen, dass sie recht hatten.

Überheblichkeit/Prahlerei

- Dies ist eine Form von Selbstsucht oder Selbstbesessenheit, ein ständiges Bedürfnis, alle um sich herum daran zu erinnern, wie großartig man ist. Denke zum Beispiel an den ehemaligen Fußballstar, der immer noch über seine glorreichen Tage von vor 20 Jahren spricht, wann immer sich die Gelegenheit bietet.

Rachegelüste

- Wenn eine Person absichtlich andere verletzt, von denen sie glaubt, dass sie ihr Unrecht getan haben. Um die eigenen Handlungen zu rechtfertigen, bedient sich diese Person einer fehlerhaften Logik.
- Sie glaubt, dass es ihr hilft, andere Menschen niederzumachen.

Habgier

- Es gibt Menschen, die sich weigern zu teilen. Sie schirmen alles, was sie als ihren »Besitz« betrachten (einschließlich Menschen!), von anderen ab.

Schlecht über andere reden

- Online oder im wirklichen Leben glauben diese Menschen, dass sie sich besser fühlen werden, wenn sie schlecht über andere sprechen. Sie haben oft Freude daran, die perfekte Beleidigung zu landen oder eine böse Geschichte über jemand anderen zu erfinden.

Die »Spiegelaffen«

- Menschen, die so von Unsicherheit getrieben sind, dass sie sich selbst ständig im Spiegel betrachten – im Fitnessstudio, in Schaufenstern, in ihrem Rückspiegel, in ihrem Handy (Selfies!) und so weiter und so fort.

Unehrlichkeit

- Menschen, die sich fürchten, zu sich selbst zu stehen und ehrlich zu sein, weil sie Angst haben, beurteilt oder abgelehnt zu werden, verfallen auf Lügen über sich und andere, um eine falsche Realität zu schaffen, die ihnen besser gefällt als die Wahrheit.
- Diejenigen, die lügen, indem sie wichtige Details aus ihrem Leben oder ihrer Geschichte auslassen, um ihre Fassade zu wahren.

Mobbing

- Ich glaube, eine der ultimativen Ausdrucksformen eines blindwütigen Egos ist, wenn jemand darauf verfällt, andere zu bedrohen oder einzuschüchtern. Das ist ein ernsthaftes Problem in unserer heutigen Gesellschaft, und es ist eine direkte Folge des Egos.

Opfermentalität

- In diesem Fall weigert sich jemand, seinen Anteil an einem Problem zu akzeptieren. (Wir werden dieses Thema in einem kommenden Abschnitt dieses Kapitels näher untersuchen, da ich glaube, dass dieses Problem derzeit grassiert und ein Verhalten ist, dass du lieber vermeiden solltest.) *Wichtig: Es gibt echte Opfer schrecklicher Umstände, aber das sind nicht die Leute, von denen ich hier spreche. Ein Opfer eines Verbrechens ist anders als jemand mit einer Opfermentalität. Nur, weil man sich angegriffen fühlt, ist man noch lange kein wirkliches Opfer und: Es ist respektlos und verletzend gegenüber echten Opfern.*

Weniger offensichtliche Beispiele eines Ego

Nach Anerkennung/Belohnung von außen suchen

- Diejenigen, die ihr Selbstwertgefühl ausschließlich durch die Meinung anderer über sich aufbauen.

Nicht allein sein können

- Menschen, die Angst vor Einsamkeit haben, sind in der Regel so, weil sie sonst nicht die Bestätigung oder den Push bekommen, die sie brauchen.

Falsche Berater

- Das sind die Leute, die andere schikanieren, weil sie sich nicht zu der gleichen Weltanschauung bekennen. Dies ist heutzutage ein weit verbreitetes Phänomen an Hochschulen. Ich habe auch online Leute erlebt, die behaupten, sie seien Berater für psychische Gesundheit, und gleichzeitig andere Menschen wegen ihrer Überzeugungen drangsalieren.

Sich von Kritik angegriffen fühlen

- Diese Menschen glauben nicht, dass sie Charakterschwächen haben oder sich weiterentwickeln müssen. Anstatt Kritik zu akzeptieren, sie auszuhalten und sich zu überlegen, ob und wie sie diese für ihr Leben nutzen können, fühlen sie sich in ihrem Stolz verletzt und reagieren aggressiv.

In der Vergangenheit verhaftet sein

- Diejenigen, die sich an ihre Vergangenheit klammern, wenn ihr gegenwärtiges Leben ihnen nicht die Gefühle der Wichtigkeit oder positiven Erfahrungen gibt, die sie einst hatten.
- Eine weitere Version, wie sich dieses Ego äußern kann, sind Menschen, die andere an negative Erfahrungen aus der Vergangenheit erinnern, um bei ihnen Schuld oder Schmerzen auszulösen.

Unsicherheit/Selbstzweifel

- Diejenigen, die von Gefühlen der Unzulänglichkeit gelähmt sind, die ständig nach etwas suchen, um ihr Gefühl der Bedeutungslosigkeit auszugleichen, entweder indem sie andere sich unsicher fühlen lassen oder sich selbst isolieren.

Ständiges entschuldigen (bis zu dem Punkt, wo es unaufrichtig wirkt)

- Leute, die immer und ständig »Es tut mir leid« sagen, tun dies, weil sie den tiefen Wunsch haben, von anderen geliebt und anerkannt zu werden, und weil sie sich selbst nicht annehmen können.

Sich darum sorgen, was andere denken

- Jemand, der von einer ständigen Angst um sich selbst befallen ist (sein Aussehen, seine Leistung, sein Status, seine Intelligenz usw.), und der auf andere Menschen schaut, um deren Bedeutung und Wert zu bestimmen.

Manchmal ist es schwierig, diese Art von Verhalten bei uns selbst zu erkennen, deshalb ist es eine gute Herangehensweise, die Wahrheit herauszufinden, indem man einen vertrauenswürdigen Freund oder geliebten Menschen fragt, ob sie jemals beobachtet haben, wie du dich aus dem Ego heraus verhalten hast. Es ist nicht immer einfach, die Antworten zu hören, aber ich ermutige dich, offen für konstruktives Feedback zu bleiben.

Eine weitere großartige Möglichkeit, deine Gedanken oder Verhaltensweisen zu testen, um herauszufinden, ob ihre Ursprünge im Ego liegen, ist, dein bestes Selbst zu fragen, was es denkt. Du kannst buchstäblich ein Gespräch zwischen dir und der Figur deines besten Selbst führen und dieses Thema ansprechen. Frage: »Verhalte ich mich auf diese Weise aus einer tiefsitzenden Angst heraus oder handle ich als mein bestes Selbst?« oder »Ist dieses Verhalten ein Hinweis auf mein bestes Selbst oder scheint es aus dem Inneren des Egos zu kommen?« Solche Eingangsfragen können dir leicht helfen, zu eigenen Antworten zu Denkmustern oder Verhaltensweisen zu kommen, die du gerade anwendest. Denke an das letzte Mal, als du sehr frustriert, ängstlich oder einfach nur total unzufrieden warst, wie etwas in dem Moment gerade gelaufen war. Was hätte dein bestes Selbst in diesem Moment getan oder wie hätte dein bestes Selbst auf diesen Moment reagiert? Das kann dir helfen, sehr gezielt an das Thema heranzugehen.

Falls einige der oben beschriebenen Charakteristiken und Manifestationen des Egos dich an Dinge erinnern, die du selbst gesagt oder getan hast, oder wenn sie einigen der Eigenschaften deines negativen Selbst ähnlich sind, die du in Kapitel 2 aufgeschrieben hast, heißt das noch lange nicht, dass du nicht »normal« bist. Mit dir ist alles in Ordnung. Wie ich bereits erwähnt habe, sind wir alle von Zeit zu Zeit in unserem Ego gefangen. Das Ziel ist einfach, zu erkennen, wann sich das Ego in deinem Leben bemerkbar macht, sodass du die Kontrolle darüber haben kannst, statt dem Ego die Kontrolle über dich zu überlassen.

Vermeide Schuldzuweisungen

Wenn ich eine allgegenwärtige Haltung benennen müsste, die ich für die gefährlichste halte, würde ich die *Opfermentalität* wählen.

Die Rolle des Opfers zu spielen, bedeutet, mit dem Finger auf jemanden oder etwas außerhalb von dir selbst zu zeigen für Dinge, die in deinem eigenen Leben schiefgehen. Das hat mit der sogenannten »Kontrollüberzeugung« zu tun.

Eine Person, die eine internale Kontrollüberzeugung hat, glaubt, dass sie Ereignisse und deren Folgen beeinflussen kann, aber eine Person mit einer externalen Kontrollüberzeugung gibt äußeren Kräften (anderen Menschen, Umständen oder sogar dem Schicksal) die Schuld für alles. Überall, wo ich in der heutigen Gesellschaft hinschaue, scheint es, dass immer mehr Menschen eine externale Kontrollüberzeugung haben. Wenn zum Beispiel jemand Schwierigkeiten hat, einen Job zu bekommen und dies der aktuellen politischen oder wirtschaftlichen Lage zuschreibt, demonstriert er eine externale Kontrollüberzeugung. Oder wenn sich jemand häufig erkältet und dies auf seine Kollegen oder eine keimbelastete Arbeitsumgebung schiebt, basiert diese Denkweise auf externaler Kontrollüberzeugung. Ein anderes Beispiel ist, wenn jemand ständig verschuldet ist und die Inflation oder die hohen Lebenshaltungskosten verantwortlich macht, anstatt die Verantwortung für die eigene Finanz- und Haushaltsplanung zu übernehmen. Wenn jemand eine Scheidung oder eine schmerzhafte Trennung durchmacht, fünf

Jahre später noch immer darunter leidet und dies dem Expartner zuschreibt, ist es eine externale Kontrollüberzeugung. Im Grunde genommen entscheiden wir uns immer dann für eine externale Kontrollüberzeugung, wenn wir die Schuld für alles von uns weisen, was in unserem Leben passiert.

Das Problem bei dieser Denkweise ist, dass sie dir deine Kräfte raubt. Indem du dich auf Schuldzuweisungen einlässt, zuckst du im Endeffekt einfach mit den Schultern und sagst: »Ich bin halt ein Opfer, und es gibt nichts, was ich dagegen tun kann.« Der Moment, in dem du jemand anderem die Schuld für etwas gibst, das du empfindest oder erlebst, ist der Moment, in dem du deine Macht abgibst. Und wenn du deine Macht abgibst, triffst du die Entscheidung, dein Leben fremdbestimmen zu lassen. Du weigerst dich, die Verantwortung für dein eigenes Leben zu übernehmen. Wie du dir vorstellen kannst, kann dies ein sehr destruktives Verhaltensmuster sein. Um mit unserem besten Selbst in Verbindung zu bleiben, müssen wir immer die Verantwortung für das übernehmen, was in unserem Leben passiert. Wir müssen einen Weg finden, um die Kontrolle zu behalten, auch in Momenten, in denen es so aussieht, als ob die ganze Welt es auf uns abgesehen hat.

Sicherlich passieren schlimme Dinge, auf die wir keinen Einfluss haben. Aber der springende Punkt ist, dass wir unsere Reaktionen auf solche Dinge hundertprozentig beeinflussen können. Wir können uns entscheiden, deprimiert, ängstlich, wütend, verbittert oder frustriert zu sein und einfach die Decke über den Kopf zu ziehen. Oder wir können uns dafür entscheiden, so zu reagieren, dass wir und unsere Mitmenschen davon profitieren. Wenn wir einen Test nicht bestehen, können wir analysieren, was schiefgelaufen ist, und effektiver lernen, bevor wir ihn wiederholen. Wenn wir uns immer wieder erkälten, können wir lernen, wie wir unser Immunsystem stärken und unseren allgemeinen Gesundheitszustand verbessern. Die Liste geht weiter und lässt sich beliebig fortsetzen – aber das Entscheidende ist, wir haben selbst die Wahl: Entweder geben wir jemand oder etwas anderem die Schuld, sodass wir nichts beeinflussen können, oder wir finden einen Weg, wie wir Verantwortung übernehmen und unser Verhalten ändern, damit wir das Ergebnis beeinflussen können.

Hier sind einige Fragen, die dir helfen sollen, herauszufinden, ob du in bestimmten Bereichen deines Lebens zu Schuldzuweisungen neigst:

- □ Glaubst du, dass du bei der Arbeit nicht die Karriere machst, die du eigentlich verdient hättest, weil dein Chef dich nicht mag?
- □ Glaubst du, dass einige Leute einfach nur »Glück« haben, du jedoch nicht?
- □ Gibst du deinen Eltern und deiner Erziehung die Schuld für irgendwelche Probleme, die du in deinen Liebesbeziehungen hast oder hattest?
- □ Hast du jemals einen Lehrer für eine schlechte Note im Unterricht verantwortlich gemacht?
- □ Verübelst du es anderen Menschen, dass sie zu viel Geld kommen, während du selbst finanziell den Kopf nicht über Wasser halten kannst?
- □ Glaubst du, dass du nie abnehmen wirst, weil du genetisch dazu veranlagt bist, übergewichtig zu sein, und versuchst es deshalb gar nicht erst?

Diese speziellen Fragen können auf dich zutreffen oder auch nicht, aber sie sollten dir eine Vorstellung davon vermitteln, wie Opfermentalität aussieht. Ich möchte dir nahelegen, in jedem Bereich deines Lebens wachsam zu sein, in dem du die Schuld für dein eigenes Unglück, deinen mangelnden Erfolg oder schwierige Situationen auf jemanden oder etwas anderes übertragen könntest.

Was du auch noch beachten solltest, ist, dass deine Kontrollüberzeugung sowohl für gute als auch für schlechte Dinge in deinem Leben gilt. Wenn wir also etwas Positives erreichen, wie eine Auszeichnung gewinnen, eine bestimmte Summe Geld sparen oder wenn wir einfach nur einen guten Tag haben, dann ist die Aussage, dass es an jemandem oder etwas anderem lag und nicht an uns selbst, auch ein Beispiel für eine externale Kontrollüberzeugung. Es geht nicht darum, das ganze Lob für sich selbst in Anspruch zu nehmen, aber es ist definitiv wichtig für uns, die Rolle zu erkennen, die wir in *allen* Aspekten unseres eigenen Lebens spielen.

Denke daran, dass andere Menschen etwas tun oder sagen könnten, das dir schaden soll, aber letztendlich entscheidest *du*, wie sich diese

Dinge auf dich auswirken werden. Alle äußeren Störungen sind nur ein Rauschen. Du hast die Kontrolle über die Lautstärke, also schalte sie aus. Deine Gefühle gehören nur dir – lass nicht zu, dass andere sie beeinflussen.

Schritt 2: Bring dein Ego zum Schweigen

Jedes Mal, wenn wir uns sagen: »Dafür bin ich nicht klug genug« oder »In diesem Bereich muss ich mich verbessern« oder »Ich habe Angst, ______________________________ (gekündigt zu werden, nicht wahrgenommen zu werden, zurückgewiesen zu werden, zu versagen usw.)«, sind das »Störgeräusche« oder auf dem Ego basierende Gedanken. Und sie hängen alle mit Angst zusammen. Ein Mangel an Selbstbewusstsein zeigt sich in unserer Angst. Ein Bedürfnis, von anderen anerkannt zu sein, zeigt sich in unserer Angst. Und jedes Mal, wenn wir uns selbst sagen, dass wir vor etwas Angst haben, und wir deshalb etwas tun müssen, um zu verhindern, dass diese Angst wahr wird, handeln wir aus reiner Angst.

Glücklicherweise gibt es ein wirksames Gegenmittel gegen diese angstbasierten Gedanken. Man nennt dies Selbstbestätigung, und sie beinhaltet die wesentlichen Wahrheiten über uns selbst. Wenn du dir die Eigenschaften deines besten Selbst aus Kapitel 1 anschaust, sind dies die Selbstbestätigungen, die du bereits entwickelt hast. Du kannst sie immer nutzen. Wie du weißt, bilden diese Eigenschaften die wahre Essenz von *dir*. Indem wir sie benennen und kennen, werden sie zu einer Energie, die die Angst verdrängt.

Ich habe einmal mit einer Frau zusammengearbeitet, von der ich glaubte, dass sie eine unglaubliche Größe in ihrem Leben anzog, weil sie sich selbst jeden Tag die nettesten und liebenswertesten Dinge zur Selbstbestätigung sagte. Sie war eine bemerkenswerte Schauspielerin, die geschieden war und mehrere Kinder großzog, und als wir zusammenarbeiteten, wurde mir klar, dass ihre Selbstbestätigungen das waren, was sie brauchte, um bodenständig zu bleiben.

Bestätigung ist wie Nahrung für die Seele. Sie kann uns mit neuer Energie aufladen. Ich bin immer wieder überrascht, mit wie vielen Menschen ich spreche, die noch nie wirklich auf Selbstbestätigungen zurückgegriffen haben. Ich frage mich, wie sie ohne Selbstbestätigung durchs Leben kommen. Zugegeben, sie lassen sich nicht immer leicht anwenden, aber sie sind wirkungsvoll.

Denke daran, dass es keinen »richtigen« oder perfekten Weg gibt, die folgende Übung oder überhaupt eine Übung in diesem Buch durchzuführen. Finde heraus, was dir am besten gefällt oder nutze diese Anleitung als Inspiration, um für dich eine eigene Version der Selbstbestätigung zu entwickeln.

Übung: Selbstbestätigung durch positive Affirmationen

- Sieh in einen Spiegel oder in die Frontkamera auf deinem Handy. Wenn wir in den Spiegel schauen, betrachten wir normalerweise nur unsere äußere Erscheinung: das Outfit, das wir tragen, unsere Haare, oder vielleicht nehmen wir ein Muttermal in Augenschein, das wir näher untersuchen sollten. Aber für unsere Zwecke sollst du über das reine Erscheinungsbild hinausblicken. Wann hast du dir das letzte Mal, und ich meine so richtig, in die Augen geschaut?
- Was siehst du da? Wer bist du eigentlich? Was sind die Dinge, die du wirklich an dir selbst liebst? Siehst du jemanden, der stark ist? Nett? Großzügig? Loyal? Liebevoll? Lustig? Extrovertiert? Eher still? Denke an Worte, die nicht beschreiben, wie die Welt dich sieht, sondern wie du dich selbst siehst, positive Worte, die auf dich zutreffen, in jeglicher Hinsicht.
- Das Ego in dir kann dies dadurch erschweren, dass es dich von deinen positiven Eigenschaften abbringen und zu negativen Aspekten hin verleiten könnte. Du denkst vielleicht sogar so etwas Positives wie »Ich bin ein liebevoller Mensch«, aber dann taucht diese Ego-Stimme auf und sagt: »Ja, aber wenn die Leute dich wirklich kennenlernten, würden sie entdecken, dass du gar nicht *so* liebenswert bist.« Hüte dich vor dieser Stimme.
- Schreibe fünf bis zehn Dinge über dich auf, die wahr sind. Beginne mit der Formulierung »Ich bin …« Setze sie hier ein:

1. Ich bin ______________________________
2. Ich bin ______________________________
3. Ich bin ______________________________
4. Ich bin ______________________________
5. Ich bin ______________________________
6. Ich bin ______________________________
7. Ich bin ______________________________
8. Ich bin ______________________________
9. Ich bin ______________________________
10. Ich bin ______________________________

Sprich nun diese Sätze laut aus, während du in den Spiegel schaust. Das erste Mal, wenn Menschen diese Form der Selbstbestätigung ausprobieren, können sie ein wenig verunsichert sein oder sich sogar dabei albern vorkommen, aber ich verspreche, dass es mit der Zeit leichter wird. Sie sind ein Grundpfeiler der Arbeit, die wir gemeinsam leisten werden, weil sie auf den Punkt bringen, wer du im Inneren bist, und sie dir helfen, mit deinem besten Selbst in Verbindung zu bleiben.

SCHALTE DEN LÄRM AUS

Heutzutage prasseln mehr Informationen auf uns ein, als wir verarbeiten können, und es ist sehr einfach, sich von all dem »Lärm« davon abhalten zu lassen, das zu bekommen, was wir wollen, und einen klaren Kopf zu bewahren. Deswegen bin ich sehr vorsichtig geworden, welche Art von Inhalten ich in meinem Leben zulasse. So wie wir darauf achten müssen, welche Arten von Lebensmitteln wir essen, um sicherzustellen, dass unser Körper richtig ernährt wird, glaube ich, dass wir auch bei den Informationen, die wir konsumieren, wählerisch sein sollten. Wir müssen unseren Geist richtig ernähren, ihn nicht mit Müll vollstopfen, der uns nichts nutzt oder der in keiner Weise unsere Leidenschaften befeuert.

Wir werden ständig mit Informationen bombardiert, die wir uns nicht aussuchen, und es kann sich so anfühlen, als wären wir gezwungen, eine Art von Musik zu hören, die wir nicht hören wollen. Denke an all die Plakatwände, Werbespots, Anzeigen in sozialen Medien, Pop-ups auf Websites ... die Liste ist endlos!

Wenn man alles zusammenrechnet, überschattet der Lärm plötzlich alles andere. Die Folge kann sein, dass wir empfindlich oder gereizt reagieren und nicht einmal genau wissen, warum. Früher hatten wir mehr Kontrolle über den Informationsfluss, den wir konsumierten. Jetzt prasselt es einfach aus allen Ecken und Winkeln auf uns nieder, immer und überall.

Vielleicht hat dich schon einmal etwas emotional bewegt, was du in den Nachrichten gesehen hast. Ich denke, das liegt mitunter an dem Konzept einer sogenannten Expertenrunde, in der Menschen miteinander über das aktuelle Tagesgeschehen debattieren. Sie erörtern oft sehr ausführlich das Leben von Menschen, die sie nicht persönlich kennen. Stell dir vor, diese Expertenrunde würde über dich sprechen, als ob sie wüsste, was in deinem Leben vor sich geht? Es ist bizarr. Ich bin selbstverständlich der Meinung, dass du dich über das Weltgeschehen informieren solltest, aber ich ermutige dich, deine Informationen aus Quellen zu beziehen, denen du vertrauen kannst, Quellen, die sie auf sachliche, unvoreingenommene Weise verbreiten, damit du nicht in das große Ego von allem verstrickt wirst. Nachdem du die Nachrichten gesehen hast, solltest du dich gebildeter und nicht aufgewühlter fühlen.

Hier ist eine Frage: Drehst du die Lautstärke deines besten Selbst auf oder erzeugst du nur noch mehr Lärm? Es gibt Möglichkeiten, den Lärm zu unterbinden und ihn sogar zu deinem Vorteil zu nutzen. Auf deinen Social-Media-Plattformen kannst du zum Beispiel nur den Leuten folgen, die dich wirklich interessieren, und so den Umfang der Informationen erhöhen, die für dich auf deiner Reise nützlich sind. Andererseits habe ich gelernt, Menschen auf Social Media nicht mehr zu folgen, wenn sie mir nur negative Gedanken vermitteln. Ich mag sie zwar persönlich als Menschen schätzen, aber das heißt nicht, dass ich mögen muss, was sie online verbreiten. Das bedeutet nicht, dass ich nicht mit ihnen befreundet sein kann, es bedeutet nur, dass ich ihren Lärm nicht hören will.

Ich habe einmal mit einem Countrymusiker zusammengearbeitet, der das Zeug zum Superstar hatte. Er war sehr talentiert und sah gut aus, aber er ließ sich von Nebenschauplätzen im Leben ablenken, was ihn davon abhielt, sein eigenes Potenzial zu entfalten. In diesem Fall kam der Lärm von Internet-Trollen, die ihn unerbittlich in den sozialen Medien belästigten. Jeder, der auch nur einen Funken Ruhm hat, kann dir sagen, dass diese Art von Belästigung heutzutage ganz selbstverständlich ist, aber dieser spezielle Künstler machte einen fatalen Fehler: Er griff die Trolle an. Lege dich nie mit Trollen an! Als es erst einmal so weit war, als er mit diesen Leuten zu lange kommuniziert hatte, kam er an einen Punkt, von dem es kein Zurück mehr gab. Als er sich umblickte, lag seine Karriere in Schutt und Asche. Er konnte den Klatsch und Tratsch einfach nicht abstellen und musste den Preis dafür zahlen. Als Dr. Phil und ich über dieses Thema sprachen, sagte er: »Wenn du dich mit Schweinen abgibst, wirst du eben auch im Matsch suhlen müssen – die Schweine mögen das!«

In den letzten Jahren hat meine eigene Karriere Fahrt aufgenommen, und immer mehr Leute kommentieren mich jetzt online. In der Öffentlichkeit zu stehen, ist für mich eine neue Sache – bis vor Kurzem habe ich ausschließlich hinter den Kulissen gearbeitet. Selbst dort gibt es viel Gerede. Jetzt, da meine Arbeit und mein Leben viel öffentlicher sind, hat das Gerede zugenommen. Dazu kann ich nur Folgendes sagen: Wenn Leute, die dich nicht kennen, Klatsch über dich verbreiten, denke daran, dass du ihnen nichts schuldest – du musst nicht lesen, was sie schreiben, und du musst ihnen sicherlich nicht antworten. Konzentriere dich auf deine eigenen Ziele.

Kann es sein, dass deine Routine dich daran hindert, dich weiterzuentwickeln?

Deine Routine, und besonders deine Morgenroutine, kann deine Mission, mit deinem besten Selbst in Einklang zu kommen, entweder unterstützen oder sie behindern. Mit nur wenigen einfachen Anpassungen kannst du eine Routine und einen Tagesrhythmus entwickeln, der dir genau dabei hilft – mit deinem besten Selbst in Einklang zu kommen.

Ich sage immer, dass es wichtig ist, den Tag zu begrüßen, anstatt sich vom Tag begrüßen zu lassen. Damit meine ich, dass du abends den Wecker stellen und beschließen solltest, den neuen Tag mit einer positiven Einstellung zu starten. Ich möchte dich auch ermutigen, den Tag damit zu beginnen, dich nur wenige Minuten auf all die Dinge in deinem Leben zu konzentrieren, für die du dankbar bist. Versuche, an die immateriellen Werte zu denken, wenn du deine innere Dankbarkeitsliste machst; es geht weniger um materielle Objekte als vielmehr um die Gaben in unserem Leben, die uns am meisten bedeuten. Wenn du die Dinge erkennst, für die du dankbar bist, kann dein Tag auf den richtigen Weg gebracht werden. Du kannst dies jederzeit tun, wann immer es dir im Laufe des Morgens angebracht erscheint. Wenn ich morgens zu Hause bin, setze ich mich mit hochgelegten Füßen in meinen Lieblingssessel und stopfe mir ein Kissen in den Rücken, damit es sehr gemütlich wird.

Denke daran, deine Routine für dich authentisch zu gestalten. Frag dich selbst: Ist das für mich realisierbar, und wird es mir helfen, die Person zu sein, die ich wirklich bin? Wenn du zum Beispiel jeden Morgen nur aufwachst, weil dein Kind nach dir schreit, und du danach keinen ruhigen Moment mehr findest, um einmal zu verschnaufen, könnte es tatsächlich sein, dass deine Routine dich daran hindert, dich weiterzuentwickeln. Es ist schwierig, mit deinem besten Selbst im Einklang zu sein, wenn dein Leben tagtäglich gleich einer wilden Achterbahn Fahrt aufnimmt, bevor du einen Moment Zeit hattest, dich mit dir selbst zu beschäftigen. Du könntest auf dem Weg zur Arbeit über deine Dankbarkeitsliste nachdenken oder gleich nach dem Aufstehen zu einem Spaziergang aufbrechen, bei dem du dich darauf konzentrierst, wofür du dankbar bist – wie auch immer es am besten in deine Morgenroutine passt.

Einige andere morgendliche Rituale, die du in Betracht ziehen könntest, sind: deine Ziele für den Tag aufschreiben, Yoga oder Stretching, meditative Musik hören, den Tag mit einer gesunden Mahlzeit beginnen, die dir Energie gibt, und nach dem Duschen vor dem Spiegel positive Affirmationen zur Selbstbestätigung aufsagen.

In welcher Lebenssituation du dich derzeit auch befinden magst, ich ermutige dich, einige neue Routinen auszuprobieren und zu schauen, was für dich am besten funktioniert.

GENIESSE DEINE EINZIGARTIGE REISE

Ab und zu sind wir alle der Versuchung erlegen, uns mit jemand anderem zu vergleichen. In der heutigen, von Social Media beeinflussten Gesellschaft scheint es mehr Möglichkeiten denn je zu geben, unser Leben mit dem Leben anderer zu vergleichen. Ich könnte zum Beispiel online gehen und mich

mit den anderen Life Coaches da draußen vergleichen – solchen, die mehr Follower haben als ich und überall im Land Vorträge halten –, aber meine Intention dabei wäre es lediglich herauszufinden, wo ich besser oder schlechter bin als sie. Nein, danke, denn damit würde ich nur eine von meinem Ego gesteuerte Absicht verfolgen, und eine, die nicht von meinem besten Selbst herrühren würde. Sicher, ich kann mich dazu bringen, zu glauben, dass ich nur lernen oder recherchieren will. Aber das Fazit ist: Wenn ich auf dem Weg bin, mich zu verbessern und gute Arbeit zu leisten, um anderen zu helfen, muss ich mich auf die Menschen konzentrieren, die mich inspirieren, nicht auf die Menschen, mit denen ich mich vergleiche.

Jeder Mensch durchlebt Gefühle der Unzulänglichkeit. Manchmal halten wir uns alle nicht für liebenswert, wir haben alle das Gefühl, dass wir nicht gut genug sind. Das ist Teil unserer Reise, und wir alle müssen diese Phasen überwinden. Ich habe mit Familien aus der ganzen Welt zusammengearbeitet – reiche, arme und alles dazwischen – und ich kann dir sagen, dass die Kämpfe immer im Inneren stattfinden. Halte für das nächste Mal, wenn sich solche Gefühle einschleichen, ein paar Lösungen bereit. Jetzt, da du ein gewisses Bewusstsein dafür hast, ist es an der Zeit, einige Lösungen zu finden, die du leicht umsetzen kannst, wann immer du sie brauchst.

Vertraue auf die Kraft der Rituale

Es gibt sicherlich viele Dinge, die deine Fähigkeit behindern, wirklich dein bestes Selbst zu sein. Ich möchte dir daher etwas ans Herz legen, was bei mir in erstaunlicher Weise funktioniert hat, nämlich auf die Kraft von Ritualen zu vertrauen.

Erinnerst du dich an das Ritual mit dem Mantra, von dem ich dir in der Einleitung erzählt habe? Es schwört mich mit aller Macht auf meinen Tag ein, und zwar jeden Tag. Ich vollziehe dieses Ritual vor wichtigen Meetings, ich habe es vor jeder Schreibsession für dieses Buch durchgeführt. Ich führe es eigentlich die ganze Zeit durch! Nun bist du an der Reihe.

Übung: Wie lautet dein Mantra?

- Denke darüber nach, welcher Satz, den du vor dem Spiegel stehend aussprichst, dich in gute Stimmung versetzt, dich mit Energie auflädt, dich mit deinem inneren Wesen verbindet und demütig macht, sodass du nicht aus dem Ego heraus handelst oder versuchst, dich zu beweisen.
- Denke daran: Dein Mantra muss für den Rest deines Lebens nicht immer das Gleiche bleiben. Ich habe meines etliche Male geändert. Es sollte sich so entwickeln, wie du es tust. Einige meiner Mantras lauteten: »Du bist gut genug.« »Du schaffst das schon.« »Sei du selbst.« »Es ist Gottes Plan.« »Du bist besser, als du denkst.«

Sobald du dein Mantra gefunden hast, solltest du eine Art Ritual kreieren, um herauszufinden, wie du es dir selbst am besten sagst. Ich schaue mir gerne in die Augen, knie mich als symbolische Geste hin und sage dann mein Mantra auf. Das funktioniert bei mir, aber du musst herausfinden, was für dich gut funktioniert. Möglicherweise musst du ein paar verschiedene Herangehensweisen ausprobieren, um festzustellen, was sich am besten anfühlt. Einige Menschen, mit denen ich gearbeitet habe, wollten allein in ihrer Garderobe sein, bevor sie auf die Bühne gingen, um vorher noch ein paar Atemübungen zu machen. Ein anderer Klient schrieb gerne 25 Dinge auf, für die er jeden Tag dankbar war, und das war sein tägliches Ritual. Es könnte sogar darin bestehen, dass du morgens nach dem Aufwachen mit deinem Haustier spielst.

Nachdem du dein eigenes, spezifisches Mantra und das Ritual drumherum kreiert hast, ist es an der Zeit, es in die Praxis umzusetzen. Ich empfehle dir, dein Mantra anzuwenden, bevor du eine Präsentation hältst, vor einem Date, vor einem schwierigen Gespräch, vor einem Familientreffen und allem anderen, was du tust, was dir wichtig ist und für das du mit deinem wahren Ich in Einklang gebracht werden willst. Die Menschen um dich herum werden diese positive Energie spüren, die du in dir selbst erzeugt hast.

Es geht voran

Ich weiß, dass wir in diesem Kapitel viele Themen abgedeckt haben. Denke daran, dass du jederzeit auf die Informationen und Übungen hier zurückgreifen kannst, wenn du dich in irgendeiner Weise blockiert fühlst, wenn du dich um etwas sorgst oder du Angst hast. Und denke daran, dass du dein bestes Selbst immer fragen kannst, was du tun solltest.

Ich werde dir jetzt ganz zielgerichtet dabei helfen, mit deinem besten Selbst wirklich in Einklang zu kommen, damit du dein ideales Leben führen kannst. Ich werde dies erreichen, indem wir uns mit deinen sieben Lebensbereichen beschäftigen. Du bist jetzt bereit und vorbereitet für diese Reise, und wenn du sie ernst nimmst, dann kannst du sicher sein, dass sich dein Leben zum Besseren wenden wird.

5

SPHÄRE 1: DEINE SOZIALEN KONTAKTE

In fast allen Berufsbranchen gibt es Bewertungs- und Screeninginstrumente. Ein Arzt oder Therapeut verfügt zum Beispiel über die Möglichkeit klinischer Beurteilungen, und so wollte ich ein Screeningtool entwickeln, das für die Life-Coaching-Arbeit geeignet ist. Deshalb habe ich die SPHÄREN zusammengestellt, die jeden Bereich des Lebens eines Menschen betrachten, um ihm zu helfen, seine Stärken und Schwächen herauszufinden. Die SPHÄREN sind folgende Lebensbereiche oder machtvolle Wirkungskreise: soziale Kontakte, Privatleben, Gesundheit, Bildung und Erziehung, Beziehungen, Berufsleben und spirituelles Leben.

In diesem Kapitel konzentrieren wir uns auf den Lebensbereich der sozialen Kontakte. Für unsere Zwecke werden wir deine sozialen Kontakte in Bezug auf deine Kommunikationsfähigkeiten betrachten, aber wir werden uns auch eingehend damit beschäftigen, wie du dich im Umgang mit anderen in deiner eigenen Haut fühlst. Bist du in der Lage, in jeder Situation im Umgang mit anderen Menschen wirklich du selbst, und zwar dein bestes Selbst, zu sein?

Du wirst dich vielleicht fragen, warum wir Zeit damit verbringen, deine sozialen Kontakte in Augenschein zu nehmen, da du sie vielleicht nicht wirklich als Priorität betrachtest. Nun, wie du weißt, ist mein Hauptziel, dass ich dir in diesem Buch helfen möchte, die Freiheit zu finden, *immer* dein bestes Selbst zu sein – das heißt, wenn du allein bist, wenn du mit deinen Lieben zusammen bist und wenn du dich sonst wo auf der Welt herumtreibst. Du hast bereits damit begonnen, diese Veränderung *innerlich* vorzunehmen, also müssen wir uns jetzt darauf konzentrieren, wie du dich nach *außen* in dein bestes Selbst verwandeln kannst.

Am Ende eines jeden Sphären-Kapitels findest du einen Test, der dir hilft, sehr deutlich zu sehen, was in diesem Bereich deines Lebens funktioniert, was nicht funktioniert und welche Verhaltensweisen dir helfen werden, die Hindernisse in diesem Bereich zu überwinden. Schauen wir uns nun also einmal deine sozialen Kontakte an.

Die Vorteile eines regen Soziallebens

Die positive Kraft, die man aus der Pflege von sozialen Kontakten schöpfen kann, ist bereits eingehend wissenschaftlich untersucht worden. Es mag dich überraschen zu erfahren, dass die Zeit, die man mit anderen Menschen verbringt, Glücksgefühle hervorrufen, Depressionen bekämpfen und sogar die geistige Leistungsfähigkeit steigern kann.
Forscher der University of Michigan fanden heraus, dass soziale Interaktion hilft, den Geist der Menschen zu trainieren. Menschen profitieren vom Umgang miteinander. Es ist durchaus möglich, dass Menschen, die sich sozial und geistig mit anderen beschäftigen, relativ schnell kognitive Impulse erhalten.[2] Du kannst dir also vorstellen, dass sozialer Kontakt eigentlich wie eine Form des Gehirnjoggings ist – es kann helfen, dich intelligenter zu machen, so wie das Trainieren deines Körpers dich stärker macht. In einer Gallup-Healthways-Umfrage unter mehr als 140 000 Amerikanern entdeckten Forscher, dass wir am glücklichsten sind, wenn wir sechs bis sieben Stunden lang mit Freunden oder mit der Familie zusammen sind.[3] Das sagt schon eine Menge aus! Wie viel Zeit wir im Umgang mit anderen verbringen, steht in direkter Wechselwirkung mit unserem Glücksgefühl. Lücken in deinen Zeitplan einzubauen für das Zusammensein mit Freunden oder Familie ist wichtig, und ich würde sogar behaupten, dass es dein Leben bereichern wird, wenn du in deinem Leben neue Freunde findest.

Während du deine einzigartige Reise fortsetzt, denke darüber nach, wie du die Energie und Ideen der Menschen um dich herum nutzen kannst. Man weiß nie, wann man inspiriert wird oder wann es zu einer schicksalhaften Begegnung kommt – es könnte in einer Meditationsgruppe sein oder in der Schlange im Lebensmittelgeschäft. Aber du wirst sicher nicht fündig, wenn du allein zu Hause auf deiner Couch sitzt.

Bestandsaufnahme deiner sozialen Kompetenzen

Die folgende Übung zur Bestandsaufnahme deiner sozialen Kompetenzen kann dir helfen, deinen Umgang mit anderen aus einem etwas distanzierteren und objektiven Blickwinkel zu betrachten. Während du die Fragen durchgehst, vergewissere dich, dass du jede Aussage wirklich verstehst, bevor du antwortest, und antworte dann so ehrlich wie möglich.

Teil 1: Klare Botschaften senden

	MEISTENS	MANCHMAL	SELTEN
1. Fällt es dir schwer, mit anderen Menschen zu reden?			
2. Wenn du versuchst, etwas zu erklären, neigen andere dazu, dir Worte in den Mund zu legen oder deine Sätze für dich zu beenden?			
3. Kommen deine Worte im Gespräch normalerweise so rüber, wie du es dir wünschst?			
4. Fällt es dir schwer, deine Ideen zu äußern, wenn sie sich von den Ideen der Menschen um dich herum unterscheiden?			
5. Gehst du davon aus, dass die andere Person weiß, was du zu sagen versuchst, und überlässt es ihr, bei Bedarf nachzufragen?			
6. Scheinen andere interessiert und aufmerksam zu sein, wenn du mit ihnen sprichst?			

7. Ist es für dich, während du sprichst, leicht zu erkennen, wie andere auf das, was du sagst, reagieren?			
8. Bittest du die andere Person, dir zu sagen, wie sie über das von dir angeführte Argument denkt?			
9. Bist du dir darüber bewusst, wie sich dein Tonfall auf andere auswirken kann?			
10. Versuchst du über Dinge zu sprechen, die sowohl für dich als auch für die andere Person von Interesse sind?			

TEIL 2: Zuhören

	MEISTENS	MANCHMAL	SELTEN
11. Neigst du dazu, im Gespräch mehr zu reden als die andere Person?			
12. Fragst du nach, wenn du im Gespräch mit einer anderen Person nicht verstehst, was sie gesagt hat?			
13. Überlegst du während einer Konversation, was dein Gesprächspartner sagen wird, bevor er zu Ende geredet hat?			
14. Ertappst du dich dabei, dass du im Gespräch mit anderen unaufmerksam bist?			
15. Kannst du im Gespräch leicht den Unterschied zwischen dem, was die Person sagt, und dem, wie sie sich fühlt, erkennen?			
16. Nachdem die andere Person aufgehört hat zu sprechen, gibst du zuerst eine Zusammenfassung dessen, was du verstanden hast, bevor du eine Antwort gibst?			

17. Neigst du im Gespräch dazu, für die andere Person Sätze zu beenden oder Worte zu finden?			
18. Achtest du im Gespräch besonders auf Fakten und Details und überhörst häufig den emotionalen Ton in der Stimme des anderen?			
19. Lässt du im Gespräch die andere Person ausreden, bevor du auf das reagierst, was sie sagt?			
20. Ist es für dich schwierig, die Dinge aus der Sicht des anderen zu sehen?			

TEIL 3: Feedback geben und bekommen

	MEISTENS	MANCHMAL	SELTEN
21. Fällt es dir schwer, konstruktive Kritik von einer anderen Person zu hören oder anzunehmen?			
22. Verzichtest du darauf, etwas zu sagen, von dem du denkst, dass es jemanden verärgern oder die Dinge verschlimmern könnte?			
23. Wenn jemand deine Gefühle verletzt, besprichst du das mit demjenigen?			
24. Versuchst du im Gespräch, dich in die Lage des anderen zu versetzen?			
25. Ist es dir unangenehm, wenn jemand dir ein Kompliment macht?			
26. Fällt es dir schwer, dich mit anderen nicht einverstanden zu erklären, weil du Angst hast, dass sie wütend werden?			
27. Fällt es dir schwer, anderen Komplimente zu machen oder sie zu loben?			

28. Sagen dir andere, dass du immer denkst, dass du recht hast?			
29. Hast du das Gefühl, dass andere abweisend werden, wenn du mit ihrem Standpunkt nicht einverstanden bist?			
30. Hilfst du anderen, dich zu verstehen, indem du sagst, wie du dich fühlst?			

TEIL 4: Mit emotionalen Wechselbeziehungen umgehen[4]

	MEISTENS	MANCHMAL	SELTEN
31. Hast du die Tendenz, das Thema zu wechseln, wenn die Gefühle deines Gesprächspartners in die Diskussion einfließen?			
32. Stört es dich sehr, wenn jemand nicht deiner Meinung ist?			
33. Fällt es dir schwer, klar zu denken, wenn du wütend auf jemanden bist?			
34. Wenn ein Problem zwischen dir und einer anderen Person auftritt, kannst du es besprechen, ohne wütend zu werden?			
35. Bist du mit der Art und Weise zufrieden, wie du mit Meinungsverschiedenheiten mit anderen umgehst?			
36. Schmollst du sehr lange, wenn dich jemand verärgert hat?			
37. Entschuldigst du dich, wenn du denkst, du hättest vielleicht jemandes Gefühle verletzt?			
38. Gibst du zu, wenn du dich irrst?			
39. Vermeidest du ein Thema, wenn eine Person in einem Gespräch ihre Gefühle zum Ausdruck bringt?			
40. Fällt es dir schwer, mit der Unterhaltung fortzufahren, wenn jemand emotional aufgewühlt ist?			

Der Bewertungsschlüssel

Du hast die Checkliste durch, gute Arbeit! Jetzt kann die Bestandsaufnahme abgeschlossen werden. Ich hoffe, du kannst bereits erkennen, wie nützlich es ist, sich anzuschauen, wie gut du derzeit mit anderen kommunizierst. Geh noch einmal einen Schritt zurück, schau dir alle deine Antworten an und schreibe vor jeder Frage die entsprechende Punktzahl anhand der untenstehenden Tabelle auf. Wenn du zum Beispiel auf Frage 1 mit »meistens« geantwortet hast, schreibst du vor Frage 1 auf der Bestandsaufnahme eine 0. Wenn du auf Frage 2 »selten« geantwortet hast, bekommst du 3 Punkte für Frage 2.

Jeder Teil der Bestandsaufnahme besteht aus insgesamt zehn Fragen. Nachdem du sie alle bewertet hast, addiere sie und schreibe sie dann unten auf. Wiederhole den Vorgang für die anderen drei Teile.

Teil 1 (Klare Botschaften senden) Gesamtpunktzahl: _______
Teil 2 (Zuhören) Gesamtpunktzahl: _______
Teil 3 (Feedback geben und bekommen) Gesamtpunktzahl: _______
Teil 4 (Mit emotionalen Wechselbeziehungen umgehen) Gesamtpunkzahl: _______

Bewertungsschlüssel

FRAGE	MEISTENS	MANCHMAL	SELTEN	FRAGE	MEISTENS	MANCHMAL	SELTEN
1	0	1	3	21	0	1	3
2	0	1	3	22	3	1	0
3	3	1	0	23	3	1	0
4	0	1	3	24	3	1	0
5	0	1	3	25	0	1	3
6	3	1	0	26	0	1	3
7	3	1	0	27	0	1	3
8	3	1	0	28	0	1	3
9	3	1	0	29	0	1	3
10	3	1	0	30	3	1	0
11	0	1	3	31	0	1	3

12	3	1	0	32	0	1	3
13	0	1	3	33	0	1	3
14	0	1	3	34	3	1	0
15	3	1	0	35	3	1	0
16	3	1	0	36	0	1	3
17	0	1	3	37	3	1	0
18	0	1	3	38	3	1	0
19	3	1	0	39	0	1	3
20	0	1	3	40	0	1	3

Das Profil deiner sozialen Kompetenzen

Schauen wir uns nun deine Punkte für jeden der Teile an und was sie bedeuten.

- Ergebnisse im Bereich von 1 bis 15 zeigen Bereiche an, die verbessert werden müssen.
- Ergebnisse im Bereich 16 bis 21 zeigen Bereiche an, die eine beständigere Aufmerksamkeit erfordern.
- Ergebnisse im Bereich von 22 bis 30 zeigen deine Stärken an.

Schreibe die Bereiche auf, in denen du stark bist, und die Bereiche, die vermehrter Aufmerksamkeit oder einer Verbesserung bedürfen.

Bereiche, in denen du stark bist:

____

Bereiche, die vermehrte Aufmerksamkeit erfordern:

____

Bereiche, die Verbesserung erfordern:

____

Was als Nächstes zu tun ist

Klare Botschaften senden

Wenn deine Ergebnisse darauf hinweisen, dass du dem Bereich »Klare Botschaften senden« mehr Aufmerksamkeit schenken solltest oder noch Luft nach oben ist, dich in diesem Bereich zu verbessern, überlege, warum dies eine Herausforderung für dich ist. Könnte es aus selbstbegrenzenden Glaubensmustern resultieren, die du im Hinblick auf deine Fähigkeit, mit Menschen zu kommunizieren, entwickelt hast? Ist es möglich, dass du zulässt, dass etwas aus deiner Vergangenheit beeinflusst, wie du heute mit Menschen sprichst? Handelst du in irgendeiner Weise aus Angst oder aus dem Ego heraus? Manchmal haben wir solche Angst, nicht gehört zu werden, dass dies auch automatisch eintritt. Es ist leicht, in die Falle zu tappen und wie ein Besserwisser zu wirken, wenn man Angst hat, nicht ernst genommen zu werden. Wenn du dich so sehr auf die Botschaft konzentrierst, die du vermitteln möchtest, dass du vergisst, dir die Ideen von anderen anzuhören, dann wird deine Botschaft wahrscheinlich verloren gehen, weil du im Gegenzug kein Ohr für den anderen hast.

LÄHMENDE KONTAKTANGST

Wenn du mit extremer Kontaktangst zu kämpfen hast, habe ich eine gute Nachricht für dich: Sie ist heilbar. Möglicherweise musst du den Rat eines professionellen Therapeuten oder Lebensberaters einholen, damit du dich davon befreien kannst. Wie wir aus der Gestaltung unseres besten Selbst gelernt haben, wissen wir, dass Kontaktangst nicht von unserem besten Selbst kommt. Das heißt, sie zu überwinden, ist für dich in absolut greifbarer Nähe.

Ich stelle oft fest, dass Menschen, die damit kämpfen, effektiv mit anderen zu reden, einige Befürchtungen oder Ängste entwickelt haben, die ihnen im Weg stehen. Auf der anderen Seite könnte es sich nur um ein mangelndes Bewusstsein dafür handeln, wie sie mit anderen kommunizieren, und wenn das bei dir der Fall ist, solltest du auf die Fragen in Teil 1 zurückgreifen und sie intensiv bearbeiten. Denke darüber nach, wie du dir klare Ziele setzen kannst, um deine Fähigkeit mit anderen zu kommunizieren zu verbessern.

Zuhören

Wenn die Ergebnisse aus diesem Teil darauf hinweisen, dass du an deinen Fähigkeiten des Zuhörens arbeiten musst, frage dich, warum dies der Fall ist. Ein guter Zuhörer zu sein bedeutet, bereit zu sein, sich nicht mehr auf das zu konzentrieren, was man selbst sagen will, und sich ganz auf die Gedanken der anderen Person einzulassen. Hast du Angst davor, was die anderen sagen könnten? Willst du unbedingt die einzige Person im Raum mit guten Ideen sein? Hast du zugelassen, dass dein Ego deine Fähigkeit zuzuhören trübt? Hier ist die gute Nachricht: Zuhören ist eine Fähigkeit, die man mit ein wenig Übung enorm verbessern kann. Wenn du das nächste Mal mit jemandem sprichst, versuche zu hören, was die Person zu sagen hat, und dann antworte ihr mit einer kurzen Zusammenfassung: »Also, so wie ich das jetzt verstanden habe, ist ...« und wiederhole so, was der andere gesagt hat. Auf diese Weise kannst du sicherstellen, dass du seinen Standpunkt gehört und wirklich verstanden hast. Du kannst auch für dein Gegenüber als Spiegel dienen, damit er sehen kann, wie der Tonfall bei dir ankommt und ob das so beabsichtigt war. Davon profitieren beide Parteien. Wenn du ein guter Zuhörer bist, handelst du höchstwahrscheinlich aus deinem besten Selbst und nicht aus deinem Ego heraus. Du verhältst dich nicht egoistisch, sondern widmest dich jemand anderem. Du richtest deine Aufmerksamkeit auf eine andere Person und ihre Gedanken, Bedürfnisse, Ideen oder Wünsche. Kommunikation ist keine Einbahnstraße, also sollten wir sicherstellen, dass wir nicht nur deine Fähigkeit dich auszudrücken verbessern, sondern auch deine Fähigkeit zuzuhören.

Feedback geben und bekommen

Wenn deine Gesamtpunktzahl für diesen Teil zeigt, dass du offener für das Geben und Empfangen von Feedback sein solltest, frage dich, wann du zum ersten Mal bemerkt hast, dass es für dich schwierig ist, Feedback von anderen anzunehmen – seien es positive Kommentare oder

Kritik. Wurdest du in der Vergangenheit von jemandem schikaniert, und lässt du zu, dass diese Erfahrung deine Gegenwart beeinflusst? Glaubst du, dass du es nicht wert bist, gelobt zu werden? Hast du andererseits in der Vergangenheit jemand anderem ein Feedback gegeben und eine negative Antwort erhalten? Um wirklich authentisch soziale Kontakte pflegen zu können, musst du bereit sein, all diese Erfahrungen hinter dir zu lassen und dich auf den Moment mit anderen einzulassen.

Feedback zu geben und zu bekommen, ist ein wichtiger Faktor, denn so helfen wir uns gegenseitig, uns zu verbessern und weiterhin dynamisch zu wachsen. Wenn jemand bereit ist, ehrlich zu dir zu sein, ist es wichtig, dass du bereit bist, seine Ehrlichkeit zu akzeptieren. Wenn dir zum Beispiel jemand ein Kompliment macht, betrachte es als ein Geschenk der aufrichtigsten Art und akzeptiere es mit Wohlwollen. Es kommt immer darauf an, wie man etwas präsentiert: Wenn du also einer anderen Person Feedback gibst, stelle sicher, dass du dies so machst, dass sie dich hören kann. Mit anderen Worten: Eine Person mit vernichtender Kritik zu konfrontieren und zu sagen, dass sie das alles ganz falsch mache, wird wahrscheinlich auf taube Ohren stoßen. Niemand lässt sich gerne angreifen. Aber wenn du das, was du sagen willst, auf eine sanfte, fürsorgliche und lösungsorientierte Weise präsentierst, und erst redest, nachdem du sichergestellt hast, dass der andere offen ist, das zu hören, kann dein Feedback für den anderen hilfreich sein.

Mit emotionalen Wechselbeziehungen umgehen

Wenn deine Ergebnisse für diesen Teil zeigen, dass du daran arbeiten solltest, wie du mit emotionalen Wechselbeziehungen umgehst, denke darüber nach, wie du solche Momente derzeit handhabst. Wir alle haben schon einmal höchst prekäre Situationen erlebt, in denen wir uns unbehaglich gefühlt haben. Aber außerhalb deiner Komfortzone zu sein, ist eigentlich eine gute Gelegenheit, dich tiefer mit deinem wahren Ich und mit einer anderen Person zu verbinden. Anstatt abzuschalten und dem Ego die Zügel zu überlassen, wenn die Emotionen hochkochen, denke darüber nach, wie du die andere Person dort abholen kannst, wo sie ist, und zeige Mitgefühl für diese Person und für dich selbst. Wenn zum Beispiel jemand im Gespräch mit dir seine Gefühle äußert, denke daran, dass es nicht deine Aufgabe ist, diesen Menschen in irgendeiner Weise zu retten. Wenn zum Beispiel jemand weint, könnte es sein, dass du das Gefühl hast, du müsstest etwas tun, damit er aufhört zu weinen. Aber wenn du diese Person einfach ihre Gefühle ausdrücken lässt, ohne mit Worten darauf einzugehen, hat sie irgendwann alles rausgelassen und hört auf zu weinen. An und für sich halte ich es für eine nette Geste, ein Taschentuch zu reichen, wenn jemand weint. Sei offen für alle Fragen, was die Person sonst noch brauchen könnte – sie wird dir sagen, ob du noch etwas für sie tun kannst. Aber es ist wichtig, dass du begreifst, dass du nicht verantwortlich bist für die Gefühle anderer. Du bist nur verantwortlich für deine eigenen Gefühle. Wenn jemand aus irgendeinem Grund wegen dir aufgebracht ist, dann sei dir auch bewusst, dass du nicht dafür verantwortlich bist, dass diese Person aufhört, wütend oder traurig zu sein. Wenn jemand dich anschreit, und du meinst, dass es dafür eigentlich keinen Grund gibt, dann ist es nicht dein Problem – es ist seines. Wenn du natürlich bei jemandem etwas gutzumachen hast, mache es wieder gut, und dann liegt es an der anderen Person, ob sie das akzeptiert oder nicht.

Manchmal, wenn die Emotionen aufgewühlt sind, kann die Atmosphäre in einem Raum oder in einem Gespräch so vergiftet sein, dass ich mich in solchen Situationen oft in ein Kissen neben mir festkralle, denn das hält mich davon ab, mich einzumischen. Wenn man sich in ein Drama nicht einmischt, dann ist man an dem Drama auch nicht beteiligt. In einigen Familien wird bei gemeinsamen Treffen nicht die geringste Rücksicht auf die Gefühle der anderen genommen. Das gilt besonders für die Feiertage, wenn man mit dem größeren Familienkreis zusammenkommt. Du musst vielleicht mehr Vorsicht in deiner familiären Umgebung walten lassen, weil es dort vergifteter sein kann als bei dir zu Hause. Das ist dann eben so – es ist nicht deine Aufgabe, den Familienfrieden zu retten, weil du das vielleicht allein gar nicht kannst. Du bist verantwortlich für deine eigenen Gefühle, nicht für die von anderen.

Das Leben ist voller Tücken. Es ist chaotisch und sehr häufig emotional. Manchmal kann es sich wie eine Achterbahnfahrt anfühlen. Gefühle sind jedenfalls ein wichtiger Bestandteil unseres Lebens und mitverantwortlich dafür, wie wir uns entwickeln und mit anderen kommunizieren. Lauf nicht vor deinen Emotionen oder den Gefühlen anderer davon, sondern akzeptiere sie und nutze sie, um deine Beziehung zu dir selbst und zu den Menschen in deiner Umgebung zu vertiefen. Wir repräsentieren jeder von uns einen anderen Faden auf dem kollektiven Teppich der Gesellschaft, und wir sind alle auf interessante und wunderbare Weise miteinander verwoben. Lass deine sozialen Kontakte gedeihen, indem du die menschlichen Gefühle akzeptiert, die wir alle erleben.

Einfache Wege für den authentischen Umgang mit anderen

Nur wenige von uns verfügen von Natur aus über hervorragende soziale Kompetenzen. Es ist etwas, das wir lernen und immer wieder anwenden müssen, um darin besser zu werden. Hier sind einige Tipps, wie du beim nächsten Mal, wenn du in einer Gruppe bist, erfolgreich Kontakt aufnehmen kannst:

Überleg dir etwas, das du erzählen möchtest

- Bereite dich auf das Treffen vor, indem du dir ein oder zwei Geschichten überlegst, von denen du vor Kurzem erfahren oder die du selbst erlebt hast, damit du dich an der Unterhaltung beteiligen kannst, ohne großartig darüber nachdenken zu müssen, was du erzählen könntest. Vergewissere dich nur, dass es zu der Gruppe passt, mit der du zusammen bist.

Widme dich dem Moment

- Wenn du dich in Gesellschaft befindest, dann versuche, dich dem gegenwärtigen Moment zu widmen. Versuche, dich zu konzentrieren. Lass dich auf deine Umgebung ein, auf die Gespräche, die du führst, auf die Menschen um dich herum. So wirst du mehr Freude haben am Austausch mit anderen Menschen und diese werden deine Gesellschaft noch mehr genießen. Wenn ich an einer Veranstaltung teilnehme, meditiere ich häufig etwa eine Stunde vorher, und kurz vorher führe ich stets mein Ritual aus und sage mein Mantra auf, damit ich mit meinem wahren Ich verbunden bleiben und diese Authentizität an die Menschen um mich herum vermitteln kann.

Stelle Fragen

- In den meisten Fällen reden die Menschen gerne über sich selbst, also frage nach ihren Interessen, ihrer Arbeit, ihren Hobbys oder ihrer Familie. Versuche, nicht bloß so zu tun, als ob dich ihre Antworten interessieren, sondern sorge dafür zu signalisieren, dass sie dir wirklich wichtig sind.

Sei ein guter Zuhörer

- Die besten Gesprächspartner sind auch die besten Zuhörer. Widme dich ganz einem Gespräch, indem du aufmerksam zuhörst und dich auf die Antworten beziehst, die du hörst.[5] Achte auch darauf, dass du die andere Person nicht unterbrichst, wenn sie spricht. Du hast vielleicht die Angewohnheit entwickelt, dazwischenzureden, wenn du es nicht abwarten kannst, zu sagen, was du auf dem Herzen hast, aber ich empfehle dir, dich zurückzuhalten und zu warten, bis andere ausgeredet haben, und erst dann deine Gedanken mitzuteilen.

Achte auf eine offene Körpersprache

- Die Botschaften, die dein Körper aussendet, haben einen großen Einfluss. In der Tat heißt es, dass nonverbale Zeichen 70 Prozent der Kommunikation ausmachen. Nimm eine selbstbewusste Körperhaltung ein, indem du aufrecht stehst und dabei die Schultern nach hinten ziehst. Vermeide es, deine Arme vor dir zu verschränken, damit du nicht abwehrend oder unsicher wirkst. Und vergiss nicht zu lächeln, aber vergewissere dich, dass dein Lächeln authentisch ist. Wie eine Studie an der Penn State University nachgewiesen hat, können Menschen erkennen, ob das Lächeln unecht ist. Ein echtes Lächeln kann dagegen dazu führen, dass die Menschen einen als angenehm, zuvorkommend und kompetent wahrnehmen. Denke daran, über dein ganzes Gesicht zu lächeln, nicht nur mit deinem Mund.
  Als ich die ersten Male vor der Kamera stand, stellte ich fest, dass mein Gesichtsausdruck, wenn ich jemandem zuhörte, eine Mischung aus Besorgnis, Wut, Langeweile und Abgespanntheit abbildete. Ich sah mich auf den Aufnahmen und schrie den Bild-

schirm an und rief: »Was machst du denn da, Mike? Du siehst absolut lustlos aus!« Aber in Wirklichkeit beobachtete ich einfach die Person, hielt nach nonverbalen Zeichen Ausschau, hörte auf ihre Worte und ihren Tonfall und versuchte, eine Verbindung zu ihr aufzubauen. Das zeigt, dass man nicht immer an einem Gesichtsausdruck ablesen kann, was ein anderer denkt. Durch meine Arbeit vor der Kamera habe ich gelernt, dass es Menschen einschüchtern kann, wenn ich diesen besonderen Gesichtsausdruck bekomme. Also habe ich geübt und gelernt, mehr zu lächeln, was mir tatsächlich bessere Resultate eingebracht hat und mir ein besseres Gefühl gab. Ich bin noch immer authentisch, aber ungezwungener, fühle mich wohler in meiner Haut und mache alles bewusster.

Achte auf deinen Tonfall

- Der Tonfall und die Lautstärke deiner Stimme sind für einen anderen Menschen von großer Bedeutung. Verschiedene Situationen erfordern natürlich unterschiedliche Tonfälle, daher ist es wichtig, zu wissen, was für ein Publikum und eine Umgebung man vor sich hat. Manchmal ist es angebracht, etwas förmlicher zu klingen, manchmal eher informell, manchmal empfiehlt sich ein humorvoller Ton statt eines ernsthaften, ein respektvoller oder aber ein flapsiger, ein enthusiastischer oder ein sachlicher. Wähle klug, denn der Tonfall, den du zum Ausdruck bringst, ist genauso wichtig wie deine Worte.

Unterhalte dich, aber predige nicht

- Jeder hat eine Meinung, aber wenn jemand nicht nach deiner fragt, brauchst du sie nicht herauszuposaunen. Gehe nicht davon aus, dass andere deine Meinung zu einem bestimmten Thema teilen – insbesondere, wenn es hochbrisant ist. Du riskierst, jemanden zu verprellen oder zu beleidigen, wenn du große Reden schwingst. Ich will damit nicht sagen, dass du mit deiner Meinung zu einem bestimmten Thema hinter dem Berg halten sollst – konzentriere dich jedoch lieber auf den richtigen Zeitpunkt, um deine Gefühle und Meinungen zu äußern.

Halte Blickkontakt

- Es gibt nichts Schlimmeres, als mit jemandem zu reden, dessen Blick ständig abschweift. Du hast die Möglichkeit, der anderen Person das Gefühl zu geben, wahrgenommen zu werden, indem du deine Augen auf sie richtest. Egal was passiert, schau nicht auf dein Handy oder deine Hände, während du mit jemandem redest. Ich habe beobachtet, dass das heutzutage sehr häufig passiert, und ich weiß, dass es für viele Menschen ein großes Ärgernis ist. Vermeide es auch, dein Handy auf den Tisch zu legen, wenn du mit jemandem beim Essen zusammensitzt, und jedes Mal nach unten zu schauen, wenn es piept. Denke daran zu lächeln und behalte die andere Person im Blick, während sie spricht, sodass sie weiß, dass du mit dem beschäftigt bist, was sie sagt.

Gib positives Feedback

- Wenn du dich in einem bestimmten sozialen Umfeld bewegst, achte auf Details, die du positiv und ehrlich kommentieren kannst. Mache Komplimente! Es gibt keine bessere Möglichkeit, jemanden dazu zu bringen, sich in deiner Nähe wohl zu fühlen und offen zu sein, als dieser Person ein aufrichtiges Kompliment zu machen.

Gehe auf Fremde zu

- Nur weil du jemandem noch nie zuvor begegnet bist, heißt das nicht, dass du ihn in deinem sozialen Umfeld ignorieren solltest. Gehe auf eine dir unbekannte Person zu, reiche ihr die Hand und stell dich vor. Wer weiß, dieser Mensch könnte ein Freund fürs Leben werden.

Social Media

Mehr denn je scheint es, dass enorm viele unserer sozialen Kontakte mit unseren Social-Media-Aktivitäten verflochten sind. Es besteht kein Zweifel daran, dass soziale Medien in der heutigen Zeit zu einem unverzichtbaren Werkzeug geworden sind – ein Werkzeug für die Kommunikation mit Freunden und Familie auf der ganzen Welt, aber auch ein Werkzeug für den Aufbau der eigenen Marke und des eigenen Geschäfts. Wie alles andere können wir die sozialen Medien auf vernünftige und hilfreiche Weise nutzen oder auf destruktive Weise. Unser Social-Media-Profil ist es heutzutage, mit dem wir einen »ersten Eindruck« auf der Welt machen. Es ist Teil unserer Identität.

Die Frage ist: Präsentierst du in den sozialen Medien dein wahres Ich? Oder setzt du eigentlich dein negatives Selbst da draußen ein? Stell dir diese Frage, wenn du dir deine verschiedenen Social-Media-Profile und deine Kommentare zu den Seiten anderer Menschen ansiehst.

Hier sind noch einige weitere Fragen, die du über deine Aktivitäten in den sozialen Medien stellen kannst:

- Hältst du deine Onlinegespräche positiv und konstruktiv? Mit anderen Worten, sehen deine Freunde und Bekannten deine Beiträge und lachen oder lächeln – oder verziehen sie eher ihr Gesicht?
- Stimmt die Identität deines Social-Media-Profils mit deiner Identität im wirklichen Leben überein? Denke nicht nur an die Filter oder Bearbeitungswerkzeuge, die du für Fotos verwenden kannst – spiegeln die Worte, die du online an Freunde und Fremde gleichermaßen richtest, dein bestes Selbst wider?
- Wie viel Zeit verbringst du damit, deine verschiedenen Newsfeeds zu lesen? Wusstest du, dass zwei Stunden pro Tag auf Social Media einem ganzen Monat im Jahr entsprechen? Bist du sicher, dass du deine Zeit so nutzen willst?
- Lässt du dich auf negative Social-Media-Posts ein, die dich traurig, depressiv, wütend machen oder empören? Nutzt dir das etwas?
- Ertappst du dich dabei, zu gesellschaftlichen Themen, die dich beunruhigen, eigene Kommentare und Postings zu verfassen, denen du danach jedoch im wirklichen Leben keine Taten folgen lässt?
- Nutzt du die sozialen Medien dazu, um Probleme anzugehen, vor denen du im wirklichen Leben Angst hast?
- Hast du in den sozialen Medien jemanden angegriffen, den du kennst, anstatt dein Problem mit ihm persönlich zu besprechen?

Bist du der Meinung, dass du aufgrund deiner Antworten zu den oben aufgelisteten Fragen deinen Umgang mit den sozialen Medien verändern solltest? Behalte das im Hinterkopf, während du den folgenden allgemeinen Test zu deinen sozialen Kontakten machst.

Deine sozialen Kontakte – der Test

TEIL 1: Bewerte deine sozialen Kontakte

Bewerte sie auf einer Skala von 1 bis 10. Eine »1« bedeutet, dass es um deine sozialen Kontakte schlecht bestellt ist und sie dringend deiner vollsten Aufmerksamkeit bedürfen. Eine »10« bedeutet, dass deine sozialen Kontakte in blendendem Zustand sind und kaum oder keiner Verbesserung bedürfen. Folgende Aspekte solltest du bei deiner Bewertung berücksichtigen:

- deine kommunikativen Fähigkeiten, etwa, ob du anderen zuhörst und wie du Feedback akzeptierst und gibst
- die Qualität und Quantität deiner sozialen Begegnungen
- deine Aktivitäten in den sozialen Medien
- und vor allem, ob es dein bestes Selbst ist, das sich in jedem deiner sozialen Kontexte zeigt.

Bewertung der sozialen Kontakte: ______________________________
ab dem ____________________(Datum)

TEIL 2: Nenne einige Verhaltensweisen

Es geht um Verhaltensweisen, die im Rahmen deiner sozialen Kontakte funktionieren, und schreibe auf, warum sie funktionieren.

Beispiele:

- Ich fühle mich in Gesellschaft selbstbewusst und authentisch.
- Ich nehme mir Zeit für ein ausgeprägtes soziales Netzwerk.

Verhaltensweisen, die im Rahmen meiner sozialen Kontakte gut funktionieren, sind:

________________________________ Warum? ______________

________________________________ Warum? ______________

________________________________ Warum? ______________

TEIL 3: Negative Verhaltensweisen

Nenne nun einige Verhaltensweisen, von denen du weißt, dass sie dich von dem abhalten, was du mit deinen sozialen Kontakten erreichen willst?

Beispiele:

- Ich glaube, ich bin nicht sehr geschickt, wenn viele Menschen im Raum sind, also bemühe ich mich so gut es geht, solche Situationen zu vermeiden.
- Ich bin nicht ich selbst in meinem Umgang mit anderen in Gesellschaft und/oder in meinen sozialen Medien.

Verhaltensweisen, die im Bereich meines Privatlebens nicht funktionieren, sind:

________________________________ Warum? ______________

________________________________ Warum? ______________

________________________________ Warum? ______________

TEIL 4: Der Weg zu 10 Punkten

Basierend auf allem, was du gerade aufgeschrieben hast, möchte ich, dass du überlegst, was du tun musst, um von deiner aktuellen Bewertung auf 10 Punkte in diesem Bereich deines Lebens zu gelangen.

Umsetzen kannst du dies, indem du dir Verhaltensweisen anschaust, die du weiterverfolgen solltest, weil sie für dich funktionieren, indem du Verhaltensweisen benennst, die du aufgeben solltest, weil sie dich von dem abhalten, was du willst, und indem du dir die Verhaltensweisen merkst, die du neu aufnehmen solltest.

Damit sich meine sozialen Begegnungen anfühlen, als wären sie eine 10,

muss ich weiterhin: ______________________________
muss ich aufhören mit: ____________________________
muss ich anfangen mit: ____________________________

Am Ende der Kapitel zu den Lebensbereichen wirst du ein Kapitel finden, das sich damit beschäftigt, wie du neue Ziele für jeden Bereich deines Lebens entwickeln und erreichen kannst. Du wirst auf spannende Erkenntnisse deiner Entdeckungsreise zurückgreifen, die du im Rahmen deiner sozialen Kontakte unternommen hast, und du wirst die wertvollen Informationen nutzen, die du gesammelt hast, um deine Reise fortzusetzen und dein Leben im Allgemeinen zu verbessern.

Als Nächstes wagen wir uns gemeinsam in dein Privatleben und entdecken neue Einblicke in deine wichtigste Beziehung – die zu dir selbst.

6
SPHÄRE 2: DEIN PRIVATLEBEN

Im vorherigen Kapitel haben wir darüber gesprochen, wie du deine Authentizität im Umgang mit anderen Menschen nach außen projizieren kannst. In diesem Kapitel werden wir unseren Fokus nach innen richten und die bedeutendste Beziehung in deinem Leben untersuchen – die Beziehung zu *dir selbst*.

Das Hauptanliegen der folgenden Seiten ist es, sicherzustellen, dass du reichlich Respekt und Mitgefühl für dich selbst hast. Klingt eigentlich selbstverständlich, oder? Doch du wärst überrascht, wie schwer es manchen Menschen fällt, genau das umzusetzen. Andererseits – vielleicht wärst du auch gar nicht überrascht, weil du jemand bist, der von dem Gefühl geplagt wird, sich selbst einfach nicht zu mögen. Aber du solltest wissen, dass die Zeit, die du damit verbringst, dich um dich selbst zu kümmern und ein authentisches, positives Selbstbild zu pflegen, sinnvoll eingesetzt ist, und dass sich die Vorteile in allen anderen Sphären deines Lebens niederschlagen werden.

In diesem Kapitel werden wir deinen gegenwärtigen Zustand in den folgenden Kernbereichen einschätzen und verbessern: innerer Dialog, Selbstpflege und deine Leidenschaften, wie sie beispielsweise in Hobbys zum Ausdruck kommen. Ich habe bei vielen meiner Klienten und Freunde festgestellt, dass die Privatsphäre leicht im Trubel des täglichen Lebens verloren geht. Andere Lebensbereiche können großen Schatten darauf werfen, und ein bereicherndes Innenleben kann ganz verschwinden, wenn wir es zulassen. Deshalb gefällt mir ein Zitat von Robin McGraw, der Frau von Dr. Phil, so sehr. Ich denke, es ist brillant; es ist eine bedeutsame und wichtige Botschaft, die man sich unbedingt merken sollte: *»Es ist nicht egoistisch, sich zuerst um sich selbst zu kümmern.«* Das ist so simpel, aber man vergisst sehr leicht, sich zuerst um sich selbst zu kümmern. Robin ist eine große Inspiration für mich, und sie hat einige wichtige Dinge im Leben erfasst. Sie weiß, dass Eltern besonders mit dieser Vorstellung zu kämpfen haben, weil sie stets nur das Beste für ihre Kinder wollen und sich selbst keinerlei Priorität mehr einräumen.

Robin erlebte dies aus erster Hand bei ihrer eigenen Mutter. In ihrem Buch *What's Age Got to Do with It?: Living Your Happiest and Healthiest Life* schreibt sie:

> *»Viele meiner Erinnerungen an meine Mutter hängen mit ihrem Einsatz für andere zusammen: Sie kochte für unsere siebenköpfige Familie, backte unsere Lieblingskuchen für unsere Geburtstage, bügelte die Hemden meines Vaters, beugte sich über ihre Nähmaschine, an der sie alle unsere Kleider selbst nähte, und viele Jahre später hütete und verwöhnte sie ihre Enkelkinder. Selbst ihre letzten Augenblicke auf dieser Erde widmete sie sich jemand anderem als sich selbst – das war typisch für die Art, wie sie gelebt hat. Ich war damals 32 Jahre alt, und Phillip und ich waren gerade in ein neues Zuhause gezogen. Der Umzug verlief nicht so reibungslos wie geplant, denn durch eine Verspätung kamen die Möbelpacker erst nach Mitternacht an und ein Regenguss verwandelte sämtliche Kisten in unserem Haus in ein feuchtes, stinkendes Sammelsurium aus Pappe. Meine Mutter wollte mich trösten, während ich mich durch meine wasserdurchtränkten Sachen wühlte, und backte mir einen Kürbiskuchen. Und das war das Letzte, was sie tat, bevor sie starb. Stell dir vor, sie starb an einem Herzinfarkt, als sie gerade den Kuchenteig ausrollte. Mehr als 20 Jahre später bekomme ich bei dem Gedanken noch immer einen Kloß im Hals und habe Tränen in den Augen. Ich bewundere ihre Eigenschaften und habe ihr in unendlich vielem nachgeeifert, etwa in ihrem christlichen Glauben, ihrer unerschütterlichen Liebe für die Familie und ihrem Durchhaltevermögen in schwierigen Zeiten, aber ihre Entscheidung, sich selbst zu vernachlässigen, gehört nicht dazu. Von dem Tag an, an dem sie starb, habe ich mir geschworen, nicht in ihre Fußstapfen zu treten, wenn es darum geht, sich selbst zu vernachlässigen.«*

Um dein bestes Selbst in einer Elternrolle oder als Vorbild, Arbeitgeber oder Arbeitnehmer, Freund, Sohn, Tochter, Schwester oder Bruder zu präsentieren, musst du zuerst mit dir selbst klarkommen. Wenn du dich nicht um dich selbst kümmerst, fehlt dir die emotionale und physische Energie, die du brauchst, um dich so um die dir nahestehenden Menschen zu kümmern, wie du es dir eigentlich wünschst. Ich schlage also vor, dass du dir diese Erkenntnis mehrmals täglich ins Gedächtnis rufst, bis sie sich bei dir eingebrannt hat.

In diesem Sinne, kommen wir zur Sache!

Innerer Dialog

Hast du jemals die Botschaften untersucht, die du sendest, wenn du dir etwas sagst? Einige bemerkenswerte Forschungen haben gezeigt, dass wir tatsächlich in der Lage sind, die Struktur unseres Gehirns zu verändern, wenn wir die Art und Weise ändern, in der wir mit uns selbst sprechen.[6] Mich begeistert diese Vorstellung. Ich nehme an, viele Leute glauben, dass ihr Gehirn auf die eine oder andere Weise fest verkabelt ist und wir machtlos sind, es zu ändern. Aber Neurologen haben herausgefunden, dass unser Gehirn formbar ist. Dies ist ein Konzept, das als Neuroplastizität bezeichnet wird und von Wissenschaftlern als die Fähigkeit des Nervensystems angesehen wird, auf intrinsische oder extrinsische Reize zu reagieren, indem es seine Struktur, Funktion und Verbindungen neu organisiert.[7] Das bedeutet im Wesentlichen, dass sich das Gehirn und das Nervensystem während unseres gesamten Lebens als Reaktion auf Vorgänge in unserem Körper sowie auf Ereignisse, die wir erleben, verändern. Man kann sich die Plastizität des Gehirns auch als die Fähigkeit vorstellen, adaptive Veränderungen in Bezug auf die Struktur und Funktion des Nervensystems vorzunehmen.[8] Was mich an den neuesten Entdeckungen in der Neuroplastizität so begeistert, ist, dass man nicht an sein Gehirn gebunden ist, so wie es zu einem bestimmten Zeitpunkt ist. Du hast die Fähigkeit, es zu ändern, und zwar auf vielfältige Weise. Lass mich dir erklären, wie du die Struktur und Funktion deines Gehirns durch deinen inneren Dialog verändern kannst, und zwar über die Botschaften, die du mit deinem Verstand an dein Gehirn sendest. Wenn wir uns einreden, dass wir fähig, stark und klug sind, wird unser Gehirn entsprechend handeln. Wenn wir uns hingegen sagen, dass wir ineffektiv, schwach und nicht intelligent genug sind, wird unser Gehirn diese Aussagen ganz wörtlich nehmen und sich danach richten. Du wirst das erfüllen, was du dir einredest. In einer Studie, die von Forschern des Institute of Psychiatry, Psychology and Neuroscience am King's College London durchgeführt wurde, fand man heraus, dass eine Person, die wiederholt negative Gedanken hat, ein höheres Risiko für die Entstehung von Alzheimer aufweist.[9] In einer weiteren Studie haben Forscher herausgefunden, dass wir, wenn wir uns in der Selbstkontrolle üben, die Fähigkeit unseres Gehirns zur Ausübung von Selbstkontrolle verbessern können.[10] Kurz: Es gibt tatsächlich wissenschaftliche Beweise, die untermauern, dass unser Geist die Macht hat, unser Gehirn zu verändern.

Auf dieser Reise sitzt du am Steuer. Du sagst deinem Gehirn, was es tun soll, und es wird folgen – nicht umgekehrt. Also, lass uns einen Blick auf deinen inneren Dialog werfen und ihn dann in einen neuen Gang schalten. Du wirst deinem Gehirn sagen, welche Art von Mensch du bist und welche Art von Leben du dir wünschst, und als Ergebnis werden diese Dinge in der Realität nach und nach Form annehmen.

Die folgenden Übungen können dir dabei helfen, deine Verhaltensweisen und Denkmuster zu fokussieren und dich von einem Teil deines negativen inneren Dialogs zu befreien.

Übung 1: Was sagst du dir an einem normalen Tag?

Wie oft hältst du wirklich inne und hörst dir an, was du zu dir selbst sagst? Die meisten Menschen analysieren selten oder nie ihren inneren Dialog, aber das ist aus gutem Grund äußerst lohnenswert, denn unsere Gedanken erzeugen unsere Emotionen. Diese Emotionen diktieren dann weitere Gedanken, und je nach den Umständen können sie sich in negative Gedanken verwandeln, es sei denn, wir erkennen, dass dies passiert, halten inne und schlagen einen anderen Weg ein.

Du selbst bist dein ärgster Kritiker, aber weißt du was? Du kannst auch dein bester, dich am meisten bestärkende Freund sein. Ich möchte, dass du dich jetzt den ganzen Tag über mit dem vertraut machst, was du dir selbst sagst. Du kannst diese Gedanken in dieses Buch, ein Tagebuch, dein Smartphone oder Tablet schreiben. Du kannst diese Übung einen Tag oder eine Woche lang machen – es liegt an dir. Es ist eine wunderbare Art, sich einzustimmen und die Botschaften zu erkennen, die du an dich selbst sendest.

Von jetzt an sollst du alle zwei Stunden innehalten und lediglich ein paar Minuten damit verbringen, in dich hineinzuhorchen und die folgenden Fragen zu beantworten.

Schreibe auf, was du dir selbst über die folgenden Punkte gesagt hast:

- Was du die letzten zwei Stunden gemacht hast:

  ____

  ____

  ____

- Deine Intelligenz:

  ____

  ____

  ____

- Deine Kompetenz:

  ____

  ____

  ____

- Deine Fähigkeiten und Fertigkeiten:

  ____

  ____

  ____

- Dein Wert – sowohl dein Selbstwert als auch dein Wert für andere Menschen:

- Dein äußeres Erscheinungsbild:

Wenn du es vorziehst, Dinge aufzuschreiben, noch während du zu dir selbst sprichst, anstatt sie alle zwei Stunden zu notieren, dann kannst du das natürlich auch machen. Es geht hier darum, ein klares Verständnis für den inneren Dialog im Laufe eines Tages zu entwickeln, ohne jedoch den Tagesablauf zu stören.

Übung 2: Was sagst du dir selbst, wenn du unter Druck stehst?

Angenommen, du würdest morgen bei der Arbeit einen wichtigen Vortrag halten. Mehrere wichtige Kunden oder Klienten, mehrere deiner Mitarbeiter und dein Chef werden alle anwesend sein und dich beobachten. Am Abend davor liegst du im Bett, im Dunkeln und denkst über den Vortrag nach. Was sagst du dir selbst?

Nimm dir die Zeit, ehrlich und gründlich über die Art der Botschaften nachzudenken, die dir durch den Kopf gehen würden. Du würdest ein Gespräch mit dir selbst führen, also was würdest du sagen? Schreibe so viel von diesem inneren Dialog auf, wie du kannst. Gehe tief in dich und stelle dir diese Situation so bildhaft vor, als ob sie tatsächlich passieren würde.

Übung 3: Was sind typische Themen, wenn du deinem inneren Dialog lauschst?

Schau dir an, was du bei den Übungen 1 und 2 aufgeschrieben hast. Erkennst du gemeinsame Themen oder Themen, die sich wie ein roter Faden durch beide Antworten ziehen? Wenn ja, was genau sind das für Themen? Beschreibe sie hier:

Übung 4: Was für ein Ton herrscht in deinem inneren Dialog?

Wenn du auf das, was du in den Übungen 1 und 2 geschrieben hast, zurückblickst, wie würdest du den allgemeinen Ton oder die Stimmung deines inneren Dialogs beschreiben?

- Ist der Ton generell positiv und optimistisch?
- Wenn er positiv ist, ist er dann rational? Mit anderen Worten, sind die positiven Botschaften, die du dir selbst vermittelst, realistisch?
- Ist er pessimistisch oder von Versagensangst geprägt?

- Gibt es bestimmte Bereiche, in denen dein innerer Dialog besonders hart oder kritisch klingt?
- Klingt dein innerer Dialog in einigen spezifischen Bereichen äußerst optimistisch oder schmeichelhaft, aber in anderen nicht?
- Kreise alles ein, was du geschrieben hast, das einen besonders positiven oder besonders negativen inneren Dialog aufzeigt.

Übung 5: Was ist deine Kontrollüberzeugung?

Schaue noch einmal über die Antworten der Übungen 1 und 2 und stelle dir folgende Frage: Was sagt das, was du aufgeschrieben hast, über deine Kontrollüberzeugung aus, also über den Grad, von dem du glaubst, dass du die Kontrolle darüber hast, was in deinem Leben passiert?

- Scheint es, dass du dir selbst sagst, dass du die Kontrolle über dein Leben hast (internale Kontrollüberzeugung), dass dein Leben von äußeren Kräften oder Individuen bestimmt wird (externale Kontrollüberzeugung) oder dass alles grundsätzlich dem Zufall überlassen ist – es also reine Glückssache ist, ob du einen guten oder schlechten Tag hast?
- Schreibe deine Antwort auf:

____

____

____

____

____

Übung 6: Was für ein Coach bist du für dich selbst?

Es gibt noch eine letzte Übung in Bezug auf die wertvollen Informationen, die du über deinen inneren Dialog gesammelt hast. Da das Ziel darin besteht, dass du deinen eigenen inneren Life Coach entwickelst, da ich nicht jeden Tag an deiner Seite sein werde, wollen wir die Fähigkeiten dieses Coaches in dir aufbauen und zuhören, was er zu sagen hat. Ist dein innerer Life Coach gemein und kritisiert dich scharf, wenn du nicht bei der Sache bleibst? Oder macht dir dein innerer Life Coach Mut? Schreibe die Antwort auf und beantworte anschließend folgende Fragen.

Was für ein Coach bist du den ganzen Tag über für dich selbst? Sieh dir dazu die Aussagen an, die du in den Übungen 1 und 2 notiert hast. Was stellst du fest? Bist du die Art von Trainer, auf den du dich verlassen kannst, der dich aufrichtet und dir Mut macht? Oder macht dein innerer Coach dich nieder und verstärkt deine schlimmsten Ängste über dich selbst? *Du selbst* bist die Person, die den ganzen Tag lang mit dir redet, und das jeden Tag. Trägst du aktiv dazu bei, dir ein ungesundes inneres Umfeld zu schaffen und so die Wahrnehmung deiner äußeren Umgebung negativ zu beeinflussen? Oder sind die Dinge, die du dir selbst sagst, von einem rationalen und produktiven Optimismus geprägt? Wenn du zum Beispiel beschließen würdest, spät am Abend noch Pizza und Eis zu essen, was sagst du dann zu dir selbst? Ist es: »Schau dich an, isst schon wieder das ganze Zeug, das solltest du doch eigentlich gar nicht – du hast keine Selbstdisziplin, du Versager!« Oder denkst du: »Hey, mach dich nicht fertig. Es hat gut geschmeckt, und so oft isst du auch nicht Pizza oder Eis. Es ist ja nicht so, dass du morgen zwei Kilo zugenommen hast.« Oder sagst du dir: »Jetzt bist du ohnehin schwach geworden, da kannst du genauso gut noch eine Pizza bestellen! Auf zur zweiten Runde!« Vielleicht denkst du auch: »Beim nächsten Mal veranstalte ich eine Pizza-und-Eis-Party und lade ein paar Leute zu mir ein!« Ich glaube, du verstehst, worauf ich hinauswill: Du kannst auf vielerlei Weise über irgendeine Angelegenheit oder Entscheidung mit dir sprechen. Diese Stimme ist dein innerer Life Coach, und das Ziel ist, dass dein Coach dir liebevoll hilft, dich mit deinem besten Selbst in Einklang zu bringen.

Was für ein Coach bist du also für dich selbst? Sei präzise:

____

____

____

____

Wenn du die Übungen beendet hast, wirst du sehr nützliche Einblicke gewonnen haben, wie du mit dir selbst redest. Wir alle führen ständig Selbstgespräche (in Gedanken), und wenn wir diese Gespräche registrieren und genau zuhören, was wir zu uns selbst sagen, können wir anfangen, ein solches Gespräch neu zu gestalten. Jetzt, da du Bereiche gefunden hast, in denen du dir vielleicht herzlose oder entmutigende Botschaften schickst, kannst du anfangen, diese Gedanken auszumerzen und sie durch dein Mantra oder eine andere Form der Selbstbestätigung ersetzen. Wenn sich das nächste Mal ein negativer Gedanke über dich selbst zu formen beginnt, stell dir ein Alarmsignal vor, das in deinem Kopf ertönt. Wenn du den Alarm hörst, schreite sofort ein, weise diese Gedanken von dir und entscheide dich für eine bessere Botschaft.

Nehmen wir zum Beispiel an, du bereitest dich auf ein gesellschaftliches Ereignis vor, das dir Möglichkeiten bietet, neue Kontakte zu knüpfen. Während du dich gerade angezogen hast und bereit bist, das Haus zu verlassen, erhaschst du vielleicht noch einen Blick in den Spiegel und denkst: *»Ich weiß gar nicht, warum ich das alles mache. Ich weiß nie, was ich zu Leuten, die ich nicht kenne, sagen soll. Ich bin so ungeschickt.«* Oder du denkst vielleicht: *»Mensch, sehe ich alt und müde aus. Und was macht dieses neue Fettpolster um meine Taille herum? Mist.«* Nun, in dem Moment, in dem ein solcher Gedanke in deinem Kopf aufblitzt, stell dir vor, dass du ein lästiges Klingeln oder Summen hörst. Schau dich selbst im Spiegel an und sag laut: »Ich bin zuversichtlich, dass ich mich unter die Leute mischen werde. Ich werde lächeln, freundlich sein, anderen Fragen stellen und wertvolle neue Kontakte und Freundschaften knüpfen.« Wiederhole dies immer wieder, bis die positiven, ermutigenden

Gedanken zu Tonbandschleifen werden, die sich wie selbstverständlich in deinem Kopf abspielen. Auf diese Weise entstehen neue neuronale Verbindungen in deinem Gehirn. Im Grunde genommen wirst du letztendlich auf Autopilot schalten und eine neue Realität erzeugen, wie du sie dir von innen heraus vorgestellt hast. Wie bereits erwähnt, rede ich ständig mit mir vor dem Spiegel, weil ich die beste Version von mir selbst sein will. Wenn dir das immer noch seltsam vorkommt, suche eine andere Methode – tue einfach etwas, das dir die negativen Gedanken aus dem Kopf vertreibt! Wir wollen herausfinden, was das Beste für dich ist!

SELBSTFÜRSORGE

Das Leben kann sich in rasantem Tempo entwickeln – manchmal lässt es sich durchaus mit einem reißenden Fluss nach einem heftigen Sturm vergleichen. Wir können uns im täglichen Trubel von einer Sache zur anderen mitreißen lassen, und genau deshalb möchte ich, dass wir uns jetzt auf die Selbstfürsorge konzentrieren. Selbstfürsorge ist normalerweise das Erste, was wir über Bord werfen, wenn wir versuchen, nicht unter dem Druck von Arbeit, Familie, Freunden und anderen Verpflichtungen zu versinken. Genau das ist das Tückische, denn Selbstfürsorge ist die Grundlage für ein Leben, das den eigenen Idealen entspricht.

Selbstfürsorge bedeutet, verständnisvoll mit sich selbst umzugehen. Viele Menschen finden es einfacher, mitfühlend gegenüber anderen zu sein als gegenüber sich selbst, aber ich glaube, je mehr Mitgefühl du für dich selbst hast, desto mehr wirst du anderen geben können. Wenn dein eigener Tank an Mitgefühl voll ist und überfließt, kannst du anderen noch mehr geben.

Es gibt einige praktische Möglichkeiten, wie du mitfühlender gegenüber dir selbst werden kannst. Der erste Schritt ist, Stress richtig im Griff zu haben. Ich werde dir einige praktische Hilfsmittel und ein System aufzeigen, mit dem du verhindern kannst, dass du überhaupt Stress aufbaust, aber zuerst lass uns deinen aktuellen Stresspegel messen. Beantworte die nächsten 20 Fragen ehrlich, und lass uns anschließend gemeinsam schauen, was deine Ergebnisse genau bedeuten.

STRESS-QUIZ

1. Wie oft hast du das Gefühl, dass du mit den Anforderungen, die an dich gestellt werden, nicht fertig wirst?

   O immer O meistens O ab und zu

2. Hast du Probleme beim Einschlafen und/oder Durchschlafen?

   O immer O meistens O ab und zu

3. Verbringst du weniger Zeit mit Freunden, Familie und Kollegen, sagst sogar Verabredungen ab oder ignorierst ihre Anrufe, weil sie sich für dich im Moment einfach nur wie eine weitere Sache anfühlen, um die du dich »kümmern« musst?

   O immer O meistens O ab und zu

4. Hast du das Gefühl, dass du härter arbeitest als je zuvor, aber irgendwie weniger geschafft bekommst?

   O immer O meistens O ab und zu

5. Hast du Angst, Entscheidungen zu treffen?

   O immer O meistens O ab und zu

6. Fühlst du dich ängstlich? Schlägt dein Herz schnell und schwitzen deine Handflächen?

   O immer O meistens O ab und zu

7. Fühlst du dich angespannt? Sind zum Beispiel deine Muskeln verspannt, wie etwa deine Schulter-, Nacken- und Rückenmuskulatur?

   O immer O meistens O ab und zu

8. Bist du nervös?

   O immer O meistens O ab und zu

9. Bist du sprunghaft und kannst dich nicht entspannen? Hast du das Gefühl, dass, wenn du dich für einen Moment hinsetzt und tief durchatmest, etwas Schlimmes passieren könnte, weil du dich nicht darum kümmerst?

   O immer O meistens O ab und zu

10. Machen dich Kleinigkeiten aggressiv und wütend?

    O immer O meistens O ab und zu

11. Gibst du anderen die Schuld, wenn etwas schiefgeht?

    O immer O meistens O ab und zu

12. Stehst du den Bemühungen anderer kritisch gegenüber?

    O immer O meistens O ab und zu

13. Glaubst du, dass du für den Stress, den andere Familienmitglieder empfinden, verantwortlich bist?

    O immer O meistens O ab und zu

14. Vermeidest du es, Gespräche über potenziell stressige Themen mit Familie und Freunden zu führen?

    O immer O meistens O ab und zu

15. Streitest du dich mit nahestehenden Menschen wie dem Ehepartner oder unmittelbaren Familienmitgliedern über »alles und nichts«?

    O immer O meistens O ab und zu

16. Hast du seltener Momente mit Familie und Freunden, in denen du einfach zufrieden bist?

    O immer O meistens O ab und zu

17. Bist du dir dessen bewusst, dass du Stress hast und dass dies dein Leben beeinflusst?

    O immer O meistens O ab und zu

18. Hast du körperliche Anzeichen von Stress, wie Bluthochdruck, Muskelverspannungen und Müdigkeit?

    O immer O meistens O ab und zu

19. Nimmst du dir nicht genügend Zeit, dich nach einer stressigen Phase geistig und körperlich zu erholen? Verzichtest du beispielsweise nach einem stressigen Ereignis auf ausgleichende und beruhigende Aktivitäten und bewegst dich nicht ausreichend, treibst keinen Sport, meditierst nicht, schläfst und trinkst zu wenig?

    O immer O meistens O ab und zu

20. Bist du grundlos traurig und deprimiert?

    O immer O meistens O ab und zu

Die Ergebnisse des Stress-Quiz

Wenn du bei mindestens einer dieser Fragen »immer« oder »meistens« angegeben hast, hast du möglicherweise derzeit kein gutes System zur Stressbewältigung. Es ist wichtig, Schritte zu unternehmen, um das sofort zu ändern, denn Stress wächst sich zu ernsteren Problemen aus, wenn man sich nicht darum kümmert.

Wenn du bei mehr als fünf dieser Fragen »immer« oder »meistens« ausgewählt hast, besteht für dich eine noch größere Notwendigkeit, eine Strategie zum Stressmanagement in deinem Leben einzuführen. Du musst nicht so leben, aber wenn du anfängst, der Selbstfürsorge Priorität zu geben, und begreifst, dass es nicht »egoistisch« ist, dich an die erste Stelle zu setzen, kannst du die Kontrolle über den Stress gewinnen. Es ist nie zu spät!

So baust du dein Stressbewältigungssystem auf

Das Ziel ist es, ein System für den Umgang mit Stress aufzubauen, wenn er auftritt, anstatt eine Lösung für den Fall zu schaffen, wenn du bereits übermäßig gestresst bist. Das ist der Unterschied zwischen Prävention und Behandlung; es ist viel einfacher, das Gefühl von Stress zu verhindern als zu eliminieren – ähnlich wie es bei körperlichen Beschwerden der Fall ist.

1. Mach bewusste Atemübungen

Wenn du einen stressigen Gedanken hast, oder wenn etwas passiert, das dich normalerweise aus dem Gleichgewicht bringen würde, finde einen Weg, das Gefühl zu durchbrechen, etwa indem du deinen Atemrhythmus änderst. Wenn du bewusst auf deinen Atem achtest und drei- bis viermal tief und reinigend ein- und ausatmest, kannst du den Stress davon abhalten, sich festzusetzen. Der gestresste Geist ist im Grunde genommen wie ein neurologischer Sturm, und das stärkste und unmittelbarste Gegenmittel ist die bewusste Atmung.

Bewusstes und rhythmisches Atmen ist keine neue Praxis, und der Grund, warum es seit Jahrhunderten auf der ganzen Welt ein beliebtes Hilfsmittel ist, ist schlicht und ergreifend der, dass es so gut funktioniert. Lass Atemübungen zu einem Teil deiner täglichen Routine werden, denn je öfter du sie machst, desto entspannter wird die Grundeinstellung deines Gehirns. Auf diese Weise lässt du dich nicht aus der Ruhe bringen, wenn etwas Stressiges passiert. Dein Fundament ist stark, der Sturm des Lebens kann dir nichts anhaben.

Es liegt an dir, wie du deine bewusste Atmung in deinen Alltag einbaust: Du kannst ein paar Minuten am Morgen einplanen, bevor dein Tag wirklich anfängt, und es dann wieder mittags tun, und noch einmal, bevor du schlafen gehst. Wenn andere Zeiten besser für dich funktionieren, ist das auch in Ordnung. Vergewissere dich nur, dass du dich mindestens einmal täglich mit deinem Atem als Teil deines Stressbewältigungssystems beschäftigst.

2. Treibe Sport

Wenn du deinen Körper lediglich 20 bis 30 Minuten pro Tag trainierst, und das fünf Tage die Woche, gönnst du deinem Gehirn einen chemischen Neustart und stärkst die Basis deiner Stressbewältigung. In Kapitel 7 zum Thema Gesundheit werden wir noch viel intensiver auf die Vorzüge sportlicher Betätigung eingehen und wie sie sich auf dein Gehirn und jedes andere Organ in deinem Körper auswirkt. An dieser Stelle reicht es zu wissen, dass Training, welcher Art auch immer, unverzichtbar ist, wenn man vorhat, sich gut um sich selbst zu kümmern. Es spielt keine Rolle, welche Art von Sport du treibst. Egal, ob du joggst, zügig eine Runde Walking betreibst, Fahrrad fährst, eine Kardiomaschine im Fitnessstudio benutzt, Gewichte hebst oder zu Hause in deinem Wohnzimmer ein Workout machst – das ist alles wunderbar effektiv. Finde etwas, das dir Spaß macht, auf das du dich freuen kannst und das dir ein gutes Gefühl gibt. Wenn du die Bewegung scheust, fehlt dir und deinem Körper eine entscheidende positive Komponente.

3. Feiere das Leben

Du musst nicht bis zu deinem Geburtstag warten, um das Leben zu feiern. Jeder Tag, den wir auf dieser Erde verbringen, ist wahrhaftig ein Geschenk, und wenn du dir jeden Tag nur ein paar Momente nimmst, um dich über etwas zu freuen, zu lachen und offen zu sein für alle guten Dinge im Leben, sendest du die Botschaft an dein Gehirn, sich für Freude zu entscheiden, anstatt sich mit Stress aufzuhalten. Freude zu empfinden, hat einen therapeutischen Wert und kann (und sollte!) von innen kommen.

Es spielt keine so große Rolle, wie du es umsetzt, doch mache jeden Tag zu einer kleinen Feier für dich selbst. Ich persönlich drehe gerne die Musik auf und tanze in meinem Wohnzimmer dazu. (Mein Hund macht den Spaß auch gerne mit!) Auch wenn du deine Zeit gern in der Natur verbringst und ihre Schönheit und Komplexität richtig wahrnimmst, ist das ein Fest. Setz dich auf eine Parkbank und genieße die Luft, betrachte die Blütenblätter einer Blume oder fühle das weiche Gras unter deinen Füßen. Lächle und lass ein Gefühl der Freude über dich hinwegströmen. Um alles, was du in deinem Leben hast, tief zu schätzen, nimm dir etwas Zeit, um allein zu sein, damit du über die positiven Seiten deines Lebens und der Welt um dich herum nachdenken kannst. Oder überrasche deine Freunde oder deine Familie mit einem leckeren Essen ... einfach so!

Eine andere Möglichkeit, dein Leben zu feiern, ist, deine Zeit jemand anderem zu widmen, der es dringend braucht. Sich in irgendeiner Weise anderen hinzugeben, ist immer ein wirkungsvoller Weg, um Lebensfreude zu verspüren. Es ist leicht, auf solche Dinge zu verzichten, aber es können die lebensbejahendsten und manchmal inspirierendsten Momente in unserem Leben sein.

4. Verbessere deine Schlafgewohnheiten

Ärzte sprechen oft von Schlafhygiene, wenn sie sich auf die Gewohnheiten und Routinen beziehen, die wir entwickeln, um ausreichend Schlaf zu bekommen, damit wir in unseren Wachzeiten aufmerksam bleiben können. Im Hinblick auf die Stressresistenz des Gehirns ist guter Schlaf unerlässlich. Wenn du regelmäßig gut schläfst, hakst du einen der wichtigsten Punkte auf der Checkliste für Selbstfürsorge ab. Andernfalls kann ein negativer Dominoeffekt entstehen. Schlafmangel wirkt sich nachweislich negativ auf die Wahrnehmung, die Reflexe und sogar auf den emotionalen Zustand aus. Wenn du versuchst, in einem permanenten Zustand von Schlafentzug zu leben, machst du es dir sehr schwer, dein bestes Selbst zu sein. Es ist eine Art Alles-oder-nichts-Entscheidung, also rate ich dir dringend, herauszufinden, wie du dauerhaft den Schlaf bekommen kannst, den dein Körper und dein Geist brauchen.

Führe über drei Nächte ein kleines Experiment durch, um herauszufinden, wie viele Stunden Schlaf du brauchst, um dich am nächsten Tag wohlzufühlen. Gehe am ersten Abend schlafen, sobald du dich ein bisschen müde fühlst, und stelle keinen Wecker – wache von allein auf. Schreibe auf, wie viele Stunden du geschlafen hast. Behalte dann im Auge, wie du dich den ganzen Tag über fühlst – brauchst du viel Kaffee oder Stimulanzien, um konzentriert zu bleiben? Oder fühlst du dich klar und konzentriert? Am folgenden Abend gehst du 30 Minuten früher schlafen als am Abend zuvor und schläfst wieder, bis du von allein aufwachst. Bleibe am letzten Abend eine Stunde über den Zeitpunkt hinaus wach, an dem du anfängst, dich müde zu fühlen, und stelle dir einen Wecker für eine Stunde früher, als du am Vortag aufgewacht bist. Wie viele Stunden hast du geschlafen, und wie hast du dich gefühlt? Was hast du aus dem Experiment gelernt? Konntest du genau bestimmen, wie viele Stunden Schlaf du brauchst, um den nächsten Tag am effektivsten und aufgewecktesten zu nutzen?

Manche Menschen sagen, wenn sie mehr als sieben Stunden Schlaf bekommen, fühlen sie sich am nächsten Tag erschöpft und unkonzentriert. Andere Menschen kommen kaum zurecht, wenn sie eine Minute weniger als acht Stunden schlafen. Finde deine optimale Schlafdauer heraus und entwickle dann eine realistische Routine, die dich jede Nacht pünktlich einschlafen lässt, sodass du aufwachen kannst, wenn du es brauchst, und dich ausgeruht fühlst.

Es gibt allerlei Techniken, mit denen du versuchen kannst, deinen Schlaf zu verbessern – vom ätherischen Lavendelöl auf deinem Kopfkissenbezug bis hin zu einem Ventilator oder einem Gerät, das weißes Rauschen produziert – nimm dir die Zeit und überlege ganz genau, wie du deine Schlafumgebung am gemütlichsten gestalten kannst.

Ich habe herausgefunden, dass ich mindestens acht Stunden Schlaf brauche. Wenn ich nicht genügend Schlaf bekomme, habe ich das Gefühl, dass ich den ganzen Tag über ein Nickerchen brauche; ich fühle mich unruhiger, bin weniger konzentriert, bin launischer und ungeduldiger – im Grunde genommen bin ich nicht ganz ich selbst. Ich neige auch dazu, mich den ganzen Tag über auf Koffein als Muntermacher zu verlassen, was letztendlich nach hinten losgehen kann. Selbst meine Haut leidet, wenn ich nicht genug Schlaf bekomme.

Für meine eigene Abendroutine achte ich zunächst darauf, dass ich zwei Stunden, bevor ich ins Bett gehe, nichts esse – ich weiß, dass mein Körper, wenn er gerade Essen verdaut, meinen Schlafrhythmus stört. Wenn ich mich dann langsam für die Nacht vorbereite, bringe ich das Hundekörbchen ins Schlafzimmer, spiele zehn Minuten lang online Scrabble, dann denke ich über den Tag nach und was mir daran gefiel und ich überlege, wofür und wem ich dankbar sein kann. Ich betrachte meinen Tag aus einem Gefühl der Zufriedenheit heraus. Dann mache ich das Licht aus und schlafe ein.

5. Schalte die Geräte aus

Wir leben in einer von Technik besessenen Welt, und sie schmälert unsere Fähigkeit, Stress zu bewältigen. Wenn du ständig den ganzen Tag lang mit Klingel- und Signaltönen von deinem Telefon, Tablet oder Computer bombardiert wirst, setzt du deine Fähigkeit aufs Spiel, mit stressigen Ereignissen angemessen umzugehen, wenn sie auftauchen. Der Grund dafür ist, dass unser Gehirn nicht für die Art von ständiger Unterbrechung ausgelegt ist, die die technischen Geräte erzeugen. Konzentration ist wichtig, und wenn du deine Konzentration immer zwischen Arbeit und Ablenkung aufteilst, hat dein Gehirn nie die Chance, sich zu beruhigen.

Nimm dir jeden Tag die Zeit, alles komplett abzuschalten. Keine Bildschirme, keine Klangeffekte und vibrierenden Geräte. *Sei* einfach du. (Das ist auch eine gute Gelegenheit, deine bewussten Atemübungen einzusetzen.). Es mag anfangs schwierig sein, aber bald wirst du dich auf deine Unplugged-Zeit freuen, und dein Gehirn wird es dir danken.

6. Lass dich auf deine Form der Entspannung ein

Was gibt dir ein tiefes Gefühl der Entspannung? Deine Antwort wird ganz individuell sein, und es ist wichtig, dass du voll und ganz verstehst, wie sich für dich Entspannung anfühlt und was sie in dir auslöst. Einige Menschen müssen nur einen Massagetisch sehen und haben schon das Gefühl, dass ihr Puls und Blutdruck sinken. Andere finden es enorm entspannend, wenn sie schwimmen gehen oder in ein Schaumbad eintauchen. Ich habe viele Menschen kennengelernt, die behaupten, dass sie am besten entspannen können, wenn sie Fahrrad fahren oder in der Sonne spazieren gehen. Ich für meinen Teil kann am besten entspannen, wenn ich mir eine Auszeit für Videospiele nehme.

Ich frage die Leute oft, ob sie meditieren, und viele sagen mir, dass sie einfach nicht wissen, wie das geht – manchmal fühlen sie sich sogar von der Vorstellung davon eingeschüchtert. Bei der Meditation geht es einfach nur darum, den Geist zu entspannen, sich mit dem Atem zu verbinden und sich ganz auf das gegenwärtige Körpergefühl einzulassen. Meditation ist eine einfache und schnelle Methode, dich zu entspannen und in Einklang mit deinem besten Selbst zu kommen. Wenn du dir nicht sicher bist, wie du einen entspannten Zustand erreichen kannst, oder wenn du etwas Neues ausprobieren willst, empfehle ich dir eine angeleitete Visualisierungstechnik wie eine Gedankenreise, die an sich bereits eine Form der Meditation ist. Es gibt Apps, die du auf dein Handy herunterladen und deren Inhalte du über Kopfhörer anhören kannst, oder du kannst etwas Einfaches wie das hier ausprobieren:

Beispiel für eine angeleitete Gedankenreise

1. Setze dich an einen bequemen, ruhigen Platz und konzentriere deinen Blick auf etwas direkt vor dir oder auf ein Objekt, das dich beruhigt.

2. Schalte alle Gedanken ab, die dir in den Sinn kommen, so weit du kannst, und halte deinen Blick nur auf dieses Objekt gerichtet.
3. Wenn du spürst, dass sich dein Herzschlag verlangsamt, fange an, deine Wahrnehmung verschwimmen zu lassen und schließe dann langsam deine Augen.
4. Stell dir vor, du tust etwas, das du liebst oder wobei du dich richtig wohlfühlst. Es könnte ein Spaziergang sein, an einem weißen Sandstrand, die Sonne scheint, du spürst eine leichte Brise im Gesicht und hörst das sanfte Rauschen der Wellen, die deine Füße umspielen. Es könnte sein, dass du auf dem Gipfel eines Berges sitzt und den wunderschönen Ausblick um dich herum genießt. Oder du liegst in einer Hängematte auf einer großen Holzveranda, und vor dir erstreckt sich ein Feld mit Wildblumen. Jedes Bild, das dein Herz erwärmt und deine Seele beruhigt, ist genau das, was du dir vorstellen solltest.
5. Bleibe so ruhig wie möglich und so präsent wie möglich in diesem Bild. Wenn andere Gedanken versuchen, sich aufzudrängen, stelle dir einfach vor, wie du sie sanft mit dem Handrücken beiseiteschiebst.
6. Wenn du bereit bist, öffne langsam deine Augen, nimm drei tiefe, langsame Atemzüge und sprich dann dein persönliches Mantra laut aus. (In Kapitel 4 hast du dein persönliches Mantra erstellt.)

Nimm dir jeden Tag Zeit, um deine ganz persönliche Methode zum Entspannen in deinen Alltag zu integrieren, und schaffe dir dann ein- bis zweimal im Monat Zeit in deinem Terminkalender, um für einen längeren Zeitraum, etwa ein oder zwei Stunden, tief in diesen ruhigen, entspannten Zustand zu kommen. Ich zwinge mich zum Beispiel gelegentlich, mein Handy zurückzulassen und in die freie Natur zu gehen, sei es an den Strand, in die Berge oder nur in einen schönen Park. Auf diese Weise wird nicht nur sofort Stress reduziert, sondern es verhindert auch größere Nervenzusammenbrüche, wenn irgendetwas Stress auslöst. Wieder geht es darum, den Stresslevel so weit zu senken, dass man nicht hin und her rotiert und bei jeder Kleinigkeit gleich ausflippt. Wenn du dein Stresslevel stets so gering wie möglich hältst, bist du besser gerüstet, um mit dem fertig zu werden, was auf dich zukommt, als wenn alle Pegel immer auf kurz vor Anschlag stehen.

Leidenschaften

Die dritte Komponente in der Sphäre deines persönlichen Lebens bilden deine Leidenschaften. Was gibt dir das Gefühl, mitten im Leben zu stecken und so mitgerissen zu sein, dass du geradezu vor Energie platzt? Wenn du dir nicht sicher bist oder du dir diese Frage schon lange nicht mehr gestellt hast, ist genau jetzt die beste Zeit, innezuhalten und deine Leidenschaft wiederzuentdecken. Wenn du es herausgefunden hast, ist es deine Aufgabe, einen Weg zu finden, sie zum Ausdruck zu bringen – sei es in Form eines Hobbys, einer ehrenamtlichen Tätigkeit oder einer Art von Spiel. Vielleicht hast du eine große Bandbreite an Leidenschaften, die du auf verschiedene Weise ausleben kannst. Was spricht dagegen, dass du dich um sie alle kümmerst?

Wenn du dir nicht sicher bist, wo du anfangen sollst, dann könntest du dir ein Vergnügen daraus machen, einige neue Dinge auszuprobieren, die du noch nie zuvor gemacht hast. Fordere dich selbst heraus und verlasse deine Komfortzone. Melde dich zu einem Tanzkurs an. Arbeite ehrenamtlich in einer Obdachlosenunterkunft oder einem Tierheim. Schaue dir ein Theaterstück oder ein Musical in einem Theater vor Ort an. Lerne eine neue Sprache, während du unterwegs bist. Die Liste der Aktivitäten hier ist nur durch deine eigene Vorstellungskraft begrenzt. Der Punkt ist, darüber nachzudenken, wann du dich das letzte Mal wirklich lebendig gefühlt hast, was für eine Aktivität das war – und dann dieses Gefühl regelmäßig in deinem Leben wieder neu zu erzeugen.

Ich habe einmal mit einer Frau namens Deborah zusammengearbeitet, die an der Upper East Side in Manhattan lebte, also einem der teuersten Viertel der Stadt. Sie war eine reiche Erbin, war geschieden, hatte erwachsene Kinder, pflegte aber sonst keinerlei Leidenschaften in ihrem Leben. Es war bei ihr schon so weit gekommen, dass sie fast nie ihre Wohnung verließ und sich alles nach Hause bestellte. Sie hatte sogar einen kleinen Schönheitssalon daheim, sowie Dienstmädchen, persönliche Einkaufsassistenten und so weiter. Ihr Umfeld hatte sie so gestaltet, dass sie buchstäblich nie das Haus verlassen musste. Infolgedessen hatte Deborah aufgehört, mit der Außenwelt in Kontakt zu treten. Bei meinem ersten Treffen mit ihr forderte ich sie auf, nicht nur ihre Wohnung zum ersten Mal seit Monaten zu verlassen, sondern auch ihr Handy und ihre Brieftasche daheimzulassen (außer genug Geld für ein Taxi, falls sie eines brauchte), damit sie ein paar Stunden damit verbringen konnte, sich einen Stadtteil anzuschauen, in dem sie noch nie zuvor gewesen war.

Ich begleitete sie auf diesen ersten Ausflug und zeigte ihr exemplarisch, wie man neugierig auf die Menschen um sich herum ist und was es in Wirklichkeit bedeutet, in einer so magischen Stadt wie New York zu leben, einer der exzentrischsten, interessantesten und vielfältigsten Städte der Welt. Es dauerte nicht lange, bis sie erkannte, wie sehr sie sich vom Leben abgekoppelt hatte. Zuerst fühlte sie sich etwas überwältigt, aber am Ende des Tages wurde sie im wahrsten Sinne des Wortes wieder lebendig. Es war, als hätte sie nur eine Pause eingelegt, und der simple Akt, in die Nachbarschaft hinauszugehen, mit Fremden zu reden und die verschiedenen Sehenswürdigkeiten, Geräusche und Sinneseindrücke zu genießen, half ihr, wieder die Starttaste in ihrem Leben zu drücken. Du siehst also, wenn wir vom Leben abgekoppelt sind, können wir uns unmöglich für etwas begeistern. Deborah hatte ihr Leben immer kleiner und kleiner werden lassen; sie war aus Mangel an Leidenschaft geschrumpft. Es ist so einfach, ein Verhaltensmuster zu entwickeln, indem man immer wieder dasselbe tut, und in diesem wiederholten Verhalten kann Leidenschaft nicht gedeihen. Aber du hast die Fähigkeit, Dinge zu verändern, aus deiner Routine oder deinen Verhaltensmustern auszubrechen und dich auf neue, aufregende und bereichernde Weise im Leben einzubringen.

Du verdienst das. Es wird dich zu einem vielseitigeren Menschen machen und deine neue Verbindung mit deinem besten Selbst auf eine Art und Weise stärken, die du noch gar nicht ermessen kannst. Ich hatte sogar Klienten, die, als sie sich schließlich erlaubten, ihren Leidenschaften nachzugehen, entdeckten, dass es auch Möglichkeiten gab, damit ein Einkommen zu erzielen. Das muss nicht dein primäres Ziel sein, aber was für eine interessante Aussicht, dass du vielleicht eine Karriere um etwas herum aufbauen könntest, für das du innerlich brennst! Denke daran, dass du viele unterschiedliche Leidenschaften im Leben haben kannst. Zum Beispiel habe ich bestimmte Mitarbeiter in den CAST-Centern, deren Aufgabe darin besteht, potenzielle Kunden zu begrüßen, wenn sie durch die Tür kommen. Das ist eine sehr wichtige

Rolle, da diese Personen die ersten sind, die unser Unternehmen repräsentieren. Ich achte immer darauf, dass diese Personen leidenschaftlich daran interessiert sind, mit anderen in Kontakt zu treten. Ich mag es, wenn jeder von ihnen ein »Menschenfreund« ist, nicht weil es sie in ihrem Job besser macht (obwohl es sicherlich hilft), sondern weil ich weiß, dass sie diese Arbeit dann genießen. Ich möchte, dass sie ihre Liebe zu den Menschen ausleben und so echte Freude an ihrem Job empfinden können. Du verbringst etwa die Hälfte deines Lebens damit, zu arbeiten und deinen Lebensunterhalt zu verdienen. Warum um alles in der Welt solltest du einen Job haben, bei dem du dich nicht lebendig fühlst? Etwas über deine Persönlichkeit und über die Dinge zu wissen, die du im Leben liebst, kann dir viel über die Art des Berufes verraten, der für dich die meiste Erfüllung mit sich bringt. Dein Privatleben und dein Berufsleben entsprechend auszurichten, kann ein entscheidender alles verändernder Faktor sein. Mach dir Gedanken, wie du dein bestes Selbst verwirklichen kannst!

Vielleicht liest du das und denkst: »*Ja, klar, Mike, ich werde mich gleich darum kümmern. Zwischen dem Wäschewaschen, dem Essenkochen, der Existenzsicherung und dem Versuch, ein paar Stunden Schlaf zu bekommen, werde ich etwas tun, wofür ich mich leidenschaftlich interessiere.*« Wenn dem so ist, dann kehre bitte noch einmal zu Kapitel 3 zurück und wirf einen Blick auf deinen Zeitplan. Ich möchte wetten, dass in deiner Routine genügend Zeit zur Verfügung steht, in der du innerhalb von 30 Tagen etwas entdecken kannst, was deine Leidenschaft weckt. Ich habe mit einigen wirklich viel beschäftigten Menschen gearbeitet – sie schuften hart von 5 Uhr morgens bis 22 Uhr abends, und doch schafft es jeder von ihnen, sich Zeit für das zu nehmen, was sie leidenschaftlich gerne machen. Das schaffst du auch.

Als dein bestes Selbst zu leben, bedeutet, dass du dir Zeit für deine Leidenschaften nimmst, denn sehr oft sind sie ein Spiegelbild deiner Kunst. Niemand bereut es jemals, Zeit damit zu verbringen, seiner Leidenschaft nachzugehen – es gibt wirklich keinen Nachteil. Also, lasse keinen Tag mehr vergehen, ohne dass du deiner Leidenschaft nachgehst und sie auslebst. Carpe diem – nutze den Tag!

Für all die Leidgeprüften

Bevor ich dieses Kapitel in Bezug auf dein persönliches Leben beende, möchte ich mit dir über tiefes, emotionales Leid sprechen. Von meiner Arbeit weiß ich aus Erfahrung, dass es zwei Arten von Schmerzen gibt: den Schmerz der Zurückweisung und den Schmerz des Verlustes. Zurückgewiesen zu werden, sei es durch ein Familienmitglied, einen Ex-Partner oder sogar dein eigenes Kind, fühlt sich schrecklich an. Die einzige Person, von der du meinst, sie könne deinen Schmerz lindern, ist schließlich am Leben – doch sie lebt ihr Leben scheinbar glücklich ohne dich. Der Verlustschmerz dagegen, der mit dem Tod eines geliebten Menschen einhergeht, kann sich anfühlen, als wäre das Leben in dem Moment zerbrochen, in dem dieser geliebte Mensch uns für immer verlassen hat. Das gilt unabhängig davon, ob der Tod zu erwarten war und du Zeit hattest, dich vorzubereiten, oder ob er ganz plötzlich kommt wie ein Schock.

Ich möchte kurz auf die beiden Formen des emotionalen Schmerzes eingehen, denn wenn man eine schmerzhafte Phase im Leben durchmacht, kann es sein, dass man sich fühlt, als wäre man ganz allein, und als würde diese Phase nie enden. Aber du bist *nicht* allein. Und der Schmerz, den du gerade fühlst, *wird* nachlassen.

Manchmal empfinden wir so großes Leid und so viel Kummer, dass wir nicht wissen, wie wir damit umgehen sollen. Wir wollen nichts anderes, als den Schmerz verdrängen, vor uns selbst verbergen, ihn irgendwo tief in unserem Kopf wegschließen und den Schlüssel ins Meer werfen. Es kann Zeiten geben, in denen das Telefon klingelt und die Nachricht, die man erhält, einem einfach unfassbar erscheint, so unmöglich und irreal, dass man nicht glauben kann, dass dies einem selbst und seinen Lieben gerade passiert. Es kann sein, dass einen Fragen plagen, auf die man niemals eine Antwort erhält. Es wird unsägliche Momente geben, in denen das Einzige, wozu man fähig ist, das Ein- und Ausatmen ist, und selbst das wird sich wie eine unüberwindliche Aufgabe anfühlen. Man wird sich so verzweifelt wünschen, dass man sein Leben zurückspulen und in der Zeit zurückgehen kann. Es kann sogar ein Tag kommen, an dem man den Eindruck hat, dass einem die ganze eigene Welt in zwei Hälften zerbricht, und man weiß ohne Zweifel, dass sich das Leben in diesem einen flüchtigen Moment für immer verändert hat. Ein einziger Lidschlag – das ist alles, was es braucht, um ein Leben für immer zu verändern.

Meine Freundin Cindy war das, was viele als »Gefühlsmensch« bezeichnen würden; sie war sehr emotional. Sie blickte immer zu ihrem großen Bruder Wayne auf, der nur zwei Jahre älter war, aber gleichzeitig als ihr Beschützer fungierte. Als sie jung waren, bezog Wayne Cindy in alle seine Unternehmungen mit ein. Er nahm sie mit zu Partys in der Nachbarschaft, und sie hing mit ihm und seinen Freunden ab. Er war die Art von großem Bruder, die sich jedes Kind wünschen würde.

Während ihrer Zeit an der Highschool fuhr Wayne seine Schwester jeden Tag zur Schule, zumindest in den ersten beiden Jahren. Cindy, die nie zu den »Coolen« gehörte, fühlte sich immer dann cool, wenn sie mit Wayne zusammen war. Er wusste, was sie emotional brauchte. Sie konnte in seiner Gegenwart ganz sie selbst sein. Als es Zeit für Wayne war, aufs College zu gehen, zog er nicht weit weg und sah sie immer noch an den Wochenenden. Sie vergötterte ihn und schätzte sich glücklich, seine Schwester zu sein.

Eines Tages saß Cindy gerade in ihrem Englischunterricht, als ihr mitgeteilt wurde, dass sie sofort ins Sekretariat kommen solle. Sie wusste intuitiv, dass etwas Schlimmes geschehen sein musste, aber sie hätte sich nie vorstellen können, was der Schuldirektor in den folgenden Momenten zu ihr sagen würde. Ihr geliebter Bruder hatte sich an diesem Morgen das Leben genommen. Cindy erkannte ihre eigene Stimme nicht, als der erste, markerschütternde Schrei aus ihrem Mund entwich. Sie presste ihre Fäuste zusammen, blickte zur Decke und schrie: »Warum?!« Sie hatte das Gefühl, als könne sie nicht mehr atmen und ihre Brust zog sich unwillkürlich zusammen. Alle um sie herum taten ihr Bestes, um sie zu beruhigen.

Cindy kann sich daran erinnern, wie sie Monate später in ihrem Tagebuch über den emotionalen Feuersturm schrieb, der seit Waynes Tod in ihr wütete – sie schaffte es bisweilen, ihn einzudämmen, die Flammen auf nur die Größe einer Kerze zu reduzieren, doch dann, ohne Vorwarnung, brach er wieder aus. So schrieb sie: »Dieses Gefühl – es ist so real. Es ist, als ob es tatsächlich mit meinem Körper passiert, und doch sitze ich an einem Schreibtisch an einem absolut sicheren Ort. Es passt einfach nicht zusammen. Es macht keinen Sinn. Wie kann ich herumlaufen und für alle anderen vollkommen normal wirken, während ich innerlich von diesen Emotionen lebendig verbrannt werde? Es ist mir zu viel. Viel zu viel. Doch tief in mir, ganz tief in meinem Inneren, geschützt von meinem Herzen, ist Frieden. Es gibt einen Teil in mir, der nicht erschüttert werden kann – einen Teil, der ruhig bleibt, ganz still. Das Auge des Sturms. Dieses Stück heiliges Land, das vom Rest von mir abgeschottet ist – es ist *mächtig*. Es mag still sein, aber es besitzt so viel Macht, konzentriert auf seine winzige Größe, aus einem einzigen Grund: Es ist durch meinen Glauben direkt mit Gott verbunden. ›Auch wenn ich wandere im Tal des Todesschattens‹, wie wir in der Kirche immer gebetet haben, ›dein Stecken und dein Stab, sie trösten mich‹. Ich kann noch alles spüren, und die Tränen fließen aus den tiefsten Flüssen der Traurigkeit in meiner Seele, aber ich kann ruhig sein, weil ich weiß, dass Gott seine schützende Hand über mich hält.«

Manchmal bekommen wir nicht die Antworten, nach denen wir uns sehnen, und sehr häufig können wir bei Selbstmord die Gründe dafür weder verstehen noch irgendwie erahnen. Aber Cindy war in der Lage, über den Verlust ihres Bruders hinwegzukommen und Frieden mit sich zu schließen. Und auch wenn ihr Leben nicht mehr das Gleiche war wie zuvor, wusste sie, dass sie weiter nach vorn blicken würde. Sie verstand auch, dass ihr Bruder nicht gewollt hätte, dass sie seinen Verlust die ganze Zeit betrauert, er hätte sich gewünscht, dass sie ihr Leben weiterlebt.

Schmerz ist unvermeidlich, und manchmal wirst du das Gefühl haben, dass du dich ihm ausliefern musst. Das bedeutet nicht, dass du den Schmerz gewinnen lässt; das bedeutet, dass du ein Mensch bist. Es geht hier nicht um Sieg oder Niederlage. Das Leben ist eine Kette von Erfahrungen, und Schmerz ist Teil deiner Erfahrungen im Leben.

Wenn du im Moment leidest, lass dich trösten. Nimm Trost von Gott, von deiner Familie, von deinen Freunden und Kollegen an. Wenn du es vorziehst, mit jemandem anonym zu sprechen, gibt es Anlaufstellen für dich; such im Internet nach »Trauertelefon«, und du findest verschiedene Hilfsangebote. Du kannst psychologischen Rat suchen oder mit deinem Arzt sprechen und nach einer Überweisung zu einem Therapeuten fragen – was immer für dich am angenehmsten ist. Wenn sich der düstere Zustand in dir zuspitzt und du keinen Ausweg mehr siehst, wende dich an die Telefonseelsorge. Es gibt Hilfe für dich, egal wie groß dein Gefühl der Verzweiflung ist.

Das Bedürfnis, Trost zu spenden, ist eine universelle Eigenschaft eines jeden besten Selbst. Wir wollen uns gegenseitig trösten. So schwer es sich im Moment auch anfühlen mag, Mitgefühl, Empathie und Fürsorge von anderen zu akzeptieren, tue dies trotzdem. Deine Seele kann Trost gut gebrauchen.

Dein Test zu deinem persönlichen Leben

TEIL 1: Bewerte dein persönliches Leben

Bewerte dein Leben auf einer Skala von 1 bis 10. Eine »1« bedeutet, dass es um dein persönliches Leben nicht gut bestellt ist und es dringend deiner vollsten Aufmerksamkeit bedarf. Eine »10« bedeutet, dass dein persönliches Leben in blendendem Zustand ist und kaum einer oder keiner Verbesserung bedarf. Folgende Aspekte solltest du bei deiner Bewertung berücksichtigen:

- innerer Dialog – welche Botschaften du dir jeden Tag selbst sendest
- Selbstfürsorge – dein Stressbewältigungssystem, wie du mit deinem Körper und deinem Geist umgehst
- Leidenschaften – deine Hobbys, Freizeit/Sport

Bewertung des persönlichen Lebens: ______________________
ab dem ____________________(Datum)

TEIL 2: Nenne gute Verhaltensweisen

Nenne nun einige Verhaltensweisen, die in deinem persönlichen Leben gut funktionieren, und schreibe auf, warum sie funktionieren.

Beispiele

- Ich ändere meinen inneren Dialog aktiv, damit er positiv und realistisch ist.
- Jeden Tag lege ich Wert auf Aktivitäten, die mir selbst/meinem Wohlergehen gewidmet sind.
- Ich nehme mir die Zeit, um mein Leben in vollen Zügen zu genießen.

Verhaltensweisen, die in meinem persönlichen Leben gut funktionieren, sind:

____

____

____

TEIL 3: Nenne negative Verhaltensweisen

Welche Verhaltensweisen halten dich von dem ab, was du in deinem persönlichen Leben erreichen willst?

Beispiele

- Ich verbringe zu viel Zeit damit, mich vor dem Fernseher berieseln zu lassen oder mit anderen Aktivitäten, für die ich mich nicht begeistere.
- Ich lasse es zu, dass mein innerer Dialog negative Ansichten über mich und meine Fähigkeiten verstärkt.

Verhaltensweisen, die mir im Bereich meines persönlichen Lebens nicht dienlich sind:

________________________ Warum? ____________

________________________ Warum? ____________

________________________ Warum? ____________

TEIL 4: Der Weg zu 10 Punkten

Basierend auf allem, was du gerade aufgeschrieben hast, möchte ich, dass du überlegst, was du tun musst, um von deiner aktuellen Bewertung eine Bewertung von 10 in diesem Bereich deines Lebens zu erreichen.

Umsetzen kannst du dies, indem du dir Verhaltensweisen anschaust, die du *weiterverfolgen* solltest, weil sie für dich funktionieren, indem du Verhaltensweisen benennst, die du *aufgeben* musst, weil sie dich von dem abhalten, was du willst, und indem du dir Verhaltensweisen merkst, die du *dir neu aneignen* solltest.

Damit sich mein Privatleben anfühlt, als wäre es eine 10,

muss ich weiterhin: ____
muss ich aufhören: ____
muss ich anfangen: ____

Was als Nächstes kommt ...

Nun, da du deine Beziehung zu dir selbst und zu deinen Gefühlen besser kennengelernt hast und einen guten Überblick über alle Bereiche hast, die du in Bezug auf dein persönliches Leben verbessern musst, werden wir zu deiner Gesundheit übergehen. Wenn deine Gesundheit in keinem guten Zustand ist, oder wenn du dein körperliches Wohlbefinden nicht als Priorität betrachtest, dann wird auch jeder andere Lebensbereich in hohem Maße betroffen sein. Lass uns dafür sorgen, dass dein bestes Selbst körperlich gesund ist, damit du jeden Tag in vollen Zügen genießen kannst!

7
SPHÄRE 3: DEINE GESUNDHEIT

Dein bestes Selbst möchte, dass du alles tust, was nötig ist, um deine körperliche Gesundheit zu erhalten, zu schützen und zu fördern. Warum? Wenn du nicht gesund bist, kannst du dich in keiner deiner anderen Sphären voll entfalten. Deine Gesundheit ist von elementarer Bedeutung. Wenn du dich gut fühlst, wirst du wahrscheinlich kaum darüber nachdenken. Aber wenn du gesundheitliche Probleme hast, kann dies alles andere in deinem Leben dominieren. In diesem Kapitel wollen wir sicherstellen, dass du in deinem eigenen Interesse handelst, wenn es um deine Gesundheit geht. Um unser Bestes *geben* zu können, müssen wir uns so gut wie möglich *fühlen*, und um uns so gut wie möglich zu fühlen, müssen wir unsere Gesundheit im Griff haben. Wenn unsere körperliche Gesundheit ihr Höchstmaß erreicht hat, sind die Möglichkeiten dessen, was wir auf dieser Welt erreichen können, endlos. Genauso sollst du dich fühlen.

Ich möchte damit beginnen, eine Geschichte über einen guten Freund von mir zu erzählen. Er hatte einige ernsthafte gesundheitliche Probleme, vielleicht kommen sie dir ja bekannt vor. James behauptet, er sei als Kind immer ein »Dickerchen« gewesen. Er erinnert sich daran, dass er so viel Butter auf sein Kartoffelpüree getan hat, dass sich ein kleiner See bildete, und dass ihm das immer noch nicht gereicht hat. Jedes Mal, wenn seine Familie an einem Fastfood-Restaurant vorbeikam, schrie er nach einem Hamburger und Pommes. Eine seiner frühesten

Erinnerungen ist der Sommer, bevor er in die erste Klasse kam, als er neben seiner Mutter im Kaufhaus stand und sie nach einer Jeans in Übergröße für ihn fragte. Es war ihm peinlich, und er ließ beschämt den Kopf hängen. Doch im Gegensatz zu vielen anderen übergewichtigen Kindern, die in der Schule gepiesackt werden, wurde James wegen seines Gewichts nie gemobbt. Das lag daran, dass er jeder möglichen Beleidigung immer zwei Schritte voraus war – er setzte sich an den Mittagstisch und verkündete: »Macht mal alle Platz, das Dickerchen kommt!« Humor war sein Schutzschild, und es funktionierte hervorragend. Er war ungemein beliebt und wurde sogar jedes Jahr zum Klassensprecher gewählt. An den Wochenenden trafen sich alle Kinder bei ihm zu Hause, und er hatte viele sehr gute Freunde. Er war enorm aktiv – er lebte an der Ostküste und konnte so ziemlich jeden Tag in der Woche Skifahren gehen. Es war seine Lieblingsbeschäftigung.

Im Alter von etwa 13 Jahren hatte James einen Skiunfall und erlitt eine schwere Knieverletzung. Infolgedessen wurde er immer träger. Wie du dir vorstellen kannst, ging er aufgrund seiner Essgewohnheiten auf wie ein Pfannkuchen. Seine Mutter, eine ehemalige Alkoholikerin, nahm ihn sich irgendwann vor und sagte ihm, dass sie fürchte, dass seine Essgewohnheiten zwanghaft seien. Sie sah in ihm dieselbe suchtgefährdete Persönlichkeit, mit der sie sich in ihrem eigenen Leben hatte auseinandersetzen müssen, und sie dachte, je eher er sich dessen bewusst würde, desto weniger würde sich die Sucht auf ihn auswirken. Sicherlich machte sie das aus reiner Liebe und wollte nur das Beste für ihren Sohn, aber statt des beabsichtigten Erfolgs führte ihr Vorgehen dazu, dass James rund ums Essen Schuld- und Schamgefühle entwickelte.

Selbstzerstörerischer Steve

Dies ist James' Darstellung seines selbstzerstörerischen negativen Selbst, »selbstzerstörerischer Steve«, dessen Leidenschaft im Leben darin besteht, herumzuliegen, fernzusehen und Junk-Food zu essen. Steve ist völlig egozentrisch, rücksichtslos gegenüber anderen und neigt dazu, sich selbst zu bestrafen.

Er begann dann, Essen zu bunkern und heimlich zu essen. Er schmierte Butter auf einen Bagel und dann Frischkäse darauf, nur damit er so viele Kalorien wie möglich auf einmal zu sich nehmen konnte. Seine Mutter hörte auf, für ihn Nachtische zuzubereiten, weil sie sich Sorgen machte wegen der überschüssigen Kalorien für ihre Familie und besonders für James. Doch James ging einfach rüber zum Haus eines Freundes und aß dort hinter ihrem Rücken sechs Portionen Nachspeise. Er sagt, dass er irgendwann anfing, Nahrung als Waffe zu benutzen und diese Waffe gegen sich selbst zu richten.

Als die Pubertät einsetzte und seine Mitschüler begannen, Beziehungen einzugehen, avancierte er schnell zu dem Typen ohne Freundin. Das tat weh. Sein Kumpel nahm ihn unter seine Fittiche, und sie gingen fortan gemeinsam trainieren. Er brachte James auch bei, wie sich Sportler ernähren, sodass sich James schon bald für gesündere Mahlzeiten entschied. Ziemlich rasch verlor er fast 30 Kilo, womit er zum damaligen Zeitpunkt auf ungefähr 90 Kilo runter war. Der Plan ging auf – James fand seine erste echte Freundin. Aber so wankelmütig wie die Liebe an der Highschool nun mal ist, war ihre Liebesbeziehung schon bald Geschichte, und er wandte sich zum Trost wieder dem Essen zu. Er hatte das wahre Problem, was sein Gewicht betraf, nicht gelöst. Seine Motivation, warum er abnehmen wollte, war noch immer rein ästhetischer Natur.

Diese Jo-Jo-Diät ging jahrelang so weiter, und als er irgendwann 185 Kilo wog, hörte er auf, sich auf die Waage zu stellen, obwohl er weiter zunahm. Einmal gelang es ihm, durch eine asketische Mischung aus strenger Diät und intensivem Training auf dramatische Weise sein Ge-

Dies ist James' Darstellung seines fröhlichen besten Selbst, »jauchzender James«, der Glück daraus schöpft, anderen zu helfen, sich aufzuopfern und selbstlos zu handeln.

wicht auf 80 Kilo zu reduzieren, doch dann gab es wieder irgendeinen Vorfall in seinem Leben – zum Beispiel ein gebrochenes Bein –, und das Pendel schlug wieder zur anderen Seite, was gewöhnlich dazu führte, dass er noch mehr zunahm und sein letztes Maximalgewicht noch überschritt. Er erinnert sich noch heute, wie er eines Abends in der Küche stand, acht Tafeln Schokolade auspackte und eine nach der anderen verschlang.

Nach über zwanzig Jahren war James durch diese gefährlichen Gewichtsschwankungen extrem erschöpft, und trotz des umfangreichen Wissens, das er sich auf seinem Weg über Ernährung und körperliche Betätigung angeeignet hatte, gelang es ihm nicht, eine dauerhafte Lösung zu finden. Er musste zwei blutdrucksenkende Medikamente nehmen, und bei ihm waren Symptome einer nichtalkoholischen Steatohepatitis diagnostiziert worden, mit anderen Worten: Er hatte eine Fettleber. Er hatte Schmerzen in allen Gelenken, hatte kaum Kraft, seinen Alltag zu bewältigen, und fühlte sich einfach rundum schlecht. Seine Lebensweise hatte einen enormen Einfluss auf seine Gesundheit und sein Wohlbefinden, und sein Leben war ernsthaft in Gefahr. Er konnte keiner der Aktivitäten mehr nachgehen, die er einst geliebt hatte, wie etwa Skifahren (er erinnert sich, wie weh es tat, als er versuchte, seine Füße in die Skischuhe zu quetschen). Alles an seinem Körper schmerzte, und er war vollkommen niedergeschlagen. Seine Frau unterstützte ihn, aber sie konnte nur sehr wenig tun – letztendlich war es James, der entscheiden musste, seine Gesundheit ein für alle Mal unter Kontrolle zu bekommen.

Mit 35 Jahren wusste er, dass er an einem Abgrund stand; er konnte etwas Drastisches unternehmen oder er konnte ganz aufgeben. Seine Ängste gingen mit ihm durch – er hielt sich für einen Versager. Er zweifelte an sich, fand sich nicht gut genug. Er hatte die Talsohle erreicht. Schließlich traf er eine Entscheidung. Er ließ sich operativ den Magen verkleinern.

Ein Jahr nach dem Eingriff und der damit einhergehenden Veränderung hat James nun ein vollkommen normales Gewicht. Noch wichtiger ist, dass er seine schädliche Beziehung zur Ernährung kuriert und seine gesamte Lebenseinstellung verbessert hat. Er erkennt nun, dass sein negatives Selbst lange Zeit sein Leben dominiert hat, und als er seinem besten Selbst erlaubte, die Macht zu übernehmen, hat ihn das wachgerüttelt. Sein ganzes Leben lang war er egoistisch gewesen; seine einzige

Motivation, etwas für jemand anderen zu tun, war der persönliche Gewinn. Er erinnert sich an eine Zeit, in der der einzige Grund, warum er im Haus aufräumen würde, darin bestand, bei seiner Frau Pluspunkte zu sammeln, und er hätte sich nicht träumen lassen, ehrenamtlich tätig zu werden oder seiner Gemeinde in irgendeiner Weise etwas zurückzugeben – er war einfach zu egozentrisch. Jetzt hat er Freude daran, sich für andere einzusetzen, und seine Beziehungen haben sich in allen Bereichen verbessert. Er ist rücksichtsvoll, geduldig und freundlich – alles Eigenschaften seines besten Selbst.

Was seine Gesundheit betrifft, so ist er in erstaunlicher Form, und das nicht, weil er Tag und Nacht ins Fitnessstudio geht. James trainiert ein paar Mal die Woche und trifft zudem kluge Entscheidungen in Bezug auf die Ernährung. Infolgedessen ist seine Leber mittlerweile gesund, und er muss keine Medikamente mehr nehmen. Sein Arzt ist sehr erfreut, dass James' Bluttests alle ganz normale Ergebnisse liefern. James ist der lebende Beweis für die Kraft des menschlichen Geistes, sich gegen scheinbar unmögliche Umstände durchzusetzen.

Ich erzähle dir James' Geschichte, weil sie ein Paradebeispiel dafür ist, was passieren kann, wenn unser negatives Selbst unsere Gesundheit in den Würgegriff nimmt. Was in uns vorgeht, kann sich in unserem Körper manifestieren – es ist unvermeidlich. Ein gesunder (oder ungesunder) Körper entsteht als Allererstes in deinem *Geist.* Und wie James kannst du eine Wahl treffen und die Oberhand gewinnen. Deine Herausforderungen können so groß sein wie seine, aber egal, von wo aus du anfängst, du *kannst* dich um deine Gesundheit kümmern und sie zu einer Priorität in deinem Leben machen.

Nun, ich bin kein Arzt, und ich behaupte nicht, alle Antworten in diesem Bereich zu haben. Aber wie du weißt, habe ich viel Zeit damit verbracht, mein Team zu zusammenzustellen und zu leiten, und einer meiner geschätzten Teamkollegen ist der medizinische Direktor der CAST-Center, Dr. Jorge E. Rodriguez, oder »Dr. Jorge«, wie er liebevoll genannt wird. Dr. Jorge hat eine echte Gabe, komplexe medizinische Informationen so zu erfassen und aufzubereiten, dass ein Laie sie leicht verstehen kann. Das ist genau das, was er in diesem Kapitel für dich getan hat; er hat intensive medizinische Studien und Forschungen so umformuliert, dass sie verständlich sind und du sie sofort in deinem Alltag umsetzen kannst.

Wie wir alle wissen, gibt es Millionen von Büchern, Artikeln, Blogs und andere Materialien darüber, wie man eine optimale Gesundheit erreichen und erhalten kann. Darüber hinaus entwickeln sich die medizinischen Kenntnisse ständig weiter, da Wissenschaftler neue Forschungsarbeiten durchführen und neue Entdeckungen machen. In diesem Kapitel werde ich mich auf das Notwendigste beschränken, auf das, was sich auch einfach umsetzen lässt (alles andere würde dieses Buch viel zu lang machen, und es wäre vermutlich schon bei der Druckfreigabe wieder veraltet).

In erster Linie wirst du deine eigene Gesundheit einschätzen und so Bereiche entdecken, die du durch kleine oder große Veränderungen optimieren kannst, um sicherzustellen, dass dein bestes Selbst deine Gesundheit im Auge behält. Das Wichtigste dabei ist das Bewusstsein, und ich möchte dir helfen, dieses Bewusstsein zu entwickeln.

Wir werden uns auch auf einige spezifische, neue und aufregende gesundheitsbezogene Themen und Methoden konzentrieren, von denen ich glaube, dass sie dir helfen können, dich wohlzufühlen. Dazu gehören:

- die Verknüpfung zwischen unserem Gehirn und unserem Darm,
- »Newtrition«, so nenne ich den richtigen Ansatz zum Thema Ernährung, der dich dabei unterstützt, als dein bestes Selbst zu leben,
- sportliche Betätigung und wie sie sich bei dir auf Geist, Körper und Seele auswirkt,
- alternative Möglichkeiten der Krankheitsprävention und des Wohlbefindens.

Alle Informationen in diesem Kapitel können einen direkten und sehr positiven Einfluss auf deine Lebensqualität haben und dir den funktionalen, physischen Rahmen geben, der notwendig ist, um als dein bestes Selbst über all deine Lebensbereiche hinweg zu funktionieren. Buddha sagte einmal, dass es eine Pflicht sei, den Körper in guter Gesundheit zu halten, denn sonst würden wir nicht in der Lage sein, unseren Geist stark und klar zu halten.

Ich weiß es, denn ich habe es am eigenen Leib erfahren – wenn ich mich nicht gut um meinen Körper kümmere, ist mein Geist weder stark noch klar.

Also lass uns herausfinden, wie du deinen Körper bei guter Gesundheit halten kannst!

WENN DIE GESUNDHEIT ALARM SCHLÄGT

Bevor wir weitermachen, möchte ich dich auf etwas aufmerksam machen: Wenn du ein bestimmtes Gesundheitsproblem hast, von dem du weißt, dass du dich damit befassen musst oder das du auf eine neue Art und Weise angehen musst, möchte ich dich nachdrücklich dazu ermutigen, ab heute daran zu arbeiten. Zu viele Menschen erstarren aus Angst vor dem Umgang mit einem medizinischen Problem, weil sie sich Sorgen machen über die ungewissen Ergebnisse einer Behandlung. Diese Untätigkeit kann schlimmer sein als das Gesundheitsproblem selbst. Also, schiebe deine Angst beiseite. Sei proaktiv. Übernimm die Kontrolle. Geh zum Arzt. Suche bei Bedarf einen Spezialisten auf. Hole dir eine zweite Meinung ein, betrachte dein Problem aus verschiedenen Blickwinkeln, ergreife alle notwendigen Schritte, aber lasse dein gesundheitliches Problem *niemals* einfach weiterbestehen. Heilung und Wohlbefinden sollten immer deine oberste Priorität sein.

Wie fühlst du dich?

Jetzt würde ich gerne einen so genannten Ganzkörperscan mit dir machen. Wir haben oft keine Verbindung zu unserem Körper – wir nehmen uns nicht die Zeit, um wirklich zu überprüfen, wie wir uns fühlen. Schließe deine Augen und spüre deinen physischen Körper einmal ganz bewusst. Fang mit der Kopfoberfläche an und geh dann bis zu den Zehen auf dich selbst ein. Hast du ein Völlegefühl im Bauch, einen verspannten Nacken, Kopfschmerzen? Wir sind darauf konditioniert, kleine oder sogar größere Grade von Schmerzen zu akzeptieren, aber dieser Schmerz ist unser Körper, der uns sagt, dass es ein tieferliegendes Problem gibt. In vielerlei Hinsicht behandeln wir unseren Körper manchmal wie ein Haus – und warten förmlich, bis unsere Struktur praktisch zusammenbricht, bevor wir das eigentliche Problem angehen.

Die Ergebnisse des Ganzkörperscans

Mein Kopf fühlt sich so an:

____

____

Mein Rücken fühlt sich so an:

____

____

Meine Beine fühlen sich so an:

____

____

Meine Füße fühlen sich so an:

____

____

Meine Hände fühlen sich so an:

____

____

Mein Magen/Verdauungssystem fühlt sich so an:

____

____

Meine Atmung fühlt sich so an:

___

___

Insgesamt fühle ich mich so:

___

___

Viele unserer Gesundheitsprobleme gehören wahrscheinlich schon immer zu uns. Aber einige sind ein Ergebnis unserer Gewohnheiten. Schauen wir uns einige der Verhaltensweisen, die unsere Gesundheit beeinträchtigen können, einmal genauer an. Umkreise die für dich zutreffenden Dinge aus der folgenden Liste und füge auch solche hinzu, die für dich zutreffen, aber hier nicht aufgeführt sind.

Gewohnheiten und Probleme, die deine Gesundheit beeinträchtigen

Rauchen
Alkoholmissbrauch
Partydrogen
Schlafmangel
Stress

Ungesundes Essen und Trinken

zuckerhaltige Getränke
übermäßiges Essen
spät am Abend essen
salzige Lebensmittel
frittierte Lebensmittel
verarbeitete Lebensmittel
zu wenig Obst und Gemüse
zu oft schnell und unter Stress essen
zu wenig Wasser trinken

Körperliche Gesundheitsprobleme

chronische Schmerzen
Anfälligkeit für Krankheiten
schwere Allergien
Muskelschmerzen
Gelenkschmerzen
organische Probleme (z. B. Herz-Kreislauf-Erkrankungen, Lungenerkrankungen, Atemstörungen, Nieren- oder Gallenblasenprobleme)

Beim Sport

kompletter Verzicht auf Sport oder Training
Durchführen von Trainingseinheiten, bei denen du dich verletzen kannst
Durchführen von Trainingseinheiten, die nicht intensiv genug sind

Wenn du ein Problem mit deiner körperlichen Gesundheit hast, das oben nicht aufgeführt ist, schreibe es hier auf:

____

____

____

____

Sieh dir nun die Punkte an, die du eingekreist hast, und frage dich ehrlich: »Will ich das ändern?« Wenn die Antwort ja ist, kannst du das mit in das Kapitel Ziele aufnehmen und einen Plan ausarbeiten.

Wenn deine Antwort nein lautet, schreibe auf, wie die Liste aussehen müsste, damit du bereit bist, etwas zu ändern. Mit anderen Worten, was ist deine Grenze, die du nicht überschreiten willst? Oder, wenn du dich dagegen wehrst, darüber nachzudenken, an welchem Punkt du etwas ändern möchtest, frage dich, warum du diesen Widerstand spürst. Vielleicht verleugnest du es einfach. Wenn du nicht daran interessiert bist, dein Gesundheitsproblem jetzt zu ändern, an welchem Punkt würdest du es denn dann ändern wollen?

Du hast dich dazu bereit erklärt, neugierig auf dich selbst zu sein, sowie ehrlich, offen, handlungsbereit und mit dem Ziel, die Veränderungen zu erreichen, die dein bestes Selbst unterstützen. In diesem Kapitel geht es nicht darum, nach *vollkommener* Gesundheit zu streben, es geht darum, zu versuchen, gesünder zu leben. Wie wir aus James' Geschichte ersehen können, nutzte es ihm nichts, hin und her zu switchen und nur oberflächliche Veränderungen vorzunehmen. Es ist wichtig, den Ursachen der eigenen Gesundheitsprobleme auf den Grund zu gehen, da alles andere nur noch zu mehr gesundheitlichen Problemen und Leiden führen und den eigenen Weg der Besserung nur noch viel schwieriger machen würde. Also wollen wir dich in Form bringen, und zwar bevor du deinen absoluten Tiefpunkt erreicht hast. Anstatt zu warten, bis es um deine Gesundheit so schlecht bestellt ist, dass du dich im Krankenhaus behandeln lassen musst oder gar noch Schlimmeres, lass uns einen Weg finden, deine Fitness auf ein akzeptableres Level zu steigern, sodass du direkt Maßnahmen ergreifen kannst und eine Wirkung spürst.

Bei gesundheitlichen Problemen und der Notwendigkeit, daran etwas zu ändern, sagen die Leute oft: »Ich arbeite daran.« Aber wenn ich sie frage, wie diese Arbeit aussieht, haben sie in Wirklichkeit keinen Plan. Es ist nur eine Überlegung, dass sie etwas bereiter sind, darüber nachzudenken, ohne dass dies irgendwelche Konsequenzen hat. Ich möchte, dass du die beste Version deiner selbst bist, und was du tun musst, ist, dein bestes Selbst zu bitten, deine Gesundheitsprobleme genauer zu betrachten. Rede mit dir selbst darüber, denn du weichst wahrscheinlich einem Problem aus, was dazu führt, dass du auf Dauer noch mehr leiden wirst – du musst dich dem stellen.

Bauchgefühle

Dr. Jorge hat mir viel über die Verbindung zwischen dem Gehirn, den Emotionen und dem Darmtrakt beigebracht. Sicherlich warst du auch schon oft so unruhig oder verängstigt, dass dein Bauch verkrampft und angespannt war. Es gibt einen Grund, warum du Nervosität oder Angst in deinem Verdauungstrakt förmlich spüren kannst – dein Darm und dein Gehirn sind auf interessante Weise miteinander verbunden.

In den letzten Jahren sind einige faszinierende Forschungsergebnisse über die Verbindung zwischen dem Mikrobiom des Darms und dem Gehirn publiziert worden. Falls du dich fragst, was das ist: Das Darmmikrobiom bezieht sich auf die Flora (die Bakterien) im Magen-Darm-Trakt. In deinem Darm leben Billionen von Bakterien, und wir wissen jetzt, dass diese Bakterien eine wichtige Rolle für deine generelle Gesundheit spielen. Diese Bakterien sind notwendig, damit wir im Gleichgewicht bleiben und unsere Gesundheit einwandfrei ist. Wenn sie im richtigen Verhältnis zueinander stehen, halten sie uns gesund. Aber wenn dieses empfindliche Gleichgewicht gestört wird, ist dein Immunsystem beeinträchtigt. Falls du öfter mal krank bist (sei es auch nur, dass du erkältet bist oder eine Allergie hast) oder falls du an Entzündungser-

krankungen oder Autoimmunerkrankungen leidest, kann es bereits helfen, wenn du das Gleichgewicht der Bakterien in deinem Darm durch Probiotika und Präbiotika verbesserst.
Eine vielleicht noch verblüffendere Entdeckung im Hinblick auf das Darmmikrobiom ist, dass einige dieser Bakterien tatsächlich die Fähigkeit haben, die Psyche zu beeinflussen. Das ist vollkommen ernst gemeint! Es gibt eine bestimmte Klasse von Bakterien, die als Psychobiotika bekannt sind, und sie spielen eine große Rolle in der Darm-Hirn-Achse, die die Verbindung zwischen deinem Darm und deiner Psyche bildet.[11] Tatsächlich wird es in nicht allzu ferner Zukunft durchaus möglich sein, dass Ärzte Depressionen und Ängste über den Darm behandeln und spezifische Prä- und Probiotika verschreiben, anstatt der heute so häufig verwendeten Psychopharmaka, Serotonin-Wiederaufnahmehemmer (SSRI) und anderer dopaminverstärkender Medikamente, die solche Krankheiten über das neurologische System behandeln.[12] Aber Depressionen oder Ängste zu haben, ist nicht der einzige Grund, warum du deine Psychobiotika im Gleichgewicht halten solltest – es wirkt schlicht bei jedem stimmungsaufhellend, wenn diese Bakterien aufgebaut werden. Die Wirkung, die diese winzigen kleinen Bakterien in unserem Magen-Darm-System haben, ist erstaunlich. Natürlich sind unsere Darmmikroben nicht das Einzige, was zu Angst, Depression oder sogar Alzheimer führen kann, aber die Wissenschaft zeigt, dass sie eine Rolle spielen. Und mit diesem Wissen eröffnen sich uns nun völlig neue Handlungsmöglichkeiten mit Blick auf unsere Gesundheit.

Die Autoren des Buches *The Psychobiotic Revolution: Mood, Food, and the New Science of the Gut-Brain Connection* schreiben: »Darmprobleme wie Reizdarmsyndrom und entzündliche Darmerkrankungen stehen in engem Zusammenhang mit Depressionen und Angstzuständen, aber diese Verbindung wird oft übersehen. Die Heilung des zugrunde liegenden gastrointestinalen Problems kann oft die mentalen Probleme lösen. Aber ohne ein klares Signal aus dem Darm bekommen die Menschen nicht immer die richtigen Behandlungen. Wenn Sie wegen Angst oder Depressionen zu einem Psychiater gehen, fragt der Arzt Sie selten nach Ihren Darmproblemen – aber das wird sich wahrscheinlich ändern, wenn wir erst die Verbindung zwischen dem Darm und dem Gehirn besser verstehen.«

Ich möchte mich nicht in wissenschaftlichen Hintergründen verlieren. Zusammengefasst ist es wichtig zu wissen, dass die Lebensmittel und Nahrungsergänzungsmittel, die du deinem Darm zuführst, deine Psyche und damit deine Stimmung und nicht selten dein Verhalten direkt beeinflussen. Du *bist* nicht nur, was du isst, du *fühlst* und *handelst* auch entsprechend dem, was du isst! Forscher, die sich mit Psychobiotik beschäftigen, haben mehrere spezifische Bakterienstämme isoliert, die die Stimmung verbessern können, und es ist ein Forschungsbereich, der sich ständig weiterentwickelt. Die gute Nachricht ist, dass viele dieser Stämme (und die Präbiotika, die diese wichtigen Bakterien »füttern«) in Lebensmitteln wie ungesüßtem Joghurt oder Kefir und in fermentierten Nahrungsmitteln enthalten sind. Sehen wir uns also einmal deine aktuelle Ernährung an und prüfen, wo du optimieren kannst, um deine Stimmung zu verbessern, dein Denken klarer zu gestalten und dir die ganze Energie zu geben, die du brauchst, um dein bestes Selbst zu sein.

»Newtrition«: Wie du darüber nachdenkst, was du isst

In Anbetracht der endlosen Vielfalt an Informationen, die es im Bereich der Nahrung und Ernährung gibt, möchte ich für dich so viel wie möglich vereinfachen, damit du wiederum deine eigene Ernährung vereinfachen kannst. Man kann sich so schnell von den widersprüchlichen Informationen verwirren lassen, die fast täglich veröffentlicht werden über das, was man essen sollte, was man nicht essen sollte, wann man essen sollte und wie viel. Deshalb möchte ich, dass du jetzt bereitwillig deine Ernährung und deine Einstellung zum Thema Ernährung überprüfst, so wie du alle deine sieben Lebensbereiche einer kritischen Prüfung unterziehst, damit du als dein bestes Selbst leben kannst. »Newtrition« ist ein Kunstwort und setzt sich zusammen aus dem englischen Wort »new« für »neu« und »nutrition« für »Ernährung«. Der Grund, warum ich diesen Bereich »Newtrition« nenne, ist, dass du dich der Ernährung auf eine neue Art und Weise annähern wirst – eine einfachere Art und Weise. Du wirst über Essen als Kraftstoff für dein bestes Selbst nachdenken. Mit jeder Mahlzeit hast du eine Wahl: Wirst du dein bestes Selbst oder dein negatives Selbst stärken?

Im Grunde genommen geht es vor allem um folgende Erkenntnis: Alles, was du deinem Körper zuführst, wirkt sich direkt auf dein Leistungsvermögen aus. Wenn deine Ernährung reich an zuckerhaltigen, verarbeiteten Lebensmitteln ist (wer weiß, was da wirklich drin ist?), wirst du dich träge, müde, launisch und unkonzentriert fühlen. Klingt sehr nach deinem negativen Selbst, nicht wahr? Die Gründe: Verarbeitete Lebensmittel enthalten oft chemische Zusatzstoffe, mit denen dein Körper nicht so gut umgehen kann wie mit natürlichen Inhaltsstoffen, und der raffinierte Zucker verursacht hohe Blutzuckerwerte. Dieser erhöhte Blutzuckerspiegel führt dazu, dass der Körper Insulin, ein fettspeicherndes Hormon, freisetzt, was wiederum zu Müdigkeit oder Trägheit führt. Es ist eine ziemliche Achterbahnfahrt, die du deinem Körper zumutest, wenn du hochgradig verarbeitete Lebensmittel oder Getränke konsumierst. Wenn du dagegen vollwertige, nährstoffreiche Lebensmittel bevorzugst, wirst du in jedem Bereich besser abschneiden. Du wirst wachsam, lebendig, konzentriert und ausgeglichen sein. Der Grund, warum natürliche Nahrungsmittel dir helfen, dein bestes Selbst zu sein, ist, dass sie deine Zellen mit der Energie und Flüssigkeit versorgen, die sie brauchen, ohne noch irgendwelche Zusatzstoffe hinzuzufügen. Sie werden zudem langsamer verdaut, sodass du dich nicht die ganze Zeit hungrig fühlst.

Um dir zu helfen, besser zu verstehen, welche Arten von Lebensmitteln du essen solltest, damit du dich mit deinem besten Selbst in Einklang befindest, beginnen wir mit den Grundlagen. Es gibt drei Formen der Nahrung: *Kohlenhydrate, Fett* und *Proteine*. Du brauchst alle drei. Fertig. Mehr brauchst du nicht wissen. Ich mache nur Spaß! Aber es ist wahr – man braucht alle drei dieser Ernährungsbausteine, um gesund zu sein. Schauen wir uns jede Form etwas genauer an.

1. Kohlenhydrate

Kohlenhydrate sind Verbindungen in Lebensmitteln, die dein Körper zur schnellen Energiezufuhr benötigt – das sind Zucker, Stärke und Zellulose. Ich weiß, dass es verschiedene Diäten gibt, die besagen, dass *alle* Kohlenhydrate schlecht sind, aber das ist einfach nicht wahr. Dein Körper braucht Kohlenhydrate, weil sie in Energie umgewandelt werden, die du für alle deine Aktivitäten benötigst. Wenn du also versuchst, sie alle auszusparen, wirst du dich nicht gut fühlen oder auf lange Sicht nicht gut funktionieren können.

Verarbeitete Lebensmittel wie Weißbrot, Nudeln, Desserts, abgepackte Lebensmittel wie Chips, Brezeln, Popcorn und Süßigkeiten und alles andere, was keine Vollwertkost ist, macht träge, besonders wenn wir älter werden. Auch wenn sie sehr gut schmecken, benötigen unsere Körper keine dieser Lebensmittel. Das Gleiche gilt für Getränke: Dein Körper braucht keine zuckerhaltigen oder künstlich gesüßten Getränke. Wir sind voll funktionsfähig, wenn wir nur Wasser trinken – und es gibt immer die Möglichkeit, den Geschmack zu variieren, indem wir ein wenig Zitrusfrüchte, Gurken, Erdbeeren usw. hinzufügen.

Gesunde, nährstoffreiche Kohlenhydrate hingegen helfen, dein Gehirn und deinen Körper zu versorgen. Gemüse und Obst aus biologischem Anbau, Vollkorn, Nüsse, Samen und Hülsenfrüchte sind allesamt eine gute Wahl für Kohlenhydrate. Wenn es um Gemüse geht, ist es ratsam, es nur leicht zu blanchieren oder es roh zu essen, anstatt es bei hoher Hitze zu kochen oder zu frittieren. Je weniger diese Lebensmittel gekocht werden, desto mehr bleibt von ihren natürlichen Nährstoffen erhalten.

ALS ICH JUNG WAR …

Ich habe ja bereits erzählt, dass ich als Kind in der Schule Schwierigkeiten hatte. Im Nachhinein betrachtet, denke ich, dass ein Teil des Problems darin bestand, dass ich immer völlig erschöpft war. Ich erinnere mich, dass ich mich viel müder und lethargischer fühlte als andere Kinder in meiner Klasse. Ich hatte damals keine Ahnung, dass mich die Donuts und das Fastfood, das ich aß, beeinträchtigten. Meine Ernährung stand meiner Fähigkeit, als mein bestes Selbst zu fungieren, im Wege. Ich fühlte mich die ganze Zeit wie benebelt, konnte mich nicht konzentrieren und musste andauernd gähnen. All diese ungesunden, einfachen Kohlenhydrate taten mir überhaupt nicht gut, und sie werden auch dir nicht guttun, also triff bessere Entscheidungen als ich!

2. Fett

Womöglich hat sich auch in deinem Kopf die Auffassung festgesetzt, dass eine fettarme Ernährung bedeutet, dass du Körperfett verlierst, aber das ist erwiesenermaßen unzutreffend. Neuere Studien haben ergeben, dass Fett nicht der Feind ist,[13] und in der Tat kann die fettarme Ernährung, deren Trend uns viele Jahre lang fest im Griff hatte, mehr schaden als nützen. Fette sind wichtig für die Hormonregulation, indem sie unsere Hormone mit den Nährstoffen versorgen, die sie für

ihre Funktion benötigen. Wenn Hormone nicht die richtigen Nährstoffe bekommen, die sie brauchen, kann es zu Gesundheitsproblemen kommen – angefangen bei Müdigkeit und mangelnder geistiger Klarheit, über Haarausfall, einem gestörten Menstruationszyklus bei Frauen und Vitaminmangel bis hin zu trockener Haut. Dein Körper und dein Gehirn brauchen Fett, um zu funktionieren!
Die entscheidende Frage ist, welche Art von Fett du konsumierst. Fette, die hochgradig verarbeitet werden (wie etwa Pflanzenöl, Rapsöl und Backfett), können Entzündungen im ganzen Körper verursachen, die zu Gedächtnisstörungen und Gewichtszunahme führen.[14] (Da sind sie wieder, die verarbeiteten Lebensmittel, und sie helfen dir nicht, dein bestes Selbst zu sein!) Nimm gesunde, natürlich vorkommende gesättigte und ungesättigte Fette zu dir, wie Avocados, Kokosöl, Weidebutter, Freilandeier und Olivenöl. Diese gesunden Fette sorgen dafür, dass du dich gesättigt, konzentriert, frisch und aufgeweckt fühlst.[15]

3. Proteine

Proteine bestehen aus Aminosäuren und sind lebenswichtig, um die Funktionsfähigkeit der Organe, Hormone und Gewebe zu erhalten. Proteine bilden unsere Muskeln und Zellen, einschließlich des Gehirns und des Herzmuskels, sodass sie eine wichtige Rolle spielen, um den ganzen Körper in Höchstform zu bringen. Die besten Proteine findest du in Bio-Eiern und Bio-Fleisch, Bohnen, Hülsenfrüchten und Nüssen, sowie in Bio-Obst und -Gemüse – das sind schon lange keine Luxusartikel mehr und mittlerweile fast in jedem Supermarkt erhältlich! Solltest du ein Proteinpulver zu dir nehmen, zum Beispiel für deinen Smoothie, achte darauf, eine Marke auszuwählen, die keine Zusatzstoffe in den Zutaten enthält – es sollte ausschließlich aus organischen Proteinquellen ohne Süßstoff hergestellt werden. Wenn du den Smoothie süßen möchtest, verwende Bio-Honig, Datteln oder Bananen.

Weitere Lebensmittel, mit denen du dein bestes Selbst unterstützt

Um dein Darmmikrobiom gesund zu halten, ist es eine gute Idee, einige fermentierte Lebensmittel wie Kombucha (es gibt heutzutage mehrere Marken, die in den meisten großen Supermärkten erhältlich sind – probiere sie aus, sie sind köstlich!) oder Sauerkraut in deine Ernährung aufzunehmen. Diese Nahrungsmittel und Getränke enthalten jede Menge Probiotika, die helfen können, Entzündungen in deinem Körper zu reduzieren, Blähungen zu verringern und die Verdauung und Gewichtsabnahme zu verbessern. Ich empfehle auch, täglich ein gutes, hochwertiges probiotisches Nahrungsergänzungsmittel einzunehmen. Eine Portion ungesüßter Joghurt oder Kefir täglich ist ebenfalls eine gute Idee, da beides viele gute Bakterienstämme enthält, die in der Lage sind, deine Stimmung positiv zu beeinflussen. Und schließlich sind Ballaststoffe auch ein wichtiger Faktor für eine gute Darmgesundheit, aber achte darauf, dass sie aus Vollwertkost und nicht aus rezeptfreien Ballaststoffpräparaten stammen. Dein Körper profitiert zudem auch von den anderen Nährstoffen aus ballaststoffreichen Lebensmitteln wie Blaubeeren, Himbeeren, Bohnen aller Art und Hülsenfrüchten, also halte dich lieber an diese. Ballaststoffe sind von zentraler Bedeutung, weil sie dafür sorgen, dass dein Körper Zucker langsamer aufnimmt, was wiederum dabei hilft, das Gewicht zu halten. Ballaststoffhaltige Lebensmittel helfen auch bei der Reinigung des Dickdarms und reduzieren so das Risiko für bestimmte Krebsarten. Und du weißt, was man sagt: Ein Apfel am Tag hält gesund. Ob es das tut oder nicht, mag dahingestellt sein, aber es kann zumindest nicht schaden, jeden Tag einen ganzen Bio-Apfel zu essen. (Sogar Dr. Jorge stimmt zu!)

Intervallfasten

Es geht zwar bei »Newtrition« hauptsächlich darum, nährstoffreiche, unverarbeitete (vollwertige) Lebensmittel zu essen, doch der Zeitpunkt, wann man essen darf und wann nicht, sollte ebenfalls nicht außer Acht gelassen werden. Es gibt viele neue wissenschaftliche Erkenntnisse, die darauf hindeuten, dass das Fasten oder das Intervallfasten einen Prozess namens Autophagie in Gang setzen kann. Hierbei werden unbrauchbare Bestandteile in den Zellen abgebaut und wiederverwendet, um neue Bausteine zu entwickeln, die die Zellregeneration unterstützen.[16] Eine der faszinierendsten Erkenntnisse ist, dass die Autophagie das Wachstum neuer Gehirn- und Nervenzellen fördert und so die kognitive Leistungsfähigkeit verbessert.[17] Es hat sich sogar gezeigt, dass es die Stimmung hebt.[18]

Wenn dir die Vorstellung des Fastens absurd vorkommt, mach dir bewusst, dass du bereits jede Nacht viele Stunden lang fastest, während du schläfst. (Daher kommt übrigens auch der englische Begriff »Breakfast«: das Fasten brechen.) Wenn du einfach jeden Tag nach 20 Uhr nichts mehr isst und erst wieder am nächsten Tag um 10 Uhr morgens, hast du bereits 14 Stunden gefastet. Das scheint doch irgendwie machbar zu sein, oder? Und es gibt deinem Körper Zeit, seine Energie für die Reinigung von Zellen und nicht für die Verdauung aufzuwenden. Außerdem verhindert es, dass du spät am Abend noch etwas isst, was deinen Schlafrhythmus stören und zu Gewichtszunahme führen kann.

Wenn du deinen Teller mit sättigender, nahrhafter Vollwertkost füllst, wirst du erstaunt sein, wie sich dein Körper anpasst und diese Ressourcen nutzt. Es kann eine Woche oder länger dauern, um eventuelle Hungergelüste in den Griff zu bekommen, aber dein Körper wird sich daran gewöhnen.

Fitness

Es gibt mehr Studien, als ich zitieren könnte, die auf die positiven Auswirkungen auf den menschlichen Körper, das Gehirn und sogar die Seele hinweisen, die ein tägliches Fitnessprogramm mit sich bringt. Allerdings empfehle ich dir, nicht allzu viel nachzudenken. Die beste Art von Training ist das, was du tatsächlich umsetzt. Finde etwas, das dir Spaß macht, das deinen Puls so hoch treibt, dass du ins Schwitzen kommst. (Sprich natürlich mit deinem Arzt, bevor du ein neues Fitnessprogramm startest – besonders wenn du bereits gesundheitliche Probleme hast.) Und: Trainiere täglich, oder so oft du kannst!

Ich gehe gerne ins Fitnessstudio und finde dort häufig Inspiration. Das liegt daran, dass mein Blut zirkuliert und mein Gehirn mit sauerstoffhaltigem Blut versorgt wird. Sehr wahrscheinlich wird dir bald auffallen, dass, wenn du bedrückt bist oder dich auf irgendeine Weise blockiert fühlst, du dich durch Bewegung schnell wieder besser fühlst.

Wenn du aufgrund deiner Arbeit über einen längeren Zeitraum sitzen musst, kann es zu Schmerzen oder Verspannungen in deinen Hüften oder im unteren Rücken kommen. In solchen Fällen rate ich, täglich zehn Minuten lang ein intensives Dehnprogramm einzubauen. Einfache Übungen wie Plank Walkouts, Toe Touches, Hüft- und Kniebeugen neben deinem Stuhl können viel ausmachen, um die Schmerzen zu lindern. Du kannst diese Übungen auch einfach im Internet suchen und dir Anleitungsvideos anschauen, damit du bei diesen Übungen die richtige Körperhaltung einnimmst.

Wenn du dich noch intensiver über die effektivsten Übungen informieren möchtest, die du machen kannst (und wie du das Beste für dich in der Zeit herausholen kannst, die du investierst), empfehle ich dir, dich mit hochintensivem Intervalltraining und Widerstandstraining zu beschäftigen. Diese sind derzeit das Nonplusultra, was Training betrifft, und die Grundregeln lassen sich auf unterschiedlichste Sportarten anwenden, beispielsweise Laufen, Radfahren, Schwimmen und auf das Arbeiten mit Terrabändern und Gewichten.

Sport und Fitness sind ein Schlüsselelement deines besten Selbst, und ich möchte dich ermutigen, einen Weg zu finden, dies in deinen Alltag zu integrieren. Im Kapitel zu deinen Zielen wirst du genauer darauf achten, wie du deine Zeit verbringst, also denke darüber nach, wie du regelmäßige Fitnessübungen in deinen Zeitplan einbinden kannst.

Prävention und Wellness

Welche präventiven Maßnahmen ergreifst du derzeit für deine Gesundheit? Mit anderen Worten, welche Schritte unternimmst du, um wirklich gesund zu bleiben und potenzielle Probleme zu erkennen, bevor sie zu echten Problemen werden?

In Kapitel 6, »Sphäre 2: Dein Privatleben«, haben wir darüber gesprochen, dass es überhaupt nicht egoistisch ist, sich zuerst um sich selbst zu kümmern. Dieser Gedanke trifft zu 100 Prozent auch auf deine Gesundheit zu. Aber was meines Erachtens noch viele verkennen, ist, dass sie annehmen, sie müssten sich nicht um ihre Gesundheit kümmern, es sei denn, sie werden vom Arzt entsprechend angewiesen. Doch dein Arzt kennt nicht deine gesamte Lebenslage – die kennst nur du! Hör auf deine Intuition, und wenn du das Gefühl hast, dass etwas in dir vor sich geht, das dem Arzt nicht auffällt, dann hole dir eine zweite Meinung ein oder suche nach einer alternativen Herangehensweise oder einer anderen Behandlungsmethode. Und wenn du von vornherein den Arztbesuch verhindern möchtest, dann nimm deine Gesundheit selbst in die Hand und sei proaktiv – stelle deine Gesundheit so weit wie möglich in den Mittelpunkt.

Du musst dein eigener Anwalt sein, wenn es um deine Gesundheit geht. Es gibt in der heutigen Welt viele Möglichkeiten für alternative Methoden der Krankheitsprävention und des Wohlbefindens. Es ist wichtig, dass du selbst recherchierst und nicht einfach zum erstbesten Arzt gehst, den du online findest. Informiere dich über eventuelle Zulassungen, Zertifikate und auch über die Spezialgebiete der Ärzte, die für dich infrage kommen. Und vergewissere dich, dass du eine Beratung vereinbarst, bevor du die eigentliche Behandlung durchführen lässt. Dies gilt für die traditionelle chinesische Medizin (TCM), die Eigenbluttherapie (die ich an meiner Schulter anwenden ließ und die ziemlich cool ist – sie nehmen etwas von deinem eigenen Blut, schleudern es in einer Zentrifuge und injizieren dann nur das plättchenreiche Plasma in die Problemzone, was helfen kann, den Heilungsprozess deines Körpers zu beschleunigen), Akupunktur, Kräuterbehandlung, Reiki, funktionelle Medizin (ein biologiebasierter Ansatz für die Medizin, der sich darauf konzentriert, die Ursache verschiedener Gesundheitsprobleme und Erkrankungen zu lokalisieren und anzugehen), Kaltlasertherapie (die spezifische Lichtwellenlängen verwendet, um die Heilung in bestimmten Bereichen zu beschleunigen), Kryotherapie und Infrarotsauna (die Infrarotlicht verwendet, um Wärme zu erzeugen, und dem Körper bei der Entgiftung helfen kann). Die Liste ließe sich natürlich beliebig fortsetzen.

DER TREND ZUM BIOHACKING

Falls deine Neugierde geweckt ist und du tiefer in die Möglichkeiten einsteigen möchtest, wie du deine Gesundheit selbst in die Hand nehmen kannst, solltest du dich vielleicht mit einem Trend namens *Biohacking* beschäftigen. Es gibt zahlreiche Podcasts und Bücher, die sich damit befassen, aber das Grundkonzept ist die Suche nach Schnellverfahren, oder »Hacks«, um die Produktivität und Leistung deines Körpers zu steigern. Heutzutage gibt es Menschen, die sich als professionelle Biohacker bezeichnen, und sie handeln im Wesentlichen als menschliche Versuchskaninchen, indem sie neue Produkte, Ergänzungsmittel, Diäten und so weiter testen. Ich appelliere an dich: Lass diese Menschen die Tests durchführen, anstatt dich selbst einem Versuch zu unterziehen, dessen Resultat potenziell gefährlich sein könnte. Sei vernünftig.

Aber Biohacking kann einen faszinierenden Ausblick auf die Zukunft bieten und dir viele verschiedene Möglichkeiten eröffnen, um deine Gehirnfunktion zu steigern: von speziellen Brillen, die den ermüdenden Effekt von Blaulicht filtern, über MCT-Öle, die dir geistige Klarheit verschaffen sollen, bis hin zu Vibrationsplatten, um den Körper zu entgiften, Floatingbecken und vieles mehr. Im Internet oder in speziellen Podcasts findest du nähere Informationen.

Weiter oben habe ich erwähnt, dass Offenheit für die Reise zu deinem besten Selbst unerlässlich ist. Wenn es um deine Gesundheit geht, und um sicherzustellen, dass du dich fantastisch fühlst, musst du ebenfalls einen offenen Blick bewahren. Es gibt viele Möglichkeiten, und wenn du dich wirklich informierst, kannst du etwas finden, das für dich funktioniert und dir ein großartiges Gefühl gibt.

Dein Gesundheitstest

Jetzt ist es an der Zeit, herauszufinden, was du im Bereich deiner körperlichen Gesundheit erreichen möchtest. Die folgenden Fragen werden dir helfen.

TEIL 1: Bewerte deine Gesundheit

Bewerte zunächst deine körperliche Gesundheit auf einer Skala von 1 bis 10. Eine »1« bedeutet, dass deine Gesundheit deine sofortige Aufmerksamkeit benötigt, weil du gesundheitliche Probleme hast, und eine »10« bedeutet, dass du dich bereits hervorragend um deinen allgemeinen Gesundheitszustand kümmerst und es hier keinen Verbesserungsbedarf gibt. Folgende Aspekte solltest du bei deiner Bewertung berücksichtigen:

- wie du dich körperlich fühlst
- welche Verhaltensweisen du glaubst, ändern zu müssen, weil sie deine Gesundheit negativ beeinflussen
- wie dein Körper dir hilft, mit deinem besten Selbst in Einklang zu kommen

Bewertung der körperlichen Gesundheit: ______________________
ab dem ________________(Datum)

TEIL 2: Nenne einige gute Verhaltensweisen

Es geht um Verhaltensweisen, die im Rahmen deiner Gesundheit gut funktionieren. Schreibe auf, warum sie funktionieren.

Beispiele

- Ich trainiere regelmäßig auf eine Weise, die sich für meinen Körper gut anfühlt.
- Ich esse Lebensmittel, von denen ich weiß, dass sie meine Gesundheit unterstützen und erhalten.
- Ich gehe regelmäßig zu Vorsorgeuntersuchungen.

Verhaltensweisen, die meine Gesundheit schützen, fördern und erhalten, sind:

________________________________ Warum? ______________

________________________________ Warum? ______________

________________________________ Warum? ______________

TEIL 3: Welche Verhaltensweisen sind deiner Gesundheit nicht zuträglich und warum?

Beispiele

- Ich nehme bestimmte Drogen, die meiner Gesundheit schaden.
- Ich vernachlässige einige Aspekte meiner körperlichen Gesundheit aus Angst oder weil ich sie verleugne.
- Ich vermeide sportliche Betätigung, weil ich das Gefühl habe, viel zu viel investieren zu müssen, bevor sich irgendeine Art von Besserung einstellen würde.

Verhaltensweisen, die meiner Gesundheit nicht zuträglich sind:

________________________________ Warum? ______________

________________________________ Warum? ______________

________________________________ Warum? ______________

TEIL 4: Der Weg zu 10 Punkten

Basierend auf allem, was du gerade aufgeschrieben hast, möchte ich, dass du überlegst, was du tun musst, um von deiner aktuellen Bewertung auf eine Bewertung von 10 in diesem Bereich deines Lebens zu gelangen.

Umsetzen kannst du dies, indem du dir Verhaltensweisen anschaust, die du *weiterverfolgen* solltest, weil sie für dich funktionieren, indem du Verhaltensweisen benennst, die du *aufgeben* musst, weil sie dich von dem abhalten, was du willst, und indem du Verhaltensweisen entdeckst, die du *neu annehmen* musst.

Damit sich meine körperliche Gesundheit anfühlt, als wäre sie eine 10,

muss ich weiterhin: ________________________________
muss ich aufhören: ________________________________
muss ich anfangen: ________________________________

Es folgt der nächste Lebensbereich

Meine Hoffnung ist, dass du dich in Bezug auf deine Gesundheit gestärkt fühlst und dass du verstehst, dass es eine Vielzahl von Optionen gibt, die dir helfen, dich besser zu fühlen, wenn du dich nicht gut fühlst. Lass dich von deiner eigenen Intuition leiten und nimm deine Gesundheit noch heute selbst in die Hand. Für die Zukunft hoffe ich, dass du mit dir selbst einen Pakt schließt, um in Bezug auf dein Verhalten ehrlich zu sein, denn die Wahrheit ist, dass alles, was wir tun, essen, denken und fühlen, einen unmittelbaren und direkten Einfluss auf unsere körperliche Gesundheit und damit unsere Lebenserwartung hat. Wenn wir später dazu kommen, konkrete Ziele zu setzen, um jeden unserer Lebensbereiche zu verbessern, solltest du mindestens ein gesundheitliches Ziel mit einbeziehen. Deepak Chopra sagte einmal, dass unser Körper unser größter Verbündeter und loyaler Partner sein würde, wenn wir ihn bewusst für uns sorgen ließen. Denke zukünftig daran!

Als Nächstes werden wir uns mit dem Bereich des Lernens beschäftigen. Ich bin wirklich sehr gespannt darauf, dir zu zeigen, wie du ein Leben lang lernwillig bleiben kannst. Wissen ist Macht, und es ist das, was uns hilft, Stillstand zu vermeiden und uns weiterzuentwickeln.

8
SPHÄRE 4: DEINE BILDUNG UND ERZIEHUNG

Ich saß hinten im Klassenzimmer, Notizblock und Stift bereit, und versuchte mein Bestes, um alles zu verstehen, was der Lehrer sagte. Ich begann, mit Feuereifer jedes Wort aufzuschreiben, das ich mir merken konnte, aber nach ein paar Minuten schaltete ich ab und fing einfach an, Cartoons zu kritzeln. Als ich merkte, was ich da tat, kniff ich die Augen zusammen, schüttelte meinen Kopf und dachte bei mir: »Hör zu. Komm schon. Du schaffst das.« Dann verkündete der Lehrer, dass es Zeit für einen unangekündigten Test sei. Als ich auf die Fragen vor mir starrte, fühlte ich mich, als würde meine Kehle zugeschnürt. Ich wusste keine einzige Antwort. Obwohl es völlig im Widerspruch zu meinem Charakter stand, schoss mir der Gedanke durch den Kopf, mir die Antworten meines Sitznachbarn anzuschauen. Ich war verzweifelt. Jeder wusste, dass man, wenn das Zeugnis zu schlecht war, zur gefürchteten Sommerschule gehen musste. Ich hatte diese Kinder viele Male während der Sommer-Basketball-Liga beobachtet, und sie sahen alle wie Zombies aus. Nein, danke!

Als ich nach dem Pausenklingeln das Klassenzimmer verließ, hätte ich nicht ein einziges Detail aus der Unterrichtsstunde wiedergeben können, die mein Englischlehrer gerade gehalten hatte. Das Einzige, was ich sicher wusste, war, dass ich diesen Test nicht bestanden hatte. Verdammt!

»Was mache ich bloß falsch?«, fragte ich mich. Ich hatte das Gefühl, als wüsste jeder andere ganz genau, wie man in der Schule zurechtkam, während ich es bloß erahnte. Ich tauschte die Bücher in meinem Spind aus und musste feststellen, dass in der nächsten Stunde Geschichte dran war. Ich hatte mein Geschichtsbuch zu Hause vergessen. Ich wusste, dass ich mein Buch heute brauche. Ich hatte sogar ein spezielles Cover für meine Geschichtsbücher entworfen, mit lauter Landkarten darauf. Als ich dort im Gang meiner Highschool stand, hatte ich das Gefühl, dass ich einfach alles hinwerfen wollte. Ich hinkte immer einen Schritt hinterher. Ich konnte einfach schulisch nicht mithalten, so sehr ich es auch versuchte. Schule war für mich die reine Tortur.

Es erschloss sich mir auch überhaupt nicht, warum ich überhaupt bestimmte Themen lernen musste, die einem in der Schule beigebracht wurden. Wie sollte ich das alles in meinem wirklichen Leben anwenden? Noch heute frage ich mich, warum um alles in der Welt ich Zeit damit verbringen musste, Schreibschrift oder Algebra zu lernen.

Sport und Freundschaften waren das, was ich an der Schule am meisten liebte. Mein soziales Umfeld und Basketball trugen viel zu dem Selbstwertgefühl bei, das in meinem sonstigen Schulalltag völlig fehlte. Ich genoss die Kameradschaft und die Teamarbeit. Wenn ich zurückblicke, kann ich jetzt erkennen, dass ich in Teamarbeit immer erfolgreich war – wenn wir Gruppenarbeiten oder Präsentationen im Unterricht hatten, war ich immer gut. Auf mich allein gestellt, geriet ich jedoch ins Schwimmen.

Ich wusste normalerweise, an welchen Tagen die Zeugnisse per Post zugestellt wurden, und normalerweise wollte ich immer früh genug zu Hause sein, um es abzufangen. An diesem Tag hatte ich es vergessen und kam zu spät. Als ich die Haustür aufschloss, konnte ich bereits meinen Bruder und meine Schwester hören, wie sie mit unseren Eltern ihre Zeugnisse mit den glatten Einsen feierten. Ich hatte tatsächlich vollkommen vergessen, dass es Zeugnisse geben würde. Na prima. Als ich um die Ecke in die Küche kam, wurde es so still, dass man eine Nadel hätte fallen hören können, und alle Blicke richteten sich plötzlich auf mich. Ein ungeöffneter Umschlag lag auf der Küchentheke und mittendrauf prangte mein Name. Mein Bruder und meine Schwester glühten vor Aufregung – sie brauchten kein Wort zu sagen, wir alle wussten, was jetzt kommen würde.

Ich tat mein Bestes, um abzulenken, und sagte: »Hey, Leute! Was gibt es zum Abendessen?« Mein Versuch blieb erfolglos, denn meine Mutter nahm den ominös aussehenden Umschlag und reichte ihn mir.

»Michael, dein Zeugnis ist heute gekommen!«

Mit knirschenden Zähnen und einem gekünstelten Lächeln antwortete ich: »Oh, toll!« Natürlich wusste ich tief in mir, dass ich sie und meinen Vater wieder einmal enttäuschen würde, aber ich riss trotzdem den Umschlag auf.

Zwei Dreien, zwei Vieren und eine Fünf starrten mich an. Meine Schultern sackten nach unten, ich ließ das Zeugnis auf der Theke liegen und schlich schweigend auf mein Zimmer. Später am Abend setzten sich meine Eltern zu einem ernsthaften Gespräch mit mir hin. Ich war kein Neuling, wenn es um diese Art von Diskussion ging. Ich machte mich bereit für die Schuldgefühle, für den Rat, wie ich meine Noten verbessern könnte. Vielleicht wollten sie einen weiteren Nachhilfelehrer anheuern. Aber dieses Gespräch verlief anders, und nicht gerade zu meinen Gunsten.

»Mike, wir denken, es ist in deinem eigenen Interesse, wenn du die achte Klasse wiederholst.« Meine Eltern erläuterten mir Schritt für Schritt ihre Argumente – etwa, dass es mir an der Highschool beim Basketball einen Vorteil verschaffen würde –, aber ich kannte die Wahrheit. Ich kam einfach nicht mit. Beim Klang dieser Worte fühlte es sich an, als würde mein ganzes Leben gerade in zwei Teile zerbrechen. Meine Eltern wollten, dass ich ein Schuljahr wiederholte. Alle meine Freunde würden weiterziehen, und ich würde mit einem Haufen jüngerer Kinder festsitzen und den ganzen erbärmlichen Unterricht wieder besuchen, den ich bereits ein ganzes Jahr lang hinter mich gebracht hatte. Es war, als würde ich in einem ewigen Murmeltiertag feststecken und immer wieder den gleichen Zyklus von 24 Stunden reinen Elends wiederholen. Das durfte doch nicht wahr sein. Ich nickte lediglich mit dem Kopf, die Augen stumpf auf meine Füße gerichtet, bekam keine Antwort heraus und ging ins Bett.

Meine Eltern entschieden sich, mich in der Katholischen Schule St. John the Baptist anzumelden, in der Hoffnung, dass ich dort mehr Aufmerksamkeit von den Lehrern erhalten würde als an meiner staatlichen Schule. Aber es führte nur dazu, mich noch mehr zu verwirren, denn ich musste mich nicht nur an die neue Umgebung gewöhnen, sondern mich auch im katholischen Glauben zurechtfinden. Als ich ankam, war alles anders als in der staatlichen Schule. Wir trugen zum einen Uniform (was mich zum Glück davon abhielt, in Läden für Übergrößen einkaufen zu müssen), und ich erfuhr schnell, dass jeder von der Nonne, die die Schule leitete, eingeschüchtert war. Das war für mich ziemlich irritierend, da ich mir nicht sicher war, warum die Leute Angst vor einer winzigen, alten Dame in Schwarz-Weiß haben sollten. Ich hatte nur Nonnen in Filmen wie *Sister Act* gesehen, also war mein Verständnis von Nonnen eindeutig begrenzt. Ich war ein Junge, der in seinem Leben weder jemals ein Ave Maria gebetet hatte, noch den Sinn von all dem verstand. Ich hatte eine Menge aufzuholen, aber ich verzeichnete einige Erfolge in der Basketball-Mannschaft und meine Noten verbesserten sich ein wenig.

Danach besuchte ich die Mater Dei High School, die größte katholische Schule westlich des Mississippi mit mehr als 5000 Schülern. Mater Dei war bekannt für sein reichhaltiges Sportangebot. Ich war der älteste in meiner Klasse, und ich erlebte dort vier tolle Jahre und hatte viele soziale Kontakte. In meinem Abschlussjahr war ich Kapitän der Basketballmannschaft, und wir gehörten zu den 25 besten Schulen der Nation, sodass der Druck auf dem Spielfeld enorm hoch war.

Obwohl ich extra Nachhilfe bekam und mich wirklich sehr anstrengte, blieben meine Noten schlecht, und ich schnitt bei den Eignungstests fürs College schlecht ab. Glücklicherweise bekam ich dank meiner Fähigkeiten im Basketball als Reservespieler an der Fordham University in der Bronx einen Studienplatz.

Als ich am College ankam, wollte ich nur noch Spaß haben. Zu diesem Zeitpunkt geriet meine Sucht zunehmend außer Kontrolle. Ich war abhängig von Crystal Meth. Ich hörte auf zu schlafen, nahm immer mehr Meth und war sogar völlig davon überzeugt, dass es nicht nur eine lustige Droge war, sondern auch meinem Studium helfen würde. Junge, da lag ich aber vollkommen daneben.

Ich kann mich erinnern, dass ich einmal vor dem Philosophiekurs auf der Toilette eine Line Meth nahm. Ich hatte drei Tage lang nicht geschlafen. Die längste Zeit, die ich ohne Schlaf auskam, war sieben Tage, und das war gegen Ende meiner Zeit als Junkie, bevor ich die Entscheidung traf, mein Leben zu ändern. In der Klasse hielt der Lehrer einen Vortrag über Descartes, und ich hob meine Hand. Ich fing an, mit dem Lehrer zu debattieren. Es war wie eine außerkörperliche Erfahrung. Ich hielt mich für ungemein klug. Ich war überzeugt davon, dass ich den

Kurs leite. Das ist das Problem mit Drogen, sie lassen einen den Bezug zur Realität völlig verlieren. Ich redete den reinsten Unsinn, was mir allerdings erst bewusst wurde, als ich sah, dass sich alle Studenten im Kurs umgedreht hatten und mich anstarrten. Ich saß ganz hinten. Ich erinnere mich, dass es mir so peinlich war, dass ich meine Tasche packte und die Klasse vorzeitig verließ.

Ich fühlte mich einfach fehl am Platz auf dem College, sodass ich schließlich das Studium abbrach und mich entschied, einen Entzug zu machen.

Als ich clean war, besuchte ich die Metro State University in Minnesota. Es ist erstaunlich, wozu wir imstande sind, wenn wir keine Drogen konsumieren. Es waren meine Psychologiekurse und die Drogen- und Alkoholberatungsgespräche, die mich förmlich zum Leben erweckten. Was hatte sich verändert? Ich war endlich in der Lage, mein authentisches Selbst mit meinem Studium zu verbinden – ich konzentrierte mich auf das, was ich eigentlich lernen wollte. Ich avancierte praktisch über Nacht zum Einserkandidaten, und es fühlte sich fantastisch an.

Wenn du deine Geschichte änderst und wenn du das verfolgst, was du liebst, können unglaubliche Dinge passieren. Die Tatsache, dass ich glatte Einsen bekam, war ehrlich gesagt ein Wunder, aber wenn man richtig lebt, werden Wunder wahr.

Während meines Studiums an der Metro State absolvierte ich ein Praktikum in zwei verschiedenen Behandlungseinrichtungen und arbeitete in zwei weiteren. Wir konzentrierten uns sehr darauf, Menschen zu helfen, von Drogen und Alkohol loszukommen und sich davon fernzuhalten, aber mir wurde klar, dass ihr wirklicher Kampf nicht mit den Drogen, sondern mit ihrem Leben zu tun hatte. Es schien mir, dass zu viel Wert auf die Diagnose gelegt wurde und sehr wenig darauf, den Leuten beizubringen, wie man die beste Version von sich selbst wird. Die Rückfallraten waren schrecklich: Die Menschen bekamen es nicht hin, nach dem Verlassen der Einrichtung weiterhin auf Drogen und Alkohol zu verzichten. Selbst die prestigeträchtige Reha, zu der ich ging, erlangte keine großartigen Resultate – von den 22 Männern, mit denen ich dort war, waren nur zwei von uns ein Jahr nach der Behandlung noch clean.

Während meiner Praktika habe ich enorm viel gelernt. Mir wurde bewusst, dass ich dazu bestimmt war, Menschen zu helfen, nicht nur Süchtigen, sondern allen, die darum kämpfen, ihr Leben zu verbessern.

Als ich das erkannte, las und las ich Unmengen an Büchern und las und las dann noch mehr. Wenn man mit seinem Leben zufrieden ist, braucht man keine Drogen und keinen Alkohol. Wenn ich den Menschen helfen könnte, ihr Glück zu entdecken, würde sich der Rest von selbst erledigen.

Wie ich bereits sagte, habe ich schließlich die CAST-Center eröffnet, eine Behandlungseinrichtung, die sich speziell darauf konzentriert, Menschen auf das Leben einzustellen, das sie leben wollen, um dadurch ihre Sucht und andere psychische Störungen zu bewältigen. Wir sagen oft, dass unsere Klienten, wenn sie bei CAST behandelt worden sind, praktisch einen Master in Psychologie haben, weil wir eine breite Palette von bewährten Methoden unterrichten und in unser Programm integrieren. Wir haben Jahre damit verbracht, das CAST-Alignment-Modell zu entwickeln, das sich, wie du dir sicherlich denken kannst, auf das beste Selbst einer Person konzentriert und bei dem Authentizität eine entscheidende Rolle spielt. Unsere Ergebnisse sind beeindruckend, und ich lasse mich weiterhin von unseren Klienten inspirieren, die in der Lage sind, ihr Leben komplett umzukrempeln. Bei CAST verfolgen wir nicht, was andere Behandlungszentren in der Branche tun, es sei denn, es hilft unseren Klienten irgendwie, eine bessere Version von sich selbst zu sein.

Der Grund, warum ich meine eigene Bildungsreise mit dir teile, ist folgender: Wenn du die Themen entdeckst, für die du dich leidenschaftlich begeisterst, kannst und *wirst* du das Lernen lieben. Ich sage nicht, dass du die gleichen Erfahrungen machen wirst wie ich. Du wirst deine ganz eigenen Erfahrungen machen. Seitdem ich mich für die Arbeit im Bereich der psychischen Gesundheit entschieden habe, habe ich nie aufgehört, mich weiterzubilden. Ich höre Podcasts, ich schaue mir im Internet Videos von Leuten an, die mich inspirieren, ich treibe mich selbst an, mich zu entwickeln und mehr Wissen zu erwerben, und ich genieße jede Sekunde. Es ist die Bildung, die uns hilft, uns zu entwickeln, zu wachsen und besser zu werden.

Selbst wenn du die Schule nie gemocht hast, wenn du glaubst, dass du eine Lernschwäche hast, oder wenn du denkst, dass dir das Erlernen neuer Informationen einfach nicht gefällt, dürstet dein bestes Selbst nach Wissen. Es ist deine Aufgabe, herauszufinden, was dich ganz tief in dir interessiert. Was löscht deinen einzigartigen Wissensdurst und vor allem, was ist die beste Lernmethode für dich? Das sind die Fragen, die wir in diesem Kapitel gemeinsam untersuchen werden. Auf geht's.

Übung: Wie sieht deine Bildung momentan aus?

Teil 1: Was möchtest du lernen?

Ich möchte, dass du jetzt drei Dinge aufschreibst, die du gerne lernen würdest, oder von denen du immer gesagt hast, dass du sie eines Tages erlernen willst. Dies kann jedes Thema sein, das dich jemals interessiert hat, also gehe dafür ganz tief in dich. An welchen Themen ist dein bestes Selbst interessiert?

Wenn du schon immer gedacht hast, dass du eine andere Sprache beherrschen möchtest, aber einfach nie die Zeit dafür gefunden hast, dann setze das auf die Liste. Vielleicht hast du dich schon gefragt, ob es Spaß machen würde, einen Töpferkurs zu besuchen, um dich kreativ auszudrücken. Füge es der Liste hinzu. Vielleicht hast du auch schon einmal davon geträumt, deinen Motorradführerschein zu machen, aber nie den Sprung gewagt. Vielleicht hast du einen Dokumentarfilm über ein bestimmtes Thema, eine Person oder ein historisches Ereignis gesehen, das dich fasziniert hat. Nimm das als Anregung, um mehr darüber zu erfahren – durch Internetrecherche, Bücher, Podcasts und Ähnliches.

Was auch immer es ist, das sich interessant anhört und dir eine neue Fertigkeit oder eine Reihe von nützlichen Informationen geben kann: Das sind die Punkte, die du in diese Liste aufnehmen solltest.

Ich würde gerne Folgendes lernen:

1. ______________________________

2. ______________________________

3. ______________________________

4. ______________________________

5. ______________________________

6. ______________________________

7. ______________________________

8. ______________________________

9. ______________________________

10. ______________________________

11. ______________________________

Teil 2: Warum lernst du diese Dinge nicht?

Warum verbringst du momentan keine Zeit damit, neue Dinge zu lernen? Vielleicht denkst du, dass du zu alt bist, um eine neue Sprache zu lernen. Vielleicht glaubst du, dass du in deinem Leben keine Zeit finden kannst, oder dass du nie klug genug warst, dir neues Wissen anzueignen.

Schreibe hier deine Gründe auf, warum du nicht mehr über die Themen gelernt hast, die du im ersten Teil dieser Übung aufgelistet hast:

1. ______________________________

2. ______________________________

3. ______________________________

Teil 3: Sind deine Gründe stichhaltig und zutreffend?

Lass uns deine Argumente auf die Probe stellen. Gehe deine Liste der Gründe durch, warum du momentan keine Zeit hast, mehr über deine Interessensgebiete zu erfahren, und überprüfe, ob diese Gründe zutreffend sind.

Wenn zum Beispiel einer deiner Gründe darin besteht, dass du zu alt bist, um etwas Neues zu lernen, frag dich, ob jemand in deinem Alter oder älter jemals eine neue Fertigkeit erlernt hat. Die Antwort auf diese

Frage ist: Ja, natürlich haben sie das! Priscilla Sitienei beispielsweise, eine Hebamme aus einer ländlichen Gegend in Kenia, erhielt als Kind keine Schulausbildung, konnte daher weder lesen noch schreiben. Aber sie hatte den Wunsch, einige Familiengeschichten aufzuzeichnen, um sie an zukünftige Generationen weiterzugeben, und so begann sie, gemeinsam mit ihren sechs Ururenkeln zur Schule zu gehen ... im Alter von 90 Jahren![19] Vera Wang wurde erst im Alter von 40 Jahren Modedesignerin. Joy Behar war Englischlehrerin, bis sie ihre Karriere im Showbusiness begann, als sie Mitte 40 war. Harland Sanders, bekannt als Colonel Sanders, eröffnete sein erstes Kentucky-Fried-Chicken-Restaurant, als er 65 Jahre alt war. Wenn diese Menschen im hohen Lebensalter brandneue Fertigkeiten erlernt und in die Praxis umgesetzt haben, dann kannst du es auch. Deshalb ist dein »Ich bin zu alt«-Argument weder zutreffend noch stichhaltig.

Wenn einer deiner Gründe ist, dass du keine Zeit in deinem Terminkalender finden kannst, etwas über eines dieser Dinge zu lernen, dann versuche, 30 Minuten pro Woche einzurichten, in denen du dich deiner neuen Aufgabe widmest. Wenn du eine halbe Stunde finden kannst – und eigentlich sollte jeder eine halbe Stunde für sich rausschlagen können –, dann ist deine Begründung nicht zutreffend und dein Argument »nicht stichhaltig«.

Schreibe jetzt deine Begründungen, warum du nicht mehr über die Dinge lernst, die dich interessieren, noch einmal auf und umkreise nach jeder Einzelnen entweder »stichhaltig« oder »nicht stichhaltig«:

Begründung	*einzeln umkreisen:*
1. ______________________	stichhaltig oder nicht stichhaltig
2. ______________________	stichhaltig oder nicht stichhaltig
3. ______________________	stichhaltig oder nicht stichhaltig

Teil 4: Verpflichte dich dem Lernen

Diese Übung kann sehr aufschlussreich sein, wenn du es zulässt. Der Punkt ist, dass du erkennst, dass das Einzige, was dich davon abhält, etwas zu lernen, deine eigenen Ausreden sind.

Denke daran, dass du dich nicht in einen offiziellen Kurs einschreiben musst, um dich auch weiterhin fortzubilden. Es gibt überall endlose Möglichkeiten, etwas zu lernen. Wenn du die Struktur eines Lehrplans bevorzugst, kannst du Onlinekurse in deinem eigenen Lerntempo besuchen. Wenn du es lieber lockerer angehen möchtest, kannst du Podcasts hören, Videos online ansehen und Bücher oder Artikel lesen. Vielleicht kennst du ja auch einen Experten auf irgendeinem Gebiet, den du bitten könntest, dir zu helfen, etwas über dieses Thema oder diese Fertigkeit zu lernen.

Es gibt zahlreiche Studien, die nachweisen, dass der Erwerb neuen Wissens, der Aufbau neuer Fertigkeiten und eine regelmäßige, neuartige Nutzung des Gehirns zu den besten Methoden zählen, um die langfristige Gesundheit des Gehirns zu erhalten. Es kann den Alterungsprozess verlangsamen, das Risiko verringern, an Demenz zu erkranken, und das Gehirn für die Zukunft, aber auch für den Moment, flexibel und klar halten.[20] Je mehr du dein Gehirn einsetzt, desto besser *kannst* du dein Gehirn einsetzen. Ist doch interessant, wie das funktioniert, nicht wahr?

AUS LUST LERNEN, NICHT AUS PFLICHTBEWUSSTSEIN

Nachdem du jetzt eine neue Sichtweise darauf gewonnen hast, was dein bestes Selbst erlernen möchte, ist es an der Zeit, dich zu fragen, ob du dich gegenwärtig damit beschäftigst, etwas zu lernen, was dich eigentlich nicht im Geringsten interessiert.

Ich habe mit vielen Klienten über die Jahre gearbeitet, die die Universität besuchten und ein bestimmtes Hauptfach belegten, weil es die Eltern verlangt hatten, oder die sogar Jura studierten oder promovierten, weil sie jemand anderes dazu gedrängt hatte, oder weil sie glaubten, dass es für den Beruf, der von ihnen erwartet wurde, notwendig sei. Manchmal denken wir, wir bräuchten einen bestimmten weitergehenden beruflichen Abschluss, um etwas ausüben zu können, das uns sehr gut gefällt, aber ich kann dir aus erster Hand sagen, dass es sehr oft einen alternativen Weg gibt, wenn die Schule nichts für einen ist. Vor zwölf Jahren, als ich mich entschloss, eine therapeutische Einrichtung zu eröffnen, die sich speziell darauf konzentriert, als Methode zur Behandlung von Sucht und psychischen Erkrankungen die betroffenen Menschen auf das Leben auszurichten, das sie eigentlich leben wollen, dachte ich, dass der nächste logische Schritt, den ich unternehmen musste, darin bestand, meinen Master in Sozialarbeit zu machen. Ich verbrachte Hunderte von Stunden damit, mich über die besten Schulen zu informieren und sie mir anzusehen. Dann begann ich, für die Aufnahmeprüfung für Masterstudiengänge zu lernen.

Ich lernte ständig, Tag und Nacht, ununterbrochen. Ich lebte und atmete das Lernen. Ich wollte diese Sache mit Bravour bestehen, komme, was wolle (in diesem Fall kam jede Menge Schnee). Am Prüfungstag saß ich in meiner Wohnung in Minneapolis und draußen tobte ein verdammter Blizzard. Ich stieg in mein Auto, drehte den Schlüssel in der Zündung und musste feststellen, dass der Motor nicht ansprang.

Als ich hilflos auf dem Fahrersitz saß und einsehen musste, dass es mir nicht möglich sein würde, die Prüfung zu absolvieren, auf die ich mich so lange und intensiv vorbereitet hatte, traf es mich wie ein Blitz: Ich war auf dem falschen Weg, und das Universum sagte mir, ich solle aufhören – dieser Masterstudiengang war nichts für mich. An Ort und Stelle fasste ich den Entschluss, dass ich einen anderen Weg suchen würde, um mein Ziel zu erreichen. Obwohl ich keine Ahnung hatte, wie, wusste ich tief in mir, dass ich die Dinge radikal anders machen würde als alle anderen im Bereich der psychischen Gesundheit und dass ich den Menschen helfen würde, und zwar so, wie ich meinte, dass ihnen am besten geholfen wäre. Und genau das tat ich dann auch! Ich stellte den Status quo in Frage, die Art und Weise, wie alle anderen es taten, und ging meinen eigenen Weg. Während dieser ganzen Reise, auf der ich mich befand, waren meine Eltern begeistert darüber, dass ich meine Nische, meine Leidenschaft im Leben entdeckt hatte, und sie sind sehr stolz auf mich.

Hier ist ein weiteres Beispiel, von dem ich dir erzählen möchte: Ich habe kürzlich jemanden getroffen, der eine Karriere im Bereich Marketing gemacht hat, die er aber nicht befriedigend fand, also entschied er sich mit Mitte 30, ein Jurastudium zu beginnen. Es war eine Qual für ihn, und es machte ihm nicht die geringste Freude. Aber er zog das Studium nichtsdestotrotz durch, während er zugleich so viel Zeit wie möglich damit verbrachte, Beachvolleyball zu spielen und im Meer zu schwimmen – zwei Dinge, die er von Herzen liebte und die ihn wirklich glücklich machten. In seiner Jugend war er Junior-Rettungsschwimmer gewesen, und er betrachtete diese Zeit immer als die schönste in seinem Leben.

Unmittelbar nach dem Abschluss des Jurastudiums begann er seine Arbeit bei einer angesehenen Kanzlei in Los Angeles. Nach weniger als einem Jahr als praktizierender Anwalt wurde ihm klar, dass er seine kostbare Zeit auf Erden damit vergeudete, etwas zu tun, wofür er keine Leidenschaft empfand, und schlimmer noch: Es stand im Widerspruch zu seinem besten Selbst. Also kündigte er. Dann fuhr er direkt an den Strand und begann mit dem Training, um sich erneut als Rettungsschwimmer zu qualifizieren. Jetzt verbringt er seine Tage damit, genau das zu tun, was er liebt, und er hat es bis heute nicht bereut.

Ich weiß, dass er dir sagen würde, dass die größte Lektion, die du von seinen Erfahrungen mitnehmen kannst, darin besteht, nicht so lange zu warten, wie er es tat. Wenn du mit deinem Bildungsweg unzufrieden bist, ändere etwas. Ich meine damit nicht, dass man sich nicht auch mal durch die Anforderungen eines schwierigen Kurses oder eines strengen Professors durchbeißen muss – ich spreche von deinem Bauchgefühl, dass du keine Beziehung zu dem Stoff, der unterrichtet wird, aufbauen kannst, und dich nicht zwingen kannst, dich darauf einzulassen. Dieses Bauchgefühl ist ein Zeichen, dass der bisherige Weg nicht im Einklang mit deinem besten Selbst steht und dass sich dieses Problem nie von allein lösen wird.

Wenn du momentan studierst oder viel Zeit damit verbringst, dich mit einem bestimmten Thema auseinanderzusetzen, und du dich nicht erfüllt fühlst, frage dich: Gibt es noch einen anderen Weg zu deinem ultimativen Ziel, den du noch nicht in Betracht gezogen hast? Versuche, dein Lernaktivitäten aus verschiedenen Blickwinkeln anzugehen, damit du neue Möglichkeiten erkennen kannst.

Die wichtigsten Lektionen betreffen dich selbst

Bildung ist der Motor hinter deiner Entwicklung zu deinem besten Selbst, und ein sehr wichtiger Teil davon ist, mehr über dich selbst zu lernen. Selbsterkenntnis ist der Schlüssel zu allem. Wenn du offen und neugierig bleibst, wirst du immer mehr darüber erfahren, was dich antreibt. Du wirst auch bestimmte Trigger entdecken, die dazu führen könnten, dass dein negatives Selbst auftritt, und während du das tust, wirst du die Kontrolle über diese Trigger gewinnen.

Stelle dir jetzt die folgenden drei Fragen, damit du weiterhin herausfinden kannst, wer du bist und wer du werden willst:

- Wie hast du dich im letzten Jahr entwickelt?
- Wie willst du dich heute weiterentwickeln?
- Wie willst du dich in einem Jahr entwickelt haben?

Wenn du in einem Raum voller 15-Jähriger einen Kurs namens »Das Leben« unterrichten würdest, und die Schüler wären total motiviert, alles zu lernen und wie Schwämme in sich aufzusaugen – was würdest du ihnen beibringen? Schreibe es hier auf:

____

____

____

Der Sinn dieser Übung war es, dass du deine grundlegendsten Überzeugungen über das Leben herausfindest. Diese Überzeugungen werden sich im Laufe der Zeit ändern, und sie könnten sich jetzt bereits ändern, einfach wegen der Arbeit, die du in diesem Buch geleistet hast. Das kann sehr aufschlussreich in Bezug auf deine eigene bisherige Geschichte sein.

TEIL 1: Bewerte dein Leben

Bewerte zunächst auf einer Skala von 1 bis 10 dein Leben bezüglich deiner Bildung, wobei »1« bedeutet, dass du diesem Lebensbereich Priorität einräumen und deine sofortige Aufmerksamkeit schenken möchtest, weil deine Bildung ernsthafte Mängel aufweist. Eine »10« bedeutet, dass du kaum bis gar keinen Verbesserungsbedarf im Bereich deiner Bildung hast. Folgende Aspekte solltest du bei deiner Bewertung berücksichtigen:

- Deine Entwicklung im Hinblick auf das Lernen stimmt mit den Interessen deines besten Selbst überein.
- Lernst du jeden Tag mehr über dich selbst?
- Gehst du jeden Abend ins Bett und fühlst dich besser informiert als beim Aufwachen an jenem Morgen?

Bewertung der Arbeit/Bildung: ______________________
ab dem ______________(Datum)

TEIL 2: Nenne einige gute Verhaltensweisen

Es geht um Verhaltensweisen, die im Rahmen deiner Bildung gut funktionieren, und schreibe auf, warum sie funktionieren.

Beispiele

- Ich bemühe mich, viel zu lernen, und gleichzeitig gestalte ich mein Leben sehr ausgeglichen.
- Ich bin begeistert von dem, was ich jeden Tag lerne.

Verhaltensweisen, die in meinem Bildungsleben gut funktionieren, sind:

______________________ Warum? ____________

______________________ Warum? ____________

______________________ Warum? ____________

TEIL 3: Negative Verhaltensweisen

Welche Verhaltensweisen, die du von dir kennst, halten dich von dem ab, was du in deiner Bildung erreichen willst?

Beispiele

- Ich arbeite die ganze Woche, und ich will an den Wochenenden einfach mal abschalten.
- Ich misstraue neuen Informationen.
- Ich schaue mir die Nachrichten an und bilde mir ein, dass das eine Möglichkeit sei, mich zu bilden, obwohl es in Wirklichkeit einfach nur der Ablenkung dient.

Verhaltensweisen, die bei mir im Bereich des Arbeits- und Bildungslebens nicht funktionieren, sind:

________________________ Warum? ____________

________________________ Warum? ____________

________________________ Warum? ____________

TEIL 4: Der Weg zu 10 Punkten

Basierend auf allem, was du gerade aufgeschrieben hast, möchte ich, dass du überlegst, was du tun musst, um von deiner aktuellen Bewertung auf eine Bewertung von 10 in diesem Bereich deines Lebens zu gelangen.

Umsetzen kannst du dies, indem du dir Verhaltensweisen anschaust, die du *weiterverfolgen* solltest, weil sie für dich funktionieren, indem du Verhaltensweisen benennst, die du *aufgeben* musst, weil sie dich von dem abhalten, was du willst, und indem du Verhaltensweisen entdeckst, die du *neu aufnehmen* musst.

Damit sich mein Arbeits- und Bildungsleben anfühlt, als wäre es eine 10,

muss ich weiterhin: ________________________________
muss ich aufhören: ________________________________
muss ich anfangen: ________________________________

Die Weiterentwicklung deines besten Selbst

Ich glaube, wenn du jedem Tag mit Offenheit, Neugierde, Ehrlichkeit und der notwendigen Handlungsbereitschaft begegnest und dich auf alle anstehenden Aufgaben gut konzentrierst, dann bietest du deinem Geist die besten Voraussetzungen, neue, lebenswichtige Informationen zu erlernen. Das sind die Elemente, die nötig sind, um sich weiterzuentwickeln und in seinem besten Selbst zu wachsen. Das Beste ist, dass jeder neue Tag dir neue Möglichkeiten bietet, dich selbst und damit das

Leben der Menschen um dich herum zu verbessern. Achte darauf, dass du immer im »Lernmodus« bist, bereit, etwas Neues zu lernen.

Als Nächstes werden wir nun deine Beziehungen genauer unter die Lupe nehmen. Wer du in deinem Kern bist, wird in all deinen engen Beziehungen sichtbar – mit der Familie, den Freunden und in Liebesbeziehungen. Es ist durchaus möglich, mit allen Menschen in deinem Leben dein bestes Selbst zu sein.

9
SPHÄRE 5: DEINE BEZIEHUNGEN

So sehr wir auch denken mögen, dass einige Beziehungen sehr »kompliziert« sind, sind die meisten Beziehungen in Wahrheit eigentlich ganz einfach. Wenn jeder zu jeder Zeit als sein bestes Selbst in Erscheinung träte, dann würden die meisten Interaktionen in einer Beziehung relativ reibungslos verlaufen. Kann es von Zeit zu Zeit auch mal anders ablaufen? Natürlich. Entwickeln sich die Menschen weiter und entfremden sich manchmal voneinander, wenn sie in neue Lebensabschnitte eintreten? Auf jeden Fall. Das sind normale, zu erwartende Vorkommnisse. Aber lange Phasen der Disharmonie oder gar ein vergiftetes Verhältnis zwischen zwei Menschen müssen einfach nicht sein. Tatsächlich muss keine Beziehung »kompliziert« sein.

Die Schwierigkeit besteht darin, dass du nicht kontrollieren kannst, ob andere Menschen als ihr bestes Selbst agieren, wenn sie mit dir zusammen sind. Die einzige Person, die du kontrollieren kannst, bist du selbst, also werden wir in diesem Kapitel darüber sprechen, wie du deine Authentizität steuern kannst, und was du tun kannst, wenn die Menschen um dich herum nicht authentisch sind. Beziehungen können wie gesagt von Zeit zu Zeit aus dem Gleichgewicht geraten, aber mit den Werkzeugen, die ich dir hier zur Verfügung stelle, kannst du proaktiv deinen Teil dazu beitragen, sie wieder zurück ins Gleichgewicht zu bringen.

Dein bestes Selbst will nicht, dass du jemals in einer schlechten Beziehung steckst und wie der letzte Dreck behandelt wirst, also musst du manchmal harte Entscheidungen treffen und dich von jemandem trennen. Doch es gibt ein paar Dinge, die du tun kannst, um zu vermeiden, dass du in deinen schwierigen Beziehungen an diesen Punkt kommst, und darum geht es in diesem Kapitel. Ich habe es in drei Hauptabschnitte unterteilt: deine Werte (die sich auf alle deine Beziehungen auswirken), deine familiären Beziehungen und deine Liebesbeziehungen. Im Kern geht es in diesem ganzen Kapitel jedoch um dich und wie du in jeder Beziehung, die du mit anderen Menschen hast, mit deinem besten Selbst in Verbindung bleiben kannst.

Deine Werte

Um all die Beziehungen in deinem Leben sinnvoll zu untersuchen, müssen wir zunächst die folgende Schlüsselfrage beantworten: Was sind deine Grundwerte? Denn Konflikte in unseren Beziehungen entstehen in der Regel, wenn unsere Werte im Widerspruch zueinander stehen.

Werte sind Prinzipien oder Verhaltensstandards, die wir als sehr wichtig im Leben betrachten. Sie sind dein persönlicher Code, dein Maßstab für Recht und Unrecht. Die Ausrichtung deiner Werte auf dein bestes Selbst hilft dir, bessere Entscheidungen im Leben, aber auch in Beziehungen zu treffen. Vielleicht hast du bereits ein grundlegendes Verständnis für deine eigenen Werte, vielleicht hast du aber auch nie viel darüber nachgedacht. Die Familie, in der du aufgewachsen bist, hatte bestimmte Werte, und einige von ihnen mögen Teil dessen sein, was du heute bist, andere dagegen vielleicht nicht.

Wenn du dir in der folgenden Übung die Werte auf der Liste anschaust, wirst du bemerken, dass nicht alle positiv sind. Viele von ihnen haben negative Konnotationen wie Angst, Bitterkeit und Reue. Manchmal schätzen Menschen solche negativen Gefühle um ihrer selbst willen. Zum Beispiel gibt es Menschen, die glauben, dass Dinge nicht funktionieren werden, wenn sie sich nicht ständig Sorgen darüber machen, und wenn diese Menschen ehrlich zu sich selbst wären, würden sie einräumen, dass das Besorgtsein einer ihrer Werte ist. Das ist sicherlich kein Wert, der für dein bestes Selbst wichtig sein sollte, und es besteht die Hoffnung, dass du inzwischen durch die Lektüre dieses Buches deine Werte so verlagert hast, dass sie nur positive Gefühle oder Eigenschaften beinhalten.

Übung zu deinen Werten, Teil I

Hier ist eine Liste der wichtigsten Werte. Kreise diejenigen ein, die bei dir Anklang finden.

Abenteuer
Ablehnung
Anerkennung
Angst vor [...]
Ängstlichkeit
Armut
Ausgeglichenheit
Ausgrenzung
Aussichtslosigkeit
Authentizität
Autonomie
Autorität
Bedauern
Beharrlichkeit
Beitrag
Beliebtheit
Bitterkeit
Demut
Depression
Desinteresse
Ehrlichkeit
Eifersucht
Einfluss
Einsamkeit
Einsatz
Elan
Entmutigung
Entschlossenheit
Enttäuschung
Erfolg
Erniedrigung
Fairness
Feindseligkeit
Freundlichkeit
Freundschaft(en)
Frieden
Frustration
Führungsqualitäten
Gemeinschaft
Gerechtigkeit
Geselligkeit
Gier
Glaube
Großzügigkeit
guter Ruf
Herausforderung
Humor
innere Harmonie
Intelligenz
Kompetenz
Kreativität
Kritik
Kühnheit
Leistung
Lernen
Liebe
Loyalität
Misserfolg
Missmut
Misstrauen
Mitgefühl
Nationalität
Neugierde
Niedergeschlagenheit
Offenheit
Optimismus
Perspektive
Pessimismus
Reichtum
Religion
Resignation
Respekt
Rückzug
Ruhm
Schönheit
Schuld
Selbstkontrolle
Selbstrespekt
Selbstsicherheit
Selbstzweifel
Sicherheit
sinnvolle Arbeit
Sorge
Spaß
Spiritualität
Stabilität
Status
Sturheit
Teamgeist
Trägheit
Trauer
Traurigkeit
Trübsinn
Umsicht
Urteilsvermögen
Verantwortung
Vergebung
Vergnügen
Verlegenheit
Versöhnlichkeit
Vertrauenswürdigkeit
Verurteilung
Verzweiflung
Wachstum
Weisheit
Wertschätzung
Wissen
Wut
Zynismus

Nun, da du alle Werte, die auf dich zutreffen, eingekreist hast, sortiere deine sieben wichtigsten Werte in der Reihenfolge ihrer Wichtigkeit.

1. ______________________________

2. ______________________________

3. ______________________________

4. ______________________________

5. ______________________________

6. ______________________________

7. ______________________________

Alle positiven Werte auf der Liste, die du gerade erstellt hast, entsprechen deinen Charakterstärken. Dies sind Verhaltensweisen, die dich antreiben und die du in Beziehungen zu anderen zur Geltung bringst. Die negativen Werte auf deiner Liste – wenn es denn welche gibt – kommen von deinem negativen Selbst, und dein Ziel besteht darin, dich von solchen Werten zu lösen und dich stattdessen an die positiven Werte, die du aufgelistet hast, zu halten.

Übung zu deinen Werten, Teil 2

Kreise in der folgenden Liste die Werte ein, die deine Herkunftsfamilie auszeichneten. Diese können durchaus von deinen Werten abweichen, und das ist auch in Ordnung. Es geht hier darum, die Überschneidungen und die Unterschiede zu erkennen.

Abenteuer	Ängstlichkeit	Aussichtslosigkeit	Bedauern
Ablehnung	Armut	Authentizität	Beharrlichkeit
Anerkennung	Ausgeglichenheit	Autonomie	Beitrag
Angst vor […]	Ausgrenzung	Autorität	Beliebtheit

Bitterkeit
Demut
Depression
Desinteresse
Ehrlichkeit
Eifersucht
Einfluss
Einsamkeit
Einsatz
Elan
Entmutigung
Entschlossenheit
Enttäuschung
Erfolg
Erniedrigung
Fairness
Feindseligkeit
Freundlichkeit
Freundschaft(en)
Frieden
Frustration
Führungsqualitäten
Gemeinschaft
Gerechtigkeit
Geselligkeit
Gier
Glaube
Großzügigkeit
guter Ruf
Herausforderung
Humor
innere Harmonie
Intelligenz
Kompetenz
Kreativität
Kritik
Kühnheit
Leistung
Lernen
Liebe
Loyalität
Misserfolg
Missmut
Misstrauen
Mitgefühl
Nationalität
Neugierde
Niedergeschlagenheit
Offenheit
Optimismus
Perspektive
Pessimismus
Reichtum
Religion
Resignation
Respekt
Rückzug
Ruhm
Schönheit
Schuld
Selbstkontrolle
Selbstrespekt
Selbstsicherheit
Selbstzweifel
Sicherheit
sinnvolle Arbeit
Sorge
Spaß
Spiritualität
Stabilität
Status
Sturheit
Teamgeist
Trägheit
Trauer
Traurigkeit
Trübsinn
Umsicht
Urteilsvermögen
Verantwortung
Vergebung
Vergnügen
Verlegenheit
Versöhnlichkeit
Vertrauenswürdigkeit
Verurteilung
Verzweiflung
Wachstum
Weisheit
Wertschätzung
Wissen
Wut
Zynismus

Sortiere nun auch hier die sieben wichtigsten Werte, mit denen du als Kind aufgewachsen bist, in der Reihenfolge ihrer Wichtigkeit.

1. ______________________________

2. ______________________________

3. ______________________________

4. ______________________________

5. ______________________________

6. ______________________________

7. ______________________________

Übung zu deinen Werten, Teil 3

Um die Unterschiede zwischen deinen gegenwärtigen Werten und denen deiner Familie zu erkennen, lass uns diese gegenüberstellen und vergleichen.

Meine wichtigsten Werte	Die Werte meiner Familie
1.	1.
2.	2.
3.	3.
4.	4.
5.	5.
6.	6.
7.	7.

Übung zu deinen Werten, Teil 4

Wenn du dir deiner eigenen Werte bewusst bist, wirst du Menschen in deinem Leben erkennen, deren Werte mit deinen übereinstimmen, und du wirst dir bewusst, warum du Probleme mit bestimmten Menschen in deinem Leben hast. Um dir zu helfen, noch weiter darüber nachzudenken, beantworte die folgenden Fragen:

Wie schätzen andere Menschen deine Stärken ein? Sagen sie dir zum Beispiel, dass du ein treuer Freund bist? Oder dass du ein Optimist bist? Oder dass du ein großartiger Mannschaftskamerad bist? Denke an das positive Feedback, das du von Freunden, Familienmitgliedern, Mitarbeitern, Vorgesetzten, Kollegen usw. erhalten hast, und schreibe es auf.

Wie passen diese Stärken zu deinen wichtigsten Werten?

Hast du das Gefühl, dass du daran arbeiten musst, mehr Verhaltensweisen zu zeigen, die deine Werte widerspiegeln?

Es ist nicht immer einfach, sich an seine Werte zu halten und sie zu befolgen. Es ist eine lebenslange Reise, die viele unerwartete Überraschungen birgt.

Ich habe einmal mit jemandem zusammengearbeitet, der sagte, »Spaß« sei in seinem Leben stets einer der zentralen Werte gewesen. Er war ein Kameramann, der sich auf Drohnenaufnahmen und andere besondere Kameraarbeiten spezialisiert hatte. Er nahm nur Aufträge an, wenn er absehen konnte, dass es ihm Spaß machen würde. Er reiste um die Welt und suchte nach kurzweiligen Abenteuern, und er beurteilte, wie gut ein Tag gewesen war, je nachdem wie viel Spaß er gehabt hatte. Er fand sogar das perfekte Gegenstück in seinem Liebesleben: eine Frau, die Spaß gleichermaßen wertschätzte. Und dann beschlossen sie, ein Kind zu bekommen, und er konnte nicht glauben, wie schnell – scheinbar von einem Tag auf den anderen – sich seine Werte veränderten, nachdem das Baby geboren war. Plötzlich hatte der Spaß, sich in aller Welt herumzutreiben, seinen Reiz verloren und machte einem neuen Wert Platz: Liebe. Er schätzte jedoch immer noch den Spaß, und seine größte Aufgabe war es, einen Weg zu finden, diese Werte so aufeinander abzustimmen, dass einer nicht im Widerspruch zum anderen stand. Teil der Lösung war es, neu zu definieren, was »Spaß« für ihn bedeutete. Wenn es früher vielleicht für ihn bedeutet hatte, an einem Wochenende Drohnenaufnahmen auf einem Festival zu machen, bedeutete es jetzt eher, mit seiner Familie in einen nahegelegenen Park zu gehen. Der Punkt ist: Du musst vielleicht neu definieren, wie du deinen Werten gerecht wirst, wenn sich dein Leben entwickelt und verändert. Wenn sich deine Prioritäten in deinem Leben ändern, werden sich deine Werte wahrscheinlich auch ändern.

Eine weitere Situation, in der deine Werte auf die Probe gestellt werden, ist, wenn dir oder jemandem, den du liebst, Schaden zugefügt wird. Wenn etwas Unerwartetes geschieht – ob es der Verlust des eigenen Heims durch eine Naturkatastrophe ist, ob man zu Unrecht beschuldigt wird oder ob man plötzlich schwer krank wird –, in solchen Situationen werden unsere wichtigsten Werte am meisten in Frage gestellt. Doch gerade wenn wir in unserem Leben Hindernissen begegnen, sollten wir uns an unseren Kernwerten orientieren und sie ausüben, denn sie sind es, die uns helfen werden, das rettende Ufer zu erreichen.

ABSCHNITT 1: Deine familiären Beziehungen

Die Beziehungen zu unseren Blutsverwandten oder unserer Herkunftsfamilie sind die ersten, bei denen wir lernen, wie wir mit anderen Menschen in Kontakt treten können. Niemand wächst in völliger Isolation auf; wir lernen uns selbst durch andere kennen. Sichere und gesunde Verbindungen zur Familie sind eine der wichtigsten Voraussetzungen für ein widerstandsfähiges Leben. Unsere familiären Bindungen prägen von Beginn an unsere Überzeugungen und Verhaltensweisen, sie lehren uns, was wir von anderen brauchen, um uns in unserer frühen Kindheit sicher und wahrgenommen zu fühlen. Diese ersten Beziehungen bilden unsere Verhaltensmuster für den Rest unseres Lebens.

Unsere Fähigkeit, Liebe zu geben und zu empfangen, hat ihre Wurzeln in unserer frühesten Erfahrung, wie wir mit anderen in Kontakt getreten sind. Das gilt auch für entsprechende Hemmungen.

In den CAST-Centern untersuchen wir mit Hilfe des CAST-Alignment-Modells unsere Bindungsmuster und die Auswirkungen, die sie auf unser heutiges Leben haben. Diese Bindungsmuster und das Bindungsverhalten werden aktiviert, wenn unsere individuellen Bedürfnisse zum Vorschein kommen, die nach Sicherheit, Geborgenheit und Nähe verlangen. Wenn diese Bedürfnisse erfüllt sind, bezeichnen wir dies als eine sichere Bindung.

Eine sichere Bindung setzt ein System voraus, in dem die Bezugsperson – in der Regel ein Elternteil oder ein wichtiger Betreuer – als zugänglich und bei Bedarf ansprechbar angesehen wird. Die Bezugsperson bietet so eine sichere Basis, von der aus das Kind die Welt erkunden kann.

Auf der anderen Seite bedeutet »unsichere Bindung«, dass das Kind sich in einem System befindet, in dem die Reaktionsbereitschaft der Bezugsperson nicht vorausgesetzt werden kann und die Bedürfnisse des Kindes nicht erfüllt werden, was das Kind dazu treibt, eine Strategie für die wahrgenommene mangelnde Zuwendung der Eltern oder der Bezugsperson zu verfolgen. Dies kann sich als störendes oder Aufmerksamkeit verlangendes Verhalten manifestieren, das darauf abzielt, eine Beziehung zu einer Bezugsperson zu forcieren, damit diese die Bedürfnisse des Kindes erfüllt. Interessanterweise kann eine unsichere Bindung eine Person jedoch auch positiv beeinflussen. Ein Beispiel dafür ist Beth: Ihr Vater war in ihrer Kindheit Alkoholiker, und da er sich nicht um sie kümmerte, lernte sie von klein auf, wie man sich um sich selbst kümmert. Jetzt, als Erwachsene, weiß sie, wie man sich gut um sich selbst kümmert und Verantwortung übernimmt, weil sie das schon den größten Teil ihres Lebens über getan hat.

Die traurige Tatsache ist, dass nicht alle von uns in der Kindheit eine sichere Bindung erlebt haben, aber die gute Nachricht ist, dass du die richtigen Strategien und Verhaltensweisen in deinen Beziehungen als Erwachsener entwickeln kannst – und das gilt für Liebesbeziehungen, Freundschaften und sogar das Verhältnis zu Familienmitgliedern. Es gibt mehrere Möglichkeiten, dies zu tun: Du kannst ein stärkeres Bewusstsein dafür entwickeln, deine Bedürfnisse in einer Beziehung zu erkennen, du kannst dich auf eine gesunde Kommunikation mit der anderen Person konzentrieren, du kannst anderen gegenüber klare Grenzen setzen, sodass du dich nie ausgenutzt fühlst, und du kannst an deinen Gefühlen arbeiten, die entstehen, wenn du vielleicht nicht bekommst, was du von anderen willst.

Die folgenden Fragen helfen dir, über deine familiären Beziehungen nachzudenken – sowohl wie du sie als Kind erlebt hast, als auch wie du sie jetzt erlebst:

- Was hast du, als du ein Kind warst, geglaubt, was deine Familie von dir erwartete, wie solltest du für sie sein?
- Welchen Druck hat deine Familie ausgeübt, damit du dich in einer bestimmten Art und Weise verhältst?
- Was war deiner Familie wichtig? (Schulische Laufbahn, häusliche Pflichten, auf deine jüngeren Geschwister aufpassen, oder all das Genannte?)
- Wie wichtig ist dir deine Familie auf einer Skala von 1 bis 10? Warum hast du dich für die Zahl entschieden, die du gewählt hast?
- Wie gut ist deine Beziehung zu deiner Familie auf einer Skala von 1 bis 10? Was macht sie gut? Womit bist du nicht einverstanden?
- Was sind die Stärken, die du aus der gemeinsamen Zeit mit deiner Familie entwickelt hast? (Beispiele: Du bist fleißig, diszipliniert, konzentriert, ehrlich.)

- Wie gehst du mit Konflikten um, und auf welche Weise ist dieses Verhalten dem deiner Eltern ähnlich oder unähnlich? Hast du damit Erfolg?
- Machst du dir immer noch Gedanken, ob deinen Eltern etwas gefallen wird, das du entschieden hast, ob sie dein Verhalten gutheißen werden oder nicht?
- Gibt es negative Momente aus deiner Kindheit, die dich immer noch verfolgen? Was sind das für Momente? Kannst du diese Momente aus einem anderen Blickwinkel betrachten, sodass du sie vielleicht sogar schätzen kannst?

TIPPS GEGEN DAS EMPTY-NEST-SYNDROM

Wenn du viel Zeit, Liebe und Energie investiert hast, um deine Kinder zu großzuziehen, kann es schmerzhaft sein, wenn sie eines Tages ausziehen, sei es um an die Universität oder zum Militär zu gehen, oder einfach so, um allein zu leben. Dein eigenes Leben kommt dir dann vielleicht plötzlich vor wie eine gigantische Leere. Mit einem »leeren Nest« klarzukommen, kann eine sehr emotionale Angelegenheit sein, aber du kannst in deinem neugewonnenen Ort der Ruhe auch Frieden finden. Hier sind ein paar Tipps, wie das klappen kann:

1. Mache dir bewusst, dass es normal ist, zunächst emotional zu reagieren, und versuche nicht, deine Traurigkeit zu unterdrücken. Weine, wenn dir danach ist, aber versuche dir jedes Mal, wenn du dich ausgeweint hast, in Erinnerung zu rufen, dass du etwas Tolles geleistet hast: Du hast deine Kinder so erzogen, dass sie sich zuversichtlich und selbstbewusst genug fühlen, um ihr Zuhause zu verlassen.
2. Dein Kind entwickelt sich weiter, und das solltest du auch. Dies ist eine großartige Gelegenheit, um dein Leben neu zu überdenken, dich wieder mit deinem besten Selbst zu verbinden, einige neue Hobbys und Aufgaben wahrzunehmen und jeden Tag in vollen Zügen zu genießen. Suche Möglichkeiten, dich einzubringen, wie etwa dich in gemeinnütziger Arbeit zu engagieren, Kontakt zu alten Freunden wiederaufzunehmen oder einen neuen Fitnesskurs zu beginnen. Finde Freude an anderen Dingen als deinem Kind.
3. Obwohl dein Kind vielleicht nicht mehr bei dir lebt, bleibst du immer noch ein Elternteil. Nun triffst du vielleicht nicht mehr die praktischen, alltäglichen Entscheidungen, aber du bist immer noch eine wichtige Anlaufstelle

für dein Kind. Du wirst immer noch für es da sein müssen, egal was passiert. Du bist immer noch wertvoll.
4. Denke daran, dass sich dein Kind nicht von dir entfernt – es bewegt sich auf sein eigenes Leben zu. Nimm dir Zeit, deine Leistungen als Elternteil zu würdigen, anstatt dich auf deine Traurigkeit zu konzentrieren, weil dein Kind nun fort ist.
5. Du solltest dein Kind nicht ständig anrufen, Besuche einfordern oder Schuldgefühle aufkommen lassen. Auf diese Weise bremst du es und gibst ihm das Gefühl, für dein Glück verantwortlich zu sein. Das ist es nicht. Sabotiere nicht den Erfolg deines Kindes, indem du es zwingst, dein Lückenfüller zu sein.

Wenn du auf ein Familienmitglied wütend bist

Wir lassen Familienmitglieder vielleicht bestimmte Dinge sagen oder tun, die uns verletzen, bloß weil sie zur »Familie« gehören. Wenn ein Freund oder Fremder dieselben Dinge mit dir machen würde, würdest du wahrscheinlich eine ganz andere Reaktion zeigen. Ein Konflikt in einem Familiensystem tritt typischerweise auf, wenn jemand etwas sagt oder tut, was einem direkt oder indirekt wehtut. Da wir keinen Familientherapeuten haben, der während unserer Kindheit bei uns im Wohnzimmer sitzt, müssen wir diese oft schmerzhaften oder verletzenden Situationen allein verarbeiten, und sehr oft mangelt es an Versöhnung, was dann noch lange nachwirken kann. Übrigens ist es völlig in Ordnung, sich dafür zu entscheiden, bestimmte Familienmitglieder nicht in dein Leben zu integrieren. Auch ich habe bestimmte Familienmitglieder, mit denen die Chemie einfach nicht stimmt, und ich bin sicher, dass das bei dir nicht anders ist. Nur weil ihr blutsverwandt seid, bedeutet das nicht, dass du eine Beziehung zu diesen Menschen führen musst.

Vielleicht lebst du in einem fortwährenden Streit mit einem Familienmitglied (Schwester, Bruder, Elternteil, Tante, Onkel, Cousin etc.). Vielleicht hat sich im Laufe der Jahre eine Kluft zwischen euch entwickelt. Vielleicht bist du noch immer wütend auf ein Familienmitglied wegen etwas, das in der Vergangenheit passiert ist, ob es nun letzte Woche, letztes Jahr oder vor zehn Jahren war. Was auch immer es ist, das eure Beziehung beeinträchtigt, es ist an der Zeit, entweder damit zu beginnen, die Beziehung zu heilen, oder aber diese Bande aufzulösen.

Wenn du gegenüber einem Familienmitglied verbittert oder misstrauisch bist, ist es wichtig, dich zu fragen, ob diese Gefühle auf andere Beziehungen übergreifen. Selbst wenn sie nur eine bestimmte Person betreffen, sind dies starke Emotionen, und sie können beginnen, jeden Bereich deines Lebens und andere Beziehungen zu beeinflussen, wenn du es nicht verhinderst. So kannst du zum Beispiel nicht deinen Geschwistern gegenüber eine bestimmte Art von Mensch sein und in der Beziehung als Mutter, Frau oder Freundin ein ganz anderer Mensch sein. Um wirklich als dein bestes Selbst zu leben, musst du in all deinen Beziehungen dein bestes Selbst zeigen können. Es ist unmöglich, sich zweizuteilen, daher möchte ich dich ermutigen, Schritte zu unternehmen, um eine problematische Beziehung zu einem Familienmitglied in Ordnung zu bringen, damit nicht andere Bereiche deines Lebens in Mitleidenschaft gezogen werden.

Hier sind einige Methoden, die dir helfen, dein bestes Selbst zu sein, um in diesem Bereich eine Besserung zu bewirken.

- Wenn du jedes Mal, wenn du darüber nachdenkst, ein Familienmitglied zur Rede zu stellen, Angst bekommst und dir Sorgen machst, wie der andere reagieren könnte, dann frage dich, ob das Problem nicht vielleicht bei dir liegen könnte.
- Vertraue dir selbst, verstecke dich nicht mehr hinter deinem Schutzwall, sondern versuche, dich dem, was passiert, zu stellen, was auch immer es ist, und bewahre dabei deine Liebe für den anderen.
- Hast du Angst davor, verletzlich zu sein? Wenn du die Beziehung zu einem bestimmten Familienmitglied vermisst, sag es ihm, auch wenn das bedeutet, dass du dich damit angreifbar machst. Du hast vielleicht Angst davor, verletzt zu werden, aber entsteht ein Großteil deines Kummers nicht gerade deswegen, weil du deine Gefühle zurückhältst? Hält dieses Verhalten nicht den Konflikt in dir aufrecht? Gehe das Risiko ein und lasse dich nicht von der Angst vor Verwundbarkeit abhalten.
- Wenn du in irgendeiner Weise mit denen konkurrierst, die du liebst, konkurrierst du mit Menschen, die in deinem eigenen Team sind. Im Idealfall sollten die Mitglieder deiner Familie dich

unterstützen und nicht zu denjenigen gehören, mit denen du im Wettstreit liegst. Wenn Konkurrenzdenken im Mittelpunkt deines Problems mit einer Person steht, beschließe, den Wettstreit mit ihr zu beenden. Du wirst sehen, dass es sehr wahrscheinlich ist, dass sie es auch tun werden.

- Wenn du Neidgefühle gegenüber einem Familienmitglied hegst, frage dich, ob du wirklich verärgert über seinen Erfolg bist – oder ob du nur ein Bedürfnis hast, das von diesem Familienmitglied nicht erfüllt wird. Wenn du willst, dass der andere etwas anerkennt, erklärt oder entschuldigt, sag es ihm.
- Akzeptiere die Unterschiede zwischen dem betreffenden Familienangehörigen und dir und liebe ihn trotzdem. Du musst nicht so sein wie er, und du musst nicht die gleichen Dinge mögen oder die gleichen Prioritäten haben. Ihr müsst euch einfach so lieben, so gut ihr könnt.
- Entscheide dich in den schwierigsten Beziehungen, den edleren Weg des besten Selbst zu beschreiten, indem du sagst: »Ich werde dich lieben, ob es dir gefällt oder nicht.« Wenn ihr beide so an die Situation herangeht, wird etwas Gutes dabei herauskommen.
- Was auch immer deine Rechtfertigungen für den Konflikt sind – sie sind es letztendlich nicht wert. Wenn du heute dieses Familienmitglied verlieren würdest, wie wichtig wären dir die Dinge dann noch, über die du dich heute beschwerst? Wärest du stolz auf die verschwendete Zeit? Lasse keinen weiteren Tag mehr vergehen, ohne dem anderen zu sagen, wie es wirklich in deinem Herzen aussieht.

MISSBRAUCH INNERHALB DER FAMILIE

Wenn du ein Opfer irgendeiner Art von Missbrauch durch ein Familienmitglied warst oder bist, empfehle ich dir dringend, professionelle Hilfe zu suchen, denn es wird dein Leben immer beeinträchtigen, wenn diese Wunde nicht wirklich heilen kann. Solche Beziehungen haben einen tiefen Einfluss auf unser Leben, und wenn es Missbrauch, Vernachlässigung oder eine Kombination aus beidem gab, dann ist es wichtig, dass du geeignete Maßnahmen ergreifst, um die nötige Heilung zu erzielen. Dies sind komplexe Probleme, die nicht allein durch das Lesen dieses Buches gelöst werden können.

ABSCHNITT 2: Deine Liebesbeziehungen

Schauen wir uns deine Liebesbeziehungen an, indem wir deine Werte erneut aufgreifen und sie mit denen der Menschen vergleichen, mit denen du sehr enge Beziehungen führst. Das könnte dein Partner oder Ehepartner sein, jemand, den du gerne näher kennenlernen möchtest, oder jemand ganz anderes.

Übung zu deinen Werten in Liebesbeziehungen, Teil I

Kreise die Werte ein, die für deinen Partner gelten. Auch hier gibt es sowohl positive als auch negative Werte auf dieser Liste. Dein Partner kann einige negative Werte haben, und wenn dem so ist, dann musst du entscheiden, ob dich das stört oder nicht.

Ablehnung
Anerkennung
Angst vor […]
Ängstlichkeit
Armut
Ausgeglichenheit
Ausgrenzung
Aussichtslosigkeit
Autonomie
Bedauern
Beharrlichkeit
Beliebtheit
Bitterkeit
Demut
Depression
Desinteresse
Durchhaltevermögen
Ehrlichkeit
Eifersucht
Einfluss
Einsamkeit
Einsatz
Elan
Entmutigung
Entschlossenheit
Enttäuschung
Erfolg
Erniedrigung
Fairness
Feindseligkeit
Freude
Freundlichkeit
Freundschaften
Frieden
Frustration
Führung
Gemeinschaft
Gerechtigkeit
Geselligkeit
Gier
Glaube
guter Ruf
Herausforderung
Humor
innere Harmonie
Intelligenz
Kompetenz
Kreativität
Kritik
Kühnheit
Lernen
Liebe
Loyalität
Misserfolg
Missmut
Misstrauen
Mitgefühl
Nationalität
Neugierde
Niedergeschlagenheit
Offenheit
Optimismus
Perspektive
Pessimismus
Reichtum
Religion
Resignation
Respekt
Rückzug
Ruhm
Schönheit
Schuld
Selbstkontrolle
Selbstrespekt
Selbstsicherheit
Selbstzweifel
Sicherheit
sinnvolle Arbeit
Sorge
Sorgfalt
Spaß
Spiritualität
Stabilität
Starrheit
Status
Teamgeist

Trägheit
Trauer
Traurigkeit
Trübsinn
Umsicht
Unterstützung
Urteilsvermögen
Verantwortung
Vergnügen
Verlegenheit
Versöhnlichkeit
Vertrauenswürdigkeit
Verurteilung
Verzweiflung
Wachstum
Weisheit
Wertschätzung
Wissen
Wut
Zynismus

Wie wäre es für dich, wenn du eine Beziehung mit jemandem hättest, der andere Werte hat als du? Wahrscheinlich hängt es davon ab, welche Werte es sind oder wie die Prioritäten aussehen. Wenn Ehrlichkeit deine oberste Priorität in einer Beziehung ist und dein Partner sie nicht unter den ersten sechs hat, könnte die Geschichte schnell in die Binsen gehen. Aber ein gutes, offenes Gespräch über das, was du in einer Beziehung brauchst, erwartest und wertschätzt, ist eine großartige Sache, und du solltest es gleich am Anfang führen. Niemand will irgendwann entdecken müssen, dass man sich intensiv mit jemandem beschäftigt hast, der im Hinblick auf Ehrlichkeit nicht so empfindet, wie man selbst es tut. Kommunikation und Offenheit sind von zentraler Bedeutung.

Das Bewusstsein, wer du bist und was du brauchst, um in einer Beziehung zu wachsen, ist unerlässlich. Beantworte die folgenden Fragen, und bitte deinen Partner, dasselbe zu tun. Ich finde, wenn Paare dies auf unterstützende Weise gemeinsam durchführen, kann es sehr ermutigend und produktiv sein und entweder eine tiefere Verbindung schaffen oder Fragen klären, die man sonst in einer Beziehung vielleicht vermieden hätte. Hier sind die Fragen:

1. Was bist du bereit, in einer Beziehung zu akzeptieren?
2. Was bist du nicht bereit, in einer Beziehung zu akzeptieren?

Wenn du in deinem Leben eine neue Liebesbeziehung aufbaust oder deine gegenwärtige Beziehung weiterführst, behalte diese Fragen im Hinterkopf, damit du sicher sein kannst, dass du nie mit jemandem zusammen bist, der deine grundlegenden Werte nicht teilt.

Der Widerspruch von Mythos und Realität in Liebesbeziehungen

Hast du jemals darüber nachgedacht, wie die Medien unsere Wahrnehmungen und Überzeugungen davon prägen, wie Liebesbeziehungen aussehen sollen? Weiter oben habe ich dir eine Geschichte von einer meiner Klientinnen erzählt, deren negatives Selbst den Spitznamen Rapunzel trug. Ihre unrealistischen Ideale und Vorstellungen von Liebesbeziehungen waren entstanden auf der Grundlage von Informationen, die sie durch Fernsehsendungen, Filme, Musik, Werbung und unsere Popkultur im Allgemeinen erhalten hatte. Ja, sie hatte in ihrer Kindheit gewisse familiäre Dysfunktionen erlebt, und sie versuchte, die Lücke zu füllen, die eine angespannte Beziehung zu ihrem Vater hinterlassen hatte, aber die Medienmaschinerie befeuerte sie einfach nur noch mehr. Ich denke, das trifft auf viele Menschen zu, besonders auf Frauen.

Für Hochzeiten werden jährlich mehrere Milliarden Euro ausgegeben. Das Traurige ist, dass aufgrund all der endlosen Fernsehsendungen, Zeitschriften und der sozialen Medien, die sich auf den »großen Tag« konzentrieren, viele Paare das *große Ganze* aus den Augen verlieren. Die Hochzeit findet an einem einzigen Tag statt. Eine Ehe soll »angeblich« ein Leben lang halten. Aber in vielen Fällen verlagert sich der Fokus auf den Prunk und die Details dieses einen Tages und nicht auf den Rest des Lebens als Paar. Das hilft sicherlich nicht dabei, die Scheidungsrate zu senken; in Deutschland lag sie 2017 immerhin bei über 37 Prozent.[21]

Fast jeder Teil der Hochzeitszeremonie ist so konzipiert, dass einem eingetrichtert wird, dass das Paar für immer zusammenbleiben wird, obwohl man im Hinterkopf vielleicht nicht immer so sicher ist, dass es von Dauer sein wird. Natürlich sollte man *nie* darüber reden – zumindest nicht vor den Augen des Paares. (Ich habe zufällig gehört, wie Hochzeitsgäste auf der Hochzeit darüber diskutiert haben, ob die glückselige Braut und der Bräutigam ein Jahr überdauern würden!) Den Gästen verschlägt es die Sprache, wenn die schöne Braut ganz in Weiß zum Altar schreitet, der Prediger spricht von Gott und der Liebe, von dem Paar, das in guten und in schlechten Zeiten füreinander da ist, dann wird gefeiert – was zuweilen so endet, dass man hinterher ganz schön einen sitzen hat. (Wie könnte man das heilige Sakrament der Ehe besser feiern, als sich danach die Kante zu geben?) Wenn wir uns das noch mal vor Augen führen, wirkt die ganze moderne Variante von Hochzeiten doch ein wenig ... oberflächlich, nicht wahr? Wie konnte es eigentlich so weit kommen?

Schauen wir uns für einen Moment die zeitliche Entwicklung dessen an, was die Gesellschaft unter Romantik versteht. Je älter sie werden, desto mehr werden Kinder durch Bücher, Filme und Fernsehsendungen mit romantisierten Liebesgeschichten konfrontiert, und das zieht sich durch bis ins Erwachsenenalter. Zeig mir irgendeinen Sommer-Kinohit (der nicht auf einem Comic basiert!) und ich zeige dir eine glamouröse Liebesgeschichte, die vor Romantik nur so trieft und die jeglicher Kompromisse, schwierigen Zeiten, schlechten Stimmungen oder Krisen entbehrt. Es ist kein Wunder, dass unsere Erwartungen als Erwachsene völlig verzerrt sind, wenn wir schon in jungen Jahren ständig unrealistischen Darstellungen von Liebe ausgesetzt sind.

Darüber hinaus lassen uns diese Geschichten gemeinhin glauben, dass der *einzige* Weg, in unserem Leben wirklich glücklich zu sein, darin besteht, einen Partner zu haben. Dir wird im Grunde genommen gesagt, dass, wenn du Single bist, mit dir etwas nicht stimmt, und dass du es zu einem deiner vorrangigsten Ziele machen musst, deinen Seelenverwandten zu finden. Es ist gar nicht so einfach, diese unterbewussten Überzeugungen zu überwinden, wenn wir ihnen immerzu und überall ausgesetzt sind.

Wenn wir in die Pubertät kommen, kommt unsere Sexualität ins Spiel. Wir fühlen uns von einer anderen Person angezogen und sind oft zum ersten Mal so richtig verknallt. Die meisten Jugendlichen sehen in ihrem ersten Schwarm eine große Zukunft – es fühlt sich an wie die »ewige« Liebe. Die Aufregung und Leidenschaft sind groß, bis wir (nicht selten auf schmerzliche Weise) lernen, dass es nicht ewig hält. Infolgedessen beginnen wir, den Unterschied zwischen Verliebtheit und wahrer Liebe zu erkennen. Dann gibt es noch die kulturellen Traditionen und Normen, wie Schulbälle in den USA, wo von jungen Männern erwartet wird, dass sie ihre Dates mit einer großen, romantischen Geste bitten, mit ihnen zu diesem Ball zu gehen. Jeder Jugendliche hofft inständig, dass ihn jemand zum Ball fragt, weil das Pärchenbilden immer früher beginnt. Wenn du zum Personenkreis der LGBTQ (Lesben, Schwule, Bisexuelle, Transgender und queere Personen) gehörst, ist es oft ein noch verwirrenderer Prozess und das Gefühl, ausgeschlossen zu sein, wird nur noch mehr verstärkt. Das liegt daran, dass es keine signifikanten Vorbilder gibt, auf die Kinder schauen können. Es existiert auch kein einheitlicher Rahmen, wie man sich in sozialen Kreisen verhält, die einen vielleicht nicht akzeptieren. Wenn du aus irgendeinem Grund ausgeschlossen wirst, wirst du dich wahrscheinlich am Ende abgelehnt fühlen, was für dein Selbstwertgefühl extrem schädlich sein kann. Diese Verletzungen können uns jahrzehntelang zu schaffen machen, wenn wir dies zulassen.

Ich tanze vielleicht ein wenig aus der Reihe, aber ich glaube kategorisch *nicht*, dass etwas mit dir nicht stimmt, wenn du ein Single bist. Das Motto, das ich ganz am Anfang dieses Buches formuliert habe, lautet: Jeder Mensch ist einzigartig. Es gibt keine allgemeingültige Lösung für alle Menschen, ganz gleich, *wie* sie geartet sind, und das gilt auch für Beziehungen. Lass mich also eines klarstellen: Du kannst absolut dein bestes Selbst sein, ohne in einer Liebesbeziehung zu sein. Punkt. Du kannst all das Gefasel von wegen »Du musst deinen Seelenverwandten so schnell wie möglich finden und heiraten« ignorieren, das von allen Ecken unserer Kultur an dich herangetragen wird – vor allem von den Menschen, die von Berufs wegen Verlobungsringe, Hochzeitskleider und Smokings verkaufen. Es ist ein Trugschluss. Und was noch schlimmer ist: Menschen, die verzweifelt versuchen, den gesellschaftlichen Definitionen dessen, wie ihre Beziehungen aussehen sollten, gerecht zu werden, fühlen sich deswegen oft enttäuscht und niedergeschlagen und glauben, dass etwas mit ihnen nicht stimmt, anstatt den Fehler im System zu erkennen. Das macht mich gleichermaßen wütend und traurig. Es ist an der Zeit, dass wir uns selbst und andere akzeptieren, unabhängig vom Beziehungsstatus.

Ich werde jetzt mal aufhören, große Reden zu schwingen, und dir mitteilen, was ich selbst in meinem eigenen Leben erkannt habe: Wenn du du selbst bist und fest an dich glaubst, dann bist du genau da, wo du sein solltest, ob du nun in einer Beziehung lebst oder nicht. Du kannst versuchen, Dinge zu erzwingen, aber wenn bestimmte Aspekte einfach nicht zusammenpassen, wird dies zwangsläufig zu Herzschmerz führen.

Und hier ist der andere wichtige Punkt: Sagen wir mal, hypothetisch, du hättest geheiratet und dich dann acht Jahre später scheiden lassen, dann gibt es ein soziales Stigma, das besagt, dass du eine schlechte Ehe geführt hast. Aber wäre es nicht möglich, dass deine Ehe über weite Strecken großartig war, aber du am Ende einfach keine Liebe mehr empfunden hast? Warum kannst du also nicht einfach die tollen Jahre in Ehren halten, die ihr zusammen hattet? Es sollte nicht grundsätzlich so sein, dass man eine ganze Beziehung danach definiert, wie sie endet. Schätze deine Erinnerungen an die guten Zeiten. Das Leben ist vergänglich, und du kannst es nicht kontrollieren. Ich glaube nicht, dass Menschen, die sich scheiden lassen, versagt haben oder dass etwas mit ihnen nicht stimmt. Jeder ist auf seinem eigenen Weg. Angesichts dessen glaube ich, dass du es deinem besten Selbst und dem besten Selbst deines Partners (und sicherlich auch deinen Kindern, wenn du welche hast) schuldest, zu versuchen, an einer Beziehung zu arbeiten, bevor du dich entscheidest, dich zu trennen. Wenn du das Gefühl hast, dass du alles versucht hast und es einfach an der Zeit ist, dass die Beziehung zu einem friedlichen Ende kommt, dann kannst du dich mit dem Wissen trennen, dass jeder sein Bestes gegeben hat.

Unabhängig davon, wo du dich gerade in Bezug auf Liebesbeziehungen befindest – ob du Single bist, gerade jemanden kennengelernt hast, in einer langjährigen Beziehung steckst oder irgendetwas dazwischen –, das Wichtigste, woran du denken solltest, ist, ob du in der Lage bist, in dieser Beziehung als dein bestes Selbst zu agieren. Und ja, das gilt auch, wenn du Single bist, weil du jeden Tag für dich selbst als dein bestes Selbst auftreten musst – erinnere dich, das ist deine wichtigste Beziehung, egal welchen Beziehungsstatus du in Liebesdingen hast. Du kannst im Kapitel 6, »Sphäre 2: Dein Privatleben«, nachschlagen, um dich noch einmal mit diesem Thema zu beschäftigen.

Es gibt einige wirklich schlimme Mythen über Liebesbeziehungen, die ich jetzt auflösen möchte. Wenn du einem dieser Mythen zu stark glaubst, machst du es dir fast unmöglich, als dein bestes Selbst in deiner Beziehung zu leben. Nach jedem Mythos nenne ich dir eine Bestes-Selbst-Wahrheit, die du aufgreifen und auf deine Beziehungen anwenden kannst. Egal, wie sich deine gegenwärtige Beziehung für dich im Moment anfühlt, und egal, wie lange du und dein Partner schon zusammen seid: Ihr müsst euch dieser Mythen bewusst sein.

Lass uns einen Blick darauf werfen:

MYTHOS #1: Eine gute Beziehung erfordert gleichgesinnte Ansichten in jeder Hinsicht.

BESTES-SELBST-WAHRHEIT

- Du und dein Partner seid zwei unterschiedliche Menschen, und zwar in jeder Hinsicht. Es gibt keine Bedingung, dass ihr bei allem das Gleiche denkt.
- Wenn du Probleme in deiner Beziehung hast, wirst du sie nicht lösen, indem du dein Denken genau auf das deines Partners ausrichtest, denn das könnte tatsächlich bedeuten, dass du deine Grundwerte verrätst.
- Denke daran, dass das Glück in einer Liebesbeziehung dadurch entsteht, dass du mit jemandem zusammen bist, der dein Leben bereichert und es nicht nur widerspiegelt. Akzeptiert eure Unterschiede.

MYTHOS #2: Eine gute Beziehung erfordert viel Romantik.

BESTES-SELBST-WAHRHEIT

- Weiter oben sprachen wir ja bereits über das Image des Hochzeitstages und sein Verhältnis zur Realität, aber es steckt mehr dahinter. Wenn du ein tiefes Bedürfnis hast, ständig von filmwürdigen Momenten umgehauen zu werden, sind Enttäuschungen unausweichlich, weil sich das einfach nicht aufrechterhalten lässt.
- Verstehe den Unterschied zwischen Verliebtsein und Liebe. Nur weil die Leidenschaft und Aufregung der ersten Phase der Liebe verblasst, wenn man sich in eine sichere, realistische Beziehung begibt, bedeutet das nicht, dass etwas nicht stimmt. Es ist einfach eine neue Phase, eine, in der du eine neue Tiefe der Verbindung erleben kannst.

MYTHOS #3: Eine gute Beziehung erfordert ausgezeichnete Problembewältigung.

BESTES-SELBST-WAHRHEIT

- Ich denke, viele Menschen glauben, dass eine Beziehung nur dann funktioniert, wenn man jedes Problem lösen kann, das sich einem stellt. Falsch!

- Die meisten Probleme, die in einer Beziehung auftreten, sind in der Tat nicht lösbar.
- Der Schlüssel ist, diese Probleme nicht in dir schwelen zu lassen und Ressentiments zu schüren, wodurch die Eigenschaften deines negativen Selbst geweckt werden könnten.
- Lerne, wie du es schaffst, anderer Meinung zu sein und die emotionale Distanz zu finden, die du brauchst, und hüte dich davor, die gleichen Probleme immer und immer wieder neu zu thematisieren oder sie als Waffe gegen deinen Partner zu verwenden.

MYTHOS #4: Eine gute Beziehung erfordert gemeinsame Interessen, um sich auf ewig aneinander zu binden.

BESTES-SELBST-WAHRHEIT:

- Sicher, es ist toll, wenn ihr beide am Wochenende windsurfen geht oder im Herbst gemeinsam Fußballspiele anschaut. Aber wenn einer von euch eine Beschäftigung genießt und der andere nicht, sollte keiner von euch sich verbiegen, um diese Beschäftigung lieben zu lernen, oder umgekehrt, sie aufgeben müssen.
- Ich wiederhole noch einmal: Dein Partner kann aus euren Unterschieden lernen, also ist es völlig in Ordnung, wenn ihr unterschiedliche Interessen habt.

MYTHOS #5: Eine gute Beziehung ist eine friedliche Beziehung.

BESTES-SELBST-WAHRHEIT

- Es ist unrealistisch zu glauben, dass du jeden Tag in deinem Leben Frieden haben wirst. Du brauchst keine Angst zu haben, dass das Streiten innerhalb einer Beziehung ein Zeichen für eine ungesunde Bindung ist. Selbst die besten Paare streiten sich.
- Streit hängt vor allem davon ab, wie man damit umgeht. Wenn es richtig gemacht wird, kann ein Streit deine Bindung stärken, indem er dir erlaubt, Spannungen abzubauen, die sich möglicherweise aufgebaut haben, und indem er dir die Gewissheit gibt, dass es Unstimmigkeiten zwischen euch beiden geben kann, ohne dass du Angst haben musst, verlassen oder gedemütigt zu werden.

Hier sind einige Bestes-Selbst-Techniken für Auseinandersetzungen:

- Frage dich selbst während eines Konflikts, was dein bestes Selbst tun oder sagen würde, anstatt dich den Emotionen hinzugeben, die von deinem negativen Selbst ausgelöst werden.
- Greife nie während eines Streits das Selbstwertgefühl deines Partners an – es ist tatsächlich zu keinem Zeitpunkt angemessen, eine Persönlichkeit in ihren Grundfesten zu attackieren.
- Halte deine Stimme auf normaler Lautstärke. Schreien hilft deinem Partner nicht, deinen Standpunkt zu »verstehen«.
- Beginne keinen Streit, weil es dich einfach reizt. Solches Verhalten sieht ganz eindeutig nach deinem negativen Selbst aus.
- Bleibe während des Streits beim Thema. Der Wechsel zu anderen ungelösten Problemen macht alles nur noch schwieriger.
- Führe den Streit nicht so, als würdest du keine Kompromisse eingehen wollen – wenn du so sehr darauf pochst, recht zu behalten, würgst du jede Art von offener Debatte ab.
- Sage deinem Partner, dass du seinen Standpunkt gehört und verstanden hast, indem du diesen wiederholst.
- Bleib bei der Sache. Selbst wenn der Konflikt nicht gelöst werden kann, versuche, einen emotionalen Abschluss zu finden, mit dem ihr beide leben könnt.

MYTHOS #6: Eine gute Beziehung erlaubt es dir, all deinen Gefühlen freien Lauf zu lassen.

BESTES-SELBST-WAHRHEIT

- Selbst in den Momenten, in denen du völlig überdreht bist, unter enormem Druck stehst, erschöpft oder mit den Nerven am Ende bist: Denke daran, dass du deinen Partner immer noch liebst und du ihm den Respekt schuldest, ihm nicht all deine Gefühle unreflektiert entgegenzuschleudern, denn das kann extrem verletzend sein.

- Vergebung ist sicherlich wichtig in Beziehungen, aber es will wohl niemand um Vergebung bitten müssen, weil er in einem angespannten Moment etwas Schreckliches gesagt hat.
- Wenn du emotional sehr aufgewühlt bist, solltest du, ehe du deinen Mund aufmachst, um etwas zu sagen, innehalten, tief durchatmen und dein bestes Selbst fragen, was du tun solltest. Vielleicht möchtest du sogar eine Pause einlegen und dein persönliches Mantra oder Ritual wiederholen. Ich meine das vollkommen ernst! Es spielt keine Rolle, ob es in der Hitze des Gefechts passiert. Nimm eine kurze Auszeit und verlasse den Raum, gehe irgendwohin, um dich zu sammeln. Dann komme zurück und setze das Gespräch fort.

MYTHOS #7: Eine gute Beziehung hat nichts mit Sex zu tun.

BESTES-SELBST-WAHRHEIT

- In Beziehungsumfragen sagen Paare, die berichten, dass ihr Sexualleben zufriedenstellend ist, dass sie auf der »Wichtigkeitsskala« Sex nur mit 10 Prozent bewerten. Andererseits sagen Paare, die berichten, dass ihr Sexualleben nicht zufriedenstellend ist, dass sie Sex auf der Wichtigkeitsskala mit 90 Prozent bewerten. Mit anderen Worten: Sex hat in Beziehungen keine große Bedeutung, es sei denn, man hat keinen.
- Sex ermöglicht es uns, ein hohes Maß an Nähe, Verbundenheit und einen engen Austausch mit unserem Partner zu erleben, bedeutet aber auch, Verletzlichkeit zuzulassen.
- Um es klarzustellen: Sex bezieht sich nicht nur auf den eigentlichen körperlichen Akt. Jeder Weg, mit dem du deinem Partner körperliches Wohlbefinden bietest, kann als Teil eines erfüllten Sexuallebens betrachtet werden.

MYTHOS #8: Es kann keine gute Beziehung entstehen, wenn ein Partner gravierende Schwächen hat.

BESTES-SELBST-WAHRHEIT

- Wir alle haben zwei Dinge gemeinsam: Jeder von uns ist einzigartig, und keiner von uns ist perfekt. Ihr könnt eine großartige Beziehung haben, obwohl ihr beide Individuen seid, die Schwächen haben.
- Anstatt sich zwanghaft mit den Schwächen deines Partners zu beschäftigen, erinnere dich an die Qualitäten, die dich am Anfang zu ihm hingezogen haben. Vielleicht waren einige dieser Eigenheiten, die du jetzt als Schwächen betrachtest, Teil der Anziehungskraft? Nur weil ein Verhalten nicht der Norm entspricht, bedeutet das nicht, dass es für die Beziehung Gift sein muss.
- Allerdings gibt es einen wirklich wichtigen Aspekt zu beachten: Du solltest klar unterscheiden zwischen einem Partner mit Eigenarten und einem Partner mit einem ernsthaften Problem. Zu den schwerwiegenden Problemen, die destruktiv und demütigend sind, gehören Drogenmissbrauch und psychische oder physische Gewalt. Im Gegensatz zu Eigenarten sind dies keine Verhaltensweisen, mit denen du leben lernen solltest, sondern du musst, wenn solch ein Problem vorliegt, Schritte unternehmen, um dich und deine Kinder zu schützen.

MYTHOS #9: Es gibt einen richtigen und einen falschen Weg zu einer guten Beziehung.

BESTES-SELBST-WAHRHEIT

- Es gibt keinen definitiven »richtigen Weg«, um ein guter Ehepartner oder ein guter Elternteil zu sein oder mit all den Herausforderungen einer Beziehung fertigzuwerden, die das Leben mit sich bringt. Doch es gibt die Art und Weise, wie dein bestes Selbst all diese Dinge tun würde, und nur du weißt, ob du aus deinem besten Selbst schöpfst oder ob du deinem negativen Selbst erlaubst, das Zepter in die Hand zu nehmen.
- Tue, was sich für dich gut und authentisch anfühlt, anstatt willkürlichen Standards zu folgen, von denen du vielleicht in einem

Buch gelesen, oder die du in einem Film gesehen oder von einem wohlmeinenden Freund gehört hast. Wenn das, was du und dein Partner tut, die gewünschten Resultate hervorbringt, dann bleibt dabei. Wenn ihr beide mit der aktuellen Struktur und den Werten eurer Beziehung zufrieden seid, könnt ihr eure eigenen Regeln schreiben. Was zum Beispiel das Thema Geheimnisse in einer Beziehung betrifft, so praktizieren einige Paare vollkommene, ungeschminkte Offenheit, ohne jegliche Geheimnisse voreinander. Wenn das für dich funktioniert, toll. Wenn deine Beziehung jedoch mit ein paar Geheimnissen, die bestimmte Kriterien erfüllen (z. B. keine Geheimnisse, die die Gesundheit von Partner oder Kind beeinträchtigen), gut funktioniert, ist das auch in Ordnung. Der Schlüssel ist, dass du und dein Partner am gleichen Strang ziehen.

- Denke daran, nicht unflexibel zu sein, was die Art und Weise betrifft, wie du die Liebesbekundungen deines Partners annimmst. Es gibt keinen »richtigen Weg« für jemanden, der dich liebt. Die Tatsache, dass dein Partner Gefühle anders ausdrückt als du oder anders, als du es vielleicht erwartest, macht diese Gefühle nicht weniger echt oder unbedeutender.

MYTHOS #10: Deine Beziehung wird nur dann großartig sein, wenn du deinen Partner verbessern kannst.

BESTES-SELBST-WAHRHEIT

- Ich habe es schon einmal gesagt, und ich werde es noch einmal sagen: Du hast nur die Kontrolle über dich selbst und dein Verhalten, über sonst niemanden – auch nicht über deinen Partner. Das gilt umgekehrt natürlich gleichermaßen. Du kannst deinen Partner nicht ändern. Das bedeutet also, dass du deinen Anteil an allen Problemen, die du in der Beziehung hast, selbst zu tragen hast. Und wenn es Aspekte an deinem Partner gibt, die du absolut nicht akzeptieren kannst, dann falle nicht dem Glauben zum Opfer, dass du ihn ändern kannst. Genau das könnte am Ende ein triftiger Grund sein, die Beziehung zu beenden.
- Eine Sache, über die wir im Buch bereits gesprochen haben, betrifft die Folgen deiner persönlichen Veränderungen, sobald du

beginnst, ein Leben zu führen, das deinem besten Selbst entspricht. Du wirst vielleicht überrascht sein, wie deine unmittelbare Umgebung anfangen wird, sich an deine neue Persönlichkeit, die du nach außen hin präsentierst, anzupassen. Mit anderen Worten, du kannst deinen Partner nicht ändern, aber wenn du dich selbst veränderst, wird dein Partner vielleicht mit der Zeit beginnen, anders auf dich zu reagieren. Wenn du dich änderst, muss sich die Dynamik ändern – das bedeutet nicht, dass sie sich zum Besseren ändern wird, aber sie wird sich ändern.

- Du kannst nicht erwarten, dass dein Partner die Verantwortung für dein Glück übernimmt; du bist für dein eigenes Glück verantwortlich. Und denke daran, dass Liebe gegenseitig ist – je mehr du gibst, desto mehr bekommst du zurück. Du musst deinem Partner gegenüber liebevoll und aufmerksam sein, um Liebe und Aufmerksamkeit zu empfangen.

So etwas wie die perfekte Beziehung gibt es nicht, denn wir sind alle unvollkommen. Jede Beziehung hat ihre eigene Dynamik, die funktioniert oder nicht funktioniert. Wenn es einen Bereich in deiner Beziehung gibt, der derzeit nicht funktioniert, dann hoffe ich, dass du ein ehrliches, offenes und neugieriges Gespräch darüber führen kannst. Das grundlegende Ziel unserer gemeinsamen Arbeit ist es, zu lernen und wirklich zu verstehen, was für dich in deinen Liebesbeziehungen wichtig ist.

Elternschaft als dein bestes Selbst

Wenn du ein Elternteil bist, gibt es keinen wichtigeren Bereich in deinem Leben, in dem du mit deinem besten Selbst verbunden sein musst. Und von dem, was meine Klienten und Freunde, die Eltern sind, mir sagen, gibt es auch keinen anderen Bereich, in dem es schwieriger ist, aus seinem besten Selbst heraus zu handeln, als die Kindererziehung. Elternschaft ist nicht bloß ein Status, sondern ein 24-Stunden-Job, und zwar täglich.

Wenn du derzeit keine elterlichen Verpflichtungen hast und auch keinen Nachwuchs planst, kannst du die folgenden Abschnitte gerne überspringen. Gleichwohl könnten die folgenden Abschnitte einige Tipps für deine Beziehungen zu anderen Personen bereithalten, sodass es sich lohnen könnte, sie trotzdem zu überfliegen.

Im Folgenden findest du einige spezifische Tipps, die dir bei deiner authentischen Reise als Elternteil helfen sollen, damit sowohl du als auch deine Kinder sich entwickeln können.

DAS BESTE SELBST IN DER KINDERERZIEHUNG #1: ZIELORIENTIERTE ERZIEHUNG

Eine der wichtigsten und aufregendsten Entscheidungen, die du als Vater oder Mutter treffen kannst, ist die Definition von Erfolgszielen für deine Kinder. Die Auswahl, Vermittlung und Umsetzung klarer und altersgerechter Ziele gibt deinen Kindern ein Gefühl von Sinnhaftigkeit, durch das sie die Erfahrung machen, ihre Welt zu meistern, wenn sie die festgelegten Maßstäbe in ihrem Leben erreichen. Deine Definitionen von Erfolg für deine Kinder sollten die Interessen, Fähigkeiten und Begabungen deiner Kinder widerspiegeln – und nicht nur deine eigenen.

Denke daran: Dein Kind ist nicht du. Kinder haben ihre eigene einzigartige Persönlichkeit, und sie müssen von klein auf lernen, wie sie sich mit *ihrem* besten Selbst verbinden. Daher ist ein vorrangiges Ziel, das du dir mit deinen Kindern setzen solltest, ihnen zu helfen, zu entdecken, wer sie sind, was sie interessiert und wie sie mit der Welt umgehen. Fördere ihre Individualität auf dem Weg dorthin, damit sie ermutigt werden, sich mit ihrem besten Selbst zu verbinden und ihr wahres Ich zu entdecken. Wir bringen unseren Kindern durch unser Tun etwas bei, also sei deinem Kind ein Vorbild, wie das Leben als dein bestes Selbst aussieht. Wenn Kinder dich als authentisch erleben, werden sie eher dazu geneigt sein, es ebenso zu sein. Eine der vorrangigen Aufgaben, die du als Elternteil hast – und eines der größten Geschenke, die du deinen Kindern geben kannst – ist es, sie zu lehren, ihre eigenen Talente voll zu entwickeln und ihr Leben um das herum aufzubauen, was sie erfüllt, was es auch immer sei.

Ein weiteres erklärtes Ziel, an dem man gemeinsam arbeiten kann, ist die Sozialisation, die deinem Kind hilft, ein verantwortungsbewusster Bürger zu werden, im Einklang mit anderen Menschen zu arbeiten und enge und vertrauensvolle Beziehungen zu entwickeln. In diesem Bereich ist es wichtig, dass du deine Kinder mit der Fähigkeit ausstattest, den Lärm des Lebens auszuschalten und sich nicht von den negativen Einflüssen anderer ablenken zu lassen. Ermutige sie, mit dir zu kommunizieren, damit ihr zusammenarbeiten könnt, um herauszufinden, was wichtig ist und was purer »Lärm« ist. Eine der Möglichkeiten, wie du das tun kannst, ist, eine abendliche Routine festzulegen, bei der jedes Mitglied der Familie die guten und schlechten Vorkommnisse des Tages Revue passieren lässt. Dies kann beim Abendessen sein, oder wann immer es Sinn macht in eurer täglichen Routine. Jedes Familienmitglied teilt mindestens eine gute und eine schlechte Sache mit, die ihm an diesem Tag passiert sind. Die Idee dahinter ist, die Freuden des anderen zu teilen und sich gegenseitig zu ermutigen, wenn etwas Kummer bereitet. Falls dein Kind geärgert oder auf irgendeine Weise schlecht behandelt worden ist, kannst du ihm helfen, darüber hinwegzukommen und kannst es emotional aufbauen.

Wenn du schließlich deinen Kindern die Fähigkeit vermitteln kannst, dankbar zu sein, wirst du ihnen enorm dabei helfen, zu verstehen, dass wahres Glück entsteht, wenn wir im Moment leben, aufmerksam sind und tief dankbar sind für alles, was wir haben. Entwickle ein unterhaltsames Ritual, wie ihr als Familie jeden Tag eure Dankbarkeit zum Ausdruck bringen könnt, sei es, dass jeder reihum beim Abendessen mitteilt, wofür er dankbar ist und warum, oder dass jeder etwas aus dem »Dankbarkeitsglas« der Familie zieht und erklärt, warum er für diese Sache dankbar ist. So könnt ihr jeden Tag zu einem positiven Abschluss bringen. Je nachdem, wie es am besten in den Familienalltag passt, kann dies nur ein paar Sekunden dauern oder ein längeres Gespräch werden. Aber wenn du mit einer Haltung der Dankbarkeit aufwachst und den Tag auch so beenden kannst, gibst du deinen Kindern ein Geschenk, das ihnen ein Leben lang von Nutzen sein wird.

Das beste Selbst in der Kindererziehung #2: Erziehung mit klaren Angaben

Die Erziehung mit klaren Angaben basiert auf dem Grundsatz, dass die Kommunikation zwischen Eltern und ihren Kindern für den Aufbau und die Aufrechterhaltung einer liebevollen und produktiven Beziehung unerlässlich ist. Als Mutter oder Vater sollte es dein Ziel sein, eine häusliche Umgebung zu schaffen, die Gefühle von Sicherheit, Geborgenheit, Zugehörigkeit, Selbstvertrauen und Stärke für die gesamte Familieneinheit fördert. Um dies zu erreichen, musst du mit absoluter Klarheit kommunizieren.

Kinder brauchen das Gefühl, dass sie innerhalb klar abgesteckter Grenzen, die ihr in der Familie definiert habt, immer noch eine gewisse Macht und auch Einflussmöglichkeiten haben. Der primäre Weg, dieses Gefühl zu fördern, ist, den Kindern deine volle, ungeteilte Aufmerksamkeit zu schenken, wenn du mit ihnen kommunizierst, und sehr sorgfältig abzuwägen, was sie zu vermitteln versuchen. Zuhören ist dabei das Wichtigste. Allzu häufig findet die einzige Kommunikation zwischen Eltern und Kindern statt, wenn eine Krise ausgebrochen ist oder wenn negatives Feedback gegeben wird. Es ist wichtig, problematische Themen anzusprechen, wenn gerade keine stressige Situation vorliegt. Es ist zum Beispiel nicht ratsam, darüber zu sprechen, wie lange das Kind abends ausgehen darf und wann es wieder zu Hause sein soll, wenn es gerade 30 Minuten zu spät heimgekehrt ist. Du musst diese Regeln klar kommunizieren, *bevor* dein Kind abends ausgeht. Wenn es gegen die Vorgaben verstößt, spare dir die Diskussionen über die Konsequenzen bis zum nächsten Morgen, wenn du etwas ruhiger und hoffentlich nicht mehr so aufgebracht bist. Ein anderes Beispiel: Wenn du ein jüngeres Kind hast, das sich manchmal weigert, abends die Zähne zu putzen, lege Konsequenzen fest, sodass du es beim nächsten Mal, wenn es sich weigert, die Zähne zu putzen, ruhig und leise daran erinnern kannst, dass seine Entscheidung bestimmte Konsequenzen hat. Schreien und Poltern in der Hitze des Augenblicks ist die schlechteste Form der Kommunikation, die man praktizieren kann.

Oft ist das richtige Timing der wichtigste Faktor bei Gesprächen. Kinder wollen gehört werden, anerkannt werden und wissen, dass ihre Gefühle ernst genommen werden. Sie wollen wissen, dass sie bestimmte Rechte und Privilegien erwerben können, wenn sie das tun, was von ihnen erwartet wird. Sie wollen spürbar etwas Macht haben, und die Möglichkeit, durch ihr Verhalten das zu erreichen, was sie sich wünschen. Das beginnt schon in sehr jungen Jahren, ja sogar bereits in den ersten Lebensmonaten. Wenn deine Kinder etwas haben möchten, das sie nicht haben sollten, und du nein sagst, ist es wichtig, Augenkontakt aufzunehmen und dem Kind zu sagen, dass du verstehst, dass es verärgert und aufgewühlt ist und dass du es liebst, auch wenn du nein sagst. Bleib bei deiner Entscheidung. Doch nimm dir die Zeit, deinem Kind zu sagen, dass du es hörst und seine Gefühle verstehst. Erläutere die logischen Gründe, warum es nicht das haben kann, wonach es fragt, aber vermeide übermäßige und langatmige Erklärungen. Wenn du dir dies zur Gewohnheit machst – sei es von Anfang an oder wenn dein Kind ein bestimmtes Alter erreicht hat –, dann wird es sich auszahlen, wenn dein Kind älter wird, und es wird zu einem weniger fordernden oder aufsässigen Teenager heranreifen.

Das beste Selbst in der Kindererziehung #3: Erziehung durch Verhandlung

Das Leben erfordert viel Verhandlungsgeschick, und Elternschaft ist keine Ausnahme. Als Mutter oder Vater musst du den Persönlichkeitstyp deines Kindes herausfinden und entsprechend verhandeln.

Wenn du ein sehr rebellisches Kind hast, willst du nicht unbedingt auf ungeschickte Weise an die Verhandlungen herangehen. Einer der ersten Schritte, um deinem Kind die Grundlagen der Verhandlungsführung beizubringen, ist es, sicherzustellen, dass es die Folgen seines Handelns vorhersehen und ein Verantwortungsbewusstsein für die Resultate entwickeln kann, die sein Handeln hervorbringt. Dann wird dein Kind sich bestärkt fühlen und du wirst von Mal zu Mal mit größerer Wahrscheinlichkeit die Verhandlungen erfolgreich gestalten können.

Die Best-Self-Verhandlungsstrategie mit deinen Kindern

- Grenze das Streitgebiet ein.
  - Konzentriere dich nur auf den gerade anliegenden Streit. Streue nicht noch andere Streitthemen oder Unstimmigkeiten ein, die es jüngst oder in der Vergangenheit gegeben hat.
- Finde heraus, was dein Kind wirklich will.
  - Du weißt vielleicht schon, was das ist, aber stelle sicher, dass es mit dem übereinstimmt, was du denkst, dass es haben sollte. Wenn es etwas ist, das Kinder in irgendeiner Weise gefährdet, ist das Thema sofort vom Tisch.
- Arbeite daran, einen Mittelweg zu finden.
  - *Kompromiss* ist ein Zauberwort in allen Haushalten, vor allem aber in denen mit Kindern. In der Lage zu sein, einen Mittelweg zu finden, in dem sich jeder so fühlt, als hätte er gewonnen, kann Probleme schnell entschärfen und einen Machtkampf unterbinden.

- Treffe klare Vereinbarungen und präzisiere das Verhandlungsergebnis.
  - Achte darauf, dass dein Kind die endgültige Entscheidung vollständig versteht.
- Ausgehandelte Vereinbarungen solltest du anfangs nur auf eine kurze zeitliche Frist eingrenzen.
  - Für kleine Kinder ist es schon schwer, sich auf eine Vereinbarung zu beziehen, die erst wenige Stunden zuvor getroffen wurde. Wende bei den Verhandlungen altersgerechte Zeitpläne an.

Das beste Selbst in der Kindererziehung #4: Erziehung durch Anreize

Wenn du möchtest, dass sich dein Kind angemessen verhält, setze die Standards für das Verhalten, das du anstrebst. Zu oft konzentrieren sich Eltern ausschließlich auf das unerwünschte Verhalten ihres Kindes, und als Folge davon kann es sein, dass man sich plötzlich in einem steten Kreis aus Beschwerden wiederfindet.

Anstatt dich darauf zu konzentrieren, inakzeptables Verhalten zu ändern, solltest du deine Aufmerksamkeit darauf lenken, positive Verhaltensweisen in deinem Kind zu entwickeln, dann werden die negativen Verhaltensweisen nicht so schwerwiegend sein. Eine gute Möglichkeit, dies zu erreichen, ist, zu verstehen, welche Anreize für dein Kind funktionieren.

Anreize sind ein System von Belohnungen oder Anerkennungen für gutes Verhalten. Wenn die Belohnung während oder unmittelbar nach einem angestrebten Verhalten präsentiert wird, steigt die Wahrscheinlichkeit, dass dieses Verhalten erneut auftritt. Suche einen Weg, wie sich dein Kind durch angemessenes Verhalten so viele Belohnungen wie möglich erarbeiten kann.

Es gibt viele verschiedene Anreize, und sie können mit dem Alter deines Kindes variieren. Die Methode, Sternenpunkte zu sammeln, funktioniert sehr gut für kleine Kinder – sie bekommen einen Stern für bestimmte positive Verhaltensweisen, und nach einer bestimmten Anzahl von Sternen erhalten sie ein kleines Geschenk – etwa Aufkleber, Seifenblasen oder Malkreide. Verzichte darauf, mit Lebensmitteln jeglicher Art zu belohnen, damit du keine ungesunden Beziehungen zu

Süßigkeiten aufbaust, die später im Leben schädlich sein könnten. Und beginne nicht mit Belohnungen, die teuer sind, sonst setzt du vielleicht Erwartungen, die unrealistisch oder zu hoch sind. Ältere Kinder können sich bestimmte Privilegien oder zusätzliche Zeit für tolle Aktivitäten verdienen, weil sie gezeigt haben, dass sie verantwortungsbewusst sind und sich für positive Verhaltensweisen entscheiden können. Sobald du verstanden hast, was dein Kind als wertvoll erachtet, kannst du sein Verhalten formen und gestalten.

Das beste Selbst in der Kindererziehung #5: Erziehung durch Veränderung

Wenn es um Erziehung geht, solltest du bereit sein, alles zu tun, was nötig ist. Dies kann bedeuten, dass du dir von deiner Arbeit zwei Wochen frei nehmen musst, weil du dich zu Hause um dein krankes Kind kümmern musst. Es kann sein, dass du finanzielle Opfer bringen musst – du kannst dir vielleicht kein teures Auto mehr leisten, musst in eine günstigere Wohnung umziehen, bei den Ausgaben für Lebensmittel sparen oder kannst in den Ferien nicht mehr weit wegfahren.

Wenn sich das Leben eines Kindes und damit das Leben der gesamten Familie verändert, kann es jedem helfen, mit der neuen Situation umzugehen, indem man die gegenseitigen Verpflichtungen und Verantwortlichkeiten aufschreibt. Auf diese Weise schaffst du ein Kommunikationssystem, das den neuen Erwartungen aller entspricht, du kannst Schwierigkeiten antizipieren und einen Plan für alle noch auf dem Weg liegenden Unwägbarkeiten entwickeln.

Das beste Selbst in der Kindererziehung #6: Erziehung in Harmonie

Um Harmonie in deinen eigenen vier Wänden zu schaffen, solltest du sicherstellen, dass du mit nichts oder niemand anderem um die Aufmerksamkeit deines Kindes konkurrierst und umgekehrt. Ich habe von kleinen Kindern gehört, die den Kopf ihrer Eltern regelrecht von ihrem Handy wegdrehen müssen, um sie dazu zu bringen, ihnen in die Augen zu sehen und ihnen zuzuhören, wenn sie was sagen wollen. Und wir alle wissen, dass Kinder sich vor den Fernseher fläzen und total wegdriften können. Sie starren nur noch auf den Bildschirm und ignorieren dabei völlig jedes Gespräch, dass Eltern mit ihnen zu führen versuchen. Wenn der Fernseher, das Handy, Videospiele oder andere technische Geräte dich davon abhalten, daheim eine harmonische Atmosphäre zu schaffen, ist es an der Zeit, die Prioritäten deiner Familie ernsthaft zu prüfen.

Zuerst einmal solltest du deine Prioritäten aufstellen; du kannst dies in einer Art Top-Ten-Liste tun. Danach kannst du die zehn Dinge auflisten, mit denen in deinem Haushalt Zeit vergeudet wird. Wenn du diese beiden Listen miteinander vergleichst, erkennst du, ob die Art und Weise, wie deine Familie ihre Zeit verbringt mit deinen Prioritäten übereinstimmt. Wenn du feststellst, dass den Prioritäten und Werten ganz oben auf deiner ersten Liste die wenigste Zeit gewidmet wird, solltest du bewusst damit beginnen, die Zeit und Energie deiner Familie neu zu ordnen.

Das beste Selbst in der Kindererziehung #7: Erziehung durch gutes Beispiel

Die prägendsten Vorbilder im Leben von Kindern sind ihre Eltern. Es ist unbestritten, dass Kinder indirekt lernen, indem sie das Verhalten anderer beobachten und die Folgen ihres Handelns zur Kenntnis nehmen. Sie beobachten, was mit den Familienmitgliedern passiert, wenn diese erfolgreich sind oder scheitern, und diese Erfahrungen werden zu einer Orientierungshilfe für ihr eigenes Verhalten im späteren Leben. Das nennt man Modelling. Durch deine Taten und Worte, dein Verhalten und deine Liebe kannst du deine Kinder dorthin lenken, wo sie deines Erachtens nach hinsollen.

Während du mit gutem Beispiel vorangehst, schau dir deine Gedanken, Gefühle und Verhaltensweisen an und beurteile sie im Hinblick darauf, wie du selbst erzogen wurdest. Achte darauf, dass du bewusste, zielgerichtete Entscheidungen triffst, nicht solche, die auf negativen Erfahrungen beruhen – mit anderen Worten, schütze deine Familie vor solchen Belastungen. Wenn du als Kind missbraucht, vernachlässigt oder fragwürdig erzogen worden bist, entschließe dich, dass dies bei dir enden soll – gib dies nicht an deine Kinder weiter. Wir können uns nicht aussuchen, wer unsere Eltern und die Herkunftsfamilie sind, aber wenn es darum geht, wie wir unsere Kinder erziehen, haben wir alle Möglichkeiten. Es gibt unendlich viele Varianten, wie wir unsere Kinder beeinflussen, sowohl bewusst als auch unbewusst. Das erzeugt eine Menge Druck, aber alles, was man sagt und tut, ist wichtig. Denke daran.

Zeige deinen Kindern, wie sie glückliche, ausgeglichene und erfüllte Erwachsene sein können. Zeige ihnen, dass du als dein bestes Selbst lebst, und sie werden lernen, es genauso zu machen.

TEST ZU DEINEN BEZIEHUNGEN

Nun ist es an der Zeit, deine Beziehungen zu beurteilen, die ich in drei Kategorien unterteilt habe.

Deine familiären Beziehungen

Bewerte zunächst auf einer Skala von 1 bis 10. Eine »1« bedeutet, dass deine familiären Beziehungen problembehaftet sind, dich in deinem täglichen Leben negativ beeinflussen und deine sofortige Aufmerksamkeit erfordern. Eine »10« bedeutet, dass deine familiären Beziehungen dich dabei unterstützen, dein bestes Selbst zu sein, und wenig oder gar keiner Verbesserung bedürfen.

Welche Verhaltensweisen gibt es, die für dich in diesem Bereich funktionieren, und warum?

Beispiele

- Ich setze den Verwandten, die mich ausnutzen, Grenzen.
- Ich bin ehrlich zu meinen Angehörigen, aber vermittle es ihnen mit Respekt.

Welche Verhaltensweisen, die du von dir kennst, halten dich von dem ab, was du willst?

- Ich gebe den Forderungen meiner Angehörigen nach, selbst wenn ich weiß, dass sie mir nicht nützlich sind.

- Ich lasse es zu, dass Bemerkungen meiner Angehörigen mich emotional tief treffen, und ich hege Schuldgefühle und Groll gegenüber Mitgliedern meiner Familie.

Deine Liebesbeziehungen

Bewerte zunächst auf einer Skala von 1 bis 10. Eine »1« bedeutet, dass deine Liebesbeziehung für dich nicht funktionsfähig ist und dich nicht dabei unterstützt, als dein bestes Selbst zu leben. Eine »10« bedeutet, dass sich deine Liebesbeziehung gesund und lohnend für dich anfühlt und nicht viel Raum für Verbesserungen bleibt.

Welche Verhaltensweisen funktionieren in diesem Bereich für dich, und warum?

Beispiele

- Ich höre auf die Bedürfnisse meines Partners und teile meine Bedürfnisse mit.
- Ich bin ehrlich zu meinem Partner.

Welche Verhaltensweisen, die du von dir kennst, halten dich von dem ab, was du willst?

Beispiele

- Ich betrüge jemanden, dem ich eigentlich treu und ehrlich gegenüber sein möchte.
- Ich bin leicht reizbar und verliere bei meinem Partner oft die Beherrschung.

Deine Elternrolle (wenn das für dich zutrifft)

Bewerte zunächst auf einer Skala von 1 bis 10. Eine »1« bedeutet, dass deine Elternrolle leidet, und du weißt, dass sie deiner sofortigen Aufmerksamkeit bedarf. Eine »10« bedeutet, dass du dich wirklich großartig in deiner Elternrolle fühlst, und du die meiste Zeit als dein bestes Selbst erziehst.

Welche Verhaltensweisen funktionieren für dich in diesem Bereich, und warum?

Beispiele

- Ich entwickle positive Familientraditionen und Rituale.
- Egal wie gestresst, müde oder frustriert wir sind, ich stelle sicher, dass ich meinen Kindern jeden Abend sage, dass ich sie liebe.

Welche Verhaltensweisen, die du von dir kennst, halten dich von dem ab, was du willst?

Beispiele

- Ich erhebe meine Stimme und/oder streite vor meinen Kindern.
- Ich demütige meine Kinder, wenn sie sich mir gegenüber respektlos verhalten.

Und wie steht es mit deinem Berufsleben?

Du hast in diesem Kapitel eine Menge Arbeit geleistet. Das ist gut. Beziehungen stehen im Mittelpunkt unseres Daseins und können uns mit Freude »erfüllen«. Als Nächstes werfen wir einen Blick darauf, wie es um dich und deinen Beruf bestellt ist – und wenn man bedenkt, wie viel Zeit die meisten von uns für die Arbeit aufwenden, wird dies ein sehr wichtiges Gespräch sein. Also, lass uns sicherstellen, dass du in der Lage bist, dein bestes Selbst zu sein, während du deinem Beruf nachgehst.

10

SPHÄRE 6: DEIN BERUFSLEBEN

Ich erinnere mich noch lebhaft daran, wie meine Lehrerin Miss Takahashi in der dritten Klasse an der Valencia-Grundschule unsere Klasse fragte, was wir einmal werden wollen, wenn wir groß sind. So ist die Frage immer formuliert: *Was* willst du einmal werden? Die Reaktionen der Kinder folgen in der Regel vertrauten Vorstellungen: Astronaut, Feuerwehrmann, Arzt, Polizist. Von klein auf werden wir dazu angehalten, herauszufinden, welchen Beruf wir einmal ausüben wollen, nicht, wer wir als Menschen sein wollen.

Stell dir vor, wir würden an Schulen das Fach »Persönlichkeitsentwicklung« anbieten. Was wäre, wenn wir den Kindern beibringen würden, sich darauf zu konzentrieren, ihr wahres Ich zu entdecken und dann dem Leben zu erlauben, zu bestimmen, welche Art von Karriere am besten zu ihren Leidenschaften und Veranlagungen passt? Ich glaube, wir würden viel weniger Depressionen und Ängste in der Bevölkerung haben, wenn wir die Kinder nicht mehr dazu zwingen würden, sich so sehr auf das zu konzentrieren, was sie sein wollen, wenn sie erwachsen sind.

Mein Glaube an dieses Ideal ist tief verwurzelt, und auf dieser Theorie aufbauend habe ich das Dual-Diagnostik-Behandlungsprogramm entwickelt, das die CAST-Center mit großem Erfolg anwenden. Unser Motto lautet: »Wir schaffen dir die Freiheit, dein bestes Selbst zu sein«, und das erreichen wir durch das CAM-CAST-Alignment-Modell, das wir über Jahre hinweg entwickelt haben. Ich denke nicht, dass nur Menschen mit Suchtverhalten oder psychischen Problemen es verdienen, diese Art von Freiheit in ihrem Leben zu entdecken. Jeder verdient es. Wir möchten, dass jede Person, die zu CAST kommt, die Möglichkeit hat, beste, modernste Therapien und absolut maßgeschneiderte Behandlungsprogramme zu erhalten und gleichzeitig eine Betreuung mit einem sehr hohen Maß an Aufmerksamkeit und Mitgefühl zubekommen. Die Herausforderung, Menschen dabei helfen zu können, dieses Ziel zu erreichen, liegt in der Notwendigkeit, unsere Programme auf jeden Einzelnen zuzuschneiden.

Die Reise jedes Einzelnen ist anders. Wäre es einfacher, sich an gängige Behandlungsparadigmen anzupassen? Sicher. Aber ich wollte keineswegs nach Schema F vorgehen, denn das wäre für mich, meine Leidenschaft und meine Vision nicht authentisch gewesen. In meinem Leben habe ich festgestellt, dass es keine einfachen Abkürzungen gibt, aber wenn du die Reise wirklich genießen möchtest, nimmst du ohnehin lieber die malerische Route. Im Laufe der Jahre habe ich Hunderte von Menschen in verschiedenen Unternehmen und Start-ups beschäftigt: von Anwälten über Therapeuten, Ärzten und Büroleitern bis hin zu Empfangs- und Reinigungspersonal. Ich habe gelernt, dass es zwei Arten von Arbeitnehmern gibt: diejenigen, die sich wie Automaten strikt an die Arbeitszeiten und Anweisungen halten und einfach nur irgendwie ihr Gehalt verdienen wollen, und diejenigen, die ihren Job mit großer Leidenschaft ausüben. Es gibt keine Kristallkugel in einem Vorstellungsgespräch, die dir vorhersagen wird, ob die Person vor dir nun der typische Lohnempfänger und Sesselpupser ist oder eben der leidenschaftliche Mitarbeiter. Keine noch so große Anzahl von Schulungen oder Fortbildungsmaßnahmen kann einem Arbeitgeber helfen, vorherzusagen, welche Art von Arbeitnehmer der Bewerber vor ihm am Ende sein wird. Aber diejenigen, die von der Arbeit, die sie leisten, zutiefst begeistert sind und die mit ihrem besten Selbst bei der Arbeit verbunden sind, sind ohne Zweifel die besten und glücklichsten Mitarbeiter.

Vor einigen Jahren baute ich das Team in den CAST-Centern auf, und als das Unternehmen expandierte und sich erfolgreich entwickelte, begann ich, Mitarbeiter einzustellen, die seit über 20 Jahren in der Branche tätig waren. Ich wollte insbesondere eine Position besetzen, die eine Brücke zwischen unserer administrativen Arbeit und unserer klinischen Arbeit schlagen sollte: die Geschäftsführung. Die Person, die ich dann fand, war überdurchschnittlich erfahren, wirklich ein Superstar in ihrem Metier. Eines Tages kam sie zu mir und sagte: »Mike, ist dir klar, was mit deinem Klinikdirektor los ist?«

Durch das anschließende Gespräch erfuhr ich erst, dass der Bock zum Gärtner gemacht worden war: Unser damaliger Klinikdirektor erschien täglich erst um 11 Uhr zur Arbeit, brachte seine Hunde mit ins Büro (und diese Hunde störten, stanken und waren für den Arbeitsplatz vollkommen ungeeignet), und er empfing während der Arbeitszeit sogar Privatpatienten in unseren Räumen. Als ich mit ihm über sein Verhalten sprach, wurde er aggressiv und glaubte sogar, dass er mich auf seine Seite würde ziehen können, aber letztendlich beschloss er zu kündigen. Nachdem er fort war, gelang es meiner neuen Geschäftsführerin, die Situation innerhalb des Unternehmens vollständig zu verändern. Der springende Punkt ist, dass jemand, der nur auf den Gehaltsscheck aus gewesen wäre, solche Schritte nicht unternommen und sicher keinen Aufstand riskiert hätte – aber weil sie sich so sehr für ihre Arbeit einsetzte und so leidenschaftlich für unsere Sache eintrat, war sie in der Lage, Änderungen vorzunehmen, die das ganze System besser funktionieren ließen. Ihre Begeisterung für ihre Arbeit ist ansteckend, und sie wird von uns allen bei CAST geliebt.

In diesem Kapitel ist es mein primäres Ziel, dir zu helfen, zu erkennen, ob du als dein bestes Selbst bei der Arbeit handelst, so wie du zu Hause bist. Ich habe sowohl in meiner eigenen beruflichen Laufbahn als auch bei meinen Klienten festgestellt, dass man wertvolle Lebenszeit verschwendet, wenn man bei der Arbeit nicht man selbst sein kann. Viele Menschen scheinen sich selbst aus den Augen zu verlieren, weil sie sich so sehr bemühen, am Arbeitsplatz jemand zu sein, der eigentlich nicht ihrem Wesen entspricht; es fällt ihnen schwer, das, was sie bei der Arbeit verkörpern, mit dem zu vereinbaren, was sie in ihrem Privatleben sind. Es geht darum, dass man immer sein bestes Selbst sein sollte. Hier sind einige eindeutige Anzeichen dafür, dass du bei der Arbeit nicht dein bestes Selbst bist:

- Du machst dir Gedanken darüber, ob die Kollegen an deinem Arbeitsplatz dich mögen.
- Du fühlst dich am Ende deines Arbeitstages völlig erschöpft.
- Du kämpfst bei der Arbeit gegen ein Gefühl von Langeweile an.

- Du fühlst dich in der vorgeschriebenen Arbeitskleidung unwohl.
- Deine Mitarbeiter meiden dich oder wollen keine Zeit mit dir verbringen.
- Du hast das Gefühl, dass der Chef immer andere Leute befördert und dich übergeht.
- Du hast das Gefühl, dass deine wahren Talente in deinem Job nicht zur Entfaltung kommen.
- Du bist in Meetings kurz angebunden oder schweigst einfach.
- Du hast nicht das Gefühl, dass du während der Arbeit regelmäßig neue Fähigkeiten, Ideen und Informationen erlernen und wie ein »Schwamm« aufsaugen kannst.
- Du kannst es kaum erwarten, am Ende deines Arbeitstages zu gehen.
- Du fühlst dich von deiner Arbeit nicht inspiriert.
- Du kannst zu deinen Kollegen oder Vorgesetzten nicht ehrlich sagen, was in deinem Unternehmen verbessert werden sollte.
- Du magst deine Kollegen nicht.
- Wenn du Feierabend hast, versuchst du, deine Arbeit völlig zu vergessen. Arbeit ist eine Sache, die du strikt von deinem restlichen Leben trennst.
- Du bist nicht stolz auf dich selbst bei der Arbeit oder auf die Arbeit, die du machst.

Wenn du dir im Grunde genommen jeden Tag selbst etwas vormachen musst, wird dich das schließlich vollkommen auslaugen. Aber verzweifele nicht, du steckst nicht für immer in der Falle. Lass uns herausfinden, ob dein Job zu deinem authentischen Lebensstil passt – und wenn nicht, wie du die notwendigen Veränderungen vornehmen kannst.

Was ist dein Talent?

Erinnerst du dich an den Anfang des Buches, als ich sagte, dass wir alle Künstler sind? Es ist wahr – wir müssen nur unsere einzigartigen Talente und Kunstformen entdecken. Ich betrachte dein Talent als dein »Warum«. Vielleicht hast du schon einmal von Simon Sinek gehört – falls nicht, dann schau doch mal online nach ihm. Er hat etwas entwickelt, das als der goldene Kreis bekannt ist. Es sieht im Grunde genommen wie eine Zielscheibe aus, wobei der äußere Ring für das »Was«, der mittlere Ring für das »Wie« und der innere Kreis für das »Warum« steht. Natürlich hat Sinek den goldenen Kreis in erster Linie für Unternehmen und Markenentwicklung vorgesehen. Aber im Zusammenhang mit meiner Arbeit und meinem Leben würde mein goldener Kreis so aussehen:

> Was = Ich bin ein Life-Coach.
> Wie = Ich begleite die Menschen durch verschiedene Übungen und Modalitäten.
> Warum = Um den Menschen die Freiheit zu geben, ihr bestes Selbst zu sein.

Alle Projekte, an denen ich beteiligt bin, von der Arbeit, die wir bei CAST leisten, bis hin zu den Auftritten, die ich in der *Dr. Phil Show* absolviere, lassen sich auf mein Warum zurückführen. Wenn ich in Bezug zu meinem Warum operiere, fühlt sich meine Arbeit *nie* frustrierend, zeitaufwendig oder in irgendeiner Weise beschwerlich an. Das »Warum« ist der Ort, an dem dein Talent, deine Kunst lebt. Ich sage allen, mit denen ich arbeite, dass sie Künstler sind. Ich habe mit einigen der größten Popstars der Welt zusammengearbeitet, aber sie sind nicht mehr oder weniger Künstler als du. Unsere Kunst ist die Verbindung zwischen unserem besten Selbst und der Welt. Zurück zu dem, was du tief in deinem Inneren bist: Von diesem Ort aus zu arbeiten, ist der erste Schritt zur Lösung jedes Problems, mit dem du innerhalb der Sphäre deines Berufslebens konfrontiert bist.

Hier ist eine Frage für dich: Wie lautet deine aktuelle Definition von Arbeit? Ich möchte dich ermutigen, wirklich intensiv darüber nachzudenken, besonders wenn dir deine Arbeit nicht gefällt oder wenn es Aspekte an deiner Arbeit gibt, die dir überhaupt nicht gefallen. Im Allgemeinen wird Arbeit definiert als eine geistige oder körperliche Aktivität zur Erzielung von Einkommen. Ich kann dir Folgendes garantieren: Wenn du deine Arbeit nicht liebst, dann ist sie schlicht und einfach nicht auf dein Warum und konsequenterweise nicht auf das ausgerichtet, was deinen künstlerischen Talenten entspricht.

Menschen, die in ihrer Arbeit nicht aufblühen, können häufig kaum den Freitagnachmittag erwarten, wenn die Arbeitswoche endet und das Wochenende endlich beginnt. Solche Menschen hassen auch Montage und sind am Sonntagabend bereits schlecht gelaunt. In einigen gesellschaftlichen Kreisen habe ich mitbekommen, wie Leute sagten: »Lasst uns nicht über die Arbeit reden.« Es gibt diese Vorstellung, dass Arbeit irgendwie anstrengend sein muss, damit sie als Arbeit betrachtet wird. Viele Menschen scheinen zu glauben, dass man nicht hart genug gearbeitet hat, wenn man nicht unglaublich gestresst und am Abend körperlich erschöpft ist. Es wird viel mehr Wert auf die Anzahl der Stunden gelegt, die man in die Arbeit investiert, als auf das, was man tatsächlich in seiner Arbeit erreicht. Und es wird kaum bis gar nicht betont, wie sehr man die Arbeit genossen hat oder wie viel Spaß man bei der Arbeit hatte. Das spielt in den meisten Branchen überhaupt keine Rolle – Spaß bei der Arbeit?! Und wenn es um Urlaub geht, sprechen die Leute oft davon, dass sie von der Arbeit komplett abschalten, E-Mails ignorieren, das Diensttelefon ausschalten usw., denn wenn der Urlaub ansteht, sind sie von der Arbeit vollkommen ausgebrannt. Für mich ist das ein Indikator dafür, dass ihre Lebensbereiche aus dem Gleichgewicht geraten sind. Wenn ich mich mit jemandem unterhalte, der ein berufliches Burn-out durchmacht, stelle ich oft fest, dass der Grund für diesen Zustand normalerweise nicht der Job an sich ist. Es ist eher so, dass es den Betroffenen an Leidenschaft und Spaß in ihrem Leben mangelt. Dann ist es leicht, den Job dafür verantwortlich zu machen. Aber wenn deine Karriere eine Reflexion oder Ausdruck deiner Talente und deiner Kunst ist, dann wirst du dich von deiner Arbeit eher energiegeladen als erschöpft fühlen.

Hier ist ein kleiner Test, der dir dabei helfen soll, deine Arbeit weniger als Beschreibung eines Jobs, sondern mehr als Kunst zu betrachten.

Schreibe drei Momente auf, bei denen du in den letzten paar Monaten deinen Job geliebt hast.

1. ______________________________

2. ______________________________

3. ______________________________

Warum hat dich jede dieser Erfahrungen dazu gebracht, deinen Job zu lieben?

1. ______________________________

2. ______________________________

3. ______________________________

Ist es möglich, mehr solcher Erfahrungen in deinem aktuellen Job zu sammeln?
Was könnte eine deiner Künste sein?
Kannst du deine Talente und deine Kunst ausleben, wenn du bei der Arbeit bist?

Wenn ich mit Klienten arbeite, kann es manchmal mehrere Stunden dauern, bis wir festgelegt haben, wer jemand als Künstler ist. Es ist also vollkommen ist Ordnung, wenn du diese Fragen als ein wenig schwierig empfindest. Du könntest zum Beispiel denken, dass deine Kunst darin besteht, Menschen zu helfen. Nun, das ist nicht unbedingt eine Kunst, sondern etwas, das man genießt. Das ist ein bisschen weit gefasst, also auf welche spezifische Art und Weise hilfst du gerne Menschen und welcher Art von Menschen hilfst du gerne? Vielleicht arbeitest du ja im Bereich Kundenservice. Wenn dies der Fall ist, dann betrachte deine Kunst darin, »Raum für Menschen zu schaffen, die sich verstanden fühlen wollen«.

Hast du erst einmal festgestellt, dass deine Kunst darin besteht, Raum für Menschen zu schaffen, die verstanden werden wollen, dann gibt es viele verschiedene Arten, wie diese Kunst Form annehmen kann. Wichtig ist, dass du deine Kunst klar bestimmt hast. Wenn du in deinem derzeitigen Job telefonisch Anweisungen gibst, wie man einen Computer einrichtet, passt das möglicherweise nicht zu deiner Kunst, sodass du dich in diesem Job vielleicht nicht erfüllt fühlst. Nutze das, was du über deine Kunst gelernt hast, um Wege zu finden, dich in deiner Arbeit auszudrücken. Es kann Möglichkeiten dafür innerhalb deines jetzigen Jobs geben. Andernfalls könntest du anfangen, über eine berufliche Veränderung nachzudenken.

Mein Bruder, David Bayer, ist das perfekte Beispiel für jemanden, der viel Zeit damit verbracht hat, einer Arbeit nachzugehen, die ihm zwar finanzielle Sicherheit bot, ihn aber auch zweifeln ließ, was die Sinnhaftigkeit seiner Beschäftigung betraf. Er hat an einer der Top-Universitäten der USA studiert (Ivy League) und arbeitete im Bereich Digital Marketing. Als er schließlich mit 37 Jahren genug davon hatte, wechselte er den Beruf und wurde Coach für Persönlichkeitsentwicklung. Er ist jetzt der Geschäftsführer von Powerful Living Experience, einer der führenden Institutionen des Landes, die Lehrveranstaltungen zur Selbstverbesserung anbieten. Im Wesentlichen hat er ein Unternehmen aufgebaut, das Menschen hilft, ihr Talent, ihre Kunst, Leidenschaft und Bestimmung mit ihrer Karriere zu verbinden, und er hat es nie bereut.

Geld verdienen

Immer wieder erzählen mir die Menschen, dass sie gerne mehr Geld verdienen würden. Dies ist selbstredend ein weit verbreiteter und verständlicher Wunsch. Lass uns deine Beziehung zum Geld durch die folgenden Fragen in Augenschein nehmen:

1. Was bedeutet Geld für dich?
2. Was waren deine frühesten Erfahrungen mit dem Wert von Geld?
3. Hattest du irgendwelche traumatischen Erlebnisse oder ernsthaften Stress in Bezug auf Geld?
4. Welche Überzeugungen hast du in Bezug auf Geld, die dich in irgendeiner Weise einschränken?
5. Glaubst du, dass dir das Geldverdienen leicht fällt?

Ich habe im Laufe der Jahre einige sehr talentierte Leute eingestellt, und wenn das Gespräch auf Geld kam, wurde die Atmosphäre im Raum sofort unangenehm und unbehaglich. Unsere Einkommensquelle kann ein besonders sensibler Bereich sein, den es zu sondieren gilt. Hier sind Ängste weit verbreitet. Das ist durchaus nachvollziehbar. Niemand will das Gefühl haben, nicht über die Runden kommen zu können. Für einige ist es eine Frage des Stolzes – es ist wichtig, für die eigene Familie sorgen zu können. Für andere ist es eine Angst, die in der Kindheit gründet, falls sie etwa in Armut aufgewachsen sind oder in einer Familie, die mit finanziellen Problemen zu kämpfen hatte. Ich habe mit vielen Menschen gearbeitet, die sich daran erinnern können, dass sie mit löchrigen Schuhen in die Schule gehen mussten oder sogar abends hungrig zu Bett geschickt wurden. Erfahrungen wie diese graben sich tief in unsere emotionalen Erinnerungen ein. Wenn wir älter werden und Verantwortung für unseren eigenen Lebensunterhalt übernehmen, handeln wir manchmal immer noch wie dieses hilflose Kind, und wir wählen Berufe aus, einfach nur, weil das Gehalt verlockend ist, oder wir nehmen den erstbesten Job an, der uns angeboten wird, aus Angst, dass kein weiteres Angebot mehr folgen wird. Das ist verständlich, aber irgendwann musst du dir auch erlauben, andere Möglichkeiten in Betracht zu ziehen. Frage dich selbst: Wenn Geld keine Rolle spielen würde, was würdest du gerne tun?

Wahrscheinlich reizt dich die Vorstellung, irgendwo am Strand rumzuhängen und Tag für Tag von einer bequemen Hängematte aus die Sonne untergehen zu sehen. Aber die Sache ist: Das ist nicht realistisch, und ich kann dir sagen, dass ich Menschen kenne, die so leben, und die haben häufig das Gefühl der Leere und Haltlosigkeit, weil sie keinem anderen Zweck dienen als dem, sich selbst jeden Wunsch zu erfüllen.

Kommen wir noch einmal auf die Frage von oben zurück. Dieses Mal möchte ich, dass du dir vorstellst, du würdest aus deinem besten Selbst heraus handeln. Was würde dein bestes Selbst gerne beruflich machen? Welche Art von Beschäftigung würde dir das Gefühl geben, dass du deine Begabungen nutzt und deine Talente und deine Kunst auf eine Weise ausübst, die produktiv und lohnenswert ist? Lass deiner Fantasie freien Lauf, setze dir keine Grenzen. Wenn du in dein Inneres schaust, lass all deine Ängste dahinschmelzen. Stell dir vor, du bist unbelastet, frei. Dein Leben gehört dir, und du kannst dir aussuchen, was dein Herz begehrt. Befrage dein bestes Selbst, was genau du suchst.

- Was dachtest du, nachdem du diese Vision geschaffen hast?
- Ist irgendetwas deiner Vision dazwischengekommen? Glaubst du, dass deine Vision nicht realisierbar ist oder nicht existiert?
- Als Nächstes stelle dir vor, wie sich diese Vision, die du vor deinem geistigen Auge hast, in die Realität umsetzen ließe.

- Wie kannst du den Wesenskern des beruflichen Lebens, das du dir in Wirklichkeit wünschst, aufgreifen und einen realistischen Zugang finden, um es in die Tat umzusetzen?

Wenn du zum Beispiel gerne an den Wochenenden Zeit in deinem Garten verbringst und alle deine Freunde das reichhaltige Angebot an frischem Obst, Gemüse und Kräutern genießen, die du anbaust, dann gibt es vielleicht in deiner Nähe eine Gärtnerei, in der du förmlich aufblühen würdest. Oder vielleicht war die bildende Kunst schon immer eine Leidenschaft von dir. Selbst wenn du kein Picasso bist, könntest du immer noch im Künstlerbedarfs- oder Kunsthandwerksladen der Nachbarschaft arbeiten und von dem umgeben sein, was du liebst (und sogar einen Rabatt auf einige neue Farben und Leinwände bekommen!). Wenn du ein guter Texter bist und dich schon immer in Grammatik und Interpunktion ausgezeichnet hast, gibt es freiberufliche Jobs online, die es dir ermöglichen, dieses Interesse am Schreiben, Bearbeiten oder Lektorieren auszuleben und damit Geld zu verdienen. Vielleicht bist du im Einzelhandel tätig, und es ist ganz einfach, von der Schuhabteilung, in der du dich nicht wohlfühlst, zur Make-up-Abteilung zu wechseln, die eher mit deinen Interessen übereinstimmen könnte. Oder wenn du zum Beispiel im Finanzwesen beschäftigt bist, aber die Art der Arbeit, die du verrichtest, dir nicht richtig vorkommt, weil du gerne mit Menschen zu tun hast und dein Job momentan nur aus dir und einem Computer besteht, könnte es sein, dass du deine Fähigkeiten besser als Finanzberater nutzen und anwenden könntest, wo du täglich mit Kunden in Kontakt kommst. Es gibt viele Möglichkeiten, wie du die inneren Wünsche deines Herzens effektiv mit deinem Einkommen verbinden kannst. Du musst nur ein wenig kreativ werden.

Was ist dein Lebensstil?

Welche Art von Lebensstil möchtest du verwirklichen? Vielleicht ist es dir beispielsweise in deiner momentanen Lebensphase wichtig, so zu arbeiten, dass du deine Zeit deinen eigenen Bedürfnissen entsprechend einrichten kannst. Es gibt heutzutage viele Möglichkeiten, online und durch Apps Geld zu verdienen, sodass du deine Verfügbarkeit selbst bestimmen kannst. Alles von Hundeausführen über Grafikdesign, privaten Schönheits- und Frisierdienstleistungen bis hin zu Botengängen und Handwerksarbeiten in deiner Stadt – es gibt Apps und Websites in jedem denkbaren Bereich, über die sich Jobs bekommen lassen. Manchmal bist du mit deinem aktuellen Job auf dem richtigen Weg, aber du musst nur eine kleine Veränderung vornehmen. Als ich eine Ausbildung zum Alkohol- und Drogenberater absolvierte, war es überhaupt nicht das, was ich mir vorgestellt hatte. Ich habe Stunden damit verbracht, alles zu dokumentieren. Wir mussten jedes Detail unserer Beziehungen zu den Patienten aufschreiben. Die Gründe dafür sind vollkommen einleuchtend, und ich wusste, dass es eine notwendige Arbeit war, aber sie entsprach einfach nicht meiner Persönlichkeit. Also nahm ich eine kleine Veränderung vor. Ich wechselte vom Berater zum Interventionisten, und ich fand es großartig. Ich bin für Papierkram nicht geeignet, ich muss mit Menschen arbeiten. Es war der beste Schritt, den ich machen konnte, und es hat mich auf den richtigen Weg für mein wahres Ich gebracht, wofür ich ungemein dankbar bin.

Ein weiterer wichtiger Aspekt in Bezug auf deinen Lebensstil, den du berücksichtigen solltest, wenn du deine beruflichen Tätigkeiten betrachtest, ist dein Arbeitsweg. Wenn du Stunden damit verbringst, von zu Hause zur Arbeit zu fahren, und es sich negativ auf die Beziehung zu deiner Familie auswirkt, dann solltest du ernsthaft abwägen, was dir wichtig ist, und entscheiden, ob du einen Job finden solltest, der näher an deinem Zuhause ist. Eine andere Möglichkeit könnte es sein, in die Nähe deines Arbeitsplatzes zu ziehen. Du willst nicht das Risiko eingehen, dass du schlechte Gefühle gegenüber deiner Arbeit aufbaust, weil du ihretwegen weniger Zeit mit deiner Familie verbringst. Denke daran, dass du und nur du allein die Macht besitzt, die notwendigen Veränderungen vorzunehmen, um den von dir gewünschten Lebensstil zu schaffen.

Unter dem Strich ist es vielleicht notwendig, dass du deine Sichtweise auf deine berufliche Tätigkeit änderst. Bei der Arbeit geht es nicht nur um Geld, und Arbeit sollte nicht etwas sein, wovor man sich scheut. Sie ist auch etwas, bei der eine Neugestaltung für dich greifbar nah ist. Du kannst und solltest deine Arbeit in dein gesamtes authentisches Leben einbinden. Wenn du einmal wirklich daran glaubst, kommt der Rest von allein.

Bist du bereit, etwas zu verändern?

Möglicherweise hast du derzeit einen Job, den du aus verschiedenen Gründen nicht magst. Ich denke, es ist klug, zuerst einen Blick auf die Frage zu werfen, warum du unzufrieden bist. Nachfolgend ein paar kleine Testfragen, die ich bereits viele Male angewendet habe, und die dir helfen sollen, einen Eindruck davon zu gewinnen, ob es an der Zeit für einen Jobwechsel ist oder ob du dich in deinem derzeitigen Beruf irgendwie anders präsentieren solltest. Mit anderen Worten: Muss sich der Job ändern oder muss sich deine Einstellung dazu ändern?

- Was gefällt dir an deinem Job nicht?
- Glaubst du, dass dein Leben wesentlich besser wäre und die meisten deiner Probleme gelöst würden, wenn du deinen Job kündigen würdest und einen neuen finden könntest?

  O Ja O Nein
- Hattest du in früheren Positionen oder Anstellungen ähnliche Probleme?

  O Ja O Nein
- Gibt dir dein jetziger Job – mehr noch als der, den du vielleicht vorher ausgeübt hast – das Gefühl, dass du dein bestes Selbst sein kannst?

  O Ja O Nein
- Hast du bei deiner Arbeit das Gefühl, dass es um dich und dein Leben schlechter bestellt ist, als wenn du andere Aktivitäten in deinem Leben ausübst?

  O Ja O Nein
- Was hat dir ganz am Anfang an deinem Job gefallen?
- Was denkt dein bestes Selbst, was du in Bezug auf den Job unternehmen solltest (d. h., so schnell wie möglich kündigen, Anpassungen oder Veränderungen vornehmen, ein Gespräch mit deinem Vorgesetzten über deine Anliegen führen usw.)?

- Liegt das Problem wirklich an deinem Job?

  O Ja O Nein

Wenn du auf die letzte Frage mit »Ja« geantwortet hast: Bist du sicher, dass das Problem nicht vielleicht doch bei dir liegt und nicht bei den Jobs, die du hattest? Gerätst du zum Beispiel kontinuierlich mit deinem Vorgesetzten aneinander? Oder wurdest du – innerhalb verschiedener Unternehmen – immer wieder für dieselben Dinge gemaßregelt, etwa wegen Verspätung, Nichteinhaltung von Unternehmensrichtlinien usw.? Wenn du ein Muster bei den Problemen vergangener Jobs erkennen kannst, glaubst du, dass es anders sein wird, wenn du woanders arbeitest? Oder glaubst du, dass es sinnvoller sein könnte, nach innen zu schauen und zu entdecken, warum du bei der Arbeit immer wieder das gleiche Verhalten wiederholst?

Könnte es nicht vielleicht auch sein, dass du versuchst, in einer Branche zu arbeiten, die einfach nicht zu dem passt, was du bist? Vielleicht stimmen die allgemeinen Vorstellungen von Moral und Ethik in der Branche, in der du dich derzeit befindest, einfach nicht mit deinem wahren Ich überein, sodass du dich in einem konstanten Zustand kognitiver Dissonanz befindest. Wenn du zum Beispiel im Hypothekengeschäft tätig bist, bei einigen Darlehen, für die sich deine Kunden angemeldet haben, aber kein gutes Gefühl hast, steckst du in einem moralischen Dilemma. Oder sagen wir, du verkaufst eine Art Gesundheitsprodukt und findest heraus, dass dafür Tierversuche durchgeführt werden und hast dadurch ethische Bedenken, dann stehst du nun im Widerspruch zu deinem Unternehmen. Wenn dich so etwas oder Ähnliches beschäftigt, dann könnte die Lösung darin bestehen, deinen beruflichen Wirkungskreis zu erweitern und andere Branchen in Betracht zu ziehen, die dich interessieren könnten.

Wenn es dir dagegen noch nicht gelungen ist, in dem Unternehmen, in dem du arbeitest, die Karriereleiter nach oben zu steigen, weil dir eine bestimmte Ausbildung oder ein Abschluss fehlt, dann ist jetzt eine gute Gelegenheit für dich, in deine Zukunft zu investieren. Wenn du dein Beschäftigungsverhältnis neu definieren willst, dann musst du die erforderlichen Arbeiten leisten. Aber der Aufwand lohnt sich auf Dauer durchaus. Eine andere Schwierigkeit, von der ich immer wieder höre, besteht darin, dass manche Personen zwar ihren Job mögen, aber nicht die Kollegen, mit denen sie zusammenarbeiten. Wenn auch du es mit

Personen zu tun hast, die unangemessen handeln oder dir dein Arbeitsleben schwieriger machen, als es sein sollte, empfehle ich dir, ein Treffen mit deiner Personalabteilung zu vereinbaren und sie darum zu bitten, dass sie dir helfen, die Probleme mit deinen Kollegen zu lösen. Eine der Hauptaufgaben eines Personaldirektors ist es, dabei zu helfen, Probleme zwischen dem Personal zu glätten und in deinem Namen als Mediator zu fungieren. Vielleicht entdeckst du durch diesen Prozess sogar, dass sich ein Aspekt der Persönlichkeit deines negativen Selbst in dein Arbeitsleben eingeschlichen hat und die Probleme mit den Kollegen aufgrund deiner eigenen Verunsicherung aufgetreten sind. Bleib immer aufgeschlossen und sei bereit, deine eigene Rolle in jedem Arbeitskonflikt zu überdenken, damit du effektiver eine Lösung finden kannst.

Wenn du gründlich recherchiert hast und zu dem Schluss gekommen bist, dass es in der Tat an der Zeit ist, deine jetzige Stelle aufzugeben, dann solltest du zunächst einen detaillierten Plan erstellen. Wie viel Ersparnisse hast du zurückgelegt? Bist du finanziell in der Lage, ohne ein anderes Stellenangebot einfach aufzuhören? Wenn nicht, dann musst du dir das Ziel setzen, einen neuen Job zu finden, von dem du denkst, dass er für dich lohnenswert ist. Anschließend kannst du den sieben Schritten in Kapitel 13 folgen, um dieses Ziel zu erreichen.

Die Suche nach einer neuen Stelle kann sich zunächst einmal als erdrückend erweisen, und das könnte sogar der Grund dafür sein, dass du so lange in deinem aktuellen Posten geblieben bist, wie du es getan hast. Aber sobald du deine Strategie festgelegt hast, um deinen Traumjob zu bekommen, wird er sich viel realistischer und greifbarer anfühlen. Sei kreativ und strecke deine Fühler in alle Richtungen aus. Eines Tages wirst du zurückblicken und bestimmt froh sein, dass du diesen Schritt gegangen bist.

Wenn es zur Arbeitslosigkeit kommt

Wir alle haben uns irgendwann einmal in unserem Leben ohne Arbeit wiedergefunden. Arbeitslosigkeit ist Teil der Reise im Bereich des Berufslebens. Wenn du also gerade arbeitslos bist oder sicher weißt, dass du kurz davorstehst, deinen derzeitigen Arbeitsplatz zu verlassen, ist es wichtig, Aktivität nicht mit Produktivität zu verwechseln, wenn es um deine Arbeitssuche geht. Deinen Lebenslauf und eine Initiativbewerbung an Hunderte von Personalchefs zu schicken, die du online gefunden hast, ist sicherlich ein geeigneter Anfang, aber du musst noch einen Schritt weitergehen, um tatsächlich den Job zu bekommen, den du dir wünschst. Das bedeutet, dass du telefonieren und an der Sache dranbleiben musst. Statt anzurufen und um ein Vorstellungsgespräch zu bitten, solltest du zunächst ein allgemeines, informatives Treffen in Betracht ziehen. Begib dich auf Faktensuche nach den Anforderungen des Unternehmens, und lass sie dann, während du dort bist, wissen, wie deine Fähigkeiten zu ihren aktuellen Erfordernissen passen.

Wenn du derzeit keine Arbeit hast und den Druck eines immer knapper werdenden Bankkontos verspürst oder deine Kreditkartenschulden sich anhäufen, dann solltest du jeden Tag der Woche Zeit damit verbringen, aktiv nach einem Job zu suchen, und zwar so viel Zeit, wie du normalerweise auch auf Arbeit wärst. Stehe jeden Morgen auf, ziehe dich an, als ob du zur Arbeit gehst, und verbringe dann acht Stunden mit der Suche nach Arbeit. Ich empfehle meinen Klienten immer, eine Tabelle zu erstellen, in der sie alle Unternehmen dokumentieren sollen, mit denen sie Kontakt aufgenommen haben: Auf die Liste gehören die Namen, Telefonnummern und E-Mail-Adressen der Personen, mit denen sie gesprochen haben. Tue dies, bis du ein Stellenangebot hast, das du gerne annehmen würdest.

Wenn du in einer finanziellen Notlage bist, dann arbeite freiberuflich, übernimm Gelegenheitsjobs oder arbeite in Teilzeit, auf welche Weise auch immer du dich über Wasser halten kannst, und setze dann die Jobsuche außerhalb deiner Arbeitszeit fort. Falls du Pizzen ausliefern, in einem Café arbeiten oder in einem Callcenter telefonieren musst, tu es. Kein Job ist »unter deiner Würde« – ein solcher Glaube kommt rein aus dem Ego. Lass nicht zu, dass dein Ego deiner Fähigkeit, dein bestes Selbst zu sein und deine perfekte Karriere zu finden, im Weg steht. Es lohnt sich immer, für sein Glück zu kämpfen.

Du wirst vielleicht sogar überrascht sein, welche erstaunlichen Kontakte du bei einem dieser Einsteigerjobs knüpfen kannst. Ich habe während meines Studiums in zwei verschiedenen Cafés gearbeitet, ebenso wie in einer Jugendorganisation als Schiedsrichter, und diese Erfahrungen waren äußerst wertvoll. Neben Lektionen darüber, wie man in einem Team arbeitet, wie man mit der Öffentlichkeit umgeht und wie man mit fast jedem spricht, entdeckte ich auch etwas Wichtiges über mein authentisches Selbst – ich würde in einer klassischen Unternehmensstruktur nie glücklich werden können. Zu wissen, was für uns *nicht geeignet ist*, ist Teil der Reise, um zu entdecken, was für uns *geeignet ist*. Trage alle solche Informationen zusammen, denn sie helfen dir auf deiner Mission, den Lebensbereich »Beruf« neu zu erfinden.

WIE MAN SICH VON ANDEREN BEWERBERN ABHEBT

Ich habe bereits Hunderte von Menschen für Jobs in den CAST-Centern interviewt, und das wichtigste Kriterium, das ich stets dabei in Betracht ziehe, ist, wie sehr sie unsere Organisation im Vorfeld des Vorstellungsgesprächs unter die Lupe genommen haben. Wenn jemand sich nicht vor seiner Bewerbung über unsere Einrichtung und unsere Philosophie informiert hat – wie um alles in der Welt soll er uns dann vertreten können oder wissen, ob sein grundlegendes Wertesystem mit unserem übereinstimmt? Es verblüfft mich, dass nahezu 80 Prozent der Bewerber nicht einmal die Zeit aufgebracht haben, unsere Website gründlich zu durchforsten, und zu einem Vorstellungsgespräch kommen, ohne ein Bewusstsein für unsere Firmenphilosophie zu haben. Die Moral von der Geschicht: Wenn du dich das nächste Mal für eine Arbeitsstelle bewirbst, stelle sicher, dass du so viel wie möglich über das Unternehmen in Erfahrung bringst, für das du arbeiten möchtest.

WELCHE ART VON MITARBEITER BIST DU?

Das Beste, was du tun kannst, um sicherzugehen, dass du die Art von Mitarbeiter bist, an die dein Chef sich positiv erinnert, ist, dich in die Lage des Chefs zu versetzen. Frage dich selbst, was er oder sie braucht, um die Dinge effizienter zu gestalten. Denke an den Eigentümer des Unternehmens und seine wichtigsten Ziele und Prioritäten, und wie du ein wesentlicher Teil des Plans sein kannst, um diese zu erreichen.

Mach dich bemerkbar! Teile deine Ideen und deine Einsichten darüber mit, was fehlt, was du beisteuern könntest, oder wo Probleme liegen, die du mit lösen kannst.

Zeige Eigeninitiative! Halte nicht nur jedes Jahr die Hand auf, um eine Gehaltserhöhung zu bekommen, weil du ein loyaler Mitarbeiter bist. Bei einem Antrag auf Gehaltserhöhung solltest du immer das Wohl der Firma, nicht nur dein eigenes Wohl im Blick haben. Wenn du ein jährliches Mitarbeitergespräch hast, konzentriere dich auf Möglichkeiten, die über die Erfordernisse deiner speziellen Stellenbeschreibung hinausgehen, und bringe neue Ideen und Lösungen auf den Tisch, um Umsatz oder Produktivität zu steigern. Keine Idee ist schlecht. Selbst wenn nur eine von 100 deiner Ideen Früchte tragen sollte, könnte es genau diejenige sein, die eine entscheidende Rolle für das Unternehmen und deine zukünftige berufliche Entwicklung spielt.

Ich bin immer wieder begeistert von der Produktivität und Kreativität meines derzeitigen Teams. Aber es gibt einige Leute, die in der Vergangenheit für mich gearbeitet haben, die sich mehr auf sich selbst konzentriert haben als auf das, was sie noch für das Unternehmen, die Kunden, die Marke, die Vision tun können. Sie haben ihre Zeit bei CAST nur als einen vorübergehenden Job betrachtet, sie wollten nicht wichtiger Teil des Teams sein.

Es geht um eine einfache, aber äußerst wirkungsvolle Verschiebung der Perspektive. Die »Ichbezogenen« bekommen nicht die volle Aufmerksamkeit, die schnellen Beförderungen oder die großen Gehaltserhöhungen. Vorgesetzte und Eigentümer wollen natürlich diejenigen belohnen, die mit frischen Ideen, mit einer lösungsorientierten Mentalität und mit Teamgeist auftreten. So solltest du sein!

Die grössten Lektionen meiner eigenen beruflichen Laufbahn

Wenn ich auf die Entwicklung meiner Karriere zurückblicke, bin ich zutiefst dankbar für all die beruflichen Erfahrungen, die ich gemacht habe – und die waren mal gut, mal schlecht und auch mal scheußlich. Ich habe alles ausprobiert, vom Barkeeper (ohne jegliche Einarbeitung – *das* war ja mal interessant), über Barista (eine ganz andere Art von Lernerfahrung) bis hin zum Kellner in einem Fünf-Sterne-Restaurant (wo mir unverhältnismäßig viele Weinflaschen zum Opfer fielen) und Fußballschiedsrichter (ohne überhaupt die Regeln zu kennen). Ich habe auch Aushilfsjobs auf Stundenbasis angenommen, bei denen ich alte Bodenbeläge entfernte, Wände strich und vieles mehr. Unvergessen bleiben mir die Nachtschichten in einem Rehabilitationszentrum, wo ich die

Zimmer von verurteilten Kriminellen, die auf ihre Gefängnisstrafe warteten, kontrollieren musste. Gelinde gesagt, meine Job-Historie umfasst ein breites Spektrum, und ich möchte wetten, dass es bei deinen eigenen Arbeitserfahrungen nicht viel anders ist.

Wie bereits erwähnt, wurde ich mit 22 Jahren clean und startete mein Leben neu. Meine Familie hatte jegliche finanzielle Unterstützung eingestellt – und ich meine *wirklich jegliche*. Ich wollte eigentlich nach 30 Tagen wieder nach New York City zurückzukehren, aber mir fehlte jede Möglichkeit, dorthin zu gelangen. Wenn ich ein entsprechendes finanzielles Polster gehabt hätte, hätte ich vielleicht gewusst, wie ich mich verhalten sollte, aber ich war vollkommen pleite. Also nahm ich einen »einfachen Job« an, wie es so schön heißt. Das ist die Art von Arbeit, die dir hilft, wieder auf die Beine zu kommen. Ich schlug mich gerade so durch und musste mein letztes Geld zusammenkratzen, um mir in einem kleinen Lebensmittelladen ein Sandwich kaufen zu können. Aber dieser Job lehrte mich auf alle Fälle, das Richtige zu tun.

Bis zu diesem Zeitpunkt hatte ich nach meinen eigenen Regeln gelebt, und meine Regeln waren, ehrlich gesagt, unreif und unprofessionell. Aber in meinem ersten einfachen Job versuchte ich, mein Bestes zu geben. Ich lernte, zu putzen und alles sauber zu halten, ich lernte, Gäste zu begrüßen, und ich lernte, dass in Cafés immer wieder die gleichen Lieder gespielt werden. (Ich habe auch gelernt, dass Sojamilch, wenn man sie schäumt, quietscht. Das wissen nur wenige.) Die Sache ist: Es gibt keinen einfachen Weg nach oben. Es gibt keine Schleichwege.

Am ersten Tag meiner Arbeit in einer Therapieeinrichtung hatte ich einen Betreuer, der mir sagte, dass man, wenn man in der Selbsthilfe arbeitet, »mitziehen oder sich verziehen« muss. Entweder man entwickelt sich im Leben weiter oder man verliert im Leben den Anschluss. Und diese Entscheidung muss jeder selbst treffen. Bis heute lebe ich immer noch nach diesem Grundsatz. Bleib auch du immer aufnahmebereit wie ein Schwamm. Ganz gleich, welchen Job du ausübst: Nimm alle Lektionen und Informationen an, die sich dir in deiner direkten Umgebung bieten, damit du dich weiterhin als dein bestes Selbst entwickeln kannst.

TEST ZU DEINEM BERUFSLEBEN

Es ist an der Zeit, dass du eine Bestandsaufnahme für den Bereich deines Berufslebens machst. Nachdem wir gemeinsam einige Überlegungen angestellt haben und du nun hoffentlich eine neue Sichtweise gewonnen hast, beantworte die folgenden Fragen ehrlich.

TEIL 1: Bewerte dein Berufsleben

Bewerte zunächst den Bereich deines Berufslebens auf einer Skala von 1 bis 10. Eine »1« bedeutet, dass du erkennst, dass dein Berufsleben in einem schlechten Zustand ist und deine sofortige Aufmerksamkeit erfordert. Eine »10« bedeutet, dass du mit deiner aktuellen beruflichen Situation und deinem Status sehr zufrieden bist, und beides wenig bis gar keinen Raum für Verbesserungen bietet. Folgende Aspekte im Bereich deines Berufs oder deiner Ausbildung solltest du bei deiner Bewertung berücksichtigen:

- Macht dir dein Job oder deine Ausbildung Spaß, erfüllt es dich?
- Wie gut versorgt dich dein Job in Anbetracht deines Lebensstils finanziell?
- Wie steht es um deine Beziehungen auf der Arbeitsstelle?
- Wie ausgewogen ist dein Arbeitszeitplan im Vergleich zu anderen Aspekten deines Lebens?

Bewertung des Berufslebens: ______________________________
ab dem ____________________(Datum)

TEIL 2: Nenne einige gute Verhaltensweisen

Es geht um Verhaltensweisen, die im Rahmen deines Arbeitslebens gut funktionieren, und schreibe auf, warum sie funktionieren.

Beispiele

- Ich zwinge mich, bei der Arbeit gut zu sein, aber gleichzeitig halte ich mein Leben im Gleichgewicht.

- Ich fühle mich durch meine Arbeit erfüllt.
- Ich ermutige andere an meinem Arbeitsplatz und habe positive Beziehungen aufgebaut.

Verhaltensweisen, die an meinem Arbeitsplatz gut funktionieren:

________________________________ Warum? ______________

________________________________ Warum? ______________

________________________________ Warum? ______________

TEIL 3: Negative Verhaltensweisen

Welche Verhaltensweisen, die du von dir kennst, halten dich von dem ab, was du in deinem Berufsleben erreichen willst?

Beispiele

- Ich bin zu träge, um mich direkt um meine Arbeitsaufträge zu kümmern, und warte immer bis zur letzten Minute, bis ich sie erledige.
- Ich bin ein »Workaholic« – ich arbeite mich zu Tode und finde kein Gleichgewicht zwischen meiner Arbeit und meinem Privatleben.
- Ich habe wegen meines Konkurrenzdenkens oder meiner Eifersucht einige vergiftete Beziehungen zu meinen Kollegen entwickelt.

Verhaltensweisen, die im Bereich meines Berufslebens für mich nicht funktionieren, sind:

________________________________ Warum? ______________

________________________________ Warum? ______________

________________________________ Warum? ______________

TEIL 4: Der Weg zu 10 Punkten

Basierend auf allem, was du gerade aufgeschrieben hast, möchte ich, dass du überlegst, was du tun musst, um von deiner aktuellen Bewertung auf eine Bewertung von 10 in diesem Bereich deines Lebens zu gelangen.

Umsetzen kannst du dies, indem du dir Verhaltensweisen anschaust, die du *weiterverfolgen* solltest, weil sie für dich gut funktionieren, indem du Verhaltensweisen erkennst, die du *aufgeben* musst, weil sie dich von dem abhalten, was du willst, und indem du Verhaltensweisen entdeckst, die du *neu aufnehmen* musst.

Damit sich mein Berufsleben anfühlt, als wäre es eine 10,

muss ich weiterhin: __________________________________
muss ich aufhören: ____________________________________
muss ich anfangen: _____________________________________

Liebe dein Leben

Ich glaube, wenn es dir gelingt, deinen Lebensunterhalt in einem Beruf zu finden, in dem du ganz authentisch du selbst sein kannst, wird dich das Leben überraschen und selbst deine wildesten Träume übertreffen. Es wird harte Tage geben – das gilt für alle Karrieren, für alle Menschen, für alle Zeiten. Aber nicht jeder Tag muss ein harter Tag sein. Wenn du früher deinen Job geliebt hast, aber er dir langweilig geworden ist, dann besinne dich wieder zurück, warum du deinen Job ursprünglich geliebt hast, und entzünde dieses Feuer in dir selbst. Im perfekten Berufsleben solltest du dich durch deinen Job energiegeladen, erfüllt und lebendig fühlen.

Mache es zu deiner Mission, für dich selbst eine lohnende Karriere zu entwickeln, die ein Spiegel deines besten Selbst ist. Es können einfache Verbesserungen sein, oder es kann bedeuten, dass du deine Beschäftigung ganz neu gestaltest – aber verpflichte dich zu der Reise und tue dann alles in deiner Macht Stehende, um diese Reise zu *genießen*. Begegne jedem Tag mit einer optimistischen Einstellung, und es werden Dinge passieren, die mit dieser positiven Sichtweise übereinstimmen.

Du hast bisher viel erreicht, aber die Reise ist noch nicht vorbei. Tatsächlich hat alles, was wir bis zu diesem Punkt besprochen haben, uns zum letzten deiner sieben Lebensbereiche geführt, deiner spirituellen Entwicklung. Über allem – unseren Jobs, Beziehungen, unserer Erziehung und selbst unserer Gesundheit – steht unser spirituelles Leben. Wer bist du, auf spiritueller Ebene? Auf welche Weise trägt dein spirituelles Leben zu deinem gesamten Leben bei und manifestiert sich in ihm? Das sind große Fragen, die wir im nächsten Kapitel gemeinsam behandeln werden. Ich bin gespannt, und ich hoffe, du bist es auch!

11

SPHÄRE 7: DEIN SPIRITUELLES LEBEN

In diesem Kapitel werden wir uns mit deinem spirituellen Leben befassen. Ich habe diesen Punkt absichtlich für die letzte deiner sieben Sphären aufgehoben, weil ich es für wichtig hielt, dass du zuerst ein sehr klares Verständnis dafür bekommst, wer du in allen anderen Bereichen deines Lebens bist, bevor du in dieses Gebiet eintauchst. Ich glaube, dass dein spirituelles Leben die Grundlage für all deine anderen Sphären bildet.

Definieren wir zunächst, was Spiritualität im Rahmen unserer Zusammenarbeit bedeutet. Im Allgemeinen wird Spiritualität definiert als die Eigenschaft, sich mit dem menschlichen Geist oder der menschlichen Seele zu befassen, im Gegensatz zu materiellen oder physischen Dingen. Ich glaube, dass unser spirituelles Sein alles andere im Leben unterstützt. Ich denke, dass dein bestes Selbst im Grunde genommen dein spirituelles Selbst ist. Dein spirituelles Selbst ist der Ort in dir, von dem aus alle Güte und alles Licht nach außen strahlen. Hier formst du deine Integrität, deine Werte und deinen Umgang mit anderen Menschen.

Meiner Erfahrung nach neigen Menschen dazu, ihr spirituelles Leben in ihrem Alltag zu vernachlässigen, und doch ist es das, woran sie sich klammern, wenn das Leben sie kalt erwischt. Der Glaube ist sehr oft der feste Boden, den die Menschen suchen, wenn ihre Welt von Krisen, großen Ängsten, extremer Reue oder etwas anderem erschüttert wird, das ihre normalen Grenzen sprengt. Ich bin der festen Überzeugung, dass es nützlicher ist, immer eine Verbindung mit unserem spirituellen Selbst zu halten, anstatt zu warten, bis etwas in unserem Leben zusammenbricht. Der Grund, warum ich das denke, ist folgender.

Es wird immer gesagt, dass man bei festlichen Anlässen oder gesellschaftlichen Zusammentreffen tunlichst nicht auf das Thema Religion zu sprechen kommen sollte, es sei denn, man möchte einen ernsthaften Streit vom Zaun brechen. Die religiösen Überzeugungen der Menschen sind sehr stark, und sie gehen tief. Es gibt Tausende von verschiedenen Arten von Religionen auf der ganzen Welt, und die Anhänger jeder dieser Religionen sind davon überzeugt, dass ihr Glaube der rechte Glaube ist, was Sinn macht, denn wenn du deine Ewigkeit jemandem oder etwas anvertrauen sollst, willst du glauben, dass es richtig und wahr ist. Es ist nicht mein Anliegen, auf die Besonderheiten der verschiedenen Glaubenssysteme einzugehen, selbst wenn du dich vielleicht mit einem davon verbunden fühlst. Deshalb werden wir für die Zwecke dieses Kapitels deine Spiritualität von der Religion trennen.

Unabhängig von einer bestimmten religiösen Zugehörigkeit ist deine spirituelle Reise einzigartig für dich – wir alle gehen unseren eigenen Weg, auf dem wir uns auf unsere Spiritualität einlassen. Was mich betrifft: Ich bin nicht in einem religiösen Haushalt aufgewachsen. Wir gehörten zu den Familien, die sowohl Chanukka als auch Weihnachten feierten, denn meine Mutter ist Lutheranerin, und mein Vater ist Jude. Die Art und Weise, wie ich mich jetzt mit meiner Spiritualität verbinde, geschieht durch Praktiken wie Meditation (die ich je nach Tag oder Umstand auf unterschiedliche Weise ausführe), Selbstbestätigungen und das Ritual und Mantra, von dem ich dir bereits erzählt habe. Ich bin mit diesen Praktiken nicht aufgewachsen, sondern habe sie im Laufe der Zeit für mich entdeckt. Sie alle helfen mir, mit meiner Spiritualität im Einklang zu sein. Dies ist eine Eigenart meiner Persönlichkeit: Ich neige generell dazu, mich verbunden zu fühlen, wenn ich allein bin, und so drückt sich das in meiner Spiritualität aus, dass ich es vorziehe, sie allein zu praktizieren und nicht etwa in einer Kirche, Synagoge oder Moschee. Natürlich verstehe ich, dass es für viele Menschen sehr wichtig ist, wenn sie als Gemeinschaft im gleichgesinnten Glauben zusammenkommen, und ich habe durchaus schon an einem kirchlichen Gottesdienst oder an einem Sabbatessen und Ähnlichem teilgenommen, aber ich habe für mich entschieden, allein zu sein, wenn ich meine Spiritualität ausübe. Das kann sich mit der Zeit ändern, oder es kann so bleiben wie es ist – da bin ich offen. Ich denke, der Philosoph Dallas Willard hat es perfekt ausgedrückt, als er sagte, spirituelle Menschen seien nicht diejenigen, die bestimmte spirituelle Praktiken ausüben; sie seien diejenigen, die ihr Leben aus einem regelmäßigen Austausch mit Gott ziehen. In diesem Kapitel werden wir untersuchen, wie dieser Austausch, diese Beziehung für dich aussieht und wie du am ehesten mit dem in Einklang kommen kannst, der du spirituell bist.

Manche Menschen haben jeglichen Glauben aufgegeben – sei es der Glaube an Gott, an eine höhere Macht oder eine übergeordnete Energiequelle –, weil ihnen in ihrer Kindheit eine bestimmte Religion aufgezwungen wurde und dieses Vorgehen bei ihnen ein dumpfes und unbehagliches Gefühl hinterlassen hat. Jetzt als Erwachsener wäre es mit ihrem besten Selbst nicht mehr vereinbar, an diesen religiösen Vorstellungen festzuhalten. In diesem Fall ist es eine übliche Reaktion, zu versuchen, die Spiritualität ganz auszuschließen, aber ich glaube, dass wir alle spirituelle Wesen sind und dass der Versuch, dies zu ignorieren, mehr Kraft kostet, als die Spiritualität in einer Weise anzunehmen, die für einen selbst sinnvoll ist. Ich möchte dir helfen zu definieren, was Spiritualität für dich bedeutet, und mit dir zusammen herausfinden, warum du Vorbehalte dagegen haben könntest.

Die zentrale Frage, auf die wir uns in diesem Kapitel konzentrieren werden, ist: Wie viel von deinem besten Selbst ist aktiv mit deinem Glauben verbunden? Ich betrachte den Glauben als ein Vertrauen in die Existenz von etwas, das man nicht beweisen kann, und ich denke, es ist eine der wirkungsvollsten Möglichkeiten, sein Leben zu verändern. Ich bin auch davon überzeugt, dass der Glaube erlischt, wenn man nicht daran arbeitet. Das bedeutet meines Erachtens, dass es Handeln erfordert, um mit seinem Glauben im Einklang zu sein, sowohl innerlich als auch äußerlich, indem wir unsere Zeit, unsere Fähigkeit und alles, was uns kostbar ist, mit anderen teilen.

Ich betrachte Glauben auch als eine Möglichkeit, etwas zu dem Universum beizusteuern, was du ganz allein von dir aus willst, und daran zu glauben, dass es im positiven Sinne auf dich zurückfällt. Vor etwa sieben Jahren wurde mir zum Beispiel klar, dass ich gerne in der bildenden Kunst arbeiten würde. Ich lebe in Los Angeles, und es gibt viele Leute, die versuchen, es hier draußen zu »schaffen«. Da ich selbst professionell künstlerisch tätig sein wollte, begann ich mir vorzustellen, wie es sich anfühlen würde, mit den interessantesten Menschen in

Kontakt zu kommen, und wie ich anderen helfen könnte, eine größere Plattform zu erreichen, damit sie ihre positiven, motivierenden Botschaften an ihre Millionen von Fans senden konnten. Am Ende konnte ich genau diese Erfahrungen mitnehmen, weil ich von meinem eigenen authentischsten Ort aus davon überzeugt war, dass es mein Schicksal sei. Ich hatte den Glauben, dass es passieren würde.
Die Forschung unterstützt die These, dass ein Gefühl der Spiritualität positive Auswirkungen auf unser Leben hat, insbesondere auf unsere geistige und körperliche Gesundheit. Menschen mit Glauben leben nachweislich länger und weisen ein geringeres Risiko für Herzinfarkte auf.[22] Sie berichten auch, dass sie weniger Angst und Stress in ihrem Leben haben[23], seltener unter Depressionen leiden und größere Zufriedenheit empfinden[24]; sie haben weniger körperliche Schmerzen[25], sind nicht so anfällig, unter Druck in Panik zu geraten[26], und Kinder, die in jungen Jahren in den Glauben eingeführt werden und deren Glauben kultiviert wird, sind weniger geneigt, sich als Minderjährige auf Drogen und Sex einzulassen. Es steht außer Frage, dass der Glaube dein Leben verbessern und jeden Tag auf eine eindrucksvolle Weise bereichern kann, die in mancher Hinsicht unseren Verstand übersteigt.[27]

Unsere spirituelle Verbindung tritt im Laufe eines Tages immer wieder in Erscheinung, da wir ständig daran erinnert werden, dass wir nicht die Kontrolle über das haben, was mit uns geschieht. Etwas Größeres und Stärkeres als wir hat das Heft in der Hand, und wir können uns entscheiden, ob wir uns darauf einstellen, oder ob wir uns davon abwenden. Wenn wir uns davon abwenden, beginnen wir, uns selbst zu verlieren; wir beginnen, am Leben zu zweifeln; wir ziehen Menschen an, die nicht mit dem übereinstimmen, was wir sind; wir fangen an, Dinge über unsere Mitmenschen zu glauben. Es gibt mehr Gutes als Schlechtes in dieser Welt – entweder du kannst mit offenem Visier für Freiheit und Liebe kämpfen oder du kannst dein eigener schlimmster Feind sein. Wir sind nicht dafür geschaffen, dieses Leben allein zu führen. Wenn Musik zu deiner Seele spricht, wenn du dich frei fühlst, wenn du atmest und deine Wahrheit und Klarheit findest, wenn du dich gut dabei fühlst, anderen zu helfen, erlebst du eine spirituelle Erfahrung. Ich stimme dem französischen Philosophen Pierre Teilhard de Chardin zu, der es gut auf den Punkt gebracht hat, als er sagte, wir seien keine menschlichen Wesen mit einer spirituellen Erfahrung, sondern spirituelle Wesen mit einer menschlichen Erfahrung.

Ich möchte dir eine Geschichte über einen Klienten erzählen, der sein spirituelles Selbst aufgrund einer schwierigen Situation in seinem Leben wiederentdeckt und sich wieder mit ihm verbunden hat. Es mag zunächst so aussehen, als ob diese Geschichte in das Kapitel Berufsleben gehört, aber ich möchte, dass du siehst, wie deine Spiritualität einen positiven Effekt auf alle deine Lebensbereiche haben kann. Weil mein Klient lernte, sich auf neue Weise auf seinen Glauben zu stützen, hat sich sein ganzes Leben zum Guten verändert.

Handschellen-Henry und sein spiritueller Weckruf

Als Henry und ich anfingen, zusammenzuarbeiten, hatte er einen Job als Junior-Werbeleiter in einer kleinen Firma. Er war seit vier Jahren dort. Normalerweise war er der Erste, der zur Arbeit erschien, und meistens der Letzte, der wieder ging. Er war wissbegierig, mit Leidenschaft bei der Sache und fest entschlossen, sich in einer schwierigen Branche zu beweisen. Aber Henry war auch sehr bescheiden; im Gegensatz zu einigen seiner egoistischeren Kollegen ging er nicht herum und prahlte mit seinen großartigen Leistungen. Er hatte nie das Bedürfnis verspürt, im Mittelpunkt der Aufmerksamkeit zu stehen; er war in einer großen Familie aufgewachsen, und als ältester Sohn hatte er eine große Verantwortung für die Betreuung der jüngeren Geschwister übernommen. Freilich, er hatte es geliebt, denn sein bestes Selbst war darin zum Ausdruck gekommen: andere zu hegen und pflegen und sich um alles zu kümmern. Er hatte seine Rolle genossen, den Haushalt am Laufen zu halten und seinen Eltern eine Freude zu bereiten. Er hatte es gerne allen recht gemacht.

In seinem Job zeigte er sich besonders geschickt im direkten Kundenkontakt. Er gab den Kunden das Gefühl, dass sie ein integraler Bestandteil bei der Entwicklung schöner und überzeugender Werbekampagnen waren, die die Aufmerksamkeit auf ihre Marke lenkten. Er gab ihnen das Gefühl, gehört zu werden; seine Neigung, sich um alles zu kümmern, half ihm sichtlich, schnell das Vertrauen seiner Kunden zu gewinnen, und sie sprachen immer in höchsten Tönen von ihm. Er hatte eine wahrhaftige Gabe.

Henry war auch Diakon in der Kirche, in die er und seine Familie gingen, und er sagte mir sofort, dass er jeden Tag betete und sich für einen gläubigen Menschen hielt. Sie waren aktiv in der kirchlichen Gemeinde tätig und als großzügige, liebevolle Familie bekannt, die sich stark für die Bedürftigen einsetzte.

Donald, der Inhaber der Werbeagentur, bei der Henry arbeitete, hatte kürzlich seinem Stiefsohn Ronnie gestattet, einen großen Teil des Geschäfts zu übernehmen, damit er selbst sich auf ein neues Projekt konzentrieren konnte. Weil Donald wusste, dass Henry so geschickt mit Kunden umzugehen wusste, gab er ihm auch eine bedeutendere Rolle im Unternehmen, und Henry war stolz darauf. Über Nacht wurde er mit seiner neuen beruflichen Position und der entsprechenden Verantwortung zu einer der jüngsten Führungskräfte seiner Branche. Henry wusste, dass er sich dieser Herausforderung stellen musste, weil sich ihm so eine Chance vielleicht nie mehr bieten würde.

Das Problem war, dass Ronnie nicht die geringste Ahnung von Werbung hatte und sich deshalb von Henry bedroht fühlte. Er wollte nicht nur keine Macht abgeben, sondern nutzte auch die Einnahmen des Unternehmens, um seine extravaganten Urlaubsreisen zu finanzieren, und torpedierte Geschäfte mit Großkunden, indem er mehr Geld forderte. Bei mehreren Gelegenheiten wurden Mitarbeiter Zeuge von Ronnies jähzornigen Ausbrüchen, bei denen er in Rage Gegenstände gegen die Wand seines Büros warf und das Telefon auf den Boden knallte. Er betrank sich im Büro und schickte weiblichen Mitarbeiterinnen sexuell anzügliche Nachrichten. Kurzum, er war die reinste Pest.

Inmitten all dessen, während sich der Ruf der Agentur zunehmend verschlechterte, sah sich einer von Henrys größten Kunden veranlasst, die Zusammenarbeit zu kündigen und eine neue Werbeagentur zu engagieren – dieser Kunde war ein riesiges Unternehmen und seit Jahrzehnten einer der treuesten Klienten gewesen. Henry war am Boden zerstört. Was er nicht wusste, war, dass eine der Führungskräfte in der Firma von Henrys ehemaligem Kunden der Leitung der neu engagierten Werbeagentur von Henry erzählte und darum bat, dass sie versuchen sollten, ihn abzuwerben und an Bord zu holen, damit er sich mit um sie kümmerte. Für Henry hätte das bedeutet, dass er mit einem Spitzengehalt und entsprechenden Nebenleistungen einen riesigen Sprung zu einem Fortune-500-Unternehmen gemacht hätte, aber er hatte keine Ahnung, was dort im Gange war, denn er verpasste ihre Anrufe.

Als Donald, der Eigentümer der Werbeagentur, das Team befragte, warum man diesen wichtigen Kunden verloren hatte, schenkte er Ronnie Glauben, der behauptete, dass es Henry war, wegen dem die Firma den Kunden verloren habe, und er verstieg sich sogar zu der lächerlichen Anschuldigung, dass Henry eine Affäre mit der Ehefrau des Kunden habe. Daraufhin forderte Donald Henry auf, die Situation zu bereinigen, den Kunden, den sie verloren hatten, zurückzugewinnen und alles zu tun, um den guten Ruf der Firma wiederherzustellen – im Grunde genommen alles zu tun, um Ronnie wieder gut dastehen zu lassen.

Henry war so in Sorge, dass er nie mehr einen so großartigen Job bekommen würde, dass er alle Schuld auf sich nahm, alles mit sich geschehen ließ und schwor, noch härter zu arbeiten, um neue, größere Kunden an Land zu ziehen. Aber sein Körper fing an zu rebellieren. Er entwickelte lähmende Panikattacken, war die ganze Zeit über krank und bekam sogar Haarausfall.

»Ich kann mir einfach nicht vorstellen, wie ich diese Situation in den Griff kriegen soll«, stöhnte er. »Ich tue alles, was ich kann, aber solange Ronnie da ist, ist es ein aussichtsloser Kampf.«

»Sie haben mir erzählt, dass Sie ein gläubiger Mensch sind und einer Kirchengemeinde angehören. Haben Sie deswegen Trost im Gebet gesucht?«, fragte ich Henry, als wir uns zum ersten Mal trafen.

»Fast ununterbrochen. Ich habe das Gefühl, dass ich rund um die Uhr bete, um Gott um Hilfe zu bitten.«

»Es sieht für mich jedoch so aus, als hätten Sie nicht viel Vertrauen, dass sich das Problem lösen wird.« Von dieser Aussage wurde Henry kalt erwischt. Ich glaube nicht, dass er erwartet hatte, so etwas zu hören.

»Was wollen Sie damit sagen?«

»Nun, es scheint mir, dass Sie sich von den Leuten und der Situation in dieser Firma manipulieren und ausnutzen lassen. Es scheint, als glaubten Sie, dass das Leben Ihnen böse mitspielt und Sie es nicht selbst im Griff haben.«

»Was wäre denn die Alternative? Ich will nicht noch einmal von vorn anfangen. Ich habe diesen fantastischen Posten und die Gelegenheit bekommen, die Firma quasi zu leiten – ich will es nicht vermasseln.«

»Haben Sie Angst?«

»Ich bin geradezu panisch.«

Als Nächstes machten wir die Übung zum negativen Selbst, und die Figur, die Henry erschuf, war Handschellen-Henry. Er hatte sich im übertragenen Sinne Handschellen für diesen Job angelegt und erlaubte es dadurch den Verantwortlichen, ihn so zu behandeln, wie sie es wollten. Er war der einzige seiner Altersgenossen mit einer so hohen Position und hatte die große Angst, dass er es nicht wert sei und dass er nie wieder eine so große Chance bekommen würde. Weil er so sehr in seinem negativen Selbst verwurzelt war, hatte er sich tatsächlich davon überzeugt, dass er es verdient habe, dass man ihn so schlecht behandelte und ihn persönlich angriff.

»Wenn jetzt jemand anderes an Ihrer Stelle wäre, was würden Sie ihm über diese Angst erzählen?« Er dachte einen Moment nach.

»Er soll auf seinen Glauben vertrauen.«

»Was stellen Sie sich darunter vor?«

»Die notwendigen Schritte unternehmen, etwas riskieren, nicht versuchen, alles unter Kontrolle haben zu müssen, und widrige Umstände nicht einfach hinnehmen. Gott hat mehr für uns vorgesehen.« Er machte eine Pause. »Und was Gott einmal tut, dass macht er auch noch einmal.«

»Trifft irgendetwas davon auf Sie zu?«

»Ja. Absolut.« Er begann, auf seinem Stuhl hin und her zu rutschen, setzte sich dann aufrecht hin – es war, als würde das Licht in seinen Augen zurückkehren. »Ich fühle mich, als wäre ich ein Kind, das sich um ein altes kaputtes Dreirad gestritten hat. Es muss da draußen noch etwas anderes für mich geben.«

Handschellen-Henry hatte für ihn das Kommando übernommen, weil die Angst sich bei ihm festgesetzt hatte. Aber nachdem Henry die Handschellen abgenommen und angefangen hatte, *wirklich* an die Kraft seines Geistes zu glauben, daran, dass es mehr für ihn gab als diese winzige kleine Werbeagentur, begannen interessante Dinge zu geschehen. Er rief mich nur zwei Tage später an und sagte, er habe eine E-Mail gefunden, die irgendwie in seinem Spam-Ordner gelandet sei – sie kam von besagter riesiger Werbeagentur. Sie wollten ihn kennenlernen. Anscheinend hatte er auch zwei Anrufe von ihnen verpasst – er war so sehr darauf fokussiert gewesen, seine Probleme mit Ronnie zu lösen und in den Griff zu bekommen, dass er nicht einmal die Sprachnachrichten bemerkt hatte, die sie hinterlassen und in denen sie ihn gebeten hatten, zu einem Vorstellungsgespräch zu kommen.

Springen wir drei Jahre in die Zukunft: Henry hatte den Schritt zu dieser großen Agentur gemacht. Später hatte er sich selbständig gemacht und eine erfolgreiche gemeinnützige Organisation gegründet, die nun floriert. Immer, wenn wir jetzt über diese Zeit in seinem Leben sprechen, sagt er: »Ich werde mich nie wieder Handschellen-Henry unterwerfen. Niemals! Ich lebe von nun an als freier Henry.«

Wenn wir uns mit unserem spirituellen Selbst verbinden – sei es zum ersten Mal oder erneut – und uns auf unseren Glauben stützen, *können* erstaunliche Dinge in unserem Leben geschehen. Handschellen-Henry hatte alles Gute zu verhindern gewusst. Er hatte versucht, alles in Henrys Leben zu kontrollieren, aber er tat es mit hinter seinem Rücken gefesselten Händen. Auf diese Weise hätte er nie etwas erreicht. Erst als er die Handschellen abnahm, seinen Glauben wieder vollends annahm und seine Kontrollsucht aufgab, begann er sein Leben *selbst* zu bestimmen, anstatt dass es *ihn* bestimmte.

Spirituell zu sein bedeutet zu glauben, dass du es verdienst, dich erfüllt zu fühlen, dass du es verdienst, gut behandelt zu werden, und es bedeutet, eine Haltung einzunehmen, die Wohlstand und nicht Mangel verheißt. Gott (eine höhere Macht, ein Geist, das Universum, das Leben oder welches Wort auch immer dir das Gefühl gibt, sicher und verbunden zu sein) will mehr für dich, und alles, was du tun musst, ist, das zu akzeptieren und es in deinem Herzen aufzunehmen. Henry hatte eine falsche Geschichte für sich selbst erschaffen – er glaubte, dass, wenn er gegen seine demütigenden Arbeitgeber vorgehen würde, er die einzige Gelegenheit verlieren würde, die sich jemals auftäte, ein Unternehmen zu leiten. Er war so kurzsichtig, ängstlich und skeptisch, dass er bereit war, sein eigenes Wohlergehen zu opfern, um an einer trügerischen Sicherheit festzuhalten.

Dies ist ein allgegenwärtiges Problem in der Menschheitsgeschichte: Wir haben die Eigenart, uns in unsichtbaren Käfigen zu verschanzen, und weigern uns, die Möglichkeiten in der großen, weiten Welt um uns herum zu erkennen. Rumi, ein islamischer Gelehrter aus dem 13. Jahrhundert, fragte die Menschen in einem seiner Schriftstücke, warum sie im Gefängnis blieben, obwohl doch die Tür so weit offen stünde. Hast du dich in deinem Leben schon einmal so gefühlt? Als ob du eingesperrt, gefesselt und unfähig wärst, dich zu bewegen? Als hättest du die Kontrolle verloren und wärst der Gnade anderer ausgeliefert? Was du wahrscheinlich zu diesen Zeiten nicht erkannt hast, ist, dass die Tür wirklich weit offen steht – du musst dich nur entscheiden, durch die Tür hindurchzugehen.

Es ist wichtig, dass wir uns in solchen Momenten fragen, was unser bestes Selbst tun würde. Dein bestes Selbst achtet immer auf dich und kann dir helfen, dich von deinen selbst auferlegten Handschellen zu befreien. Natürlich kann das schwierig sein. Das ist mir klar. Der buddhistische Mönch und Friedensaktivist Thich Nhat Hanh hat einmal gesagt, dass es den Menschen schwer falle, ihr Leiden loszulassen, da sie aus Angst vor dem Unbekannten das bekannte Leiden bevorzugen würden. Ich denke, das trifft den Kern der Sache. Wir haben Angst, uns für etwas anderes als unsere gegenwärtige Realität zu entscheiden, weil wir uns Sorgen machen: Was ist, wenn es schlimmer wird? Genau deshalb möchte ich dir helfen, dein spirituelles Leben so aufzubauen, dass deine Ängste abgebaut werden und du Kraft und Mut findest, dem Unbekannten zu begegnen. Die erstaunliche Wahrheit über das Unbekannte ist, dass es normalerweise viel besser ist, als man es sich hätte vorstellen können.

Pflege deine Spiritualität

Während dein konkreter Glaube und deine Glaubensrichtungen, wenn du welche hast, deine Spiritualität beeinflussen können, möchte ich dir helfen, dich mit deinem spirituellen Selbst auf einer Ebene zu verbinden, die über die Besonderheiten von Religionen hinausgeht. Mit anderen Worten, ich möchte, dass du deinen Glauben wie eine Zwiebel schälst, bis du zu deinem spirituellen Zentrum kommst.

Hier sind einige Techniken, um dich mit deiner Spiritualität auf sinnvolle Weise zu verbinden oder diese Verbindung wieder aufzunehmen.

1. Setze dir für deine Spiritualität klare Ziele

Überlege dir zunächst, was du in deinem spirituellen Leben erreichen willst. Dabei setzt sich jeder Mensch unterschiedliche Ziele. Hier sind einige Beispiele: Plane mehr Zeit zum Beten ein; besuche wieder Gottesdienste, die für dich früher erfüllend waren, aber für die du zu beschäftigt warst, um daran teilzunehmen; meditiere täglich oder eigne dir eine spirituelle Gewohnheit an, die du mit einem geliebten Menschen teilen kannst. Wenn du dies mit einer klaren Zielsetzung angehst, wirst du mit höherer Wahrscheinlichkeit Erfolg haben.

2. Lass dich geistig inspirieren

Es gibt heutzutage so viele wunderbare Quellen, von denen du dich auf einer spirituellen Ebene inspirieren lassen kannst. Sei es in Form von inspirierenden Zitaten von Menschen, die du bewunderst, sei es durch die

Bibel, durch inspirierende Bücher von Menschen, die Wunder oder ein spirituelles Erwachen erlebt haben, oder durch Hörbücher von geistlichen Denkern oder Gurus – finde heraus, was bei dir Anklang findet und füttere deinen Geist mit dieser Art von Inhalten. Wir verbringen einen Großteil unserer Zeit damit, uns mit Social Media und Unterhaltung zu beschäftigen, die keinen tieferen Sinn bieten, also bemühe dich, an Inhalten zu arbeiten, die dich anregen und deinen Horizont erweitern.

3. Suche die Stille

Das heutige Leben ist laut. Wir haben bereits viel darüber gesprochen, den Lärm des Lebens zu reduzieren, und wenn es darum geht, sich mit deiner Spiritualität zu verbinden, ist es wichtig, dass du einen ruhigen Ort in dir selbst findest und einfach du bist. Ich meine nicht den tatsächlichen Lärm, den man mit den Ohren hört – wenn die Art und Weise, wie du dich mit deiner inneren Stimme verbindest, darin besteht, Rockmusik laut aufzudrehen und in deinem Wohnzimmer zu tanzen, dann mach es einfach. Was ich meine, ist eine Stille in dir selbst, wenn du all die anderen äußeren Stimmen und Einflüsse ausgeblendet hast.

Häufig sind dies die Zeiten in unserem Leben, in denen eine lange gesuchte Antwort auf unsere Bewusstseinsebene gelangen kann, oder in denen wir eine Erkenntnis gewinnen oder etwas auf eine neue Weise betrachten. Eine Möglichkeit, wie du an diesen Ort der Stille in deinem Geist eintauchen kannst, ist, dich hinzusetzen und etwas zu sagen, das dich in eine gute, positive Schwingung versetzt. Du hast vielleicht beobachtet, wie Leute im Film oder im Fernsehen ein paar Mal »Ommm« sagen oder eine Art Gesang verwenden, indem sie sich nur auf den schwingenden Klang konzentrieren, der entsteht, wenn sie das Wort sagen, und alle anderen Gedanken einfach langsamer werden lassen, bis sie still sind. Wenn du betest, kann dir das auch helfen, die ständigen Gedanken in deinem Kopf zu beruhigen. Oder wenn du ein Foto oder ein Kunstwerk hast, das dir innerlich Ruhe verschafft, nimm dir die Zeit, es einfach anzuschauen. Mache es zu einer der wichtigsten Aufgaben und verbringe diese Art von Zeit der »Stille« mindestens einmal pro Woche mit dir selbst.

4. Achte auf Zeichen

Halte stets deine Augen offen und bleibe auch zu jeder Zeit innerlich empfänglich für alle Zeichen, die du vermittelt bekommen könntest.

Ich habe beispielsweise eine Freundin, die um den Verlust ihres Hundes trauerte und für seinen Seelenfrieden betete. Eines Nachmittags sah sie auf dem Boden ihres Wohnzimmers einen Regenbogen, an genau jenem Platz, an dem ihr Hund immer um diese Zeit in der Sonne gelegen hatte. Sie nahm es als Zeichen, dass die Seele ihres Hundes weiterlebt, und mit diesem Wissen konnte sie ihren eigenen Seelenfrieden finden.

Eine weitere weitverbreitete Art von spirituellem Zeichen wird als Synchronizität bezeichnet. In diesem Fall hörst du immer wieder den gleichen Satz oder siehst an vielen Stellen die gleiche bestimmte Zahl, Vielleicht ist es nur eine einfache Erinnerung daran, dass es etwas Größeres als uns gibt und dass das Leben mehr ist als nur unsere täglichen Aktivitäten – dass wir alle Teil eines Universums sind, das über unseren Verstand hinausgeht. Ich kenne auch jemanden, der mir erzählt hat, dass er tatsächlich eine tiefe spirituelle Erfahrung gemacht hat, als er sich den Film *Der König der Löwen* ansah. Eine bestimmte Szene in dem Film löste eine spirituelle Erkenntnis in ihm aus, durch die ihm bewusst wurde, wie er sich in einer konkreten Situation seinem Sohn gegenüber verhalten sollte. Alles, von einem Song im Radio über Worte, die ein Fremder zu dir sagt, bis hin zu einem schönen Anblick in der Natur, alles kann als Zeichen gesehen werden, wenn es dich innerlich bewegt und dein Herz offen dafür ist, Zeichen auf diese Weise zu empfangen.

Es bieten sich an jeder Ecke Gelegenheiten. Bleib offen für Geschenke, die das Universum dir zuteilwerden lassen will, damit du nicht direkt an ihnen vorbeigehst. Wenn dir jemand in der Schlange bei Starbucks anbietet, dir einen Kaffee auszugeben, nimm dieses Geschenk an. Der christliche Autor Rob Bell hat einmal gesagt, dass wir allesamt in diesem Atmen, diesem Moment und in diesem Leben vereint seien. Wir hätten jeden Tag unzählige Möglichkeiten, uns zu verschließen oder aufrechtzustehen und uns zu öffnen, einen tiefen Atemzug zu nehmen und JA zu diesem Geschenk zu sagen. Offen zu sein für den Empfang von Geschenken, die das Leben mir geben würde, war eine wichtige Entscheidung in meinem Leben. Wenn ich versucht hätte, die strikte Kontrolle über jeden Aspekt meines Lebens zu behalten, klare Pläne zu machen und mich an sie zu halten, egal was passiert, hätte ich viele Gelegenheiten verpasst ... auf ganzer Linie. Ich hätte nie vorhersehen können, wie meine Lebenskurve verlaufen wäre, und ich bin sehr dankbar, dass ich losgelassen habe und dafür offengeblieben bin, was immer auch auf mich zukam. Ich hatte mir zuvor gesagt, dass ich nie fürs Fernsehen arbeiten würde, aber als Dr. Phil mich fragte, ob ich in ein paar Folgen mitmachen würde, sagte ich ja! Ich sagte zu, weil ich dachte, dass vielleicht ein größerer Sinn dahintersteckt. Jetzt, da ich etliche Male in Fernsehsendungen aufgetreten bin, weiß ich, dass ich recht hatte.

Es gibt überall Zeichen, und wenn du offen bleibst, wirst du anfangen, sie an den unwahrscheinlichsten Orten zu erkennen.

5. Sei dankbar

Wenn du mehr in dein spirituelles Bewusstsein eingedrungen bist, wenn dir oder jemandem in deinem Umfeld etwas Positives passiert, stelle eine Verbindung zu der Arbeit her, die du geleistet hast. Verbuche es nicht als Zufall. Mache es dir zum Prinzip, dir klarzumachen, dass deine spirituelle Entwicklung dir helfen wird, dich auf erstaunliche und oft mysteriöse Weise erfüllt zu fühlen. Nimm dir einen Moment Zeit, um diese Zusammenhänge zu erkennen, damit du diesen erstaunlichen Weg weitergehen kannst. Selbst kleine Veränderungen, Verbesserungen und scheinbar unbedeutende Momente der Freude oder des Friedens sind Teil dieser spirituellen Reise.

6. Teile deine Erfahrungen mit anderen

Sprich mit anderen Menschen über deine spirituelle Reise und bitte sie, ihre mit dir zu teilen. Dies wird deine Erfahrung bereichern und andere inspirieren. Mache dir klar, dass nicht jeder für diese Art von Gesprächen offen sein wird, wenn jemand also nicht positiv reagiert, nimm das nicht persönlich. Nicht jeder Mensch ist in der Lage, diese Art der Kommunikation zu nutzen – ihre Reise ist einzigartig wie deine. Entscheide dich dafür, dein spirituelles Licht auf die Welt um dich herum zu richten, und es wird sich auf dein eigenes Leben auswirken.

7. Hab Freude an allem

Lachen ist der äußere Ausdruck innerer Freude. Ich ermutige dich, bei deiner Suche nach deinem spirituellen Selbst spielerisch zu sein. Habe Spaß und genieße es. Lache selbst in schwierigen Momenten. Lass die Freude aus deinem Geist heraus sprudeln. Selbst an unseren härtesten Tagen können wir uns entscheiden zu lachen, wir können beschließen, etwas zu finden, worüber wir glücklich sind und das wir teilen wollen, und wir können auf der Welle dieser Zufriedenheit reiten, um unsere Hindernisse zu überwinden.

8. Bezahle im Voraus

In den meisten Religionen gibt es den grundlegenden Glauben, dass wir, wenn wir großzügig geben, auch großzügig empfangen werden. In der Bibel heißt es: »Irrt euch nicht, Gott lässt sich nicht verspotten. Denn was ein Mensch sät, das wird er auch ernten. Denn wer auf sein Fleisch sät, wird vom Fleisch Verderben ernten; wer aber auf den Geist sät, wird vom Geist ewiges Leben ernten.« Es ist das gleiche Grundprinzip wie beim Karma. Wenn du Menschen auf verletzende, grausame oder rachsüchtige Weise behandelst, auf eine Weise, die ausschließlich dazu bestimmt ist, dir selbst zu helfen oder dein Ego zu stärken, spielt es keine Rolle, wie viel du betest oder wie oft du an Gottesdiensten teilnimmst – du wirst nicht belohnt werden. Wenn ich Belohnung sage, meine ich einfach, dass du nicht in der Lage sein wirst, als dein bestes Selbst zu leben. Andere schlecht zu behandeln, ist, als ob du dir selbst einen riesigen Stein in den Weg legst.

Nutze deine Großzügigkeit und suche Wege, um Gutes mit der Welt um dich herum zu teilen. Wenn du jemanden siehst, der einen schwierigen Tag hat, biete ihm deine Hilfe an. Suche neue Wege in deiner Gemeinde, um Bedürftigen zu helfen. Frage deine Freunde und deine Familie, was du für sie tun kannst. Begegne der Welt mit einer Haltung des Gebens. Das muss nicht unbedingt heißen, dass du jemanden finanziell unterstützt. Es gibt so viele Möglichkeiten, etwas von dir zu geben. Du hast Fähigkeiten, die du teilen kannst. Du hast Zeit, die du teilen kannst. Und selbst wenn du hoffst, etwas aus deinem Einsatz für ehrenamtliche Tätigkeiten oder Wohltätigkeitsveranstaltungen für dich zu gewinnen, weiß ich, dass du schnell lernen wirst, dass das größte Geschenk im Geben selbst liegt.

SPIRITUELLES MORGENRITUAL

Wenn du zu Beginn eines jeden Tages ein paar zusätzliche Minuten nur für dich hättest, was würdest du als Teil deiner Morgenroutine einplanen, um dich auf dein bestes Selbst auszurichten? Vielleicht würdest du einige Zeit damit verbringen, inspirierende Zitate zu lesen. Oder vielleicht wachst du auf und beobachtest den Sonnenaufgang? Würdest du diese Zeit lieber nutzen, um zu beten? Ein Gebet, das mir geholfen hat, jeden Tag als mein bestes Selbst zu begrüßen, ist ein Gebet der Anonymen Alkoholiker:

Gott, ich gebe mich in Deine Hand,
richte mich auf
und tu mit mir nach Deinem Willen.
Erlöse mich von den Fesseln meines Ichs,
damit ich Deinen Willen besser erfüllen kann.
Nimm meine Schwierigkeiten hinweg,
damit der Sieg über sie Zeugnis von Deiner Macht,
Deiner Liebe, Deiner Führung ablegen möge vor den Menschen,
denen ich helfen möchte.
Möge ich immer Deinen Willen tun![28]

Die Idee hinter diesem Gebet ist es, aus uns selbst herauszutreten und uns von einer höheren Macht, einem Universum oder wie auch immer wir es nennen wollen, führen zu lassen. Wo auch immer wir zu etwas nicht in der Lage sind, kann dies die höhere Macht übernehmen. Ich finde großen Trost in dieser Erkenntnis. Das Gegenteil davon ist, alles auf die eigenen Schultern zu nehmen, zu versuchen, Schwierigkeiten allein zu bewältigen und an uns selbst gefesselt zu sein. Das ist, als würde man sich auf das Scheitern vorbereiten. Zu erkennen, dass wir nicht alle Antworten haben, bedeutet nicht, eine Niederlage einzugestehen – im Gegenteil, so sieht es eigentlich aus, wenn man den Sieg verkündet. Das Vertrauen in das Universum, in ein geistiges Wesen oder wie auch immer wir das nennen wollen, was wir nicht sehen können und was wir nicht verstehen, ist schwer. Aber in dieser Ergebenheit finden wir Freiheit und Frieden. Und wie du mich schon oft hast sagen hören: Das Universum wirkt in unserem Sinne und wir haben es nicht nötig, Gott zu spielen.

Definiere dein spirituelles Leben

Nachdem wir nun einige Herangehensweisen zur Spiritualität haben, möchte ich dir einige Fragen stellen, damit du über den aktuellen Stand deines spirituellen Lebens nachdenken kannst. Die Antworten aufzuschreiben, wird dir helfen zu verstehen, wo du stehst – und festzustellen, ob es irgendwelche Änderungen gibt, die du vornehmen möchtest.

- Wie könnte ein gesundes spirituelles Leben für dich aussehen?
- Hast du Grund zu der Annahme, dass das Leben zu deinen Gunsten verläuft?
  - Wenn ja, warum? Und wann hast du zum ersten Mal diesen Glauben gehabt?
  - Wenn nicht, warum nicht? Und was sind deine ersten Erinnerungen an dieses Gefühl?
- Gibt es Aspekte deines spirituellen Lebens, die dich erfüllen und von denen du dir wünschst, dass sie in deinem täglichen Leben stärker verbreitet sind? Wenn ja, welche sind das?
- Wer sind deine spirituellen Vorbilder und Menschen, denen du in deiner spirituellen Welt vertraust?
- Glaubst du, dass die Art und Weise, wie du erzogen wurdest, deine Einstellung zur spirituellen Entwicklung beeinflusst?
  - Welche Elemente möchtest du behalten?
  - Welche Elemente lehnst du ab?
  - Wenn dir etwas in deinem spirituellen Leben fehlte, als du aufgewachsen bist, was kannst du tun, um es jetzt einzubeziehen?
- Welche Grundsätze hat dein bestes Selbst, um ein spirituelles Leben zu führen? Meine Grundsätze sind Geduld, Verständnis für andere, frei von Sorgen sein, Inspiration, das Gefühl, klug und kreativ zu sein, und das Gefühl, dass die Möglichkeiten für mein Leben endlos sind.

Wie lauten die spirituellen Leitlinien deines besten Selbst?

Eine Möglichkeit, eine starke Verbindung zu deiner Spiritualität und dem Glauben und/oder der Glaubensrichtung, die sie beeinflusst, aufrechtzuerhalten, ist die Erstellung deiner spirituellen Leitlinien. Um dies zu tun, blicke auf die Antworten zurück, die du in der letzten Übung aufgeschrieben hast, und erstelle daraus eine handlungsorientierte Aussage. Hier ist zum Beispiel meine:

Spirituelle Leitlinie des besten Selbst von Mike:

Ich bin ein großzügiger, geduldiger, verständnisvoller, kluger, sorgenfreier Mensch, und ich gehe jeden Tag mit dem grundlegenden Glauben ans Leben heran, dass alles möglich ist. Ich bleibe offen für die Geschenke, die mir das Universum bietet, indem ich demütig bleibe. Ich lasse mich bewusst von unerwarteten Dingen inspirieren, ich bin einzigartig kreativ und mein Ziel und meine Leidenschaft sind es, anderen zu helfen, die Freiheit zu finden, ihr bestes Selbst zu werden.

So sehen meine Leitlinien aus, aber deine werden natürlich anders sein. Sie können so kurz oder so lang sein, wie du willst, und sie können sich mit der Zeit ändern, also solltest du oft auf deine spirituellen Leitlinien zurückgreifen und sehen, ob sie aufgefrischt werden sollten.

Du kannst sie aufschreiben und an den Kühlschrank heften, sie auf Leinwand malen und an die Wand hängen oder sie auf ein Kissen sticken lassen. Präsentiere sie ganz wie und wo du willst, damit du dir deine Leitlinien ständig in Erinnerung rufen kannst. Du kannst sie dir sogar auf den Monitor deines Computers oder auf die Sonnenblende deines Autos kleben – das funktioniert ebenfalls hervorragend.

Test zur spirituellen Entwicklung

Jetzt ist es an der Zeit, zu bestimmen, was du im Bereich deiner spirituellen Entwicklung erreichen möchtest. Diese Fragen werden dir helfen.

TEIL 1: Bewerte dein spirituelles Leben

Bewerte dein Leben auf einer Skala von 1 bis 10. Eine »1« bedeutet, dass es um dein spirituelles Leben schlecht bestellt ist und es dringend deiner vollsten Aufmerksamkeit bedarf. Eine »10« bedeutet, dass dein spirituelles Leben in blendendem Zustand ist und kaum oder keiner Verbesserung bedarf. Folgende Aspekte solltest du bei deiner Bewertung berücksichtigen:

- wie weit du in deinem spirituellen Leben entwickelt bist,
- wie du deine Spiritualität benutzt, um dein Streben nach deinem besten Selbst zu stärken und zu unterstützen,
- wie bereichernd dein spirituelles Leben für dich ist.

Bewertung deines spirituellen Lebens: ____________________
ab dem ______________(Datum)

TEIL 2: Nenne nun einige gute Verhaltensweisen

Es geht um Verhaltensweisen, die im Rahmen deines spirituellen Lebens funktionieren, und schreibe auf, warum sie funktionieren.

Beispiele

- Ich meditiere regelmäßig und ich finde, dass die Meditation mir hilft, mit meiner Authentizität in Einklang zu bleiben.
- Ich praktiziere Religion oder eine Spiritualität, die für mich eine Quelle der Erfüllung ist.

Verhaltensweisen, die im Rahmen meines spirituellen Lebens gut funktionieren, sind:

____________________________ Warum? ____________

____________________________ Warum? ____________

____________________________ Warum? ____________

TEIL 3: Negative Verhaltensweisen

Welche Verhaltensweisen halten dich von dem ab, was du in deinem spirituellen Leben erreichen willst?

Beispiele

- Ich gehöre einer bestimmten Religion pro forma an, aber nichts davon fühlt sich real an oder erfüllt mich.
- Ich bin zu verärgert über vergangene Verletzungen, um mich auf irgendeine Art von Spiritualität einzulassen.

Verhaltensweisen, die im Bereich meines spirituellen Lebens nicht funktionieren, sind:

____________________ Warum? __________

____________________ Warum? __________

____________________ Warum? __________

TEIL 4: Der Weg zu 10 Punkten

Basierend auf allem, was du gerade aufgeschrieben hast, möchte ich, dass du überlegst, was du tun musst, um von deiner aktuellen Bewertung auf 10 Punkte in diesem Bereich deines Lebens zu gelangen.

Umsetzen kannst du dies, indem du dir Verhaltensweisen anschaust, die du *weiterverfolgen* solltest, weil sie für dich sinnvoll sind, indem du solche Verhaltensweisen benennst, die du *aufgeben* musst, weil sie dich von dem abhalten, was du willst, und indem du dir die Verhaltensweisen merkst, die du *neu aufnehmen* musst.

Damit sich mein spirituelles Leben anfühlt, als wäre es eine 10,

muss ich weiterhin: ____________________
muss ich aufhören mit: ____________________
muss ich anfangen mit: ____________________

Entwickele dich mutig weiter

»So wie eine Kerze nicht ohne Feuer brennen kann, können Menschen nicht ohne ein spirituelles Leben leben.« Das sind die Worte Buddhas, und ich glaube fest an sie. Ich bin davon überzeugt, dass du nicht dein bestes Selbst sein kannst, ohne ein pulsierendes spirituelles Leben zu haben, wie auch immer das für dich aussehen mag. Es könnten Yogaübungen, Meditation, Gebete, eine tiefe Verbindung zu einer Kirche oder Ähnliches sein. Unter jeder spirituellen Erfahrung befindet sich ein Fundament und ein Glaube, dass es mehr in diesem Dasein gibt als nur uns, dass es Gutes für uns gibt, und es gibt auch einen Glauben an das Gute und die Schönheit, die wir nicht erkennen können.

Wir haben nun alle deine sieben Lebensbereiche oder Sphären durchgearbeitet. Herzlichen Glückwunsch. Jetzt werden wir alle wichtigen Erkenntnisse, die du über dich selbst gesammelt hast, alle Bereiche, von denen du weißt, dass du sie optimieren, ändern oder sogar überarbeiten möchtest, nutzen und deine nächsten Schritte planen. Die letzten Kapitel dieses Buches sind sehr handlungsorientiert, und ich freue mich, die Übungen mit dir zu teilen. Ich habe so viele Klienten und Freunde erlebt, die sie erfolgreich eingesetzt haben, und das Beste daran ist: Wenn du sie in deinem Leben anwendest, wirst du die positiven Ergebnisse sofort spüren.

12
WIE DU DEIN BESTES TEAM ZUSAMMENSTELLST

Die Menschen um uns herum haben einen enormen Einfluss auf unser Leben und auf alle unsere SPHÄREN. Jede erfolgreiche Person wird dir sagen, dass sie das, was sie in ihrem Leben erreicht hat, niemals allein erreicht hätte. Walt Disney hat sein Imperium nicht allein gegründet. Steve Jobs hat Apple nicht allein erschaffen. Martin Luther King hat die Bürgerrechtsbewegung nicht allein entfacht, und du hast dein Leben nicht ganz allein aufgebaut. Obwohl es sich manchmal so anfühlen mag, dass wir in diesem Leben ganz allein existieren, ist das de facto nicht wahr. Der Reichtum, die Tiefe und die Komplexität unserer Zeit hier auf Erden werden in der Tat dadurch bestimmt, wie wir mit anderen umgehen, durch die Verbindungen, die wir miteinander herstellen. Wir sitzen alle in einem Boot, ob wir das nun wahrhaben wollen oder nicht, und ich glaube, dass wir daran arbeiten können und sollten, die Erfahrungen, die andere Menschen auf dieser Welt machen, mehr wertzuschätzen, von unseren unterschiedlichen Sichtweisen zu lernen und offen zu sein, die erstaunlichen Gaben, die jeder von uns zu teilen hat, zu geben und zu empfangen. Wir können gemeinsam so viel mehr erreichen, als dies einem einzelnen Menschen möglich wäre.

Es steht außer Frage, dass wir eine Vielzahl von verschiedenen Arten von Beziehungen zu Menschen in unserem Leben haben können und müssen, aber es gibt eine wichtige Unterscheidung, die ich machen möchte, bevor wir weitermachen. Nicht alle Menschen, mit denen du

Beziehungen hast, sollten in deinem »Team« sein, das ich auch als deinen inneren Kreis bezeichnen möchte. Dein Team besteht aus Personen, die du *bewusst* ausgewählt hast, weil du in ihrem Kreis leichter und reibungsloser dein bestes Selbst zur Geltung bringen kannst. Sie inspirieren dich, und du inspirierst sie, und deine Beziehungen zu ihnen sind positiv. Wir werden uns mit den Besonderheiten der Auswahl und der Beurteilung deines eigenen Teams befassen, aber ich möchte nicht Gefahr laufen, kalt und distanziert zu wirken, oder als ob ich eine Fußballmannschaft zusammenstellen würde, die entschlossen ist, um jeden Preis die Weltmeisterschaft zu gewinnen. Wir sind hier nicht in *Moneyball* – dies ist dein Leben. Im Gegensatz zu einem Sportteam geht es bei dem Team deines Lebens um mehr als nur um den Sieg – es geht darum, die gemeinsame Reise zu genießen. Denke daran: Der Weg ist das Ziel, und du *und* dein Team sollten jede Etappe der Reise erfolgreich gestalten.

Ich kann die Bedeutung dieses Kapitels nicht genug betonen. Jeder Klient, mit dem ich jemals zusammengearbeitet habe, hat mir zugesichert, dass er durch die Analyse des Teams in der Lage war, Änderungen oder Ergänzungen vorzunehmen, die sein Leben enorm verbessert haben. Es geht darum, ein Team um dich herum zu bilden, das dich inspiriert und ermutigt, dein bestes Selbst zu sein. Wir nehmen uns in der Regel nicht die Zeit, alle Menschen um uns herum zu bewerten, und wir denken vielleicht nicht viel über die Idee unseres »Teams« nach, bis wir in eine Krise geraten und uns auf die Stärke von anderen verlassen müssen, um diese Krise durchzustehen. Einer der Gründe, warum du vielleicht keine Zeit damit verbracht hast, dir dein Team, das du um dich hast, ganz genau anzuschauen, ist vielleicht, dass du nicht davon überzeugt bist, dass du es wirklich verdienst, dass Menschen, die dich unterstützen, wichtige Rollen in deinem Leben spielen, weil du glaubst, dass deine wichtigste Aufgabe im Leben darin besteht, anderen Menschen zu helfen, sie zu unterstützen und ihnen zu dienen. Vielleicht bist du auf diese Weise ein bisschen zu einer einsamen Insel geworden – und treibst allein im Wasser. Wenn das der Fall ist, dann lass mich dich daran erinnern, dass dein bestes Selbst glaubt, dass du es verdienst, ein großartiges Team zu haben. Dein bestes Selbst weiß auch, dass du, damit du dich anderen völlig hingeben kannst, in der Lage sein musst, Stärke, Wissen und Hilfe von deinem Team zu erhalten. Vielleicht ist es bei dir auch so, dass dein Team wie eine Drehtür funktioniert – du bringst immer wieder Leute rein und dann, wenn sie dich enttäuschen, verletzen oder dich in irgendeiner Weise falsch behandeln, beförderst du sie hinaus. Das kann ein unsicheres Terrain und ein gefährliches Muster sein und wenn du dieses Kapitel liest, denke daran, dass es bei einem Team nicht darum geht, jemanden für deine Probleme verantwortlich zu machen – vielmehr müssen deine Probleme innerhalb deiner einzelnen Lebensbereiche und mithilfe deines bestes Selbst gelöst werden.

Bei der bisherigen Arbeit, die wir in diesem Buch geleistet haben, hast du das Modell des besten Selbst und die Idee der sieben Sphären angewandt, um zu sehen, welche Bereiche deines Lebens in Harmonie sind und welche Bereiche vernachlässigt wurden oder schlecht funktionieren. In diesem Kapitel werden wir eine gründliche Bestandsaufnahme der Menschen in deinem Leben vornehmen. Wir werden sehen, wer stärker in dein Leben einbezogen werden sollte, von wem du dich vielleicht zurückziehen solltest oder wo du einfach auf subtile Weise die Prioritäten verschieben solltest. Wie wir wissen, ist niemand perfekt, und wenn du bisher nicht jedem in deinem Team als dein bestes Selbst entgegengekommen bist, werden wir das zunächst einmal versuchen und uns dann die Vor- und Nachteile anschauen, ob die einzelnen Personen dazugehören sollten, und dann die entsprechenden Konsequenzen ziehen.

Du selbst stehst im Mittelpunkt deines eigenen Lebens. Um dich herum in dieser harmonischen Galaxie gibt es Partner, Kinder, Familie, enge Freunde, wichtige Bekannte, Kollegen und so weiter. Die Größe deiner Galaxie spielt keine Rolle, aber idealerweise solltest du Menschen an deiner Seite haben, die dich in allen deinen sieben SPHÄREN unterstützen – was für dich ein neuer Weg sein könnte, deine Beziehungen besser einzuschätzen. Einige Menschen passen vielleicht in mehrere deiner Lebensbereiche, während andere nur in einen passen – und das ist völlig in Ordnung. Ich habe mit Leuten gearbeitet, die sehr große Teams haben und demzufolge sehr gestresst waren. Sie müssten eigentlich ihre Galaxien reduzieren. Ich habe auch mit Leuten gearbeitet, deren Teams sehr klein sind, und sie fanden heraus, dass sie mehr Unterstützung benötigten. Wir möchten im Laufe dieses Kapitels das ultimative Team finden, das dir die beste Balance in deinem Leben bieten kann.

Im Laufe der Zeit tauchen immer neue Menschen in deiner Umlaufbahn auf, und andere Menschen verschwinden aus ihr. Es gibt eine Vielzahl von Gründen, warum Menschen kommen und gehen – von einer räumlichen, beruflichen oder psychologischen Veränderung bis hin zu einer Eingebung, einer neu entdeckten Leidenschaft, einem Verlust und vielem mehr. Es gibt wahrscheinlich einige Menschen, die du schon seit vielen Jahren kennst, aber die du nur ab und zu siehst. Unabhängig davon sind dies die Freunde, mit denen du das Gespräch genau dort aufnimmst, wo du aufgehört hast. Vielleicht hast du Freunde in der Nachbarschaft, auf die du dich verlassen kannst, wenn du sie um einen Gefallen bittest, und solche, die du im Notfall mitten in der Nacht anrufen könntest, weil du weißt, dass sie sich sofort anziehen und rüberkommen würden, um zu helfen. Und dann gibt es die Menschen, die du nicht genau kennst, aber auf deren professionelle Hilfe du angewiesen bist – dein Steuerberater, Gärtner, Friseur, Masseur, Personal Trainer, Ernährungsberater und so weiter. Außerdem gibt es Menschen in deinem Leben, mit denen du ganz bestimmte gemeinsame Ziele verfolgst, wie Freunde, mit denen du Sport treibst und die dir helfen, fit zu bleiben, oder Menschen in einem Sprachkurs, Menschen, mit denen du Gottesdienste besuchst, etc. Das Entscheidende ist, dass wir alle unser eigenes, einzigartiges Team von Menschen im Leben haben, und wir wollen herausfinden, ob alle Menschen in deinem Team dir helfen, mit deinem besten Selbst in Einklang zu bleiben.

AUCH DU GEHÖRST EINEM TEAM AN!

Eine Sache, die du im Hinterkopf behalten solltest, ist, dass auch du ein wichtiger Akteur im Team eines anderen Menschen bist, und er hat das Glück, dich dabei zu haben, weil du daran arbeitest, die beste Version von dir selbst zu sein. Jemand, der sich auf dieser Reise befindet, ist meiner Meinung nach ein wahres Juwel im Leben eines jeden. Wenn du also dein Team analysierst, denke darüber nach, welche Rolle du im Leben anderer spielst und wie du dich weiterentwickeln kannst. Wir werden uns später im Kapitel ausführlicher mit dem Konzept der Gegenseitigkeit befassen, aber ich wollte es dir bereits an dieser Stelle vor Augen führen.

Beginnen wir damit, dein Team in Bezug auf deine sieben Lebensbereiche oder Sphären zu betrachten. Sehr wahrscheinlich wirst du einige Menschen haben, die in mehrere Kategorien fallen. Das ist völlig in Ordnung; hier geht es darum, herauszufinden, wie dein Leben aussieht, was am besten für dich funktioniert und was im Moment vielleicht nicht so optimal läuft.

Ich erinnere mich, dass ich vor Kurzem mit meiner Freundin Alexis über ein Problem gesprochen habe, das sie mit ihrer Friseurin hatte. Nun, dein Friseur oder deine Friseurin ist vielleicht nicht die allererste Person, an die du denkst, wenn du dir dein eigenes Team anschaust, aber für Alexis war Cindy, ihre Friseurin, nicht nur dazu da, ihr einen hübschen Schnitt und eine schöne neue Haarfarbe zu verpassen. Sie kannte Cindy nun schon fast 20 Jahre, und mit der Zeit waren sie richtig gute Freundinnen geworden. Sie waren beide geschieden und unterstützten sich gegenseitig in vielerlei Hinsicht. Sie passten auf die jeweiligen Hunde auf, wenn eine von ihnen mal unterwegs war, sie gaben sich Ratschläge, wenn es um Verabredungen und Dates ging, und wenn es hart auf hart kam, konnte sich die eine immer bei der anderen ausweinen. Aber Alexis bemerkte, dass Cindy bei ihrer Arbeit immer nachlässiger wurde und trotz Alexis Bitten nach einer anderen Haarfarbe oder einem anderen Schnitt, gelang es Cindy nie, Alexis Wünsche zu erfüllen. Sie war so sehr damit beschäftigt, von ihrem Leben zu erzählen, anstatt sich um die Haare zu kümmern, dass Alexis den Friseursalon mit farblich merkwürdigen Strähnen und schrecklich schiefem Pony verließ. Schließlich hatte sie genug davon. Sie wusste, dass sie sich einen anderen Friseur suchen musste. Aber sie wusste auch, dass sie damit Cindy einen Stich ins Herz versetzen würde. Sie wollte nicht um den heißen Brei herumreden und Cindy »betrügen«, indem sie einfach woanders einen Termin machte, also ging sie die Sache frontal an und lud Cindy zum Abendessen ein. Sie lachten und plauderten wie immer, und dann platzte es einfach aus Alexis heraus: »Cindy, ich liebe dich wie eine Schwester, und ich will, dass wir immer Freundinnen bleiben. Aber, um ehrlich zu sein, ich mag die Art und Weise nicht mehr, wie du mir die Haare machst. Ich möchte zu einem anderen Friseur gehen. Es tut mir leid. Ich hoffe, du verstehst das.«

Cindy stellte ihren Drink ab, rutschte unruhig hin und her, starrte auf ihren Schoß und ließ die Schultern hängen. Alexis fuhr fort: »Ich weiß, dass du als Friseurin eine wahre Künstlerin bist und dass du sehr talentiert bist. Aber ich denke, dass unsere Freundschaft einfach deiner Fähigkeit, meine Haare zu machen, im Wege steht. Ich schätze unsere Freundschaft sehr, lass uns also lieber darauf bauen!«

Cindy war natürlich enttäuscht, aber sie war auch gerührt von dem, was Alexis gesagt hatte, und sie antwortete schließlich: »Danke, dass du so ehrlich zu mir bist. Ich kann mir nicht vorstellen, deine Haare nicht mehr zu machen, aber solange du versprichst, dass wir uns noch regelmäßig treffen können, ist es für mich in Ordnung, auch wenn es nicht im Salon ist. Aber ich weiß, dass niemand sonst in der Lage sein wird, mit diesem lockigen Mopp auf deinem Kopf so gut klarzukommen wie ich! Ich wette, du bist im Handumdrehen wieder da!« Sie lachten und umarmten sich. Alexis hatte Cindys Rolle im Team mit Erfolg verändert. (Und sie brachte jedes Mal, wenn sie sich trafen, ihre Haare ein wenig in Unordnung, nur damit Cindy sich nicht schlecht fühlen würde.)

Hier sind einige Möglichkeiten, die verschiedenen relevanten Personengruppen in deinen Lebensbereichen zu betrachten:

- **Soziale Relevanz**: In diesen Bereich fallen deine Freunde – angefangen bei den Freunden, die dich zu gesellschaftlichen Ereignissen begleiten, wo du weiter netzwerken kannst, bis hin zu engen Freunden, die als Vertrauenspersonen fungieren. Dies sind Menschen, mit denen du dich in der Freizeit zum Vergnügen triffst (Kino, Sportveranstaltungen, Abendessen, Kneipenbesuche usw.) oder die du zu einem entspannten Abend einlädst, um etwas Schönes zu machen.
- **Persönliche Relevanz**: Deine Teamgefährten innerhalb deiner persönlichen Sphäre sind Menschen, die dich bei deinem inneren und äußeren Wohlbefinden unterstützen. Das können Menschen sein, die dir helfen, äußerlich gut auszusehen wie dein Friseur oder deine Kosmetikerin. Aber diese Gruppe umfasst auch diejenigen, mit denen du ganz vertrauliche Gespräche führen kannst, zum Beispiel einen Therapeuten, einen Mentor oder einen Berater.
- **Gesundheitliche Relevanz**: Dies kann ein Allgemeinmediziner oder ein Facharzt sein. Es könnte ein Arzt sein, der sich auf Präventivmedizin, Ernährung, Physiotherapie, ganzheitliche Medizin oder Ähnliches spezialisiert hat. Teammitglied ist im Grunde genommen jeder, dessen Ratschläge du im Bereich deiner körperlichen Gesundheit annimmst. Auch dein Personal Trainer oder dein Trainingspartner im Fitnessstudio passen in diese Kategorie.

- **Pädagogische Relevanz**: In diese Kategorie solltest du Lehrer und Dozenten, Berufsberater, Persönlichkeiten des öffentlichen Lebens sowie jeden anderen einbeziehen, bei dem du nach neuen Informationen suchst, die dich interessieren oder den Wunsch nach Wissen wecken. Es kann der Moderator eines Podcasts sein, den du täglich hörst, um dich zu informieren, oder dein bevorzugter Motivationsredner. Wir lernen ständig und hoffentlich wird es in deinem Leben auch in Zukunft Menschen geben, die dich stimulieren, etwas Neues zu lernen.
- **Beziehungsrelevanz**: Dies sind deine Vertrauten im traditionellen Sinn: Familienmitglieder, Liebesbeziehungen, deine Eltern, deine Geschwister, angeheiratete Verwandtschaft, dein Ehepartner oder Lebenspartner, der Mensch, mit dem du zusammen bist. Denke daran, dass einige Menschen in dieser Kategorie vielleicht nicht vertrauenswürdig sind oder du Beziehungen zu ihnen abgebrochen hast, aber dass sie zur Familie gehören und Teil deines Lebens sind.
- **Berufliche Relevanz**: Dies sind Leute, mit denen du in deinem Job eng zusammenarbeitest, einschließlich deines Chefs und all der Leute, die unter deiner Leitung arbeiten. In diese Kategorie fallen auch diejenigen, die dich bei deinen finanziellen Angelegenheiten beraten.
- **Spirituelle Relevanz**: Ein spirituelles Mitglied deines Teams könnte jemand innerhalb einer religiösen Gemeinschaft sein, der du angehörst. Aber im Grunde genommen ist dies jeder, der dich in deiner Spiritualität bestärkt oder dich dazu führt, in diesem Bereich deines Lebens besser mit dir im Einklang zu sein.

Ein Grund, dein Team so genau zu untersuchen, ist, dass diese Personen Partner für dich sein können, die Verantwortung übernehmen. Ich kann dir nicht sagen, wie oft ich den Satz »Ich habe einfach keine Zeit für die Dinge, die ich eigentlich tun will« gehört habe. Aber wenn deine »Crew« aufmerksam ist, kann sie dir helfen, dass du dir selbst nicht mehr länger im Weg stehst, um *alles* zu erreichen, was du willst. Du stehst nicht allein da.

Ein weiterer Grund, sich dein Team genauer anzuschauen, ist, dass es wichtig ist, vorbereitet zu sein, sollte es jemals eine Krise in deinem

Leben geben. Zum Beispiel haben wir, die in Kalifornien leben, alle unsere Erdbebensets parat. Diese Kits enthalten alle notwendigen Utensilien, falls wir keinen Zugang mehr zu sauberem Wasser und Lebensmitteln haben oder Verletzungen behandeln müssen. Das Set enthält Wechselwäsche, Erste-Hilfe-Artikel, abgefülltes Wasser und einiges mehr. Stell dir dein Team als eine Art Erdbebenset vor (obwohl die Menschen in deinem Leben natürlich eine weitaus größere, wichtigere Rolle spielen!). Es ist für dich da, wenn du schnell reagieren musst, damit sich eine Krise wie eine vorübergehende Unterbrechung anfühlt, nicht wie das Ende der Welt. Krisen können in allen möglichen Formen und Größen auftreten, und je besser dein Team ist, desto besser bist du für alles gerüstet, was sich dir in den Weg stellt.

Wie bereits erwähnt, habe ich bereits Hunderte von Klienten mit Blick auf ihre Teams durch die sieben Sphären des Lebens geführt, und jedes Mal erkennen sie, dass einige Änderungen oder Ergänzungen erforderlich sind. Das soll nun keinesfalls nach Schema F klingen – schließlich handelt es sich bei deinem Team um Menschen, die dir besonders am Herzen liegen und die du vielleicht schon seit Jahrzehnten kennst. Wenn sich eine deiner Beziehungen kompliziert oder in irgendeiner Weise problematisch anfühlt, würde ich dir empfehlen, zum Kapitel 9, »Sphäre 5: Deine Beziehungen« zurückzukehren und noch einmal die Liste der Werte durchzugehen. Es könnte sein, dass es einige grundlegende Unterschiede zwischen dir und dieser Person gibt, was eure Wertvorstellungen betrifft, und dies ist ein wichtiger Ausgangspunkt, den es zu berücksichtigen gilt. Ich habe viel Zeit damit verbracht, Beziehungen in meinem Leben sorgfältig zu analysieren und sicherzustellen, dass sich mein Team so weiterentwickelt wie ich. In jeder meiner sieben Sphären habe ich Experten und Vertraute, die ich als meine Geistesverwandten betrachte. Ich werde dir den notwendigen Prozess zur Identifizierung, Analyse, Bewertung und Pflege deines Teams darlegen, um dich bei deiner Suche nach deinem besten Selbst zu unterstützen.

Ich betrachte dein Team als einen lebenden, atmenden Organismus. Er existiert nicht nur, um dir auf deinem Weg zu helfen, sondern er erfordert auch gegenseitige Unterstützung. Es ist genau wie bei allem im Leben: Je mehr du in etwas investierst, desto mehr wirst du daraus gewinnen. Deshalb sollten wir in diesem Kapitel daran denken, dein Team unter dem Aspekt der Gegenseitigkeit unter die Lupe zu nehmen. Das Ziel ist es, dein Team so zu bewerten und zu gestalten, dass ihr euch *gegenseitig* unterstützt, um dein bestes Selbst zu sein.

Einige deiner Teamkollegen könnten Experten sein, auf die du dich für genaue Anweisungen oder Strategien verlässt. Andere sind vielleicht nur Experten, was dich allein betrifft und was dich antreibt, weil sie dich schon lange kennen oder dich einfach gut »verstehen«. Sie alle sind wertvoll, und alle sind es wert, dass du sie wertschätzt und ihnen gegenüber dankbar bist.

Du solltest dir aber auch darüber bewusst werden, dass es Menschen geben kann, die du in deinen inneren Kreis gelassen hast, die diese Kriterien nicht erfüllen. Es könnte sein, dass du einige vergiftete Beziehungen führst, oder zumindest einige unausgewogene. Das Aufdecken dieser Zustände ist Teil dessen, was wir durch diesen Prozess zu ergründen versuchen. Wenn es also jemanden in deiner Umlaufbahn gibt, der dich oft in die falsche Richtung zu führen scheint, einen schlechten Einfluss hat, weil er dich ermutigt, deinen Lastern nachzugeben, der dein negatives Selbst bestärkt, ständig von dir nimmt, aber selten zurückgibt, oder den du als Saboteur betrachtest, dann möchte ich, dass du diese Person trotzdem in deine Liste aufnimmst.

Jetzt ist es an der Zeit, aufzuschreiben, welche Mitglieder deines Teams auf welche verschiedenen Lebensbereiche oder Sphären aufgeteilt werden sollten. Wenn es eine Person gibt, die in mehrere Kategorien fällt, schreibe ihren Namen unter jede, die zutrifft.

Mein Team nach Sphären

SOZIALE KONTAKTE

Bewertung:

PRIVATLEBEN

Bewertung:

GESUNDHEIT

Bewertung:

BERUFSLEBEN

Bewertung:

BEZIEHUNGEN

Bewertung:

BILDUNG UND ERZIEHUNG

Bewertung:

SPIRITUELLES LEBEN

Bewertung:

Bewerte dein Team innerhalb deiner Sphären

Als Nächstes möchte ich, dass du dein Team innerhalb jeder deiner Sphären bewertest. Du sollst sie mit einer Zahl von 1 bis 10 bewerten, wobei 1 ein absolut trostloses Team ist, eines, das dich nicht erfüllt oder dir nicht das gibt, was du brauchst. Eine 10 dagegen ist ein Team, das erstklassig ist, so stark, dass du das Gefühl hast, dass du niemanden sonst in dieser Kategorie brauchst. Schreibe die Zahl in die Zeile für die Bewertung am Ende jeder Sphäre.

Wenn du dir deine Teambewertungen in den einzelnen Sphären ansiehst, kannst du leicht erkennen, was in deinem Leben aus der Balance geraten sein könnte. Wenn du das Gefühl hast, dass es deinem Team in einigen Bereichen an etwas fehlt, ist das eine gute Nachricht, denn jetzt hast du einen Bedarf erkannt. Du kannst dich nun darauf konzentrieren, diesen Bedarf zu decken. Wenn es eine Kategorie gibt, in der niemand aufgelistet ist, oder wenn die Person, auf die du dich derzeit bei dieser Art von Unterstützung verlässt, nicht den nötigen Stellenwert hat, fange an, darüber nachzudenken, wer besser geeignet wäre. Dies mag einige Recherchen und einen intensiven Austausch mit deinem Gewissen erfordern, aber es wird die Mühe wert sein.

Es ist unwahrscheinlich, dass du dein Team in jeder Sphäre deines Lebens als perfekte 10 bewertet hast, also möchte ich, dass du dein bestes Selbst fragst, wie eine 10er-Bewertung für dein Team in jeder Kategorie aussehen würde. Wie könnte es funktionieren? Wer wäre dein Ansprechpartner in jeder Kategorie? Wie würdest du dich fühlen, wenn du die größtmögliche Unterstützung in jeder der Sphären hättest?

Mein perfektes 10er-Team sieht so aus:

1. Soziale Kontakte: ____________________
2. Privatleben: ____________________
3. Gesundheit: ____________________
4. Bildung und Erziehung: ____________________
5. Beziehungen: ____________________
6. Beruf: ____________________
7. Spirituelles Leben: ____________________

Wenn du dir nicht ganz sicher bist, wie ein 10er-Team für dich aussieht, mach dir keine Sorgen. Dies ist ein Prozess, und du wirst ein Bewusstsein dafür entwickeln. Je bewusster du dir bist, desto offener wirst du sein. Je offener du bist, Menschen zu treffen, die dich dabei unterstützen, dein bestes Selbst zu sein, desto mehr Gelegenheiten werden sich ergeben, solche Menschen zu treffen. Ich glaube, so funktioniert das Universum – wenn man offen ist, häufen sich die Chancen. Wenn das für dich abergläubisch oder unrealistisch klingt, lass mich ein Beispiel nennen. Meine Freundin Christina suchte für ihren Sohn ein Kindermädchen, weil sie nach einem kurzen Mutterschaftsurlaub wieder ihre Arbeit aufnehmen wollte. Sie wollte ein Kindermädchen finden, das sie als Familienmitglied betrachten könnte, das ausgesprochen ehrlich und vertrauenswürdig ist und das ihr Kind lieben und anbeten würde, aber auch angemessene Grenzen für es setzen würde. Sie wusste, dass es ein anspruchsvoller Wunsch war, aber sie wollte sich nicht mit weniger zufriedengeben. Sie dachte eines Nachmittags beim Mittagessen mit einer engen Freundin darüber nach, und sagte: »Ich habe einfach das Gefühl, dass die richtige Person zu uns kommen wird, und ich habe mir zwar die Babysitterdienste online angesehen, aber ich würde es doch vorziehen, wenn wir sie auf Empfehlung finden.« Die Augen ihrer Freundin leuchteten plötzlich auf und sie sagte: »Weißt du was? Ich denke, ich hab die richtige Person für dich. Es mag verrückt klingen, weil sie nie als Kindermädchen gearbeitet hat, aber sie hat drei erwachsene Kinder und zwei Enkelkinder, und sie ist die süßeste, fürsorglichste Frau, die ich je getroffen habe. Sie arbeitet in einem Betrieb in der Innenstadt, und das ist wirklich hart für sie, da es ein absoluter Ausbeuterbetrieb ist. Du musst unbedingt mit ihr reden!« Und das tat Christina schon in der darauffolgenden Woche. Sie und ihr Mann waren sich sofort einig, dass sie die Richtige für ihre wachsende Familie war, und obwohl sie in keiner Weise offiziell ausgebildet war, war sie eine freundliche, mütterliche, liebevolle Frau, die sich hervorragend um ihren Sohn kümmerte. Das ist nun vier Jahre her, und sie ist immer noch fünf Tage die Woche bei ihnen und längst ein wichtiges Teammitglied für sie – die perfekte Nanny für ihren Sohn, der sie seine beste Freundin nennt. Christina hatte sich alle Möglichkeiten offengelassen, und deshalb fand sie auf die unvorhersehbarste Weise ein Teammate.

Wenn ich diese Übung mit Klienten mache, erkennen sie fast immer, dass sie jemanden aus dem Team entfernen müssen, entweder weil diese Person nicht mehr zuverlässig ist, weil sie mehr nimmt, als sie gibt, weil sie nicht als ihr bestes Selbst handelt oder weil sie einfach nicht integer genug ist. Wir alle durchlaufen unterschiedliche Lebensabschnitte, und manchmal war eine Person in einer bestimmten Zeit richtig für uns, aber wenn wir uns weiterentwickeln, erkennen wir, dass diese Person jetzt nicht mehr die richtige für uns ist. Es ist Zeit, gnadenlos ehrlich mit dir selbst zu sein. Wenn dir jemand nahesteht, solltest du ihn nicht halten, bloß um Konflikte zu vermeiden, sondern ihn sanft aus seiner Rolle in deinem Team entfernen. Ein typisches Beispiel ist, wenn sich eine Liebesbeziehung grundlegend verändert hat, weil beide sich auseinandergelebt haben.

Ich hatte vor Jahren einen Freund, dem ich sehr viel Vertrauen schenkte, aber mit der Zeit bemerkte ich, dass ich Ausreden für sein negatives Verhalten fand. Er log mich bei verschiedenen Gelegenheiten an, er war unzuverlässig, wenn es darum ging, Pläne umzusetzen, und seine Handlungen zeigten mir, dass er nicht die Art von Respekt vor unserer Beziehung hatte, die ich für angemessen hielt. Er hatte einige Kindheitstraumata, weswegen er mir sehr leidtat, aber wenn wir über die Probleme sprachen, die ich mit seinem Verhalten hatte, bemerkte ich, dass sich bei ihm einfach nichts ändern würde. Ich bekam nichts von dem zurück, was ich investierte, daher gab es keine Gegenseitigkeit in unserer Freundschaft.

So sehr ich es auch genoss, mit diesem Freund zusammen zu sein, da er charismatisch und sympathisch war, spürte ich, als ich die negativen Aspekte gegen die positiven Aspekte abwägte, dass ich ihm nicht mehr vertrauen konnte, in meinem Team zu sein. Es bedeutete nicht, dass wir einen dramatischen Bruch brauchten, streiten oder für immer getrennte Wege gehen mussten, es war nur, dass ich erkannte, dass er für mein Team einfach nicht geeignet war. Solche Entscheidungen sind nicht immer einfach, aber sie sind wichtig. Deine Zeit und Energie sind zu kostbar, um sie für jemanden zu vergeuden, von dem du nichts zurückbekommst.

Eine gründliche Recherche

Nachdem du nun dein aktuelles Team bestimmt und kategorisiert hast, lass uns die Ergebnisse genauer betrachten und einige Fragen dazu stellen.

- Auf wen kannst du als objektiv denkenden Partner zählen, wenn du vor einer neuen Herausforderung stehst? Ich definiere einen objektiv denkenden Partner als jemanden, der dir hilft, die Dinge aus deinem Blickwinkel zu betrachten – er sagt dir nicht, was du tun musst; stattdessen hilft er dir, das Ganze zu überdenken, sodass du die Antwort für dich selbst finden kannst.

- Gibt es Gemeinsamkeiten zwischen den Personen, die du in dein Team aufgenommen hast? Was sagen dir diese Gemeinsamkeiten über dich selbst?
  - Wer ermutigt dich in deinem Leben, als dein bestes Selbst zu handeln? Gibt es Mitglieder in deinem Team, bei denen du nie irgendetwas an deiner Persönlichkeit ändern musst? Gibt es jemanden in deinem Leben, bei dem du es besonders schwer findest, dein bestes Selbst zu sein? Oder wer in deinem Leben kehrt dein negatives Selbst hervor? Gibt es jemanden in deinem Team, bei dem du dich selbst reglementieren und deine wahren Ansichten zurückhalten musst?
- Wer hat dein Bestes im Sinn, anstatt seine eigene Agenda voranzutreiben?
- Gibt es jemanden in deinem Team, der dich manipulieren oder in irgendeiner Weise ausnutzen könnte?
- Versuchst du andererseits, jemanden zu kontrollieren oder zu manipulieren, damit du bekommst, was du willst?
- Hält dich jemand aus deinem Team zurück oder sabotiert dich?
- Bringen dich deine Teammitglieder in Schwung, begeistern sie dich vom Leben und inspirieren dich zu kreativem Denken?

Diese Fragen könnten dich ins Grübeln bringen und dich dazu bringen, dir selbst noch mehr Fragen zu stellen. Nimm dir die Zeit, dein Team genau unter die Lupe zu nehmen. Wenn du durch diesen Prozess entdeckst, dass es in der Tat einige Menschen in deinem inneren Kreis gibt, mit denen du nicht dein bestes Selbst sein kannst oder die nicht so handeln, wie sie es beabsichtigt haben, dann überdenke die Beziehung. Wenn dir eine Person offenbart hat, wer sie ist, solltest du ihr glauben und entsprechend handeln. Natürlich gibt es keine perfekte Beziehung oder perfekte Verbindung – wenn du das also in Bezug auf dein Team anstrebst, ist das sehr realitätsfremd. Aber wenn du zum Beispiel erkannt hast, dass einer deiner Kollegen immer nur schlecht über andere Mitarbeiter redet, könntest du vielleicht daraus schließen, dass diese Person auch über dich schlecht redet, oder dass sie es einfach tut, um ihre eigene Karriere oder Pläne voranzutreiben.

Ich kann verstehen, dass diese Fragen ein wenig unangenehm erscheinen mögen, wenn man sie auf Familienmitglieder anwendet. Wir können uns die Familie, in die wir geboren wurden, nicht aussuchen, aber nur weil wir mit bestimmten Personen blutsverwandt sind, bedeutet das nicht, dass wir es zulassen müssen, dass sie uns verletzen, uns kleinhalten oder uns etwas nehmen. Wenn du Familienangehörige hast, die dir nicht helfen, dein bestes Selbst zu sein, ist es in Ordnung, deinen Kontakt mit ihnen auf ein absolutes Minimum zu reduzieren. Du musst aus Pflichtgefühl keine nachteiligen Beziehungen eingehen.

Gegenseitigkeit der Liebe

Lass uns nun dein Team unter einem anderen wichtigen Gesichtspunkt betrachten. Vergewissern wir uns, dass du bei allen Personen auf deiner Liste eine Gegenleistung erbringst. Frage dich selbst: Was biete ich *meinem Team?* Die Aufrechterhaltung des Gleichgewichts ist der entscheidende Punkt, und das kannst du durch eine – wie ich es nenne – Gegenseitigkeit der Liebe erreichen. Das ist ein grundlegendes Konzept, aber eines, das allzu leicht übersehen wird. Wenn es um zwischenmenschliche Beziehungen geht, musst du so viel geben, wie du bekommst, wenn nicht sogar mehr.

Stell dir die folgende Frage: Bringst du anderen Menschen Freude? Wann hast du das letzte Mal bewusst etwas getan, das ein Lächeln auf das Gesicht eines Freundes zauberte? Vielleicht war das erst kürzlich, und das wäre toll. Wenn nicht, ist das auch nicht schlimm, ich versuche mit dieser Frage nicht, dir ein schlechtes Gewissen einzureden. Ich weiß, wie leicht es ist, sich in die alltäglichen Anforderungen des Lebens zu verstricken und es aus den Augen zu verlieren, dass wir den Menschen ums uns herum Kraft, Freude und Liebe geben wollen. Aber es doch zu tun, *ist* sehr wirkungsvoll, so viel kann ich dir sagen. Auch wenn du heute nichts anderes in deinem Leben machst, empfehle ich dir dringend, dir ein paar Augenblicke Zeit für jemanden zu nehmen, der dir wichtig ist. Erwarte nichts im Gegenzug, denn die Wahrheit ist, dass die Hingabe von uns an andere schon ein Geschenk an sich ist.

Wenn du dich um dein Team kümmerst, so wie du einen Garten pflegst, wird es blühen und gedeihen. Wenn du ständig nur Erwartungen an dein Team stellst, aber dich selbst nicht um die Personen kümmerst, die dir wichtig sind, wird dein Team nicht seine volle Leistungsfähigkeit ausschöpfen. Mach dir bewusst, dass du nur so viel von deinem Team zurückbekommst, wie du selbst gibst. Ich persönlich genieße es, Verbindungen zwischen Menschen herzustellen, von denen ich weiß, dass sie fruchtbar sein werden. Ich liebe es, Gleichgesinnte zusammenzuführen, die sich auf ihren individuellen Reisen gegenseitig helfen können. Das ist eine Möglichkeit, wie du deinem Team etwas zurückgeben kannst. Achte darauf, dein Team zu fragen, was es will oder braucht, damit du dabei helfen kannst, etwas dazu beizutragen – du bist kein Gedankenleser, das ist niemand –, also müsst ihr euch alle gegenseitig fragen, was ihr füreinander tun könnt.

Vertrauen und Erwartungen

Wie die meisten Menschen hast du bestimmt eine Handvoll Menschen in deinem Leben, von denen du glaubst, dass du ihnen vorbehaltlos vertrauen kannst. Es kann andere geben, denen du in mancher Hinsicht vertraust, aber nicht in jeder Hinsicht. Und vielleicht gibt es Menschen in deinem Leben, zu denen du aus bestimmten Gründen eine Beziehung aufrechterhältst, aber die du bewusst auf Abstand hältst. Andere bewegen sich in den äußeren Kreisen deines Universums, und du behältst sie im Auge. Schließlich gibt es vielleicht einige Leute, von denen du hoffst, dass du sie nie sehen musst oder von ihnen hören wirst – Menschen, denen du nicht vertrauen kannst und von denen du weißt, dass sie verletzend sein könnten.

Vertraust du jeder Person, die derzeit in deinem Team ist? Denke daran: Nur weil dir eine Person vertraut ist, bedeutet das nicht unbedingt, dass sie dein Vertrauen *verdient* hat. Dr. Phil sagt oft, dass wir niemandem einen Vertrauensvorschuss geben sollten. Wenn du jemanden in deinen unmittelbaren engsten Kreis gelassen hast, weil sich jemand anderes für ihn verbürgt hat, oder er ein Freund eines Freundes ist, aber er dir seine Vertrauenswürdigkeit noch nicht wirklich bewiesen hat, dann möchte ich dir wärmstens empfehlen, äußerst wachsam zu bleiben. Vertraue niemandem blind. Es geht nicht darum, misstrauisch oder paranoid zu sein – es geht einfach darum, dass man von jemandem weder auf Anhieb das absolut Schlimmste, aber auch eben nicht das *Allerbeste* erwarten sollte. Lass andere mit ihren Taten beweisen, wer sie sind, anstatt unrealistische Erwartungen zu hegen. Die Wahrheit ist, dass deine Erwartungen an andere Menschen oft nicht erfüllt werden können, denn wenn dir jemand nicht bewiesen hat, wer er ist, wie kannst du dann wissen, was du von ihm erwarten kannst? Ich benutze beispielsweise viele Apps von Fahrdienstleistern. Ich rechne gewöhnlich damit, dass sie ein sauberes Auto haben, die Musik nicht bis zum Anschlag aufdrehen und mir mit meinem Gepäck behilflich sind. Aber diese Erwartungshaltung ist falsch, und ich bin oft enttäuscht worden. Seitdem ich meine Erwartungen heruntergeschraubt habe, bin ich eigentlich viel zufriedener mit den Fahrdienstleistern. Jetzt bin ich meist angenehm überrascht und nicht verärgert. Zu erwarten, dass Menschen das tun, was du nach deinen Standards für angemessen hältst, funktioniert einfach nicht, weil sie ganz andere Vorstellungen haben.

Um dir zu helfen, die Vertrauenswürdigkeit anderer Menschen und deine eigenen Erwartungen an dein Team zu bewerten, sind hier einige einfache Fragen, die du dir über jede Person stellen kannst, damit du sie objektiv beurteilen kannst.

Der Erwartungstest:

1. Kannst du dich normalerweise darauf verlassen, dass diese Person zu einem vereinbarten Zeitpunkt ohne großartige Verspätung oder Ausreden auftaucht?

   O Ja O Nein

2. Wenn diese Person dir sagt, dass etwas passieren wird, passiert das dann normalerweise auch?

   O Ja O Nein

3. Wenn diese Person ein Gespräch wiedergibt oder ein Ereignis beschreibt, stimmt es dann im Allgemeinen mit dem überein, was du von anderen über das gleiche Gespräch oder das gleiche Ereignis erfahren hast?

   O Ja O Nein

4. Hat diese Person deines Wissens nach jemals jemand anderen angelogen oder erwartet, du würdest zu deren Gunsten lügen. Zieht sie es vor, zu lügen, anstatt ehrlich zu sein?

   O Ja O Nein

5. Hat diese Person deines Wissens nach jemals wichtige Informationen zurückgehalten, um Konflikte mit jemand anderem zu vermeiden?

   O Ja O Nein

6. Hast du jemals ein scheinheiliges Verhalten bei dieser Person bemerkt – hat sie zum Beispiel etwas getan, wofür sie andere verurteilen würde?

   O Ja O Nein

7. Rechtfertigt diese Person ihr Verhalten, anstatt dazu zu stehen?

   O Ja O Nein

8. Hat diese Person ihre stetige Loyalität unter Beweis gestellt?

   O Ja O Nein

Anhand deiner Antworten kannst du nun deine Erwartungen an bestimmte Personen in deinem Team revidieren. Einige Menschen werden niemals pünktlich sein. Sie sind also nicht die Richtigen, um dich abzuholen und zum Flughafen zu bringen. Aber diese Person könnte diejenige sein, die am ehrlichsten zu dir sein wird, wenn es notwendig ist, oder diejenige, bei der du dich gegebenenfalls ausweinen kannst. Wenn du die Fähigkeiten und Grenzen deiner Teammitglieder kennst, wirst du wissen, an wen du dich je nach Bedarf wenden kannst.

Ich hatte einmal eine Klientin, die mir sagte, dass abgesehen von Vertrauen und Erwartungen das Wichtigste für sie sei, dass die Chemie in ihrem Team stimmt. Sie wusste zwar, dass einige Mitglieder ihres Teams manches nicht richtig gut zu Ende führten, aber für sie war das in Ordnung. Das Entscheidende ist, sich dessen richtig bewusst zu sein – wenn du die Menschen gut *kennst* und nur das von ihnen *erwartest*, was sie leisten können, dann wirst du nicht so leicht enttäuscht oder bist darauf vorbereitet, dass auch mal was schiefgehen kann.

Chemie ist eine nicht greifbare Verbindung zu einer anderen Person – man bildet vielleicht aus vielerlei Gründen das unwahrscheinlichste Paar, aber kann auf einem ganz bestimmten Gebiet wunderbar zusammenpassen. Künstler neigen besonders dazu, eine gute Chemie wichtiger zu finden als alles andere. Wenn die Chemie stimmt, fühlst du dich sicher und kannst ganz offen sein.

Du könntest beispielsweise eine wundervolle Chemie zu jemandem verspüren, mit dem du ein Liebesverhältnis hast, aber wenn eure Wertvorstellungen nicht zusammenpassen, wird es wahrscheinlich zu Konflikten zwischen euch kommen. Oder die Chemie stimmt bei der Arbeit an einem Projekt mit einem Mitarbeiter oder Kollegen, und das ist großartig, aber diese Person ist nicht zwangsläufig ein ebenso guter Freund wie Kollege. Chemie ist begrenzt. Dein Ziel sollte es sein, das Bewusstsein für die Menschen in deinem Team in Bezug darauf zu schärfen, was du von ihnen benötigst, was du von ihnen realistisch erwarten kannst und was dir bei jedem Einzelnen von ihnen am wichtigsten ist.

Schlüsselelemente: Inspiration, Begeisterung und Erleuchtung

Wie du siehst, ist dein Team ein wesentlicher Aspekt, um wirklich mit deinem besten Selbst in allen Sphären deines Lebens verbunden zu sein. Aber es ist noch viel mehr als das. Es geht weitaus tiefer. Wenn du dich entscheidest, deinen Lebensweg mit Menschen zu gehen, die dich inspirieren, begeistern und erleuchten, dann machst du eine ganz neue und möglicherweise atemberaubende Erfahrung. Mit einem richtig eingestellten Team wirst du vielleicht entdecken, dass du dich stärker als je zuvor in positive Richtungen bewegst, allein schon deshalb, weil du von den Menschen um dich herum entsprechend motiviert wirst.

Dein Team, oder zumindest einige deiner Teamkollegen, sollten eine endlose Quelle der Inspiration für dich sein. Du solltest Leute um dich haben, die dich ermutigen, neue Dinge auszuprobieren und dich aus deiner Komfortzone zu wagen. Ihr solltet frei heraus die faszinierendsten Gedanken austauschen können. Du solltest dich mit einigen oder allen Mitgliedern deines Teams sicher fühlen, deiner Fantasie freien Lauf lassen können und deine Kunst und deine Talente pflegen und verfeinern können. Denke dran: Wir sind alle Künstler, und dein Team sollte dir helfen, deine eigene Kunstform zu erkennen und zu perfektionieren.

Die einzigartigen Qualitäten, Sichtweisen und Ideen, die dein Team mitbringt, sollten auch dazu beitragen, dich so zu begeistern, dass dein Leben noch aufregender ist und du selbst noch glücklicher bist. Im Idealfall sollten die Menschen in deinem Team etwas tief in deiner Seele bewegen, das du nicht ganz erklären kannst, oder sie sollten dir das Gefühl geben, dass dir die ganze Welt offensteht und du sie für dich entdecken kannst. Vielleicht unternehmen einige der Personen in deinem Team aufregende Dinge in ihrem eigenen Leben oder sie haben etwas erreicht, das du bewunderst und das du selbst verwirklichen möchtest. Das sind alles erstaunliche Qualitäten, die es in einem Team geben kann.

Wir alle sind in einem ständigen Lernprozess, und auch du solltest von deinem Team etwas lernen. Wenn du abends ins Bett gehst, hoffe ich, dass du das Gefühl hast, mehr zu wissen, als am Abend zuvor. Du und dein Team, ihr solltet euch auf alle möglichen Arten und Weisen gegenseitig erleuchten. Erweitere deinen Horizont durch dein Team, und nur deine Fantasie wird dir Grenzen setzen, was du zu tun gedenkst und wie weit du dafür gehen willst.

Wie ich bereits zu Beginn dieses Kapitels erwähnt habe, ist das Leben nicht dazu bestimmt, einsam vor sich hin zu leben. Gerade die verästelten zwischenmenschlichen Verbindungen machen den Zauber des Lebens aus. Dein Team kann dir helfen, in all deinen Lebensbereichen zu wachsen und deine Erfahrungen zu erweitern und zu vertiefen. Nutze die Kraft, die ein tolles Team dir bieten kann.

13
SIEBEN SCHRITTE, UM DIE ZIELE DEINES BESTEN SELBST ZU ERREICHEN

Nun, da du jeden deiner Lebensbereiche oder jede deiner Sphären gründlich untersucht hast, wirst du ein besseres Verständnis dafür haben, welche Bereiche aus dem Gleichgewicht geraten sind und was dich davon abhält, das Leben als dein bestes Selbst zu leben. Jetzt ist es an der Zeit, dass du dir einige greifbare Ziele setzt, die dir helfen werden, das zu erreichen, was du in deinem Leben willst, brauchst und verdienst. Der entscheidende Moment ist gekommen. Es ist an der Zeit, dein Leben zu verändern.

Schau dir deine Sphären genauer an

Betrachte noch einmal die Bewertungen, die du am Ende beim Test zu deinen Lebensbereichen oder Sphären vergeben hast, und schreibe im Folgenden für jeden Bereich deine aktuelle Bewertung auf sowie die Sache, auf die du dich in jedem einzelnen Bereich konzentrieren möchtest. Wenn es zum Beispiel eine bestimmte Beziehung gibt, an der du arbeiten möchtest, schreibe dies unter Beziehungen auf. Wenn du deiner Gesundheit mehr Priorität einräumen möchtest, indem du regelmäßiger Sport treibst, schreibe dies unter Gesundheit auf.

Auch dein Team solltest du noch einmal für jede Sphäre betrachten. Du solltest dir Ziele schaffen, um deine Teams in den jeweiligen Bereichen zu verbessern.

Die folgende Liste wird dir helfen, deine Gedanken zu ordnen. Die von dir gesammelten Angaben darüber, an welchen Punkten du Verbesserungen vornehmen möchtest, dienen anschließend dazu, sie in konkrete Ziele umzuwandeln. Hierfür setzen wir die sieben Schritte zur Erreichung dieser Ziele ein. In diesem Prozess geht es darum, deine Hoffnungen, Träume und Wünsche in die Realität umzusetzen. Du und nur du allein besitzt die Macht, dein Leben so zu gestalten, wie du es immer wolltest – nutze sie. Ich ermutige dich, dich daran zu halten und es durchzuziehen, denn auf der anderen Seite dieser sieben Schritte wartet dein neues Leben auf dich.

SPHÄREN	BEWERTUNG DER SPHÄREN	BEWERTUNG DES TEAMS
Soziale Kontakte		
Privatleben		
Gesundheit		
Bildung und Erziehung		
Beziehungen		
Beruf		
Spirituelles Leben		

SPHÄREN	TEAM-SCHWERPUNKTE	SPHÄREN-SACHWERPUNKTE
Soziale Kontakte		
Privatleben		
Gesundheit		
Bildung und Erziehung		
Beziehungen		
Beruf		
Spirituelles Leben		

DAS AUTHENTISCHE ZIEL

Jetzt ist es an der Zeit, dich mit deinem besten Selbst – nicht mit deinem Ego – in Verbindung zu setzen und sicherzustellen, dass jedes deiner Ziele mit dem übereinstimmt, wer du wirklich bist. Die Motivation, diese Ziele zu erreichen, sollte aus dem positiven, lichtdurchfluteten Ort in dir kommen und einen ernsthaften Wunsch widerspiegeln, dein Leben zu verbessern.

Wenn du darüber nachdenkst, was du in allen Bereichen deines Lebens willst, ist es wichtig, dich zu vergewissern, dass deine Wünsche wirklich deine eigenen sind. Manchmal denken wir, dass wir uns etwas wünschen, weil jemand anderes in unserem Leben es hat, oder weil die Gesellschaft sagt, dass wir es uns wünschen sollten, oder weil der Wunsch einen anderen Menschen in unserem Leben glücklich machen würde. Aber dies sind keine authentischen Wünsche. Prüfe dich selbst, während du diese Übung machst, und vergewissere dich, dass alles, von dem du sagst, dass du es dir wünschst, aus deinem wahren Ich kommt.

Wenn du eine neue Aufgabe in Erwägung ziehst, diese aber nicht mit dem übereinstimmt, wer du wirklich bist, dann entscheide dich um und setze dir ein Ziel, das diese Prämisse erfüllt. Ich glaube, dass Erfolg um des Erfolges willen nicht wirklich einem positiven Zweck dient. Stelle sicher, dass du bei allem, was du tust, das ultimative Ziel im Auge behältst: authentisches und dauerhaftes Glück.

Schritt 1: Definiere dein Ziel in Bezug auf bestimmte Ereignisse oder Verhaltensweisen

Das mag offensichtlich erscheinen, aber zu verstehen, was du willst, was du *wirklich* willst, ist der erste Schritt, um es zu bekommen. Damit meine ich, dass du in der Lage sein musst, das Ziel, das du zu erreichen versuchst, auf eine bestimmte Weise zu definieren. Du kannst dir beispielsweise nicht einfach ein Gefühl herbeiwünschen. Sich etwa nur zu wünschen, glücklich zu sein, ist zu vage. Wenn du dir deine Ziele konkret bezüglich bestimmter Ereignisse oder Verhaltensweisen setzt, ist es wahrscheinlicher, dass du sie erreichst. Wenn du dir mehr Lebensfreude wünschst, musst du zuerst definieren, was dir mehr Lebensfreude verschaffen würde. Sagen wir mal, dass es dir besonders viel Freude macht, mit Freunden zu verreisen, und du weißt, dass es dich glücklich machen würde, wenn du so eine Reise vor dir hättest. Dann würdest du dein Ziel in Bezug auf dieses bestimmte Ereignis oder Verhalten definieren, indem du dir sagst: »Mein Ziel ist, eine Reise mit meinen Freunden zu planen, zu organisieren und dafür zu sparen.« Damit solltest du nun eine ungefähre Vorstellung davon bekommen haben, wie man glücklicher wird, indem man sich für bestimmte Ereignisse und Verhaltensweisen konkrete Ziele setzt.

Dieser erste Schritt, um dein Ziel zu erreichen, kann absolut bahnbrechend sein. Wenn du jemals das Gefühl hattest, nicht stark genug zu sein oder nicht genug Durchhaltevermögen zu haben, um ein Ziel zu erreichen, könnte das wahre Problem darin bestehen, dass du es nicht klar definiert hast. Jeder Mensch, der jemals etwas Großes erreicht hat, war in der Lage, diesen Erfolg für sich *in Anspruch zu nehmen,* weil er sich diesen Erfolg *zum Ziel gesetzt* hatte.

Markiere dir also ein Ziel auf der Landkarte deines Lebens und lege los.

Du bist jetzt dran. Schreibe in Bezug auf bestimmte Ereignisse und Verhaltensweisen deine Ziele auf.

Mein Ziel ist:

____

____

____

Schritt 2: Formuliere dein Ziel in messbaren Schritten

Der zweite Schritt zur Erreichung deines Ziels besteht darin, es auf eine messbare Weise zum Ausdruck zu bringen. Dadurch kannst du im Verlauf deinen Fortschritt bestimmen und weißt genau, wann du erfolgreich dort angekommen bist, wo du hinwolltest. Wenn du dir zum Beispiel zum Ziel gesetzt hast, deine Wohnung aufzuräumen, damit du produktiver und entspannter sein kannst – welche Zimmer und Schränke würdest du dann in Ordnung bringen wollen? Du solltest sie genau auflisten – eins nach dem anderen. Sagen wir einmal, du möchtest deinen Kleiderschrank, dein Schlafzimmer und deine Abstellkammer saubermachen und aufräumen. Jetzt ist dein Ziel messbar – du hast drei Plätze, an denen du saubermachen musst. Du weißt, dass du dein Ziel erreicht hast, wenn all diese Plätze sauber und aufgeräumt sind.

Mein in messbaren Schritten formuliertes Ziel ist:

____

____

____

Schritt 3: Wähle ein Ziel, das du kontrollieren kannst

Es gibt Dinge im Leben, die wir beherrschen und beeinflussen können. Und es gibt Dinge im Leben, die wir weder beherrschen noch beeinflussen können. Es bringt nichts, dir Ziele zu setzen, die mit Dingen verbunden sind, auf die du keinen Einfluss hast. Ein Ziel zu verfolgen, das sich unserer Kontrolle entzieht, ist eine wenig kluge Sache, denn es wird dir die Hoffnung nehmen, da Scheitern vorprogrammiert ist. Am Ende des Tages können wir wahrlich nur uns selbst kontrollieren.

Der einzige Mensch, über dessen Handlungen und Verhaltensweisen du die Kontrolle hast, bist du selbst – das bedeutet, dass dein Ziel nicht abhängig von einem bestimmten Verhalten eines anderen sein sollte. Du selbst bestimmst die Geschicke deines Lebens, also dürfen deine Ziele nicht abhängig von außenstehenden Menschen oder äußeren Kräften sein.

Ist dein Ziel kontrollierbar?
O Ja   O Nein

Wenn dies nicht der Fall ist, denke noch einmal über dein Ziel nach und wende dich einem Ziel zu, das du kontrollieren kannst. Schreibe dieses hier auf:

Mein *kontrollierbares* Ziel ist:

____

____

____

Schritt 4: Plane und entwickle eine Strategie, die dich an dein Ziel bringt

Eine spezifische Strategie zur Erreichung deines Ziels zu entwickeln, ist spannend, weil es unendlich viele Möglichkeiten birgt und du sehen kannst, was für dich gut funktioniert. Du solltest auch alle möglichen

Hindernisse berücksichtigen, die dir im Weg stehen, und Strategien zur Überwindung dieser Hindernisse entwickeln. Bei der Ausarbeitung einer Strategie, um dein Ziel zu erreichen, solltest du dein Umfeld, deinen Zeitplan und deine Eigenverantwortung mit einkalkulieren.

Eine Gefahr in Bezug auf die Zielsetzung, die ich bei Klienten erkannt habe, ist, dass sie so begeistert sind von dem, was sie erreichen wollen, dass sie von einem emotionalen Hoch mitgerissen werden, von dem sie glauben, dass Willenskraft sie zum Erfolg führt. Das ist falsch gedacht. Es ist einfach, sich für ein neues Vorhaben zu begeistern, aber was passiert, wenn die Begeisterung nachlässt? Wir können leicht von der Bahn abkommen. Ich will nicht, dass dir das passiert, also plane deine Strategie gut.

Je klarer du deine Strategie ausarbeitest, desto weniger wirst du versucht sein, davon abzuweichen. Wenn du deine Tage so planst, dass sie alles umfassen, was notwendig ist, um dein Ziel zu erreichen, wird dies einen positiven Impuls erzeugen. Angenommen, du planst, in sechs Monaten einen Halbmarathon zu laufen. Du kannst online alle möglichen Trainingsprogramme finden, wie du dich geistig und körperlich darauf vorbereitest, die knapp 21 Kilometer zu absolvieren. Suche dir eine Methode aus, die zu deinen Lebensgewohnheiten passt, und lege dann deine Marschroute fest. Entscheide dich, an welchen Tagen in der Woche du läufst und an welchen du Dehn- und Kraftübungen machst, meditierst und alle anderen Anforderungen erfüllst. Du kannst die Rahmenbedingungen mitgestalten, indem du die entsprechende Sportbekleidung und die richtigen Schuhe anschaffst. Wenn du bereits einen einwöchigen Urlaub gebucht hast, der mitten im Trainingsprogramm liegt, überlege, wie du das Programm in dieser Zeit dort fortsetzen kannst, damit du nicht vom Kurs abkommst. Plane alles, was erforderlich ist, bis ins letzte Detail und lege dann los.

Meine Strategie, um mein Ziel zu erreichen, ist:

____

____

____

Schritt 5: Unterteile dein Ziel in einzelne Etappen

Die großen Veränderungen im Leben geschehen Schritt für Schritt. Lass uns sichergehen, dass du dir aller Schritte zwischen hier und dem Erreichen deines Ziels bewusst bist. Du willst nicht auf halber Strecke ankommen und keine Ahnung haben, was du als Nächstes tun musst. Bevor du loslegst, notiere dir jeden einzelnen Schritt, den du auf deinem Weg gehen musst.

Ein beliebtes Ziel ist beispielsweise, abnehmen zu wollen, und wir alle wissen, dass dies nicht über Nacht geschieht, egal wie sehr wir uns das auch wünschen mögen. Es gibt Schritte, die wir nach und nach unternehmen müssen, um Gewicht zu verlieren. Wir müssen von Anfang an klar definieren, wie diese Schritte aussehen, damit wir uns jederzeit auf sie stützen können, wissen, wo wir uns in unserem Prozess befinden und was wir sonst noch tun sollten. Wenn wir also bei dem Beispiel mit dem Abnehmen bleiben, lass uns einmal theoretisch annehmen, dass du dich entschlossen hättest, einer Paleo-Diät zu folgen und es zu deinem Plan, Gewicht zu verlieren, gehört, viermal die Woche für jeweils 45 Minuten ins Fitnessstudio zu gehen. Dann sehen die einzelnen Schritte etwa so aus: »Ich organisiere die Küche neu, indem ich alle Lebensmittel und Getränke, die meiner Gewichtsabnahme nicht förderlich sind, entferne, dann gehe ich einkaufen, um meine Küche mit Nahrungsmitteln zu bestücken, von denen ich glaube, dass sie mir beim Abnehmen helfen, entwerfe einen Essensplan für die ganze Woche und bereite am Wochenende Essen vor, sodass ich mich unter der Woche nicht groß ums Essen kümmern muss. Ich lege in meinem Kalender Termine fürs Fitnessstudio fest, damit ich keine Entschuldigung habe, meinen Sport auszulassen.«

Die einzelnen Schritte, die ich unternehmen muss, um mein Ziel zu erreichen, sind:

____

____

____

Schritt 6: Erstelle für dein Ziel einen konkreten Zeitplan

Hast du jemals bemerkt, wie einfach es ist, Dinge unerledigt zu lassen, wenn kein Druck besteht, sie zu erledigen? Einige Leute lassen ihre Wohnungen nahezu herunterkommen und verwahrlosen, bis sie erfahren, dass der Eigentümer einen Besuch plant. Ich kenne genügend Leute, die das Lernen für eine Prüfung, die sie absolvieren müssen, bis zum letzten Moment aufschieben. Die Macht der tickenden Uhr ist unbestreitbar – wenn eine Deadline bevorsteht, sind wir eher bereit, eine Arbeit zu erledigen, als wenn es kein klares Datum gibt, bis zu dem sie abgeschlossen sein muss. Das liegt in der menschlichen Natur.

Da wir wissen, dass wir mit einer Deadline eher etwas zu Ende bringen werden, ist es absolut sinnvoll, für unsere Ziele ebenfalls eine Deadline festzulegen, was das Gefühl der Dringlichkeit und die Zielstrebigkeit fördert. Es wird uns motivieren, auf Kurs zu bleiben.

Dieser Schritt geht sogar noch weiter, als nur eine Deadline zu setzen, bis zu der wir unser Ziel erreicht haben. Wir müssen einen Zeitrahmen für die einzelnen Etappen festlegen, die notwendig sind, um das Ziel zu erreichen. Nehmen wir einmal an, dein Ziel ist es, eine Art Zertifikat zu erlangen. Vielleicht erfordert dies 20 Stunden praktisches Lernen. Wenn du weißt, dass du vier Stunden pro Woche für das Lernen aufwenden kannst, dann könntest du in fünf Wochen einen Termin im Kalender festlegen, an dem du fertig sein dürftest. Wenn heute der 10. August ist, dann solltest du am 14. September alle notwendigen Übungseinheiten durchgeführt haben.

Noch genauer ist es, wenn du weißt, dass du freitags lernen kannst: Dann kannst du jeden Freitag zwischen dem 10. August und dem 14. September einen vierstündigen Zeitabschnitt in deinem Kalender für diese Arbeit festlegen. Damit hättest du deinen Zeitrahmen abgesteckt. Schreibe unten die wichtigsten Termine auf, an denen du die einzelnen Etappen zu deinem Ziel absolvieren wirst. Das wird dir dabei helfen, dein Ziel nicht aus den Augen zu verlieren.

Denke einmal darüber nach, wie fantastisch es ist, dass du auf einen Kalender schauen und das Datum einkreisen kannst, bis zu dem du dein Ziel erreicht haben wirst. Das ist beeindruckend! Und wenn du das Ziel erreicht hast, kannst du auf denselben Kalender zurückblicken und die Nachweise deiner harten Arbeit erkennen, wie sie sich gelohnt hat und wie alles so gelaufen ist, wie du es vorhergesehen hast.

Zeitrahmen für dein Ziel

Deadline: ____

Andere wichtige Termine: ______________________________

Schritt 7: Schaffe Verbindlichkeit auf dem Weg zu deinem Ziel

Der letzte Schritt in der bewährten Formel zur Erreichung deines Ziels ist es, Verbindlichkeit zu schaffen. Im letzten Kapitel haben wir dein Team auf Vordermann gebracht, und nun bietet sich die perfekte Gelegenheit, dieses Team in Anspruch zu nehmen. Suche dir eine Person, von der du weißt, dass sie eine vertrauenswürdige Partnerin ist, der gegenüber du Rechenschaft ablegen kannst, ganz gleich, was du dir zum Ziel gesetzt hast. Erkläre en détail, wie du die Ziele erreichen willst, und bitte diese Person, dir zu helfen, dich verbindlich daran zu halten. Erkläre dich bereit, dieser Person (oder mehreren Personen, falls du das Gefühl hast, dass du mehr als eine Person brauchst) regelmäßig Bericht zu erstatten, und Konsequenzen zu vereinbaren, wenn du es nicht tust. Das Risiko, nachzulassen, Dinge aufzuschieben oder alles aufzugeben, kannst du durch diese Art von Verbindlichkeit minimieren.

Mein(e) Partner, um verbindlich auf mein Ziel hinzuarbeiten, ist/sind:

____

____

____

____

Nie mehr etwas auf die lange Bank schieben

Ich glaube, es gibt bei uns allen Träume und Wünsche, die in den entferntesten Winkeln unserer Köpfe versteckt sind. Wenn sie an der Oberfläche unseres Bewusstseins auftauchen, unterdrücken wir sie reflexartig, verdrängen sie aus dem Blickfeld, ignorieren sie. Warum? Weil dies einfacher ist, als sie anzuerkennen oder sie zu unserer ständig wachsenden To-do-Liste des Lebens hinzuzufügen. Wir denken: *»Oh, ich werde das schon noch machen ... irgendwann.«* Eines Tages. Wann genau wird dieser Tag für dich kommen? Wann wirst du endlich den inneren Sehnsüchten deines Herzens nachgeben? Es ist an der Zeit, deine Träume wahr werden zu lassen. Warte nicht länger. Das Leben ist kurz, und deine Rolle in dieser Welt ist größer, als du denkst.

Ich habe angedeutet, dass dies ein aktionsreiches Kapitel sein wird und dass es an *dir* selbst liegen wird zu handeln. Nun ist es also an dir, dein »irgendwann einmal« in konkrete Wochentage zu verwandeln. Höchste Zeit, dass du deinen Träumen Leben einhauchst.

Du hast bereits den wichtigen Schritt gemacht, dich auf dich selbst zu konzentrieren, indem du dieses Buch liest. Du hast dir die Zeit genommen, dein bestes Selbst ins rechte Licht zu setzen, und du hast jede Ecke, jeden Winkel und jeden verborgenen Punkt deines Lebens unter die Lupe genommen. Jeder Mensch, der sich die Zeit nimmt und sich die Mühe macht, das zu tun, ist bereit, eine Veränderung vorzunehmen. Zum Besseren und für immer.

Ziele im Rahmen deiner Sphären

Du weißt nun, wie du dir Ziele schaffst und diese erreichst. Nun ist es an der Zeit, *dir* in allen deinen sieben Lebensbereichen oder Sphären deine dringendsten, kontrollierbarsten und realistischsten Ziele zu setzen.

Selbst wenn sie dir im Moment zu hochgesteckt oder unerreichbar scheinen mögen, schreibe sie trotzdem auf. Egal, ob diese Ziele sich in der Vergangenheit einschüchternd angefühlt haben, egal wie oft du versucht hast, sie zu erreichen und an ihnen gescheitert bist, schreibe sie auf. Egal, ob du fest daran glaubst oder nicht, dass du es verdienst, diese Ziele zu verwirklichen, schreibe sie auf. Selbst wenn sie nicht vollständig ausformuliert sind, auch wenn sie nur ein leises Flüstern zwischen deinem inneren Selbst und deinem Herzen sind, schreibe sie auf.

Hier geht es darum, in dein Innerstes vorzudringen, aufmerksam zu sein und dir selbst die Wahrheit über deine Wünsche, Hoffnungen und Sehnsüchte einzugestehen. Denke daran: Ziele zu benennen, ist der unerlässliche erste Schritt, um sie zu verwirklichen.

Sphäre	Ziel
Soziale Kontakte	
Privatleben	
Gesundheit	
Bildung und Erziehung	
Beziehungen	
Beruf	
Spirituelles Leben	

Arbeitsblatt mit den sieben Schritten zur Erreichung deines Ziels

Ich schlage vor, dass du dein erstes Ziel, auf das du hinarbeiten wirst, aus deiner am niedrigsten bewerteten Sphäre auswählst, da dies der Bereich ist, der deine Aufmerksamkeit am dringendsten erfordert. Benutze das folgende Arbeitsblatt, um herauszufinden, wie du dieses Ziel erreichen wirst. Du kannst dieses Arbeitsblatt anschließend für alle anderen Ziele verwenden, die du in Zukunft erreichen möchtest. Es ist ein sehr effektives Werkzeug.

Schritt 1: Definiere dein Ziel in Bezug auf bestimmte Ereignisse oder Verhaltensweisen.

Mein Ziel ist:

____

____

____

____

Schritt 2: Bringe dein Ziel in messbaren Begriffen zum Ausdruck.

Mein messbares Ziel ist:

____

____

____

____

Schritt 3: Wähle ein Ziel, das du kontrollieren kannst.

Ist dein Ziel kontrollierbar?
O Ja O Nein

Wenn es nicht der Fall ist, wende dich einem Ziel zu, das du kontrollieren kannst, und schreibe es hier auf:

Mein *kontrollierbares* Ziel ist:

____

____

____

____

Schritt 4: Plane und entwickle eine Strategie, die dich an dein Ziel bringt.

Meine genaue Strategie, mein Ziel zu erreichen, ist:

____

____

____

____

Schritt 5: Unterteile dein Ziel in einzelne Etappen.

Die einzelnen Schritte, die ich unternehmen muss, um mein Ziel zu erreichen, sind:

____

____

____

____

Schritt 6: Stelle für dein Ziel einen Zeitplan auf.

Zeitplan für mein Ziel

Deadline: ________________________________

Andere Eckdaten: ____________________________

Schritt 7: Schaffe Verbindlichkeit auf dem Weg zu deinem Ziel.

Mein(e) Partner, um verbindlich auf mein Ziel hinzuarbeiten, ist/sind:

____

____

____

Die Termine, an denen ich meinen Vertrauenspersonen Bericht erstatte, sind:

__________ __________

__________ __________

__________ __________

__________ __________

Die Konsequenzen, wenn ich meinen Vertrauenspersonen nicht Bericht erstatte, sind:

____

____

____

Beispiele für den Verlauf der sieben Schritte, um dein Ziel zu erreichen

Um dir zu helfen, diesen Prozess noch besser zu verstehen, möchte ich zwei Beispiele von Klienten aufzeigen, mit denen ich gearbeitet habe und die einen Bedarf in ihren Sphären erkannten und sich mit großem Erfolg Ziele gesetzt haben.

Margaret hatte so viel Zeit und Energie darauf verwendet, eine erfolgreiche Karriere aufzubauen und die Art von Familienleben zu entwickeln, die sie sich für ihr eigenes Zuhause wünschte, dass sie etwas völlig vernachlässigt und übersehen hatte, das einst in ihrem Leben von größter

Bedeutung gewesen war – ihre spirituelle Sphäre. Ihre mangelnde Verbindung zu ihrem spirituellen Glaubenssystem wirkte sich stark auf alle anderen Bereiche ihres Lebens aus. Sie war schnell wütend auf ihre Kinder, sie war ungeduldig mit ihren Mitarbeitern, und sie hatte sich sogar von ihrem Mann so weit entfremdet, dass beide in getrennten Schlafzimmern schliefen. Sie ertappte sich sogar dabei, wie sie völlig Fremde wie Kellner in einem Restaurant oder Leute in der Schlange im Lebensmittelgeschäft anschnauzte. Diese Art von irrationalem Verhalten sah Margaret überhaupt nicht ähnlich – und als wir unsere Gespräche begannen, wusste sie gar nicht, wie es so weit hatte kommen können. Aber eines wusste sie mit Sicherheit: Sie hatte Angst, dass sie alles, wofür sie so hart gearbeitet hatte, verlieren würde, wenn sie ihr Verhalten aufrechterhielte.

Während wir miteinander sprachen, wurde ihr bewusst, dass ihre Problemzone in ihrer spirituellen Sphäre lag. Sie war einmal sehr mit der Kirche verbunden und leidenschaftlich daran interessiert gewesen, der Gemeinschaft etwas zurückzugeben, aber mit der Zeit hatte sie diese Tätigkeiten aufgegeben, um ihrer vielversprechenden Karriere und einer Familie Platz zu machen, die viel Aufmerksamkeit in Anspruch nahm. Ihr wurde klar, dass sie sich im Bereich ihrer Spiritualität wieder einige Ziele setzen musste, um wieder in die Spur zu kommen.

Wir schauten uns ihr aktuelles Team an, und Margaret erkannte sofort, dass ihr spirituelles Team nicht sehr ausgeprägt war, und sie wusste, dass sie mehr gleichgesinnte Menschen brauchte, die ihren spirituellen Überzeugungen entsprachen, mit denen sie reden, von denen sie lernen und mit denen sie sich weiterentwickeln konnte. Also setzte sie sich das konkrete, messbare und kontrollierbare Ziel, ihr spirituelles Team um drei Menschen zu erweitern. Als Nächstes plante und entwickelte sie eine Strategie, sich für gemeinnützige Arbeit in ihrer Kirchengemeinde zu engagieren, und entschied, dass sie zweimal pro Woche zwei Stunden lang freiwillig dort arbeiten würde, um mehr Menschen kennenzulernen und auch ihrer Gemeinschaft etwas zurückzugeben. Außerdem wollte sie ihre Tochter mitbringen, die sehr davon profitieren würde, wenn sie die Freude und den immensen Einsatz bei der gemeinnützigen Arbeit für Bedürftige selbst erlebte. Sie erarbeitete alles Schritt für Schritt: Am folgenden Donnerstag nahm sie am Treffen der Ehrenamtlichen teil und fand dann heraus, wann ihre und die Dienste ihrer Tochter benötigt würden. Zudem setzte Margaret einen Zeitrahmen fest: Innerhalb von 90 Tagen wollte sie drei Menschen in ihr spirituelles

Team aufgenommen haben. Als Vertrauensperson baute sie auf eine alte Freundin, mit der sie früher den Gottesdienst besucht hatte. Margaret war immer überaus ehrgeizig gewesen, und diese Situation bildete keine Ausnahme. Nicht nur sie und ihre Tochter kamen sich im Laufe dieser Zeit näher, auch ihr Mann schloss sich ihnen an. Jetzt besuchen die drei regelmäßig eine Gemeinde, die sie alle lieben, und veranstalten sogar mittwochabends Bibelstunden bei sich zu Hause. Margaret war entschlossen gewesen, ihr Ziel zu erreichen, und die positiven Auswirkungen waren in allen Teilen ihres Lebens und ihres Teams zu spüren.

Ein anderes Beispiel ist Maurice. Er wusste, dass seine Gesundheit gelitten hatte, weil er zu viel aß, besonders abends. Seine Strategie bestand darin, sein Abendessen von 18.00 Uhr auf 19.30 Uhr zu verschieben, damit er später keine Hungergefühle bekäme, früher ins Bett zu gehen und seine Mahlzeiten im Voraus zuzubereiten, damit er genau wüsste, was es zu essen geben würde. Er wollte diese Routine innerhalb von zwei Wochen umsetzen, also setzte er einen Termin auf seinen Kalender, an dem er beginnen musste. Er machte es sich zur Verpflichtung, indem er einen Freund von der Arbeit wählte, von dem er wusste, dass er strikte Essgewohnheiten hatte, und sie kamen überein, dass er dreimal pro Woche eine SMS schicken würde, um ihn auf dem Laufenden zu halten. Etwa zwei Monate, nachdem Maurice angefangen hatte, seinen Plan Schritt für Schritt umzusetzen, erstattete er mir Bericht und sagte, es gehe ihm gut – er hatte bereits 7 Kilogramm abgenommen und hatte viel mehr Energie. Sein Arzt war sehr zufrieden mit seinem Fortschritt. Ich fragte ihn, was sich im Vergleich zu anderen Zeiten, in denen er versucht hatte, seine Gesundheit zu verbessern, unterscheide, und er sagte, es läge daran, dass er jetzt ein bestimmtes, erreichbares Ziel gewählt hatte und die Schritte aufgeschrieben hatte, denen er folgen musste. Je sichtbarer der Erfolg wurde, desto motivierter war er, seinen Plan weiterzuverfolgen.

Wie du siehst, kannst du, indem du den sieben Schritten folgst und eine Strategie aufbaust, schnell deinen Masterplan zur Erreichung deiner Ziele entwerfen.

Das nicht erneuerbare Gut: Zeit

Es gibt *so* viele Möglichkeiten, wie du deinen Kalender füllen kannst, oder? Du kannst dich wie der meistbeschäftigte Mensch der Welt fühlen, der nur versucht, den Anforderungen des Alltags voraus zu sein, um sein Leben und sein Zuhause intakt zu halten. Oder vielleicht neigst du dazu, deinen Kalender mit gesellschaftlichen Verpflichtungen und Plänen zu füllen, ohne darüber nachzudenken, ob alles, wozu du dich verpflichtest oder was du zu erreichen versuchst, dich glücklich machen wird. Dabei läufst du Gefahr, dass du die Zeit quasi im Autopilot verbringst. Sehr schnell kannst du dabei dich selbst verlieren, den Kontakt zu dem verlieren, wer du wahrhaftig bist, und stattdessen zum Sklaven deines Terminkalenders werden, anstatt den gegenwärtigen Moment zu genießen. Nun, ich schlage nicht vor, dass du aufhören sollst, deine Wäsche zu waschen, zur Arbeit zu gehen oder Lebensmittel einzukaufen – natürlich gibt es bestimmte Aktivitäten, die du tun musst, um gesund, hygienisch und wohlgenährt zu bleiben. Ich versuche nur, dich auf die Tatsache aufmerksam zu machen, dass du ohne eine gelegentliche, gezielte Selbstbeobachtung eines Tages vielleicht merken wirst, dass du deine ganze Zeit mit Dingen verbracht hast, die in dem Gesamtbild deines Lebens nicht wirklich wichtig sind. Schlimmer noch, du bist von all dem auch nicht gerade begeistert. Du fühlst dich nicht beflügelt, energiegeladen oder leidenschaftlich und erfüllst auch nicht aktiv den Zweck deines Lebens – ganz im Gegenteil. Du tust alles nur mechanisch. Wenn du dich auch nur ein wenig von diesem trostlosen Bild angesprochen fühlst, möchte ich dir Hoffnung machen: Es ist möglich, die Notbremse zu ziehen.

Lass uns einen Blick auf deinen Tagesablauf werfen. Bei dieser Übung geht es darum, zu reflektieren, wie und wo du den Großteil deiner Zeit verbringst. Wenn man schriftlich genau vor sich sieht, wie und wo man seine kostbare Zeit verbringt, kann das einen starken Effekt haben. Schreibe auf, wie du einen typischen Wochentag verbringst. Schreibe alles auf, was du normalerweise tust, Stunde für Stunde. Du kannst gerne die Zeiten an deinen Schlaf-Wach-Rhythmus anpassen. Je mehr Details du hinzufügst, desto besser. Wenn sich deine Wochentage stark unterscheiden, weil du in Teilzeit arbeitest und an arbeitsfreien Tagen andere Aufgaben hast, kannst du deine Eintragungen gerne auf mehrere Tage verlängern.

Alle Details deines Tagesablaufs spielen eine Rolle, denn wir werden später gemeinsam versuchen, deinen Tag zielgerichteter zu gestalten. Ich möchte, dass du bei dieser Übung sorgfältig vorgehst und ehrlich bist, daher hier vorweg einige grundlegende Hinweise:

1. Notiere »Aufwachen« neben die Uhrzeit, zu der du normalerweise die Augen öffnest, aber schließe zugleich auch das ein, was du als Erstes nach dem Aufwachen tust. Rollst du dich aus dem Bett und verschwindest sofort unter die Dusche? Verbringst du 15 Minuten damit, dich auf Social Media zu informieren? Drückst du fünfmal die Schlummertaste? Weckst du sofort deine Kinder auf? Marschierst du direkt in die Küche, um einen Kaffee zu machen? Diese »Wie du den Tag begrüßt«-Details sind wichtig.
2. Sei ehrlich zu dir selbst. Diese Übung, und alle Übungen im Buch, sind nur für *dich* bestimmt. Du hast nichts davon, wenn du schummelst. Wenn du zum Beispiel Zeit mit etwas verbringst, auf das du nicht gerade stolz bist – wenn du noch um 22 Uhr ein Eis verschlingst oder du dich irgendeiner unangemessenen Beziehung hingibst – schreibe es auf. Wie gesagt: Dies ist alles nur für dich bestimmt!

5 Uhr: ______________________________

6 Uhr: ______________________________

7 Uhr: ______________________________

8 Uhr: ______________________________

9 Uhr: ______________________________

10 Uhr: ______________________________

11 Uhr: ______________________________

12 Uhr: ______________________________

13 Uhr: ______________________________

14 Uhr: ______________________________

15 Uhr: ______________________________

16 Uhr: ________________________________

17 Uhr: ________________________________

18 Uhr: ________________________________

19 Uhr: ________________________________

20 Uhr: ________________________________

21 Uhr: ________________________________

22 Uhr: ________________________________

23 Uhr: ________________________________

24 Uhr: ________________________________

Wenden wir uns nun deinen Wochenenden zu. (Wenn deine Arbeitszeiten auch das Wochenende umfassen, wähle einen Tag, an dem du frei hast.) Wie sieht ein typischer Tag am Wochenende aus? Schläfst du aus? Nimmst du an Gottesdiensten irgendeiner Art teil? Gehst du ins Kino? Gehst du mit Freunden ins Restaurant? Schreibe hier unten alles auf.

5 Uhr: ________________________________

6 Uhr: ________________________________

7 Uhr: ________________________________

8 Uhr: ________________________________

9 Uhr: ________________________________

10 Uhr: ________________________________

11 Uhr: ________________________________

12 Uhr: ____

13 Uhr: ____

14 Uhr: ____

15 Uhr: ____

16 Uhr: ____

17 Uhr: ____

18 Uhr: ____

19 Uhr: ____

20 Uhr: ____

21 Uhr: ____

22 Uhr: ____

23 Uhr: ____

24 Uhr: ____

Nimm dir einen Moment Zeit und schaue dir deinen Tagesablauf an. Begreife dies als »Momentaufnahme«. So verbringst du gegenwärtig deine Zeit. Da du nur dann Ergebnisse erwarten kannst, wenn du die Zeit, die du investierst, zugrunde legst, ist es einfacher, die Art von Resultaten ins Auge zu fassen, die du von deinem aktuellen Tagesablauf erwarten kannst. Ich werde einmal das Erlernen einer neuen Sprache als Beispiel nehmen: Wenn du deine Zeit mit dem Anschauen einer neuen, angesagten Fernsehserie verbringst oder dir unendlich viele Social-Media-Beiträge zum Thema durchliest, könntest du diese Zeit ebenso gut damit verbringen, etwas Neues zu lernen. Ersatzweise kannst du Zeit damit verbringen, Hörbücher in dieser Sprache zu hören oder die Sprache mit Muttersprachlern zu praktizieren. Auf diese Weise wirst du die Sprache schneller fließend beherrschen. Merke dir diese Formel: Zeit + Aufwand = Ergebnisse.

Wenn du dein Leben verändern willst, musst du die Art und Weise ändern, wie du deine Zeit verbringst. Lass uns etwas genauer auf diese Fragen eingehen:

Womit verbringst du den größten Teil deiner Zeit?

____

____

____

Welches Gefühl gibt dir diese Beschäftigung, mit der du einen Großteil deiner kostbaren Zeit verbringst?

____

____

____

Ist das Gefühl, das du aufgeschrieben hast, ein insgesamt positives oder negatives Gefühl?
○ positiv ○ negativ

So kannst du handeln

Wenn du negativ eingekreist hast, musst du einen Weg finden, diese Aktivität durch eine andere zu *ersetzen*, die dir ein positives Gefühl gibt. Mit anderen Worten, wie würde dein bestes Selbst damit umgehen?

Nehmen wir zum Beispiel an, dass du durch die Arbeit, die du in diesem Buch geleistet hast, erkannt hast, dass es Zeit für dich ist, eine Beziehung zu einer Person zu beenden, die sich im Laufe der Zeit als für dich schädlich erwiesen hat. Vielleicht hast du bemerkt, dass die Zeit, die du mit dieser Person verbringst, gewöhnlich zu einem Streit führt oder du dich dabei einfach nicht gut fühlst. Dann sollte es deine erste

Aufgabe sein, die Zeit zu nutzen, die du normalerweise mit dieser Person nur so verbringen würdest, um ein Gespräch mit ihr über eure Beziehung und deine Ansicht zu führen. Suche dir einen Zeitpunkt, an dem ihr beide entspannt seid, und wähle möglichst einen neutralen Ort. Abhängig von den individuellen Umständen bist du dir vielleicht sicher, dass diese Beziehung beendet werden muss, oder aber du bist bereit, die Probleme zu diskutieren und zu schauen, ob eine Lösung möglich ist. Wie dem auch sei, es geht darum, zunächst einmal den konkreten Termin in deinem Planer festzulegen, an dem du mit diesem Menschen redest. Dann nutze die Zeit, die ihr zusammen verbracht hättet, und die normalerweise zu negativen Ergebnissen geführt hätte, für etwas Positives, das dich ermutigt, dich inspiriert, von dem du lernen kannst und so weiter. Es wäre sogar ratsam, etwas von dieser Zeit für Meditation zu verwenden, oder einfach nur still, ruhig und ganz für dich zu sein. Du musst dir Raum und Zeit geben, um dich von den Wunden zu erholen, die du in jener Beziehung erlitten hast.

Manchmal hast du vielleicht ein schlechtes Gefühl in Bezug darauf, wie du deine Zeit verbringst, nicht wegen der Sache an sich, auf die du Zeit verwendest, sondern weil dich deswegen eine gewisse Angst beschleicht. Wenn das der Fall ist, solltest du diese Angst bekämpfen und überwinden (hierauf kommen wir noch zu sprechen) Ich finde, dass wir manchmal lediglich eine neue Sichtweise brauchen, nicht eine völlig neue Umgebung. Mit anderen Worten, wir sollten unsere Wahrnehmung verändern, und das erreichen wir dadurch, indem wir uns entscheiden, unsere Angst loszulassen.

Jetzt überlege dir etwas, von dem du dir wünschst, dass du mehr Zeit dafür hättest, aber das kaum oder gar nicht in deinem Zeitplan auftaucht. Vielleicht wünschst du dir, dass du mehr Zeit an der frischen Luft verbringen könntest, um deiner Gesundheit etwas Gutes zu tun, oder mehr Zeit damit, Bücher zu lesen, die dich inspirieren, oder eine neue Sprache zu lernen. Vielleicht wolltest du schon immer ehrenamtlich tätig sein. Denke daran, was du anderen Leuten erzählst, wie etwa: »Ich würde gerne ein Tagebuch führen, aber ich finde einfach nicht die Zeit dafür« oder »Ich wünschte, ich wäre die Art von Mutter, die gesunde Mahlzeiten kocht, aber ich lasse immer Essen liefern, weil ich sonst zeitlich nicht klarkomme«. Es könnte sogar sein, dass du weißt, dass du mehr Schlaf brauchst, weil du ständig ausgelaugt bist, dennoch bleibst du jeden Abend bis Mitternacht wach, surfst im Internet oder scrollst durch deine Social-Media-Feeds.

Wenn es eine Aktivität gibt, mit der du mehr Zeit verbringen möchtest, schreibe sie hier auf:

____

____

____

Sieh dir noch einmal deine aktuellen Zeitpläne an: Glaubst du, dass es überhaupt möglich ist, dass du Zeit finden könntest, mehr das zu tun, was du dir wünschst? Schau genau hin und überlege, ob sich irgendwo etwas austauschen lässt, bevor du diese Frage beantwortest. Schaust du zum Beispiel abends drei Stunden fern, wenn du zwei Stunden damit hättest verbringen können, das zu tun, was dich leidenschaftlich interessiert?

Oder meinst du, du könntest es hinkriegen, eine halbe bis eine Stunde früher aufzustehen?

Schreibe jetzt eine Aktivität auf, von der du denkst, dass du sie weglassen könntest, um etwas zu tun, das dir momentan fehlt:

____

____

____

So kannst du handeln

Füge heute in deinem Terminkalender einiges an Zeit hinzu, um etwas Neues zu tun, was du schon immer einmal machen wolltest, und seien es auch nur 15 Minuten. Dies beweist, dass du dir Zeit für das nehmen kannst, was du wirklich willst. Streiche auch etwas, was dir nicht nützlich ist. Wenn es etwas gibt, auf das du Zeit verwendest, von der du denkst, dass sie besser genutzt werden könnte, unterlasse diese Tätigkeit oder reduziere sie wenigstens.

Du bist nun wirklich tief in dein Leben vorgedrungen und hast verschiedene Übungen durchgeführt. Du kannst stolz auf dich sein. Dies ist ein bedeutender erster Schritt, dein Leben so zu gestalten, wie du es dir erträumt hast.

Dr. Phil legt großen Wert darauf, in seinen Sätzen Verben einzubauen. Verben sind Handlungswörter, und um uns zu ändern, müssen wir handeln. Wenn ich mit einem Klienten arbeite und es offensichtlich wird, dass er nicht bereit ist, bestimmte Maßnahmen zu ergreifen, probiere ich vielleicht noch ein paar verschiedene Taktiken aus, aber wenn diese Person einfach nur auf stur schaltet, schlage ich ihr vor, mit jemand anderem zusammenzuarbeiten. Es ist nicht so, dass ich solchen Menschen nicht helfen will, aber ich weiß einfach, dass sie sich in ihrem Leben nicht großartig ändern werden, wenn sie nicht bereit sind, entsprechend zu handeln.

Eines der Ziele dieser letzten Übung war es, dir beizubringen, wie du deine Prioritäten verschieben kannst und wie du dich auf deinem Weg zum Erfolg verhalten solltest (Verhaltensweisen = Handlungen). Um wirklich ohne den Schatten eines Zweifels zu erkennen, wo deine Prioritäten liegen, solltest du dir ansehen, worauf du dein wertvollstes Kapital verwendest: deine Zeit. Nachdem du jetzt mit dieser Realität konfrontiert worden bist, wirst du wissen, ob etwas verändert werden muss. Zeit ist unsere einzige nicht erneuerbare Ressource in diesem Leben. Denke darüber nach. Wenn die Leute sagen: »Ich wünschte, ich könnte diese 30 Minuten meines Lebens zurückhaben«, machen sie natürlich Witze, aber es steckt doch ein Funken Wahrheit darin, oder? Wenn wir Zeit verschwenden, haben wir wirklich etwas Wertvolles verloren. Ungeachtet dessen, wie beschäftigt wir in unserem Leben sind, müssen wir uns Zeit schaffen, um das Leben zu leben, das wir wirklich wollen.

Die Zeit, die du damit verbracht hast, Erkenntnisse über dich selbst zu gewinnen und das Leben zu gestalten, das du dir wünschst, ist eine gut verbrachte Zeit. Du wirst nicht auf das Ende deines Lebens zurückblicken und sagen: »Ich wünschte, ich hätte mehr Zeit damit verbracht, die Fotos anderer Leute auf meinen Social-Media-Feeds anzusehen« oder »Ich wünschte, ich hätte mehr gearbeitet« oder »Ich wünschte, ich wäre häufiger in die Kneipe gegangen«. Wenn die Sanduhr unseres Lebens bis auf die letzten Sandkörner abgelaufen ist, hängen die Dinge, von denen wir uns wünschen, dass wir uns ihnen mehr gewidmet hätten, viel stärker mit unserer Leidenschaft und unserem eigentlichen Lebensziel zusammen. Setze *jetzt* die Prioritäten für das, was dir wichtig ist, damit du es *später* nicht bereuen musst.

Setze ständig neue Ziele

Sich Ziele zu setzen, sollte zu einer Lebenseinstellung für dich werden. Beim Modell des besten Selbst geht es nicht darum, sich bis zu einem bestimmten Punkt zu entwickeln und dann einfach aufzuhören. Ich trage mich mit der Hoffnung, dass die Entdeckungen, die du während der Arbeit an und in diesem Buch gemacht hast, dir zeigen, dass dein bestes Selbst in einem konstanten Entwicklungsstadium ist, was bedeutet, dass du auch zukünftig deine Sphären bewerten und neue Bereiche finden wirst, in denen du dir Ziele setzen wirst und diese erreichen solltest.

Vielleicht sind einige deiner Ziele klein und einfach. Du hast nicht das Gefühl, dass du ein Arbeitsblatt oder viele Übungen brauchst, um sie zu erreichen. Aber vielleicht hast du ein paar große Ziele, an denen du gleichzeitig arbeiten wirst, und du musst sie unbedingt bis ins letzte Detail planen, damit du auf Kurs bleibst. Wie auch immer deine Situation aussehen mag, ich hoffe, dass du nie bloß sagen wirst: »Darum muss ich mich irgendwann mal kümmern«, sondern dass du stattdessen genau angeben kannst, wo auf deinem Weg, dein Ziel zu erreichen, du dich gerade befindest und an welchem finalen Zeitpunkt du dein Ziel erreicht haben wirst. Nicht irgendwann, nicht eines Tages – es zählt nur heute!

FAZIT

Der schwarze SUV hielt um Punkt 7 Uhr morgens vor meinem Haus, genau wie sie es angekündigt hatten. Ich schnappte mir meine Taschen, ging nach draußen und sprang in den Wagen. Der Fahrer trug eine Chauffeurskappe und ein breites Lächeln. Während der Fahrt blätterte ich zum hundertsten Mal durch das 130-seitige Buch. Jedes Mal, wenn ich es durchsah, entdeckte ich etwas, das ich zuvor übersehen hatte. Ich hatte es mit meinem gesamten Team besprochen, und sie waren alle genauso beeindruckt wie ich von der Menge an wertvollen Informationen. Es gab Interviews, Fotos, Auskünfte Dritter, Selbsteinschätzungen, Gerichtsakten und so weiter und so fort.

Als wir unseren Weg durch die Stadt bahnten und der morgendliche Verkehr zunehmend stärker wurde, begannen die Stimmen in meinem Kopf lauter zu werden, und es schlichen sich langsam Zweifel ein. Sie hüpften herum wie Tischtennisbälle in meinem Kopf – »Ich frage mich, ob ich zu viele Klamotten dabeihabe«, »Was ist, wenn ich mich dafür überhaupt nicht eigne?« und »Habe ich dafür überhaupt die erforderlichen Referenzen?« Ich betrat eine ganz neue Welt; ich war schon immer ein Typ, der sich im Hintergrund hielt, aber das sollte sich bald ändern. Ich war auf einem Terrain, das mir völlig unbekannt war, und meine Verunsicherung spielte mir böse Streiche.

Ich stellte mir weitere Fragen und rätselte, was ich in diesem Szenario zu bieten hatte. *War ich gut genug?*

Dann traf es mich wie ein Blitz. Das war die alte »Leier«, die in meinem Kopf spielte wie Fahrstuhlmusik aus der fernen Vergangenheit. War dies eine neue Herausforderung für mich? Zweifellos. War dies die ultimative »Big League«, das beste nationale und internationale Podium seiner Art über alle Medien hinweg? Einschaltquoten lügen nicht, und *Dr. Phil* dominiert sein Genre bei einem stetig wachsenden Wirkungskreis nun schon seit Jahren. Gute Güte, selbst der US-Kongress bittet ihn regelmäßig, parteiübergreifende Ausschüsse in Fragen der psychischen Gesundheit zu beraten. Er ist der berühmteste psychiatrische Experte der Welt. Man muss sich das mal vorstellen: Dr. Phil und Sigmund Freud sind Antworten bei Kreuzworträtseln! Na klar, war das die »Big League«.

Dann kam es mir wieder in den Sinn: *Er* hatte *mich* ja gebeten, in seiner Sendung aufzutreten. Moment mal. Wie bitte? Für den Bruchteil einer Sekunde schien die Zeit stillzustehen. Ich hatte ihn nicht gefragt ... er hatte MICH gefragt! Ich vergegenwärtigte mir noch einmal seinen beispiellosen Erfolg in Bereichen, in denen so viele andere gescheitert waren. Er hatte mehr Universitätsabschlüsse, als man sich vorstellen konnte, und er hatte *mich* eingeladen, nicht einen der Tausenden von anderen Experten, denen er schon begegnet sein musste. Es war an der Zeit, dass ich das, was ich predigte, selbst mehr beherzigte, meine Ansicht über mich selbst revidierte und anerkannte, dass ich *viel* zu bieten hatte, und Menschen, die ich schätzte und respektierte, dies ebenso zu würdigen wussten, wie *ich es eigentlich auch selbst tat*. Bescheidenheit kann *zu weit* gehen, wenn sie dazu führt, dass du deine Bestimmung und Begabung leugnest. Plötzlich bemerkte ich, dass ich mehr Kniefreiheit hinten in dem SUV hatte. Warum? Ich saß aufrechter. Als sich mein innerer Dialog änderte, änderte sich auch meine Körpersprache. Eines beeinflusste das andere und so entwickelte sich eine Eigendynamik.

»Sind Sie nervös?«, fragte der Fahrer und schreckte mich aus meinen Gedanken auf.

»Wissen Sie, das war ich tatsächlich. Jetzt bin ich einfach gespannt. Ich sage mir: ›Ich bin bereit.‹«

»Seien Sie einfach Sie selbst, und wenn Sie auch nur halb so gut sind, wie ich gehört habe, werden Sie glänzen.« Der Fahrer lächelte, und ich lächelte auch. Meine negativen Gedanken waren schon lange verschwunden.

»Das ist ein guter Tipp. Danke Ihnen.« Er nickte, und ich dachte darüber nach, wie wahr doch diese einfache Aussage war. Sie trifft eigentlich auf jede Situation im Leben zu. Sei du selbst. Dein *bestes* Selbst. Wir müssen alle von Zeit zu Zeit daran erinnert werden, sei es von uns selbst oder von anderen.

Wir fuhren die Melrose Avenue runter. Ich zog die Krawatte fest und atmete tief durch, während wir dahinglitten. Wir kamen nun durch die vielleicht geschichtsträchtigsten Tore Hollywoods. Aber mir kamen keine »Hollywood«-Gedanken, sondern ich dachte an die großartige Chance, dieses mächtige »Unterhaltungsimperium« nicht zu nutzen, um Menschen zu unterhalten, sondern um ihnen etwas beizubringen, sie anzuregen und Veränderungen bei ihnen zu bewirken. Wir parkten genau vor Stage 29, einem gigantischen, lagerhallenähnlichen Aufnahmestudio. Ich dankte dem Fahrer und stieg aus dem Wagen.

Ich wurde von einer Frau mit einem strahlenden Lächeln im Gesicht empfangen und fragte sie als Erstes nach der Toilette. Mein Ritual würde heute besonders wichtig sein. Sie zeigte mir die Toilette, in der sich eine lange Reihe altmodischer Kabinen befand, und ich erinnerte mich einmal mehr an das erste Mal, als ich diese Übung durchgeführt hatte. Ich wünschte, es müsste nicht immer in einer öffentlichen Toilette stattfinden. Was, wenn jemand reinkäme?

Nun ja.

Ich trat ein, stellte meine Taschen ab und kniete mich vor dem Waschbecken und dem Spiegel hin. Ich schloss die Augen, atmete tief durch und fühlte, wie mich eine innere Ruhe überkam. Schweigend ging ich meine Mantras durch, die mich bestärken sollten. In Gedanken sagte ich mir: *Du bist da, wo du sein solltest. Das Universum hat einen Plan. Lass los. Sei du selbst.* Dann stand ich auf, schaute in den Spiegel und sagte laut: »Es geht hier nicht um dich.« Ich drehte mich um und ging zur Tür hinaus, fühlte mich stark, konzentriert und entschlossen, als mein bestes Selbst und mein wahres Ich aufzutreten, was auch immer der restliche Tag noch bringen würde.

Nachdem ich das obligatorische Haar-, Make-up- und Garderobenritual hinter mich gebracht hatte, stellte ich mich hinter die Kulissen und beobachtete die Monitore. Ich wusste, dass es mein wahres, authentisches Ziel war, mich ganz in den Dienst der Sache zu stellen, egal was auf dieser Bühne passieren würde. Für mich hatte das nichts mit Egoismus zu tun – dies war eine Gelegenheit, das zu tun, was ich liebe: Menschen zu helfen, ihre eigenen Antworten im Inneren zu finden und ihr bestes Selbst zu entdecken und zu entwickeln.

Das Leben ist eine Reise, kein Ziel. Du hast deine Reise nicht selbst unter Kontrolle, es sei denn, du klammerst dich daran – und wenn du das tust, ist es so gut wie garantiert, dass du leiden wirst. Das Leben wird dich auf die Straße zerren, bis du endlich loslässt.

Das Universum möchte, dass du im Einklang mit deinem besten Selbst stehst. Wer du bist, ist genau der, der du sein solltest. Darin liegt eine einzigartige Verantwortung.

Die hellen Scheinwerfer, die vielen Zuschauer, die sieben riesigen Fernsehkameras, die *Dr.-Phil*-Logos rund um die Bühne – all das schien einfach im Hintergrund zu verschwinden, als ich dem Gast in die Augen sah, während er mir gegenüber Platz nahm. Ich ließ ihn ein paar Übungen machen, die ihm halfen, seine eigenen Punkte zu verbinden, und am Ende der Szene schien er einen Durchbruch erzielt zu haben.

Ich fühlte mich geehrt, als Dr. Phil mich bat, nach diesem Beitrag noch einmal in seiner Sendung aufzutreten, und danach noch ein weiteres Mal. Es war weder etwas, das ich erwartet hatte, noch etwas, das ich bewusst gesucht oder mir jemals erträumt hatte. Aber das passiert, wenn du mit deinem besten Selbst verbunden bleibst – das Leben ist immer für eine Überraschung gut. Nach meinem dritten Auftritt in der Sendung lud mich Dr. Phil in sein Büro ein.

Er fragte: »Was halten Sie davon?«

»Wovon?«, fragte ich zurück.

»Glauben Sie, wir konnten ihnen helfen? Scheint so, als hätten wir gute Lösungen für sie gefunden.«

»Da stimme ich Ihnen zu. Diese Folge bietet einige wirklich gute Verhaltenstipps für etliche Familien daheim.«

»Das war eine perfekte Übung, die Sie mit ihnen gemacht haben. Es hat wirklich gut funktioniert.« Das aus dem Mund von Dr. Phil zu hören, fühlte sich unglaublich an. Alles andere wäre gelogen.

»Wissen Sie, was Sie tun sollten?«, fragte er. »Sie sollten ein Buch schreiben.«

»Ein Buch?«

»Genau, und Sie hätten es bereits vor einem Monat schreiben sollen.«

Dr. Phil nimmt kein Blatt vor den Mund. Wenn er einen Plan hat, dann verkündet er ihn umgehend.

»Worüber soll ich denn schreiben?«

»Nun, sprechen Sie über das beste Selbst, Authentizität und Ihre Übungen. Das funktioniert. Es hilft den Menschen«, sagte er.

»Okay! Dann lege ich mal gleich los!«

Und so kam das ganze Projekt zustande. Ein Buch zu schreiben, war nie etwas, was ich in Erwägung gezogen hätte. Das hatte ich einfach nicht auf dem Schirm. Aber jetzt, wo ich es getan habe, bin ich mehr als dankbar. Es hat mir gezeigt, wie ich mir über meine eigene Sichtweise klar werde, es hat mich aus meiner Komfortzone hervorgelockt, es hat mich auf neue Weise herausgefordert und mich gezwungen, mich weiterzuentwickeln. Es hat mich gelehrt, ich selbst zu sein, nur in einer besseren Version.

Ich bin nicht besser und nicht schlechter als du – wir alle sind auf einer Reise. Was ich gelernt habe, ist, dass unser Vermächtnis irrelevant ist. Unsere Vergangenheit ist irrelevant. Die Zukunft – sie ist unberechenbar. Dieser Moment kann dein Moment sein. Jetzt oder nie. Entscheide dich, dich weiterzuentwickeln, und das Leben wird sich dir auf eine Weise öffnen, die du dir noch nicht vorstellen kannst. Finde die bestmögliche Verwendung für dein Leben, indem du mit der besten Version deiner selbst in Kontakt trittst. Für jetzt und den Rest deiner Tage.

DANKSAGUNGEN

Zunächst möchte ich meinem hervorragenden Team bei Dey Street Books und HarperCollins Publishers danken – Lynn Grady, Kendra Newton, Heidi Richter, Sean Newcott, Kell Wilson, Benjamin Steinberg, Andrea Molitor, Nyamekye Waliyaya und Jeanne Reina. Von dem Moment an, als ich euch kennenlernte, wusste ich, dass ihr die Verleger seid, mit denen ich arbeiten wollte. Ein spezieller Dank geht an meine Lektorin Carrie Fisher, die die beste Lektorin war, die sich ein Autor wünschen kann.

Danke, Jan Miller und Lacy Lynch bei Dupree Miller. Jan, dein Charisma und deine Direktheit sind unvergleichlich. Du hast mich dazu gebracht, das bestmögliche Buch zu schreiben. Unter deinem Ansporn hat sich das Buch besonders stark entwickelt.

Robin McGraw, danke für deine Bereitschaft, mir ein brutal ehrliches Feedback zu geben, das mich absolut besser gemacht hat. Ich werde die Anmerkungen, die du mir geschickt hast, für immer behalten. Deine Weisheit ist über die Maßen besonders.

Manchmal erscheinen in unserem Leben Einhörner, und sie kommen zum richtigen Zeitpunkt. Sie sind fast zu gut, um wahr zu sein. Sie versprühen Magie, Liebe und Brillanz. Dr. Phil McGraw, was soll ich sagen? Danke, dass du mein Coach und mein Mentor bist. Du hast mir eine ganz neue Sichtweise auf und ein Verständnis von Großzügigkeit gegeben.

Phil McIntyre, danke, dass du mir ein lieber Freund und Vertrauter bist. Du und Shonda, ihr seid so prächtige Beispiele für eine wunderbare Familie. Ihr inspiriert mich.

An Jay Glazer und die Unbreakable-Performance-Familie – ihr habt mich buchstäblich in Form gebracht. Ich hatte die körperliche Ausdauer, um dieses Buch trotz eines verrückten Zeitplans dank euch fertig zu bekommen. Jay, deine Loyalität ist unübertroffen, und ich bin dankbar für deine Freundschaft.

An meinen großen Bruder David und seine Frau Carol: Vielen Dank für die Stunden, die wir auf meinem Sofa verbracht haben, um über unsere Kindheit und unsere Reisen zu sprechen und uns gegenseitig zu ermutigen, besser zu werden. Vielen Dank, dass ihr zu meinem Kernteam gehört.

Danke, Jennifer Lopez, für das, was du mir beigebracht hast, über Chemie, bedingungslose Liebe, und wie es aussieht, unerbittlich das zu verfolgen, was man sich wünscht.

Joe Jonas, du bist der Grund, warum ich die Arbeit mit Entertainern liebe. Du verkörperst all die Eigenschaften, die ich an einem Künstler bewundere: Freundlichkeit, Nachdenklichkeit und Selbstlosigkeit. Vielen Dank für deine Unterstützung.

Danke an Lisa Clark, diese ungemein brillante Gesinnungsgenossin. Du hast mich gelehrt, wie es ist, mit einer wirklich intelligenten Person zusammenzuarbeiten, und dass es möglich ist, in vielen Dingen zum Alleskönner und Meister zu avancieren.

An Tom und Robyn Wasserman, die meine Cheerleader und Unterstützer waren, als ich daran gearbeitet habe, einen Weg der Heilung zu finden und ein besseres Leben aufzubauen. An das Team der CAST-Center, vielen Dank, dass ihr an mich glaubt und euch auf meine unorthodoxen Methoden zur Führung eines Unternehmens einlasst.

Abschließend möchte ich meinem besten Selbst danken, Merlin. Lass uns uns weiter verzaubern und das Leben leben, für das wir bestimmt sind.

ÜBER DEN AUTOR

Mike Bayer, bekannt als Coach Mike, ist Gründer und Geschäftsführer der CAST-Center, einer Reihe renommierter Kliniken für Künstler, Sportler, Führungskräfte und alle, die ihr Leben authentischer, erfolgreicher und glücklicher gestalten wollen. Bayer ist Coach für Persönlichkeits- und Lebensentwicklung, dessen Mission es ist, Menschen zu helfen, eine stabile psychische Gesundheit zu erlangen, um das Beste aus sich zu machen. Mike ist auch der Gründer der CAST Foundation, die das Bewusstsein schärft, kulturelle und soziale Veränderungen zu fördern, damit psychische Krankheiten nicht länger stigmatisiert werden. Bayer ist Mitglied im Beirat von Dr. Phil McGraw und tritt regelmäßig als Coach Mike in der *Dr. Phil Show* auf.

ANMERKUNGEN

1 James O. Prochaska und C. C. Di Clemente, *The Transtheoretical Model*, 1983.

2 Oscar Ybarra, Eugene Burnstein, Piotr Winkielman, Matthew C. Keller, Melvin Manis, Emily Chan und Joel Rodriguez, »Mental Exercising Through Simple Socializing: Social Interaction Promotes General Cognitive Functioning,« SAGE, University of Michigan, Personality and Social Psychology Bulletin, Februar-Ausgabe.

3 James Harter und Raksha Arora, »Social Time Crucial to Daily Emotional Well-Being in U.S.«, www.gallup.com, 5. Juni 2008.

4 Adaptiert von Learning Resources, 2002.

5 »›Is Service with a Smile‹ Enough?« *Organizational Behavior and Human Decision Processes* (Januar 2005).

6 *Translational Psychiatry* (2016): e727.

7 https://academic.oup.com/brain/article/134/6/1591/369496.

8 *Neural Plasticity*, Jahrgang 2014, Artikel-ID 541870.

9 https://psychcentral.com/news/2014/11/18/prolonged-negative-thinking-may-increase-alzheimers-risk/77448.html.

10 Mark Muraven, »Building Self-Control Strength: Practicing Self-Control Leads to Improved Self-Control Performance«, *Journal of Experimental Social Psychology* 46, Nummer 2 (2010): 465–68. PMC. Web. 10. Okt. 2018.

11 *The Psychobiotic Revolution: Mood, Food, and the New Science of the Gut-Brain*, Hrsg.: Scott C. Anderson et al., National Geographic, Washington, DC, 2017.

12 David Kohn, »When Gut Bacteria Change Brain Function«, Atlantic, 24.6.2015, https://www.theatlantic.com/health/archive/2015/06/gut-bacteria-on-the-brain/395918/.

13 https://www.eurekalert.org/pub_releases/2018-08/esoc-coh081618.php.

14 https://www.nature.com/articles/s41598-017-17373-3.

15 https://www.sciencedirect.com/science/article/pii/S0166432816302571.

16 https://www.ncbi.nlm.nih.gov/pmc/articles/PMC2990190/.

17 https://www.ncbi.nlm.nih.gov/pmc/articles/PMC2647148/.

18 https://www.sciencedirect.com/science/article/pii/S0165178112008153?via%3Dihub.

19 http://www.bbc.com/future/story/20170828-the-amazing-fertility-of-the-older-mind.

20 Matthew Solan, »Back to School: Learning a New Skill Can Slow Cognitive Aging«, https://www.health.harvard.edu/blog/learning-new-skill-can-slow-cognitive -aging-201604279502.

21 https://de.statista.com/statistik/daten/studie/76211/umfrage/scheidungsquote-von-1960-bis-2008/

22 Laura E. Wallace, Rebecca Anthony, Christian M. End, Baldwin M. Way, »Does Religion Stave Off the Grave? Religious Affiliation in One's Obituary and Longevity«, 2018, http://journals.sagepub.com/doi/abs/10.1177/1948550618779820.

23 Deborah Cornah, »The Impact of Spirituality on Mental Health: A Review of the Literature«, Mental Health Foundation, 2006, www.mentalhealth.org.uk/sites/default/files/impact-spirituality.pdf.

24 »Spiritual Engagement and Meaning«, Pursuit of Happiness, 2016, http://www.pursuit-of-happiness.org/science-of-happiness/spiritual-engagement/.

25 Ozden Dedeli und Gulten Kaptan, »Spirituality and Religion in Pain and Pain Management«, Health Psychology Research 1, Nr. 3 (2013): 29, doi:10.4081/hpr.2013.1448.

26 Rudy Bowen et al., »Self-Rated Importance of Religion Predicts One-Year Outcome of Patients with Panic Disorder«, Depression and Anxiety 23, Nr. 5 (2006): 266–73, doi:10.1002/da.20157.

27 Lisa Bridges und Kristin Moore, »Religion and Spirituality in Childhood and Adolescence«, Child Trends, 2002, https://www.childtrends.org/wp-content/uploads/2002/01/Child_Trends-2002_01_01_FR_ReligionSpiritAdol.pdf.

28 Blaues Buch, Seite 7: https://www.anonyme-alkoholiker.de/downloads/blauesbuch/bb25.pdf

Jocko Willink

Der Weg der Disziplin

Nur wer weiß, was er wirklich will, und die Disziplin hat, diesen Weg unbeirrt zu gehen, wird seine wahre Freiheit finden. *#1 New York Times*-Bestseller-Autor Jocko Willink hat im Rang des Commanders unter den SEALs in der höchstdekorierten Specialeinheit im Irak gekämpft. In *Der Weg der Disziplin* beschreibt er erstmals, wie sich jeder mit physischer und mentaler Disziplin in die Lage versetzen kann, seine Leistung in allen Bereichen des Lebens zu steigern. Er demonstriert, wie man smarter, schneller und gesünder wird und zugleich die eigenen Ziele im Leben erreichen kann.

208 Seiten, Hardcover, 22,99 €

Garrett Gunderson, Nik Halik

Das 5-Tage-Wochenende

Viele Menschen wollen mehr vom Leben und wissen, dass es einen besseren Weg gibt, das ihre zu leben. Und doch stecken viele in ihrem Nine-to-Five-Arbeitsalltag fest, fristen ihr Dasein nach den Regeln anderer und fragen sich eines Tages, wo ihr Leben geblieben ist. *Das 5-Tage-Wochenende* bietet einen Ausweg aus der Sackgasse. Es zeigt, wie sich regelmäßiges, passives Einkommen generieren lässt, sodass finanzielle und persönliche Unabhängigkeit erreicht und die Konzentration auf die großen Lebensziele möglich wird.

300 Seiten, Klappenbroschur, 16,99 €

Karl Ess

Das beste Jahr deines Lebens

Wir sind das Resultat unserer Gewohnheiten. Was wir jeden Tag bewusst (und unbewusst) tun, zeigt, wer wir wirklich sind. Wer weiß, was ihn antreibt, der kann die entscheidenden Weichen stellen, um sein Leben in Richtung Erfolg zu lenken. Karl Ess, erfolgreicher Unternehmer und einer der bekanntesten Fitness-Youtuber sowie Personal Trainer bietet erstmals ein 12-Schritte-Programm, das dabei hilft, mit negativen Ereignissen in der Vergangenheit abzuschließen, Stärken auszubauen und neue positive Gewohnheiten zu implementieren – und so das beste Jahr seines Lebens zu haben.

240 Seiten, Hardcover, 19,99 €

Gary Vaynerchuk

#AskGaryVee

Fast 50 Millionen aufgerufene Videos auf Youtube, 1,5 Millionen Follower bei Twitter, 2,2 Millionen bei Facebook, New York Times- und Wall Street Journal-Bestsellerautor – Gary Vaynerchuk ist einer der erfolgreichsten Social-Media-Gurus überhaupt. Seine Karriere liest sich wie ein modernes Märchen: Als Kind weißrussischer Einwanderer machte er aus dem Weingeschäft seines Vaters ein Millionen-Imperium – dank E-Commerce. Zusätzlich startete er seinen eigenen Video-Blog auf Youtube, den sich mittlerweile Millionen Gründer und Entrepreneure angesehen haben.

400 Seiten, Hardcover, 19,99 €

The New York Times-
Bestseller

Ryan Holiday

Dein Hindernis ist dein Weg

Tagtäglich werden wir mit Problemen konfrontiert. Dabei haben wir stets die Wahl: Wir können uns von den Hürden auf unserem Weg aufhalten lassen oder wir zeigen, aus welchem Holz wir geschnitzt sind, und wachsen an der Herausforderung. Wenn wir vor Aufgaben stehen, die frustrierend oder schwierig sind, löst dies im ersten Moment oft Angst, Wut oder Hilflosigkeit aus. Doch es liegt in unserer Macht, diese erste Reaktion zu nutzen, sie in eine Stärke umzuwandeln und so ans Ziel zu kommen. Bestsellerautor Ryan Holiday zeigt, wie das jahrhundertealte Wissen der Stoiker gerade für unsere hektische und unsichere Zeit ein Segen sein kann.

224 Seiten, Taschenbuch, 16,99 €

The New York Times-
Bestsellerautor

Ryan Holiday

Stille ist dein Schlüssel

Im Laufe der Geschichte gab es eine unauslöschliche Eigenschaft der großen Anführer, Denker, Künstler und Visionäre, die es ihnen ermöglichte, Launen zu überwinden, Ablenkungen zu vermeiden und das Richtige zu tun. Die Zen-Buddhisten beschrieben es als inneren Frieden, die Stoiker und Epikureer nannten es Ataraxie und glaubten, dass es ein Bollwerk gegen die Leidenschaften des Mobs, eine Voraussetzung für gute Führung und ein Weg zur tiefen Wahrheit war. Ryan Holiday nennt es Stille – um stabil zu sein, während sich die Welt um einen dreht.

250 Seiten, Hardcover, 19,99 €

The New York Times-Bestseller

Ryan Holiday

Dein Ego ist dein Feind

Viele Menschen glauben, dass die Gründe, die sie daran hindern, erfolgreich zu sein, in ihrer Umwelt zu finden sind. Aber in Wirklichkeit steckt der größte Feind in jedem von uns selbst: unser Ego. Es macht uns blind für unsere Fehler, verhindert, dass wir aus ihnen lernen, und hemmt unsere Entwicklung. Gerade in Zeiten, in denen die schamlose Selbstdarstellung in sozialen Netzwerken oder im Reality-TV eine Selbstverständlichkeit ist, liegt die wahre Herausforderung in der Idee, weniger Zeit in das Erzählen der eigenen Größe zu stecken und stattdessen die wirklich wichtigen Missionen des Lebens zu meistern.

288 Seiten, Hardcover, 19,99 €

Klassiker

Bastian Yotta

Die Yotta Bibel

Bastian Yotta. Von homeless to Hollywood – ein Leben wie in einem Film. Er ist bekannt als provozierender Lebemann, doch kaum jemand kennt seine wahre Geschichte. Vor 10 Jahren trennten ihn nur 20 cm vom Tod. Er litt an Depressionen und hat versucht, sich umzubringen. Doch er befreite sich selbst aus dieser Krise. Als internationaler TV-Star ist er heute finanziell unabhängig und lebt den American Dream. Erstmalig berichtet er auf eine sehr persönliche Art und Weise von seiner ungewöhnlichen Lebensgeschichte und lässt den Leser an seinen privatesten Erfahrungen und absoluten Tiefpunkten teilhaben.

176 Seiten, Taschenbuch, 14,99 €